UNITALL

Die heilige Lanze

Trevor Ravenscroft

1. Auflage
Dezember 2013

HJB Verlag & Shop KG
Im Kai 1
78259 Mühlhausen-Ehingen
Deutschland
Tel.: 0 77 33 – 9 77 34 30
Fax: 0 77 33 – 9 77 34 39
www.alternative-realität.de
hjb@bernt.de

Originaltitel: *The Spear of Destiny*

Dieses Buch erscheint unter dem
eigentragenen Warenzeichen UNITALL®
innerhalb der Reihe *Alternative Realität*

Printed in EU

ISBN 978-3-937355-87-0

Inhalt

Prolog
Die Entstehung einer Legende

»Sondern der Kriegsknechte einer öffnete seine Seite mit einem Speer, und alsobald ging Blut und Wasser heraus.

Und wer das gesehen hat, der hat es bezeuget, und sein Zeugnis ist wahr; und derselbe weiß, daß er die Wahrheit saget, auf daß auch ihr glaubet.

Denn solches ist geschehen, daß die Schrift erfüllet würde: ›Ihr sollt ihm kein Bein zerbrechen.‹

Und abermal spricht eine andere Schrift: ›Sie werden sehen, in welchen sie gestochen haben.‹ «

Ev. Joh. 19, 34–37

In den letzten Kapiteln des Johannes-Evangeliums wird erzählt, wie ein Soldat die Seite von Christus mit einem Speer durchbohrte. Der Name dieses Soldaten war Gaius Cassius, und er wohnte der Kreuzigung als offizieller römischer Vertreter des Statthalters Pontius Pilatus bei. Dieser bewährte Kriegsmann litt an Star in beiden Augen und konnte deswegen nicht an den Feldzügen seiner Legion teilnehmen, sondern sollte das religiöse und politische Geschehen in Jerusalem überwachen.

Zwei Jahre lang hatte Gaius Cassius die Tätigkeit eines gewissen Jesus von Nazareth beobachtet, welcher behauptete, ein Messias zu sein, und mit seinen Predigten die Autorität der römischen Besatzung in Israel zu unterminieren schien.

Der römische Zenturio erlebte, wie die Legionäre die Hinrichtung Jesu Christi vollzogen und war, wie diese selber, beeindruckt von dem Mut und der würdigen Haltung des Nazareners am Kreuze.

Jessaja hatte vom Messias prophezeit: »Ihr sollt ihm kein Bein brechen.« Aber Annas, der alte Ratgeber des Sanhedrins, der großen jüdischen Ratsversammlung, und Kaiphas, der Hohepriester, waren fest entschlossen, den Leib Christi zu verstümmeln, um auf diese Weise die Volksmassen zu überzeugen, daß Jesus nicht der Messias war, sondern nur ein Ketzer, der ihre eigene Macht für sich beanspruchte.

Die Stunden gingen dahin, und dies lieferte ihnen die Ausrede, die sie brauchten. Denn Annas war eine Autorität in Gesetzesfragen, und das jüdische Gesetz bestimmte, daß kein Mensch am Sabbath hingerichtet werden dürfe. Sofort wandten sie sich an Pontius Pilatus mit der Bitte, die Glieder der gekreuzigten Männer zerbrechen zu dürfen, damit sie noch vor Einbruch der Dunkelheit an jenem Freitag abend (des 5. April 33 n.Chr.) sterben könnten.

Eine Abteilung der Tempelwächter wurde zu diesem Zweck zu dem Hügel ausgesandt, der Golgatha hieß und dessen Name Schädelstätte bedeutet. An ihrer Spitze trug der Anführer den Speer des Herodes Antipas, des Königs der Juden, der das Symbol für die Befugnis darstellte, den Akt zu vollziehen. Sonst würden ihm die römischen Soldaten nicht gestattet haben, auch nur einen Finger gegen die Männer zu erheben, als er die Hinrichtungsstätte betrat.

Phineas, der alte Prophet, hatte einst veranlaßt, diesen Speer zu schmieden, um damit die magischen Kräfte zu symbolisieren, die im Blut des von Gott auserwählten Volkes enthalten waren. Er war bereits mehrfach als Talisman der Macht erprobt: Schon Joshua hatte ihn in seiner Hand erhoben, als er seinen Soldaten das Signal gab, den gewaltigen Ruf auszustoßen, der die Mauern von Jericho zum Einsturz brachte. Genau derselbe Speer war auch von König Saul in einem Anfall von Eifersucht gegen den jungen David geschleudert worden.

Auch Herodes der Große hatte dieses Zeichen der Macht über Leben und Tod in Händen gehalten, als er den Befehl gab, alle unschuldigen Kinder in ganz Judäa zu töten, weil er dem Jesuskinde nach dem Leben trachtete, das, wenn es heranwüchse, »König der Juden« genannt werden würde. Nun wurde der Speer also im Auftrage des Sohnes von Herodes dem Großen herbeigetragen und diente als Symbol für das Recht, die Knochen von Jesus Christus zu zerbrechen.

Als die Tempelwächter an der Hinrichtungsstätte anlangten, wandten ihnen die römischen Soldaten voller Abscheu den Rücken zu. Nur Gaius Cassius sah mit an, wie diese Vasallen der Hohenpriester mit Keulen auf die Schädel und Gliedmaßen von Gestas und Dismas einschlugen, die zu beiden Seiten von Jesus Christus ans Kreuz genagelt waren. Der römische Zenturio empfand beim Anblick der grausamen Verstümmelung der beiden Diebe lebhaften Abscheu und war so ergriffen von der demütigen und furchtlosen Art, mit der Jesus sich ans Kreuz hatte schlagen lassen, daß er sich entschloß, den Körper des Nazareners zu schützen.

Indem er sein Pferd auf das hohe mittlere Kreuz lenkte, warf der römische Zenturio einen Speer in die rechte Seite des Körpers von Jesus Christus und durchbohrte die Brust zwischen der vierten und fünften Rippe. Diese Art des Durchbohrens war Brauch der römischen Soldaten auf dem Schlachtfeld, wenn sie feststellen wollten, daß ein verwundeter Feind tot war; denn aus einem leblosen Leichnam floß kein Blut mehr. Doch »alsobald ging Blut und

Wasser heraus«, und in diesem Augenblick, als das Erlöserblut des Heilands auf so unnatürliche Weise herausströmte, gewann Gaius Cassius wieder sein volles Sehvermögen.

Es ist nicht bekannt, ob dieser alte Offizier den Talisman der Macht den Händen des israelitischen Anführers entwand, um die Tat zu vollenden, oder ob er diesen spontanen Akt der Barmherzigkeit mit seinem eigenen Speer ausführte. Es gibt keinen historischen Beweis dafür, mit welcher Waffe er somit unwissentlich Hesekiels Prophezeiung erfüllen half: »Sie werden sehen, in welchen sie gestochen haben.«

In dem Tempel, wo Kaiphas und Annas die Nachrichten über die Verstümmelung des Messias erwarteten, zerriß der Vorhang zum Allerheiligsten von oben bis unten und gab den Blick auf den schwarzen Würfel der Alten Bundeslade frei, der nun entlang seinen Kanten zerbarst und sich kreuzförmig öffnete. Der bilderlose Kult Jehovas war vorbei; die Religion der »Offenen Himmel« nahm ihren Anfang.

Der Speer wirkte wie ein Katalysator der Offenbarung; er lieferte den lebendigen Beweis für die Auferstehung, denn die körperliche Wunde, die seine äußerste Spitze verursacht hatte, war auf geheimnisvolle Weise am wiedererstandenen Christus erhalten, als er sich seinen versammelten Aposteln in einer Erscheinung zeigte. Nur der ungläubige Thomas, der sich allein auf das verlassen wollte, was er mit seinen physischen Augen an äußeren Erscheinungen wahrnehmen konnte, vermochte den Gott-Menschen, der durch geschlossene Türen ging und sich ihm offenbaren wollte, nicht zu erkennen.

»Danach sprach er zu Thomas: ›Reiche deinen Finger her und sieh meine Hände; und reiche deine Hand her und lege sie in meine Seite; und sei nicht ungläubig, sondern gläubig.‹«

Weil die irdischen Wunden des Speeres und der Nägel am Körper des auferstandenen Christus zu sehen waren, glaubten die ersten Christen, daß, falls seine Beine am Kreuz wirklich zerbrochen worden wären, die Auferstehung, so wie wir sie kennen, nie hätte geschehen können; denn diese Bedeutung legten sie den mystischen Worten des Jessaja bei: »Ihr sollt ihm kein Bein zerbrechen.«

Gaius Cassius, der die kriegerische Tat aus Mitleid ausgeführt hatte, um den Leib Christi zu bewahren, wurde später bekannt als Longinus, der Speerträger. Er wurde zum Christentum bekehrt und später als großer Held und Heiliger der ersten christlichen Gemeinde in Jerusalem verehrt und galt als unmittelbarer Augenzeuge des Vergießens von Blut aus dem Neuen Bund, für das der Speer zum Symbol wurde.

Man sagt, daß er für einen kurzen Augenblick unserer Zeit das Schicksal der gesamten Menschheit in Händen gehalten habe. Der Speer, mit dem er die Seite Christi durchbohrt hatte, wurde zu einem der größten Schätze des Christentums, und um diese Waffe, in der später einer der Kreuzesnägel angebracht wurde, bildete sich eine einzigartige Legende.

Die Legende wuchs weiter und weiter und gewann im Laufe der Jahrhunderte immer mehr an Kraft und Stärke. Wer den Speer besaß und die Mächte verstand, denen er diente, hielt das Schicksal der Welt auf Gedeih und Verderb in seinen Händen.

Diese Legende, die sich durch zwei Jahrtausende des Christentums erhielt, hat im zwanzigsten Jahrhundert ihre fürchterlichste Erfüllung gefunden.

Einleitung
Am Anfang war die Erinnerung

Der Mann, der dieses Buch geschrieben hätte, wenn er nicht zu früh gestorben wäre, war ein gewisser Dr. Walter Johannes Stein, ein in Wien geborener Gelehrter und Doktor der Philosophie, der während des Zweiten Weltkrieges als vertraulicher Berater Sir Winston Churchills tätig war und ihn über die Gedanken und Beweggründe Adolf Hitlers und der leitenden Mitglieder der Nazipartei beriet.

Auf Dr. Stein war beträchtlicher Druck ausgeübt worden, die Gedankengänge, die den Inhalt dieses Buches ausmachen, nicht zu veröffentlichen, aber er hat sich bei der schließlichen Ausgabe durch keinerlei Einwirkungen von außen beeinflussen lassen, nicht einmal von Winston Churchill selber, der darauf beharrte, daß der Okkultismus der Nazipartei unter keinen Umständen der breiten Öffentlichkeit enthüllt werden sollte.

Daß es dem Nürnberger Gerichtshof nicht gelang, klarzulegen, welche bösen Kräfte hinter der äußeren Fassade des Nationalsozialismus wirksam waren, überzeugte ihn, daß mindestens weitere dreißig Jahre vergehen müßten, bevor genügend Leser imstande wären, die Einweihungsriten und die Praktiken der schwarzen Magie zu begreifen, die vom inneren Kern der führenden Nazis ausgeübt worden waren.

Er sah mit Sorge, daß die alliierten Ankläger in diesem Prozeß zur Ahndung von Verbrechen gegen die Menschlichkeit nicht über die moralische Vorstellungskraft verfügten, den apokalyptischen Charakter jener Zivilisation zu begreifen, die in Deutschland zwischen den beiden Weltkriegen entstanden war – einer Zivilisation, die sich auf eine magische Weltanschauung gründete, die das Kreuz durch das Hakenkreuz ersetzt hatte. Er verstand, warum die Richter sich so einig waren, die Angeklagten zu behandeln, als seien sie ein integrierender Teil des humanistischen und kartesianischen Systems der westlichen Welt. Wenn sie auch nur einen Augenblick lang zugegeben hätten, wie es um ihre geschlagenen Feinde wirklich bestellt war, und wenn sie den Schleier für die wirklichen Motive zu einer derartig verblüffenden Umstoßung aller Werte gelüftet hätten, würden sie unter Umständen Millionen von Menschen der Gefahr einer schrecklichen Verderbtheit ausgesetzt haben.

Dr. Stein hegte keinen Zweifel, daß man auf höchster politischer Ebene den Beschluß gefaßt hatte, die abscheulichsten Verbrechen in der Geschichte der Menschheit als Folge geistiger Verirrung und systematischer Pervertierung der Instinkte darzustellen. Man hielt es für zweckdienlich, sich trockener psychoanalytischer Ausdrücke zu bedienen, wenn man die Motive untersuchte, warum Millionen von menschlichen Wesen in die Gasöfen gesperrt wurden, statt zu enthüllen, daß solche Praktiken integrierender Bestandteil eines fleißigen Umgangs mit bösen Mächten waren.

Das Erscheinen von Aldous Huxleys Buch *The Doors of Perception* (Die Türen der Erkenntnis) kündigte die Veränderung der öffentlichen Meinung an, die Dr. Stein seit langem vorausgesehen hatte, denn es griff die allgemein vorherrschende Skepsis gegenüber okkulten Dingen an und wies auf das Vorhandensein höherer Bewußtseinsebenen und anderer zeitlicher Dimensionen im Bereich des menschlichen Denkens hin. Huxleys blendende Darstellung über sein eigenes Erlebnis transzendentaler Bewußtheit unter Einfluß von Meskalin warf ein Licht auf die Gliederung des inneren Raums und entwickelte den Gedanken, daß der Mensch selber eine Brücke zwischen zwei Welten sei, nämlich der irdischen und der übernatürlichen. Er verschaffte auch der damals nur wenig beachteten Tatsache Geltung, daß Gehirn, Nervensystem und Sinnesorgane eine Schutzbarriere gegen den uns sonst überflutenden »totalen Sinn« bilden und eine Art Reduktionsventil darstellen, das uns »die armseligen Tropfen jener Bewußtheit zumißt, die uns helfen, uns auf der Oberfläche unseres Planeten am Leben zu erhalten«.

Obwohl Dr. Stein den Einbruch des »Psychedelischen Zeitalters« nicht mehr erlebte, sagte er voraus, daß ein allgemeiner Gebrauch von bewußtheitserweiternden Drogen in den USA und Europa um sich greifen und Millionen von jungen Menschen auf einen gefährlichen und unerlaubten Weg der Offenbarung locken würde, für den die große Mehrheit völlig unvorbereitet sei. Er glaubte, daß das Verlangen nach transzendentaler Bewußtheit mit Hilfe von Drogen die unvermeidliche Reaktion auf den versteinerten religiösen Dogmatismus und den selbstzufriedenen Materialismus des westlichen Establishments sei, den nicht einmal die Katastrophen des Hitlerkrieges hätten zerstören können.

Er beabsichtigte, sein Material über den *Speer* zum gegenwärtigen Zeitpunkt zu veröffentlichen, in dem ein breites Publikum davon überzeugt sei, daß der übliche Zustand einer begrenzten Bewußtheit nicht die einzige Bewußtheit ist, die es gibt. Im Sommer 1957, drei Tage nachdem er beschlossen hatte, mit dem Buch zu beginnen, brach er im Arbeitszimmer seines Londoner Heimes zusammen und starb kurz darauf im Krankenhaus.

Ich traf Dr. Stein zum ersten Mal, als ich ein von ihm geschriebenes Buch entdeckt hatte: *Das neunte Jahrhundert*, ein nach meiner Ansicht unübertroffenes Werk über den historischen Hintergrund der Gralserzählung des Mittelalters. In diesem Buch hatte er gezeigt, wie das legendarische Forschen nach dem Heiligen Gral einen einzigartigen abendländischen Zugang zur transzendentalen Bewußtheit verschleierte. Es faszinierte mich zu entdecken, daß es ihm gelungen war, so viele der angeblich legendarischen Gestalten in diesen Gralserzählungen als wirklich lebende, historische Personen dieses Zeitabschnitts zu identifizieren. Mir war klar, daß das Buch nicht auf der Grundlage der üblichen historischen Betrachtungsweise oder mit Hilfe der vorhandenen mittelalterlichen Chroniken geschrieben sein konnte. Ich kam sehr rasch zu der Auffassung, daß dieser Reichtum an geschichtlichem Material mittels einer ganz neuen Technik der Geschichtsforschung gewonnen worden war, die mit okkulten Fähigkeiten und einem erweiterten Bewußtsein arbeitete. Ich war fest entschlossen, der Sache weiter nachzugehen, und stattete ihm in seinem Heim in Kensington ohne vorhergehende Verabredung einen Besuch ab.

Ich kann mich lebhaft daran erinnern, daß ich in einem Vorraum seines großen Hauses herumsaß und gespannt darauf war, was für ein Mann der Autor dieses bemerkenswerten Gralsbandes wohl sein mochte. Der Raum, in dem ich saß und darauf wartete, daß er ein Gespräch oben in seinen Büroräumen beenden sollte, sah mehr nach einem Museumsspeicher als nach einem Wohnzimmer aus. Er platzte aus allen Nähten von all den vielen Büchern und Gemälden, die darin untergebracht waren. Ich vermutete, daß das Haus ursprünglich als ein Notbehelf in Kriegszeiten benutzt worden war und daß man Gemälde, Bücher, Kunstschätze und Antiquitäten hineingestopft hatte, die einstmals eleganter untergebracht gewesen waren. Dort hingen in verschiedener Höhe Bücherregale, damit Gemälde jeder Art und Größe, von modernen Impressionisten bis zu mittelalterlichen und byzantinischen Werken, zwischen ihnen Platz finden sollten. überall lagen Bücher herum; sogar die Treppenabsätze des fünfstöckigen Hauses und das dekorative »Klo« im unteren Treppenhaus waren mit Stapeln von Büchern vollgestopft, die bis zur Decke reichten.

Ein riesiger Druck von Michelangelos »Erschaffung Adams« füllte eine ganze Seitenwand über Buchregalen, die wohl die umfassendste Privatsammlung esoterischer Bücher enthielten, die ich je gesehen habe. Am Ehrenplatz über dem Kamin hing ein vergrößerter Druck von Rembrandts »Roter Gralsritter«, der die Heilige Lanze trug. Auf dem Kaminsims stand ein hübscher goldener Ikon, der von mancherlei Gegenständen aus Kristall und Quarz umgeben war, die sich zwischen den Fotografien berühmter britischer und europäischer Persönlichkeiten den Platz streitig machten.

Ein Mann, der nach etwa Mitte fünfzig aussah, betrat den Raum und stellte sich selber vor. Er trug einen korrekten Anzug, und eigentlich deutete nichts direkt darauf hin, daß er kein Engländer war, wenn man von einer goldgefaßten Brille absah, die von seinem Rockaufschlag herabbaumelte und unwillkürlich an einen deutschen Professor erinnerte. Ein Paar hellblauer Augen unter einer gefurchten Stirn sahen mich wach und aufmerksam an, als er mich mit einem herzlichen Handschlag begrüßte, in dem der Charme und die Höflichkeit vergangener Zeiten zum Ausdruck zu kommen schienen.

Hinter den freundlichen Worten spürte ich eine gewisse Offenheit, die mich ermutigte, ihm ohne Umschweife zu sagen, warum ich ohne vorherige Verabredung oder Ankündigung zu ihm gekommen war. Er sprach mit weichem österreichischen Akzent, der einen gewissen Charme hatte, aber trotz eines imponierenden Wortschatzes wirkte seine Aussprache komplizierterer englischer Wörter fast etwas komisch.

Ich erklärte, daß der Grund meines Besuches sein Buch über den historischen Hintergrund des Grals im neunten Jahrhundert sei, das ich gerade gelesen hätte. Ich erzählte ihm, daß ich – aus Gründen, die ich auf Wunsch gern näher darlegen wolle – zu dem Schluß gekommen sei, daß sein Buch mit Hilfe besonderer transzendentaler Fähigkeiten gleicher Art geschrieben wäre, wie sie Wolfram von Eschenbach zu seiner berühmten Gralserzählung, dem *Parzival*, inspiriert hätten.

Ich zitierte ihm diese Zeilen, die am Anfang dieses Buches wiedergegeben sind.

»Hetens wîp niht für ein smeichen,
ich solt iu fürbaz reichen
an disem maere unkundiu wort,
ich spraeche iu d'âventiure vort.
swer des von mir geruoche,
dem zels ze keinem buoche.
ine kan decheinen buochstap.
dâ nement genuoge ir urhap:
disiu âventiure
vert âne der buoche stiure.
ê man si hete für ein buoch,
ich waere ê nacket âne tuoch,

so ich in dem bade saeze,
ob ichs questen niht vergaeze.«[1]
Wolfram von Eschenbach
Parzival

Dann legte ich kurz dar, wie ich diese Zeilen selber auslegte, indem ich darauf hinwies, daß das Wort »questen« oft mit »Feigenblatt« übersetzt würde, dem Symbol des in okkulte Zusammenhänge eingeweihten Menschen. Im Unterschied zu anderen Minnesängern des dreizehnten Jahrhunderts, sagte ich, mache Wolfram von Eschenbach es ganz deutlich, daß er sein Material nicht bei seinen Zeitgenossen aus traditioneller Folklore oder durch Lektüre der vorhandenen Chroniken zusammengetragen habe. Aus diesem Grunde habe er ja auch unterstrichen, daß er keinen einzigen »buochstap« des Alphabets kenne; er wollte damit zum Ausdruck bringen, daß seine sogenannte Gralserzählung kein gewöhnliches Buch sei, sondern ein »Einweihungsdokument« höchsten Ranges.

Ich sagte zu meinem nunmehr aufmerksam lauschenden Gesprächspartner, daß in der Dichtung zahlreiche geschickt angebrachte Andeutungen enthalten seien, die die wirkliche Inspirationsquelle des Verfassers erkennen ließen. Zum Beispiel erwähne dieser größte Troubadour aller Zeiten, wie sein eigener Lehrer alle Chroniken des dreizehnten Jahrhunderts durchforscht habe, um herauszufinden, wo es jemals ein Volk gegeben hat, das sich der Reinheit widmete und würdig war, sich des Grals anzunehmen. Er habe die Chroniken in England, Frankreich und Irland gelesen und in Anschau gefunden, was er suchte.

Ich dankte Dr. Stein dafür, daß er in seinem eigenen Buch *Das neunte Jahrhundert* darauf hingewiesen habe, daß Anschau, das oft fälschlich als Anjou wiedergegeben würde, überhaupt kein geographischer Ort sei, sondern ein transzendentaler Bewußtseinszustand. Was Wolfram von Eschenbach mit seinem Hinweis auf die Chronik von Anschau zum Ausdruck bringen wollte, war, daß die historischen Ereignisse der Vergangenheit mittels höherer Kräfte wiederentdeckt werden könnten. Er beschrieb, wie sein Lehrer im dreizehnten Jahrhundert imstande war, die Geschehnisse, die im neunten Jahrhundert stattgefunden hatten, direkt nachzuempfinden, eine Leistung, die er durch Hellsehen erzielte,

[1] »Hielten es nun die Frauen nicht umgekehrt für eine Schmeichelei, so würde ich Euch dazu noch manches Neue zu sagen haben, wenn ich in meiner Geschichte fortführe. Wer aber das nun von mir wünscht, der darf diese nicht als Buch betrachten. Auf Buchstaben verstehe ich mich durchaus nicht. Von denen nehmen gerade genug ihren Ausgang. Diese Geschichte fährt ohne das Steuer der Bücher dahin. Und ehe man sie für ein Buch hielte, wollte ich selbst lieber nackend und ohne Tuch im Bade sitzen – wenn ich auch einen Wedel dabei nicht vergäße.«

die den zeitlichen Ablauf des historischen Prozesses außer Kraft setzte. Kurz gesagt: Die Anschau-Chronik war eine Art Kosmische Chronik, in der sich Vergangenheit, Gegenwart und Zukunft zu einer höheren Zeitdimension vereinigten. Und um diese ewige Chronik lesen zu können – sagt Wolfram von Eschenbach –, habe sein Lehrer »erst sein ABC ohne die Kunst der schwarzen Magie lernen müssen«. Mit anderen Worten, er mußte die notwendigen Fähigkeiten entwickeln, ohne auf magische Künste zurückzugreifen.

Ich erzählte Dr. Stein, daß ich zu der Auffassung gelangt sei, daß sein erstaunlich gut fundiertes Werk über den geschichtlichen Hintergrund des Grals im neunten Jahrhundert auf der Grundlage ähnlicher Fähigkeiten zustande gekommen wäre und daß er erst später durch persönliche historische Forschung und das Studium vorhandener Texte Bestätigung für seine Erkenntnisse gesucht habe.

Er zeigte keine sichtbare Reaktion auf diese offenherzige und etwas kühne Bemerkung eines völlig Fremden, sondern wartete einfach, ohne ein Wort zu sagen, als ob er mehr von mir zu hören wünsche. Ich begann seinen intensiven Blick zu spüren, in dem so viele unausgesprochene Fragen zu liegen schienen. Um das peinliche Schweigen zu unterbrechen, begann ich meine eigenen Erfahrungen mit höheren Bewußtseinsstufen in einem Nazi-Konzentrationslager während des Krieges ziemlich detailliert zu beschreiben und wie die Natur dieses transzendentalen Erlebnisses mich veranlaßt habe, den Gral zu studieren und die Geschichte des Longinusspeeres und die damit verknüpfte Legende des Weltenschicksals zu erforschen.

Ich blätterte in einem Exemplar seines Buches, das ich mitgebracht hatte, und schlug darin eine Abbildung der »Heiligen Lanze« in der Schatzkammer der Habsburger auf, die angeblich mit dem Speer identisch war, den ein römischer Zenturio dem am Kreuze hängenden Jesus in die Seite gestoßen haben sollte. Ich erzählte von meinem Besuch in der Hofburg in Wien, wo ich den Speer vor etwa sechs Wochen gesehen hätte, und ich gab der Meinung Ausdruck, daß die mit diesem Talisman verknüpfte Legende durch die besondere Wirkung inspiriert worden wäre, mit der sie die Offenbarung der Geheimnisse der *Zeit* selber beschleunigt habe, die auch bei seinem Buch Pate gestanden hätten.

Dr. Stein strahlte jetzt vor offensichtlichem Vergnügen und Wohlgefallen. »Sie müssen zum Lunch bleiben«, sagte er, »damit wir unsere Unterhaltung fortsetzen können.« Dies war der Beginn einer Freundschaft, die zehn Jahre andauern sollte. Während dieser Zeit lernte ich in seinem Hause »das ABC des Grals ohne die Kunst der schwarzen Magie« kennen.

Ich unterhielt nahe Verbindung mit Dr. Stein, bis er im Jahre 1957 verstarb, und blieb oft mehrere Wochen in seinem Heim in Kensington. Dennoch dauerte es mehrere Jahre, bevor ich mir ein umfassendes Bild von seinem außergewöhnlichen Leben machen konnte.

Er sprach nicht gern über sich selber und ließ sich nicht darauf ein, direkte Fragen zu beantworten. In dieser Zeit glaubte ich, mit einem komplizierten Puzzlespiel beschäftigt zu sein, ohne die geringste Ahnung zu haben, welches Bild schließlich dabei herauskommen würde. Einzelne Teile schienen beim besten Willen nicht zum Leben ein und desselben Mannes zu gehören.

Er war 1891 in Wien geboren und zweiter Sohn eines wohlhabenden und einflußreichen österreichischen Rechtsanwalts und Spezialisten für internationales Recht. Obwohl er ein naturwissenschaftliches Examen an der Universität in Wien abgelegt hatte, schrieb er seine Dissertation über ein philosophisches Thema. Dieses Werk, das später in Buchform in Deutschland erschienen ist, brachte neun höhere Bewußtheitsebenen in Verbindung zu den physischen Organen und der Biochemie des Körpers und griff somit den Forschungen des kürzlich gegründeten Instituts für Psychophysische Forschung in Oxford um ein halbes Jahrhundert voraus.

Sein hauptsächliches Interesse richtete sich eine Zeitlang auf das Verhältnis der Kunstgeschichte zur Entwicklung der menschlichen Bewußtheit. Seine Forschungen auf diesem Gebiet führten zu einer aktiven Beschäftigung mit Archäologie und zur Interpretation der Kunst und Architektur des Altertums. Auf einer ausgedehnten Vortragsreise durch Kleinasien war er Gast im Palast Atatürks, des türkischen Diktators, und überredete den »Grauen Wolf «, die byzantinischen Fresken in allen früheren christlichen Kathedralen und Kirchen zu restaurieren, die nach der islamischen Eroberung Konstantinopels vor tausend Jahren in Moscheen umgestaltet worden waren.

Dr. Stein begründete seinen wissenschaftlichen Ruf in Deutschland mit umfassenden Arbeiten über die Geschichte des Mittelalters, doch kam er in der Eigenschaft eines Ökonomen nach England, als er König Leopold von Belgien bei dessen Staatsbesuch 1936 in London begleitete. In dieser Eigenschaft half er, die berühmte Rede des belgischen Königs in der Guildhall auszuarbeiten, in der zum ersten Mal die Möglichkeit eines gemeinsamen europäischen Marktes gestreift wurde.

Obwohl er im Ersten Weltkrieg wegen Tapferkeit als österreichischer Offizier an der russischen Front ausgezeichnet worden war, betätigte er sich im Zweiten Weltkrieg als britischer Nachrichtenagent und brachte die Pläne für die unter dem Stichwort »Operation Seelöwe« geplante Invasion der Nazis vom Kontinent nach England mit.

Die einzelnen Teile des Puzzles tauchten völlig unerwartet im Laufe der Unterhaltungen auf. So zum Beispiel erzählte ich ihm eines Tages von dem Mordanschlag auf General Rommel in Nordafrika und erwähnte, daß ich Oberstleutnant Geoffrey Keyes, V. C., unterstellt gewesen sei, der dieses Unternehmen damals leitete. Ich hörte zu meiner Überraschung, daß Dr. Stein ein persönlicher Freund von Geoffreys Vater, Admiral Sir Roger Keyes, V. C., war, der zu Beginn des Krieges für sogenannte »Kombinierte Operationen« zuständig war. Auf diese Weise bekam ich heraus, daß Sir Winston Churchill Admiral Keyes beauftragt hatte, Dr. Stein auf einem heimlichen Besuch während des Krieges nach Brüssel zu begleiten und den belgischen König zu überreden, sein Land den alliierten Armeen zu öffnen, um auf diese Weise die Umgehung der französischen Maginotlinie zu verhindern, falls die Deutschen die belgische Neutralität mißachten sollten.

Durch sein Leben zog sich ein einziges Thema, das all seinen verschiedenen Aktivitäten einen zentralen Sinn gab – ein tiefes und ernsthaftes Interesse für den Okkultismus. Er begann sich bereits für die Mysterien des Heiligen Grals und für den Speer des Longinus zu interessieren, als er noch an der Wiener Universität studierte. Und es war eine direkte Folge dieser Forschungen, daß er Adolf Hitler kennenlernte, der um diese Zeit ohne geregeltes Einkommen in einem Wiener Obdachlosenasyl lebte. Denn während der vier Jahre, die dem Ausbruch des Ersten Weltkrieges vorausgingen, hatte Hitler nämlich ebenfalls die welthistorisch so bedeutsame Legende entdeckt, die mit dem Speer in der Habsburger Schatzkammer verknüpft war, und träumte bereits damals, noch in seinen frühen zwanziger Jahren, von dem Tage, an dem er ihn als einen Talisman für die Eroberung der Welt für sich in Anspruch nehmen würde.

Nur wenig ist bislang über diesen Zeitraum in Adolf Hitlers Leben publiziert worden, da es nur noch einen einzigen anderen vertrauenswürdigen Zeugen für ihn gibt, einen gewissen August Kubizek, mit dem der künftige Führer im Jahre 1909 eine Zeitlang die Wohnung teilte, bevor er sich auf und davon machte, ohne auch nur ein Wort des Abschieds zu sagen. Kubizek, der ein früherer Schulkamerad Hitlers in Linz gewesen war, legte an der Wiener Musikakademie mit Auszeichnung sein Examen ab und versuchte ihn dann während der folgenden vier Jahre in Wien aufzuspüren, aber ohne Erfolg.

Sämtliche Biographen Hitlers gehen davon aus, daß die Jahre 1909 bis 1913 die negativsten und unbedeutendsten seines Lebens gewesen sind, Jahre, in denen er nahe dem Existenzminimum in einem Männerheim gelebt und versucht habe, sich mit dem Verkauf von Aquarellen über Wasser zu halten. Dennoch hat Hitler selber später in seiner Autobiographie *Mein Kampf* behauptet, daß dies die wichtigsten und entwicklungsträchtigsten Jahre seines Lebens gewesen seien, in denen er all das lernte, was für ihn zu wissen nötig war, um die Führung der NSDAP zu übernehmen.

Dr. Stein konnte bestätigen, daß gerade diese Erklärung in *Mein Kampf* der vollen Wahrheit entsprach, denn er selber war um diese Zeit Augenzeuge, wie Hitler mit Hilfe von Drogen zu höheren Bewußtheitsebenen gelangte und tiefgehende Studien über mittelalterlichen Okkultismus und rituelle Magie betrieb. Stein diskutierte mit ihm die umfassende politische, historische und philosophische Literatur, mit deren Hilfe er formulierte, was später zur nazistischen Weltanschauung werden sollte.

Dr. Steins Verbindung mit Adolf Hitler endete nicht in Wien. Er beobachtete aus nächster Nähe die Gründung der Nazipartei und Adolf Hitlers Verbindung mit den drei unheilvollen Persönlichkeiten, die ihm bei seinem meteorenhaften Aufstieg zur Macht in den Sattel halfen – Dietrich Eckart, Houston Stuart Chamberlain und Professor Karl Haushofer.

Als der Reichsführer SS Heinrich Himmler 1933 Dr. Steins Verhaftung in Stuttgart anordnete, um ihn zur Mitarbeit im »Okkulten Büro« der SS zu zwingen, floh dieser aus Deutschland und brachte auf diese Weise sein höchst zuverlässiges Wissen über den Okkultismus der Nazipartei nach England. Mehr in dieser kurzen Einleitung auszusagen, hieße, dem Inhalt dieses Buches vorzugreifen.

ERSTER TEIL
Taisman der Macht und Offenbarung

»Das Leben ist ein Born der Lust; aber wo das Gesindel mit trinkt, da sind alle Brunnen vergiftet.

Allem Reinlichen bin ich hold; aber ich mag die grinsenden Mäuler nicht sehn und den Durst der Unreinen.

Sie warfen ihr Auge hinab in den Brunnen; nun glänzt mir ihr widriges Lächeln herauf aus dem Brunnen.

Das heilige Wasser haben sie vergiftet mit ihrer Lüsternheit; und als sie ihre schmutzigen Träume Lust nannten, vergifteten sie auch noch die Worte.

Unwillig wird die Flamme, wenn sie ihre feuchten Herzen ans Feuer legen; der Geist selber brodelt und raucht, wo das Gesindel ans Feuer tritt.

Süßlich und übermürbe wird in ihrer Hand die Furcht: windfällig und wipfeldürr macht ihr Blick den Fruchtbaum.

Und mancher, der sich vom Leben abkehrte, kehrte sich nur vom Gesindel ab: er wollte nicht Brunnen und Flamme und Frucht mit dem Gesindel teilen.

Und mancher, der in die Wüste ging und mit Raubtieren Durst litt, wollte nur nicht mit schmutzigen Kameltreibern um die Zisterne sitzen.

Und mancher, der wie ein Vernichter daher kam und wie ein Hagelschlag allen Fruchtfeldern, wollte nur seinen Fuß dem Gesindel in den Rachen setzen und also seinen Schlund stopfen.«

Friedrich Nietzsche
Also sprach Zarathustra

1. Kapitel
Der Talisman der Macht

»Adolf stand vor mir. Und nun ergriff er meine beiden Hände und hielt sie fest. Es war dies eine Geste, die ich früher noch nicht an ihm erlebt hatte. Ich spürte am Druck seiner Hände, wie tief erschüttert er war. Seine Augen fieberten vor Erregung. Die Worte kamen nicht wie sonst gewandt aus seinem Munde, sondern brachen rauh und heiser aus ihm hervor. An dieser Stimme merkte ich noch mehr, wie tief ihn dieses Erlebnis aufgewühlt haben mußte ... Etwas ganz Merkwürdiges, das ich früher, wenn er in erregter Form zu mir gesprochen hatte, nie an ihm beobachtet hatte, fiel mir in dieser Stunde auf. Es war, als würde ein anderes Ich aus ihm sprechen, von dem er selbst mit gleicher Ergriffenheit berührt wurde wie ich. Keineswegs war es so, wie man von einem mitreißenden Redner mitunter sagt, daß er sich an den eigenen Worten berausche. Im Gegenteil! Ich hatte eher den Eindruck, als würde er mit Staunen, ja, mit Ergriffenheit selbst miterleben, was da mit elementarer Kraft aus ihm hervorbrach ... Wie eine angestaute Flut durch die berstenden Dämme bricht, brachen die Worte aus ihm hervor. In großen, mitreißenden Bildern entwickelte er mir seine Zukunft und die seines Volkes ... Er sprach von einem Auftrage, den er einst vom Volk empfangen würde, um es aus der Knechtschaft emporzuführen zu den Höhen der Freiheit.«
August Kubizek
Adolf Hitler, mein Jugendfreund

Diese Szene, die eine frühe Vision des jungen Hitler schildert, daß ein welthistorisches Schicksal vor ihm liege, spielte sich in seinem fünfzehnten Lebensjahr ab. Nachdem er mit brennender Begeisterung Wagners Oper *Rienzi* angehört hatte, in der die Geschichte des kometenhaften Aufstiegs und Falls eines römischen Volkstribunen erzählt wird, war Hitler auf die Spitze des Freinberges hinaufgestiegen, der einen Ausblick auf seine Heimatstadt Linz bot. Hinter ihm, kaum in der Lage, seinem Schritt zu folgen, ging schnaufend sein einziger Freund, Gustl Kubizek, der Sohn eines armen Tapezierers. Und dort, im strahlenden Sternenglanz der Sommernacht, waren also diese prophetischen Worte aus seinem Mund geströmt, die späterhin so unheimlich genau in Erfüllung gehen sollten.

Vier Jahre später, als Adolf Hitler und Gustl Kubizek gemeinsam ein verwanztes Zimmer in Wien bewohnten, sah es jedoch viel mehr danach aus, daß Hitlers jugendliche Hoffnungen sich als ein Hirngespinst erweisen sollten. Ihm war der Eintritt in die Wiener Akademie der Schönen Künste verwehrt worden, weil seine Skizzen nicht den Ansprüchen genügten, und die Hochschule für Architektur hatte ihn ebenfalls wegen mangelnder Qualifikation zurückgewiesen. Nun hatte er wenig Lust, sich einer geregelten Arbeit zuzuwenden, sondern er versuchte, sich mit den restlichen Ersparnissen seiner verstorbenen Mutter und einer geringen Waisenrente durchzuschlagen, die ihm für die Tätigkeit seines Vaters in der Zollverwaltung zugebilligt worden war. Aber auch damit sollte es bald ein Ende haben.

»Leute, die ihn in jenem Jahr in Wien kannten, wunderten sich über den Gegensatz zwischen seinem kultivierten Auftreten, seiner gepflegten Sprechweise und selbstsicheren Haltung einerseits und dem elenden Leben, das er auf der anderen Seite führte, und sie hielten ihn für hochmütig und anspruchsvoll. Er war beides nicht. Er paßte ganz einfach nicht in das bürgerliche System ... Mitten in einer korrumpierten Stadt errichtete mein Freund um sich eine Mauer von unumstößlichen Prinzipien, die es ihm möglich machte, trotz aller ihn umgebenden Verlockungen eine innere Freiheit aufzubauen ... Er ging seinen Weg unberührt von allem, was rings um ihn geschah. Er blieb ein einsamer Mensch und bewahrte ›die heilige Flamme des Lebens‹ mit der Askese eines Mönches.«
August Kubizek
Adolf Hitler, mein Jugendfreund

Er war nun ganz und gar auf sich selber angewiesen, und da er sich mit niemandem anfreunden konnte, wurde er von Tag zu Tag immer einsamer und bitterer. Die Enttäuschung war um so schmerzlicher, als Gustl Kubizek im Musikkonservatorium einen erstaunlichen Erfolg aufzuweisen hatte. Aber trotz nur geringer Aussichten hatte er selber sich mit hartnäckiger Entschlossenheit selbständigen Studien zugewandt. Niemand konnte ihn in jenem Jahr mit Recht der Faulheit bezichtigen, obwohl viele der Ansicht waren, daß er sich in falschen Bahnen betätigte.

Er verbrachte täglich viele Stunden in der Bibliothek der Hofburg mit dem Studium nordischer und teutonischer Mythologie und Folklore und mit einer umfassenden Lektüre deutscher Geschichte, Literatur und Philosophie.

Aber Hitlers hauptsächliche Bemühungen um diese Zeit galten immer noch der Architektur, und er entwarf Pläne für eine Reihe ehrgeiziger Bauprojekte, die niemals die geringste Chance für eine Realisierung hatten.

»Die alte Kaiserstadt wurde auf dem Zeichentische eines neunzehnjährigen Jünglings, der in einem düsteren Hinterhause der Vorstadt Mariahilf wohnte, zu einer weit in das offene Gelände wachsenden, lichtdurchfluteten, lebenerfüllten Stadt, die sich aus Vier-, Acht- und Sechzehnfamilienhäusern zusammensetzte.«
August Kubizek
Adolf Hitler, mein Jugendfreund

Während der langen Sommerferien, die Kubizek zu Hause in Linz verbrachte, machte er sich Gedanken darüber, daß sein Freund so allein wohnte und in dem kleinen, dürftig eingerichteten Zimmer ständig an Hunger litt. Aus diesem Grunde überredete er seine Mutter, ihm eine Anzahl großzügig bemessener Essenspakete zu schicken.

»Was er wohl jetzt allein in unserem Zimmer arbeitete? Meine Gedanken beschäftigten sich sehr viel mit ihm. Vielleicht nützte er den Umstand, daß er jetzt den ganzen Raum für sich allein hatte, dazu aus, um seine großen Baupläne wiederaufzunehmen. Schon lange hatte er sich vorgenommen, die Wiener Hofburg umzubauen. Auf unseren Streifzügen durch die Innenstadt war er immer wieder auf dieses Projekt zurückgekommen, das ideenmäßig bereits fertig war und lediglich noch durchgezeichnet werden mußte. Es störte ihn, daß die alte Hofburg und die Hofstallungen aus Ziegeln gebaut waren. Ziegel waren in seinen Augen ein für Monumentalbauten unsolides Material. Daher sollten diese Bauwerke abgerissen und durch Steinbauten ähnlichen Stiles ersetzt werden. Ferner wollte Adolf dem wundervollen Säulenhalbrund der neuen Burg ein entsprechendes Gegenstück gegenüberstellen und damit den Heldenplatz auf einzigartige Weise abschließen ... Zwei gewaltige Triumphbogen über den Ring sollten den herrlichen Platz mit den Hofmuseen in die Planung einbeziehen.«
August Kubizek
Adolf Hitler, mein Jugendfreund

Gustl K. sollte sehr lange Zeit in Unwissenheit bleiben, was Hitler trieb. Er traf seinen Freund nicht eher wieder, bis dieser, vierundzwanzig Jahre später, der unbestrittene Führer des Dritten Reiches geworden war. Denn während K. in jenem Sommer Ferien hatte, machte Adolf Hitler eine höchst wichtige Entdeckung – eine Entdeckung, die seine ganze Lebensweise verändern sollte und ihn auf den einsamen Weg zur totalen Macht trieb.

Eines Tages, als Hitler an seinen Zeichnungen vor dem Hofburgmuseum arbeitete, hatten seine Gedanken einen neuerlichen Tiefpunkt erreicht. Den ganzen Tag hatte er schon vor Kälte gezittert und sich davor gefürchtet, daß ein kürzlich überwundener Bronchialkatarrh erneut aufbrechen und ihn zwingen würde, sich längere Zeit in seiner elenden Behausung aufzuhalten. Der Himmel war mit Wolken überzogen, und der erste kalte Herbstwind trieb ihm den Regen ins Gesicht. Sein Skizzenbuch war total durchnäßt. Es war ein Augenblick schmerzlicher Selbsterkenntnis. Er erkannte mit erschreckender Klarheit, daß alle seine grandiosen Architektenpläne, denen er sich mit Leib und Seele hingegeben hatte, völlig wertlos waren. Wer würde sie jemals auch nur eines Blickes würdigen? Und plötzlich erkannte er, was er war – eine hoffnungslose Niete. Voller Widerwillen zerriß er sein Skizzenbuch und ging die Stufen zur Schatzkammer hinauf, wo er Wärme und Schutz suchte, um seine trostlose Situation neu zu überdenken.

Adolf Hitler war schon viele Male vorher in der Habsburger Schatzkammer gewesen und sah, mit Ausnahme einiger weniger Dinge, die ausgestellten Stücke als wertlosen Plunder an. Nicht einmal die offizielle Krone der Habsburger Kaiser war deutschen Ursprungs. Das einzige Insignum, das die Habsburger vorfanden, als sie Kaiser des österreichisch ungarischen Reiches wurden, war die Rubin- und Saphirkrone Böhmens, die seit dem siebzehnten Jahrhundert im Besitz der Familie war. Doch die schöne, geschichtsträchtige Krone der deutschen Kaiser, das zentrale Stück der Reichskleinodien, fand in ihren Augen als Symbol des deutschen Volkes in ihren Landen niemals volle Anerkennung. »Wer konnte noch Kaisertreue bewahren einer Dynastie gegenüber, die in Vergangenheit und Gegenwart die Belange des deutschen Volkes immer und immer wieder um schmählicher eigener Vorteile verriet?«[2]

Der bloße Anblick dieser protzigen Regalien in der Schatzkammer vermehrte seine Abneigung gegen die gesamte habsburgische Dynastie. Als glühender deutscher Nationalist vermochte er niemals, sich deren Gedanken über die Gleichheit aller Rassen zu eigen zu machen. Er spürte einen un-

---

[2] *Adolf Hitler:* Mein Kampf

überwindlichen Abscheu gegen den aus allen möglichen Rassen gemischten Pöbel, der in den Sommermonaten die Schatzkammer überschwemmte und dumm und gedankenlos auf die Symbole des dekadenten und hin und her schwankenden Reiches starrte, das sich vom Rhein zum Dnjestr, von Sachsen bis Montenegro hinzog.[3]

Adolf Hitler stand im mittleren Gang und schenkte den Kronen, Zeptern und Pretiosen rings um sich kaum irgendwelche Beachtung, so tief war er in seine Gedanken über die Ausweglosigkeit seiner persönlichen Lage versunken. Er behauptet, daß er nicht einmal eine offizielle Gesellschaft bemerkt habe, die sich ihm langsam näherte: eine Gruppe ausländischer Politiker, die von einem Experten des Museumsarchivs geführt wurde.

> »Diese Ausländer blieben fast unmittelbar vor mir stehen, während ihr Führer auf einen alten Speerkopf zeigte. Zuerst hatte ich wenig Lust zuzuhören, was der Experte darüber zu sagen wußte, und empfand die Anwesenheit der Gruppe eher als lästiges Eindringen in den Bereich meiner eigenen verzweifelten Gedanken. Und dann hörte ich die Worte, die mein ganzes Leben verändern sollten: *›Mit diesem Speer ist die Legende verknüpft, daß derjenige, der auf ihn Anspruch erhebt und seine Geheimnisse löst, das Schicksal der Welt im Guten wie im Bösen in seinen Händen hält.‹«*

Nun waren Hitlers Instinkte für Tyrannei und Eroberung geweckt, und er lauschte nunmehr intensiv, als der wissenschaftlich gebildete Fremdenführer erklärte, daß diese Legende über das Weltenschicksal um den Speer entstanden sei, den einst ein römischer Zenturio Jesus Christus bei der Kreuzigung in die Seite gestoßen habe. Es gäbe, so sagte er, allerdings nur eine unverbürgte Überlieferung, daß es sich hierbei um den gleichen Speer handele.

Offenbar konnte sie nicht weiter als bis zum deutschen Kaiser Otto dem Großen zurückverfolgt werden; der Nagel, der fest in *seinem* Blatt saß, unterschied sich in nichts von den Hunderten von Nägeln, die man ringsum in den Kirchen und Museen Europas vorfand. Er war erst im dreizehnten Jahrhundert hinzugefügt worden. Einige der deutschen Kaiser des Mittelalters hatten die Legende in Verbindung mit diesem Speer gebracht, doch in den

---

[3] »Dieses Völkergemisch von Tschechen, Ungarn, Ruthenen, Serben, Kroaten und Juden – dieser Schwarm von fremden Völkern, die es sich in dieser alten Heimstätte der deutschen Kultur wohl sein ließen.« *Adolf Hitler:* Mein Kampf

letzten fünfhundert Jahren oder länger hatte niemand der Legende Glauben geschenkt, außer natürlich Napoleon, der nach der Schlacht von Austerlitz Anspruch auf den Speer erhoben hatte. Er war jedoch schon vor der Schlacht heimlich aus Nürnberg herausgeschmuggelt und in Wien versteckt worden, um ihn vor den Händen des Tyrannen zu bewahren.

Die Gruppe ging weiter, während Hitler fasziniert ein paar Schritte näher herantrat, um das Objekt, um das sich offenbar eine so seltsame Legende rankte, besser sehen zu können.

Der einsame, vom Alter geschwärzte Speerkopf ruhte auf einem verblichenen roten Sammetkissen in einem offenen Lederetui. Die lange Spitze saß auf einem kräftigen Metallstück, dessen vorspringende Teile die Flügel einer Taube darstellten. In einer in der Mitte befindlichen Öffnung des Blattes befand sich ein geschmiedeter Nagel, der mittels einer mit Metalldraht umwundenen Manschette gesichert war. Ganz unten waren goldene Kreuze in den Speer getrieben.

»Ich wußte sofort, daß dies ein wichtiger Augenblick meines Lebens war«, sagte Hitler, wenn er später von seiner ersten Begegnung mit dem Speer erzählte. »Und doch konnte ich nicht fassen, warum ein äußerliches christliches Symbol solch einen Eindruck auf mich machte. Ich stand ganz still und starrte es mehrere Minuten lang an, die Schatzkammer um mich herum völlig vergessend. Es schien, als enthalte es einen verborgenen Sinn, den ich nicht fassen konnte, eine Bedeutung, die ich in meinem Innersten zu kennen glaubte, ohne mich ihrer klar bewußt werden zu können. Die Worte aus Richard Wagners *Meistersingern* gingen mir durch den Kopf:

›Und doch 's will halt nicht gehen.
Ich fühl's und kann's nicht verstehen.
Kann's nicht behalten – doch auch nicht vergessen.
Und fass' ich es ganz – kann ich's nicht messen.‹

Das war ein Vers, von dem ich früher immer geglaubt hatte, er bringe den Wunsch anderer zum Ausdruck, mich und den Sinn meines Schicksals zu verstehen, eine tägliche Ermahnung und ein nie versagender Trost in meinen dunkelsten und einsamsten Stunden. «

Und nun fühlte dieser blasse und kränklich aussehende junge Mann, der so rasch seine vorherige Hoffnungslosigkeit und Verzweiflung vergessen hatte, daß diese mystischen Zeilen seine eigene Unfähigkeit zum Ausdruck brachten, die geheimnisvolle Botschaft zu vernehmen, die dieser alte Talisman der Macht ihm verkünden und gleichzeitig vorenthalten wollte.

»Der Speer schien eine Art magisches Offenbarungsmedium zu sein, denn er brachte die Welt der Ideen in eine so nahe und lebendige Perspektive, daß die menschliche Phantasie wirklicher wurde als die Welt der Sinne.

Ich glaubte zu spüren, daß ich ihn in einem früheren Jahrhundert der Geschichte schon einmal in Händen gehalten habe – daß ich selber schon einmal Anspruch auf diesen Talisman der Macht erhoben und das Schicksal der Welt in meinen Händen getragen hatte. Und doch, wie war das nur möglich? Was war das nur für ein Unfug, der in meinen Kopf drang und so viel Aufruhr in meiner Brust verursachte?«

Adolf Hitler stand immer noch wie verzaubert vor dieser alten Waffe, als die Türen der Weltlichen Schatzkammer geschlossen wurden und es Zeit war zu gehen.

2. Kapitel
Der Speer des Schicksals

»Sie sind insofern Helden zu nennen, als sie ihre Zwecke und ihren Beruf nicht bloß aus dem ruhigen, angeordneten, durch das bestehende System geheiligten Lauf der Dinge geschöpft haben, sondern aus einer Quelle, deren Inhalt verborgen und nicht zu einem gegenwärtigen Dasein gediehen ist, aus dem inneren Geiste, der noch unterirdisch ist, der an die Außenwelt wie an die Schale pocht und sie sprengt ...«
Georg Friedrich Wilhelm Hegel
Philosophie der Geschichte

Adolf Hitler kannte sich zwischen den Regalen der berühmten Hofbibliothek nicht schlechter aus als jeder beliebige andere Universitätsstudent, denn er hatte den größten Teil des Jahres eifrig studierend in dem stillen, warmen und gut eingerichteten Lesesaal zugebracht.

»Bücher waren seine Welt ... In Wien benützte er die Hofbibliothek, und zwar so eifrig, daß ich ihn einmal allen Ernstes fragte, ob er sich denn vorgenommen habe, die ganze Bibliothek auszulesen, wofür ich natürlich nur grob angefahren wurde. Einmal nahm er mich in die Hofbibliothek mit und führte mich in den großen Saal. Ich war von diesen ungeheuren, zu ganzen Wänden aufgestapelten Büchern fast erschlagen und fragte ihn, wie er denn angesichts dieser Überfülle von Büchern gerade die bekäme, die er brauchte. Da wollte er mich in die Handhabung des Kataloges einführen. Aber ich wurde nur noch mehr verwirrt.«
August Kubizek
Adolf Hitler, mein Jugendfreund

Am Morgen, der der Entdeckung des Schicksalsspeeres folgte, trat Adolf Hitler nicht in den Lesesaal, um, wie es sonst seine Art war, in mehr oder weniger zufällig ausgesuchten Büchern zu blättern, die seinen vagen Luftschlössern Substanz und Stütze geben sollten. Diesmal betrat er den Lesesaal gemessenen Schrittes und mit einer ganz bestimmten Absicht – nämlich die Spur der Reichslanze in der Schatzkammer der Hofburg durch die Jahrhunderte zurückzuverfolgen, und zwar in Zeiten, noch ehe sie zum ersten Mal während der Herrschaft des deutschen Kaisers Otto des Großen offiziell in der Geschichte erwähnt wurde.

Binnen kurzem hatte er durch fleißigen Gebrauch von Katalogen und historischen Quellschriften herausgefunden, daß eine ganze Reihe von Speeren zu verschiedenen Zeitpunkten der Geschichte mit mehr oder weniger großem Recht für sich beanspruchen konnten, eben jener Speer zu sein, welcher die Seite Jesu Christi bei der Kreuzigung durchbohrt hatte.

Adolf Hitler überwand schnell seine Bestürzung über diese überraschende Wendung der Dinge. Er war überzeugt, daß durch fleißiges Forschen bald zu ermitteln sein würde, welcher tatsächlich der Speer des Longinus war. Er hatte sich immer schon leidenschaftlich für Geschichte interessiert, das einzige Fach, in dem er sich in der Schule ausgezeichnet hatte. Er empfand nur Verachtung für seine früheren Lehrer – »Sie hatten kein Gefühl für die Jugend; ihr einziges Ziel war, uns den Schädel vollzupfropfen und uns zu den gleichen dressierten Affen zu machen, die sie selber waren. Wenn ein Schüler einmal den leisesten Ansatz von Eigenwilligkeit zeigte, verfolgten sie ihn erbarmungslos.«[4]

Nur sein Geschichtslehrer Dr. Leopold Pötsch, ein glühender deutscher Patriot, von dem Hitler behauptete, daß er eine nachhaltige Wirkung auf seine Entwicklungsjahre gehabt habe, blieb von seiner beißenden Kritik verschont: »Wir saßen dann da, oft zu heller Glut begeistert, mitunter sogar zu Tränen gerührt ... Unser kleiner Fanatismus wird ihm ein Mittel zu unserer Erziehung. Mir hat dieser Lehrer Geschichte zum Lieblingsfach gemacht.«[4]

Der ernsthafte junge Mann, der später behaupten sollte: »Ein Mensch, der kein Gefühl für Geschichte hat, ist wie einer ohne Augen und Ohren«[4], hatte nur geringe Schwierigkeiten, die Bedeutung der verschiedenen Speere, die ringsum in den Palästen, Museen, Kathedralen und Kirchen Europas verstreut lagen und als Waffe des römischen Zenturio Longinus ausgegeben wurden, gegeneinander abzuwägen.

Einer von ihnen (oder doch zumindest ein Teil, nämlich der Schaft) hing im großen Saal des Vatikans, doch die römisch-katholische Kirche

---

[4] Mein Kampf
Seit seiner Schulzeit habe er sich leidenschaftlich für Geschichte interessiert, und der Gang der europäischen Geschichte war ihm in der Tat recht geläufig. In seinen Gesprächen zitierte er immer wieder historische Beispiele und Parallelen. Noch mehr: Hitlers gesamtes Denken war historisch orientiert, und sein Sendungsbewußtsein leitete sich von geschichtlichen Vorstellungen her.

hatte niemals im Ernst behauptet, daß er echt sei. Ein anderer Speer war in Krakau in Polen gefunden worden, aber Adolf Hitler bekam bald heraus, daß es sich dabei um eine genaue Nachbildung des Speeres in der Hofburg (jedoch ohne den eingefügten Nagel) handelte, die auf Befehl Ottos III. anläßlich einer Pilgerfahrt als Geschenk für Boleslav den Tapferen angefertigt worden war. Ein weiterer Speer, der mit größter Wahrscheinlichkeit für echt gehalten werden konnte, stand mit der Geschichte des frühen Kirchenvaters Johannes Chrysostomos in Verbindung. Dieser Speer, den viele für den Speer hielten, den der alte hebräische Prophet Phineas geschmiedet hatte, war im dreizehnten Jahrhundert von Ludwig dem Heiligen, als er von einem Kreuzzug heimkehrte, von Konstantinopel nach Paris gebracht worden. Es wurde behauptet, daß er das Interesse des großen dominikanischen Scholastikers Thomas von Aquin erweckt habe.

Adolf Hitler war aufs äußerste gespannt, als er einen Speer fand, der offenbar während seiner gesamten Geschichte mit einer Weltschicksalslegende verknüpft gewesen war. Die Geschicke dieses Speers, der aus dem dritten Jahrhundert stammte, war anscheinend von verschiedenen Historikern bis ins zehnte Jahrhundert zurückverfolgt worden, bis zur Regierung des Sachsenkönigs Heinrich I., des »Voglers«, in dessen Händen er zum letzten Mal in der berühmten Schlacht an der Unstrut gesehen worden war, in der die sächsische Kavallerie die plündernden Ungarn besiegt hatte. Nach dieser Schlacht war der Speer auf geheimnisvolle Weise aus der Geschichte verschwunden, denn er wurde weder bei Heinrichs Tod in Quedlinburg vorgefunden noch bei der Krönung seines ebenso berühmten Sohnes Otto des Großen, des ersten Besitzers der Heiligen Lanze, der in der Schatzkammer der Hofburg namentlich genannt wird.

Der Hofburgspeer wurde zum ersten Mal in der alten sächsischen Chronik in Verbindung mit der Schlacht auf dem Lechfeld (bei Augsburg) erwähnt, in der Otto einen entscheidenden Sieg über die Ungarn errang, deren gefürchtete berittene Bogenschützen ihre Verwüstungen bis ins eigentliche Herz Europas getragen hatten. Das nächste Mal wird er erwähnt, als Otto vor Papst Johannes XII. in Rom niederkniete und seine Schulter damit berührt wurde, um ihn auf solche Weise symbolisch zum Heiligen Römischen Kaiser zu erklären.

Adolf Hitler, der schon damals für Intellektuelle und Akademiker mit langen Titeln nur Geringschätzung hegte, war überzeugt, daß seine eigenen weiteren Forschungen die Lücke schließen und ergeben würden, daß es der gleiche Speer war, der – ohne in der Geschichte erwähnt zu werden

– vom Vater auf den Sohn übergegangen war, die beide als große sächsische Helden galten.[5]

Als Hitler die Spuren des Speeres durch die Jahrhunderte verfolgte und dabei auf die berühmten Männer und mächtigen Dynastien stieß, die ihn besessen und sich seiner Kräfte bedient hatten, stellte er mit Befriedigung fest, daß die verblüffende Legende um den Speer sich von Jahrhundert zu Jahrhundert im Guten wie im Bösen bestätigt hatte.

Mauritius, der Führer der Thebäischen Legion, hatte den Speer in der Hand gehalten, als er seinen letzten Atemzug tat und als Märtyrer von dem römischen Tyrannen Maximilian hingerichtet wurde, weil er sich weigerte, Roms heidnische Götter anzubeten. Die Thebäische Legion war auf Befehl von Diokletian aus Ägypten herbeigelockt worden, um an einem Massentreffen des römischen Heeres bei Le Valais (285 n. Chr.) teilzunehmen, wo ein heidnisches Opferfest abgehalten werden sollte, um den immer schwächer werdenden Glauben der Legionäre für die römischen Götter neu zu beleben.

Mauritius, ein manichäischer Christ, hatte gegen Maximilians Drohung protestiert, jeden zehnten Mann seiner Legion um des christlichen Glaubens willen zu töten, und war in einer entschlossenen Geste passiven Widerstandes vor seinen eigenen Soldaten niedergekniet und hatte angeboten, sich statt ihrer enthaupten zu lassen. Seine letzten überlieferten Worte waren: »In Christo Morimur. «

Die altgedienten Soldaten der Thebäischen Legion ließen sich von diesem Beispiel passiven Widerstandes inspirieren und zogen es vor, lieber mit ihrem Führer zu sterben als die römischen Götter anzubeten, an die sie nicht länger glaubten. Selbst die tatsächlich durchgeführte Enthauptung jedes zehnten Mannes vermochte nicht ihren Sinn zu ändern. Alles in allem 6666 Legionäre – die wohl disziplinierteste Truppe, die es je in der militärischen Geschichte des alten Roms gegeben hat – entledigten sich ihrer Waffen und boten ihren Hals dem Schwerte dar. Maximilian traf den furcht-

---

[5] Heinrich Himmler, Hitlers Reichsführer SS, beauftragte die tüchtigsten Gelehrten in Deutschland, die im nazistischen Okkulten Büro arbeiteten, mit der Aufgabe, diese Lücke in der Geschichte des Speers zu überbrücken. Es gelang ihnen nicht. Dr. Walter Stein entdeckte mit Hilfe einer einzigartigen Geschichtsforschungsmethode, die auf »Sinneserweiterung« beruhte, daß Heinrich I. den Speer an den englischen König Athelstan geschickt hatte. In der Schlacht von Malmesbury half er, den Dänen eine Niederlage beizubringen. Der Speer wurde dann Otto dem Großen geschenkt, als er Athelstans Schwester Eadgita heiratete. An diese Mitgift war die Bedingung geknüpft, daß Europas Garnisonsstädte in Handelsplätze verwandelt werden sollten. So wurde Otto der Große als »der Städtegründer« bekannt, der der neuen Wirtschaft Europas ihre ersten Konturen gab.

baren Entschluß, die ganze Legion niedermetzeln und seinen Göttern zum Opfer darbringen zu lassen – das wohl abscheulichste Menschenopfer in der Geschichte der alten Welt.[6]

Der Märtyrertod der Thebäischen Legion hatte die heidnische Welt geschwächt und den Weg freigelegt für den siegreichen Aufstieg Konstantins des Großen und die Bekehrung des Römischen Reiches zum Christentum.

Konstantin der Große, eine der geheimnisvollsten Gestalten der Geschichte, behauptete, von der »Vorsehung« gelenkt worden zu sein, als er in der epochemachenden Schlacht an der Milvischen Brücke bei Rom den Speer des Longinus in Händen gehalten habe. Diese Schlacht entschied die Frage, wer über das Römische Reich herrschen würde und führte direkt dazu, daß das Christentum zur offiziellen Religion Roms erklärt wurde.

Später benutzte der verschlagene Konstantin die »Schlangenkraft« des Speeres dazu, den passiven Widerstand der »Taube« zu brechen und die neue Religion zu unterjochen, um sie seinen eigenen ehrgeizigen Plänen dienstbar zu machen, die darauf hinausliefen, den kriegerischen Geist des Roms von Romulus zu bewahren. Er drückte den heiligen Talisman der Macht und Offenbarung an seine Brust, als er vor den versammelten Kirchenvätern des ersten ökumenischen Konzils stand, wo er, als »dreizehnter Apostel« in kaiserliches Purpur gekleidet, die Kühnheit besaß, selber das Dogma von der Dreieinigkeit zu verkünden und es der Kirche aufzuzwingen. In seinem hohen Alter, als er das neue Rom in Konstantinopel baute – eine Bastion, die tausend Jahre lang allen Angriffen widerstehen sollte –, hielt Konstantin beim Abschreiten der Grenzlinien der neuen Stadt den Speer vor sich hin und sagte: »Ich folge den Schritten dessen, den ich vor mir hergehen sehe.«

Der Speer hatte während der Jahrhunderte des allmählichen Verfalls des Römerreiches eine bedeutsame Rolle gespielt, und zwar sowohl bei der Abwehr der aus dem Norden und Osten drohenden Invasionen als auch bei der Bekehrung der Barbaren zum neuen Glauben und zur römischen Sache.

Es machte einen tiefen Eindruck auf Hitler, zu sehen, wie der Speer von Generation zu Generation, vom einen Bewerber zum anderen, übergegangen war und sie alle ihn mit immer wechselnden Motiven beansprucht hatten: Männer wie Theodosius, der die Goten damit zähmte (385 n. Chr.),

---

[6] Das blutige Schauspiel der Thebäischen Legion wurde tausend Jahre später allerdings noch durch den ungeheuerlichen römisch-katholischen Inquisitionsprozeß gegen die catharischen und albigensischen Manichäer in Toulouse übertroffen. Dort wurden 60000 passive Widerstandskämpfer – Männer, Frauen und Kinder – an einem einzigen Tage verbrannt oder dem Schwert überantwortet. Nur die Gasöfen von Auschwitz und Mauthausen können sich an bestialischer Grausamkeit und teuflischem Vorsatz mit dieser Tat messen.

Alarich der Kühne, der zum Christentum übergetreten war und den Speer forderte, nachdem er Rom geplündert hatte (410 n. Chr.), Aetius, »der letzte Römer«, und der mächtige Westgote Theoderich, der mit dem Speer sein Heer aufrief, die barbarischen Horden bei Troyes zu vernichten und die wilden Hunnen Attilas in die Flucht zu schlagen (451 n. Chr.).

Justinian, der absolutistische und geistliche Heuchler, der die Gebiete des alten Römischen Reiches zurückeroberte und seinem Volk den berühmten »Codex Juris« gab, hatte sich im Vertrauen auf den Speer eine große Zukunft versprochen. Er hob ihn in die Höhe, als er befahl, die Philosophenschulen von Athen zu schließen und die großen griechischen Gelehrten aus seinem Reich zu vertreiben. Es war ein unheilvoller Entschluß, der das mittelalterliche Europa des griechischen Gedankengutes, der hellenischen Mythologie und Kunst beraubte und ihm jene Atmosphäre von Dunkelheit und Vorurteil verlieh, die erst tausend Jahre später durch das strahlende Licht der italienischen Renaissance vertrieben wurde.

Im achten und neunten Jahrhundert war der Speer weiterhin die eigentliche Achse geblieben, um die der geschichtliche Prozeß sich drehte. Zum Beispiel war der geheimnisvolle Talisman zu einer wirklichen Waffe in den Händen des fränkischen Heerführers Karl Martell geworden,[7] der mit seinem Heer bei Poitiers (732 n. Chr.) einen wunderbaren Sieg über die massierten Kräfte der Araber errang. Eine Niederlage hätte bedeutet, daß ganz Westeuropa der Herrschaft und Religion des Islams unterworfen worden wäre.

Karl der Große (800 n. Chr.), der erste Heilige Römische Kaiser, hatte seine Dynastie auf den Besitz des Speeres und die damit verknüpfte Legende des Weltenschicksals gegründet – eine Legende, die die größten Gelehrten Europas anzog, um der zivilisatorischen Kraft der fränkischen Sache zu dienen. Karl der Große hatte im Vertrauen auf seine siegreichen Kräfte 47 Feldzüge durchgeführt. Darüber hinaus war der Speer mit Karls einzigar-

---

[7] Hitler sah um diese Zeit Karl Martell als einen seiner großen Helden an. Später sollte er diesen fränkischen Heerführer verfluchen: »Nur im Römischen Reich und in Spanien während der arabischen Herrschaftszeit ist die Kultur ein mächtiger Faktor gewesen. Unter den Arabern wurde ein geradezu bewundernswerter Standard erreicht. Nach Spanien strömten die bedeutendsten Wissenschaftler, Denker, Astronomen und Mathematiker aus aller Welt, und zugleich erblühte hier der Geist edler Toleranz und reinster Ritterlichkeit. Mit dem Christentum kamen auch die Barbaren. Hätte Karl Martell nicht bei Poitiers gesiegt – die Welt war, wie man sieht, bereits damals in jüdischen Händen, so kraftlos war das Christentum –, würden wir wahrscheinlich zum Mohammedanismus bekehrt worden sein, d. h. jener Religion, die den Heldenmut verherrlicht und den Siebenten Himmel nur dem tapferen Krieger öffnet. Dann würden die germanischen Rassen die Welt erobert haben. Das Christentum allein hat sie daran gehindert.«
Hitlers Tischgespräche: 28. August 1942

tigen hellseherischen Fähigkeiten in Verbindung gebracht worden, die ihn das Grab des Heiligen Jakob in Spanien finden ließen, und mit seiner unheimlichen Gabe, kommende Ereignisse vorauszusehen. Beides hatte ihm den Glorienschein der Heiligkeit und Weisheit eingebracht. Sein ganzes Leben hindurch hatte dieser sagenumwobene Kaiser immer in Reichweite seines geliebten Talismans gelebt und geschlafen; erst als er ihm auf dem Heimwege von seinem letzten siegreichen Feldzug durch ein Unglück aus den Händen fiel, sahen seine Untertanen darin zu Recht die Ankündigung einer bevorstehenden Tragödie und seines baldigen Todes.

Hitler folgte fasziniert der Wanderung des Speers durch diesen Zeitabschnitt, in dem sämtliche Helden seiner Kindheit gelebt hatten. Er stellte zu seiner Verwunderung und Freude fest, daß die großen Gestalten der deutschen Geschichte, die die Träume seiner Jugend bevölkert hatten, den Speer als Talisman der Macht, als heilige Hoffnung ihres Ehrgeizes, angesehen hatten.

Insgesamt fünfundvierzig Kaiser hatten in der Zeit zwischen der Krönung Karls des Großen in Rom und dem Zusammenbruch des alten deutschen Reiches genau tausend Jahre später ihr Anrecht auf den Schicksalsspeer geltend gemacht. Und welch strahlende Macht und Ritterlichkeit sich dabei entfaltet hatte! Der Speer war wie ein Finger des Schicksals durch dieses Jahrtausend gegangen und hatte immer neue Schicksale gestaltet, die wieder und wieder die Geschichte Europas in völlig neue Bahnen lenkten.

Die fünf sächsischen Kaiser, die den Karolingern als Besitzer des Talismans der Macht gefolgt waren, Männer wie Otto der Große, hatten rühmliche Leben von welthistorischer Bedeutung geführt.

Aber es waren die sieben unglaublichen Hohenstaufen von Schwaben, einschließlich des legendären Friedrich Barbarossa und seines Enkels Friedrich II., die Hitlers Phantasie am meisten beflügelten.

Sie waren in der Tat Deutsche von unvergleichlicher Größe. Friedrich Barbarossa (1152-1190), der das Blut der sich befehdenden Welfen und Schwaben in sich vereint hatte, besaß Herrschereigenschaften, die Hitler wirklich nur bewundern konnte ... Ritterlichkeit, Mut, unbegrenzte Tatkraft, Kampfesfreude, Abenteuerlust, verblüffende Initiative und vor allen Dingen eine gewisse Härte, die ihm die Fähigkeit verlieh, zur gleichen Zeit Furcht zu erregen und Liebenswürdigkeit zu verbreiten. Friedrich Barbarossa, der davon träumte, das alte Römische Reich ohne die römischen Legionen neu errichten zu können, hatte ganz Italien erobert und sich selbst dem Papst gegenüber als überlegen erwiesen. Er hatte Rom geschlagen und persönlich den Angriff auf den Vatikan geleitet, um den Papst ins Exil zu treiben.

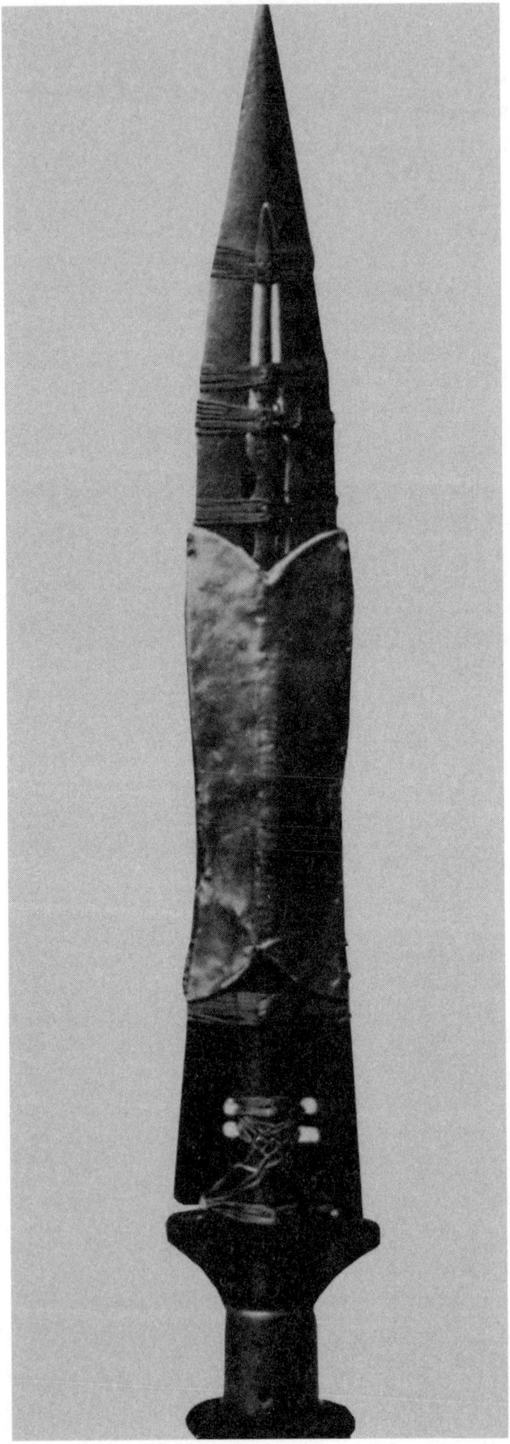

1. Der Speer des Longinus.

2. Die kaiserliche Krone, der Apfel, das Zepter, die Kreuze, das kaiserliche Schwert und das Schwert des Mauritius. Diese kaiserlichen Regalien, bekannt unter der Sammelbezeichnung »die Reichskleinodien«, sind in der Schatzkammer der Hofburg in Wien ausgestellt. Das Mauritiusschwert wurde später von den Nationalsozialisten mit dem Speer des Longinus verwechselt.

3. Der Speer des Longinus, oft Mauritiusspeer genannt, besteht jetzt aus zwei Teilen, die von einer Silberplatte zusammengehalten werden. Ein Nagel vom Kreuze Christi ist in der Mitte des Blattes eingefügt und mit Gold-, Silber- und Kupferdrähten daran befestigt. Der Kopf des Speeres ist an seinem unteren Ende mit zwei Goldkreuzen geschmückt.

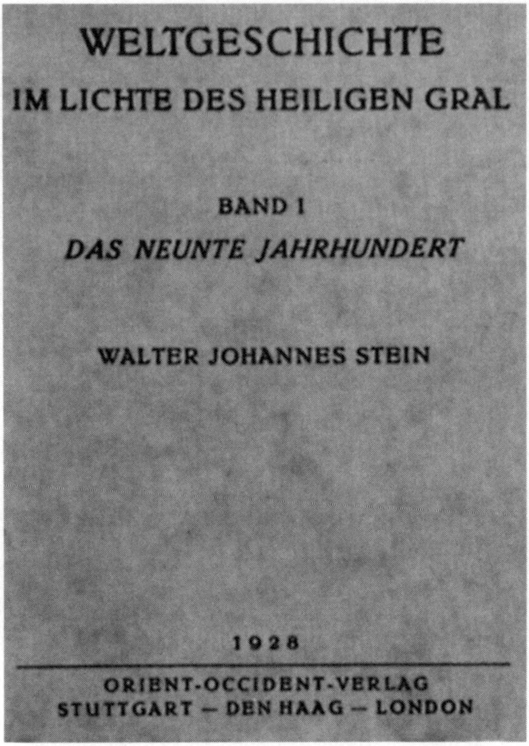
WELTGESCHICHTE
IM LICHTE DES HEILIGEN GRAL

BAND I
DAS NEUNTE JAHRHUNDERT

WALTER JOHANNES STEIN

1928

ORIENT-OCCIDENT-VERLAG
STUTTGART — DEN HAAG — LONDON

4. Weltgeschichte im Lichte des Heiligen Gral von Dr. Walter Johannes Stein. Heinrich Himmler, Reichsführer SS, befahl die Festnahme Dr. Steins, um ihn zur Mitarbeit für Ahnenerbe, das okkulte Büro der Nazis, zu zwingen. Nach Steins Flucht nach England veröffentlichten sie 1938 eine nicht autorisierte Ausgabe seines Werkes in Berlin.

5. Eine Münze mit dem Bildnis des Papstes Nikolaus I. und ein Porträt dieses Papstes, das ungefähr 500 Jahre nach seinem Tode entstand. Siehe das Kapitel »Der Papst im Armeehauptquartier«.

6. Walter Johannes Stein, Wissenschaftler, geboren in Wien und 1957 in England gestorben. Er wußte mehr über Adolf Hitlers Privatleben als jeder andere heute lebende Mensch. Er folgte Hitlers Karriere von seiner Zeit in Wien an bis zu dem Augenblick, in dem er beim Anschluß 1938 den Speer für sich forderte. Während des Zweiten Weltkrieges war Stein Winston Churchills persönlicher Berater bei allen Überlegungen, die die Gedanken und Beweggründe Hitlers betrafen.

Dann hatte er mit dem Speer in der Hand in Venedig gekniet und die Füße des Papstes geküßt, den er zuvor besiegt hatte, doch war es nur eine List gewesen, um Zeit zu gewinnen, Italien wiederzuerobern. Schließlich war Barbarossa umgekommen. Der Speer war ihm bei der Überquerung eines Stroms in Kleinasien im Augenblick des Todes aus der Hand geglitten.[8]

Einer indessen stellte selbst den prächtigen Barbarossa in den Schatten: Friedrich II. von Hohenstaufen (1212-1250), der wie ein strahlender Komet in Europas Geschichte aufgestiegen war und sie in ihren Grundfesten erschütterte. Er war eine begnadete Persönlichkeit, ungewöhnlich intelligent und im Besitz legendärer okkulter Gaben. Er beherrschte sechs Sprachen fließend und war ein tapferer Ritter und lyrischer Dichter, der seine Minnesänger inspirierte, den Heiligen Gral zu besingen. Der unvergleichliche Friedrich war zugleich ein Beschützer der Künste, ein ebenso tüchtiger wie mutiger Heerführer, ein Staatsmann von unvorstellbarem Scharfsinn und noch dazu eine rätselhafte Erscheinung: teils Heiliger, teils Teufel. Dieser Fürst von schwäbischer Herkunft, der in Sizilien aufgewachsen war, das damals zu dem weit ausgedehnten deutschen Reich gehörte, sprach mit seinen sarazenischen Soldaten arabisch, unterhielt einen großen Harem, schrieb die erste wissenschaftliche Abhandlung (über Falkenjagd), glaubte an Astrologie und praktizierte Alchimie. Er schätzte den Besitz des Speeres mehr als alles andere und machte ihn zum zentralen Punkt seines ganzen Lebens. Besonders während seiner Kreuzzüge (in denen Franz von Assisi den Speer einmal zu einer Barmherzigkeitstat mitgeführt hatte) und der laufenden Kämpfe mit den italienischen Staaten und dem päpstlichen Heer verließ er sich auf seine Kräfte.[9]

Aber die wichtigste Entdeckung, die der junge Hitler bei seinen Nachforschungen über die Geschichte des Speeres machte, hatte nichts mit Kaisern und ihren mächtigen Dynastien zu tun. Es war die Entdeckung, daß der Speer Anlaß gegeben hatte, die teutonische Ritterschaft zu begründen, deren stolze und mutige Taten und deren unwiderrufliches Gelübde und asketische Disziplin einst der eigentliche Inhalt seiner Kindheitsträume gewesen waren.

Adolf Hitler verbrachte drei Tage mit seinen ersten tastenden Versuchen, in die Geschichte des Speers von Longinus einzudringen. Vielleicht verspürte er ein Kribbeln im Rückgrat, als er durch die Bibliothek schritt und die

---

[8] Adolf Hitler nannte seinen unzugänglichen Adlerhorst auf dem Obersalzberg »Barbarossa«. Den gleichen Namen – »Operation Barbarossa« – gab er auch seinem Angriff auf Rußland.

[9] Adolf Hitler gab seinen Truppen Order zu einem blutigen Nachhutgefecht, während seine Pioniere Auftrag hatten, den Gedenkstein Friedrichs II. von Hohenstaufen von dem Schlachtfeld in Italien zu bergen und nach Deutschland zu bringen.

Werke des großen deutschen Philosophen Georg Friedrich Wilhelm Hegel aus den Regalen nahm. Es wollte ihm nämlich so scheinen, daß die Männer, die im Laufe der Geschichte Anspruch auf den Speer erhoben und seine Legende wahrgemacht hatten, gut zu Hegels Beschreibung weltgeschichtlicher Helden paßten: *»Helden, die den Willen des Weltgeistes, den Plan der Vorsehung selber, verwirklichen.«*

»Sie sind insofern Helden zu nennen, als sie ihre Zwecke und ihren Beruf nicht bloß aus dem ruhigen, angeordneten, durch das bestehende System geheiligten Lauf der Dinge geschöpft haben, sondern aus einer Quelle, deren Inhalt verborgen und nicht zu einem gegenwärtigen Dasein gediehen ist, aus dem inneren Geiste, der noch unterirdisch ist, der an die Außenwelt wie an die Schale pocht und sie sprengt ...

Aber zugleich waren sie Denkende, die die Einsicht hatten von dem, was not und was an der Zeit ist. Das ist eben die Wahrheit ihrer Zeit und ihrer Welt.

Ihre Sache war es, die allgemeine, die nächste notwendige Stufe ihrer Welt zu wissen, diese sich zum Zwecke zu machen und ihre Energie in dieselbe zu legen. Die welthistorischen Menschen, die Heroen einer Zeit, sind darum als die Einsichtigen anzuerkennen; ihre Handlungen, ihre Reden sind das Beste der Zeit.«

Die Philosophie Hegels ging ein wenig über die Fassungskraft des jungen Hitler hinaus, der nicht in der Lage gewesen wäre, so feine Unterschiede wie die Begriffe des Seins und der Existenz zu erkennen. Aber es gab einen Gesichtspunkt bei Hegel, der ihm zusagte, nämlich den, daß alles moralische Gefühl sich in der Seele des Philosophen aufzulösen schien, wenn er betrachtete, was er »weltpolitische Helden« nannte:

»Die Weltgeschichte liegt auf einer höheren Ebene als die, auf der die Moral zu Hause ist, die persönlicher Charakter und Gewissen von Individuen ist. Moralische Forderungen, die irrelevant sind, dürfen welthistorische Taten und ihre Durchführung nicht beeinträchtigen. Die Litanei der privaten Tugenden – Bescheidenheit, Demut, Nächstenliebe und Verträglichkeit – darf ihnen nicht gegenübergestellt werden.«

Hegels Gedanke, daß solche Helden vollauf berechtigt seien, alles zu zerstören, was sie auf dem Wege zur Verwirklichung ihres großen Schicksals behindern könnte, appellierte stark an das grandiose Gefühl in Hitlers Brust, daß auch er eine solche Aufgabe zu erfüllen habe.

Aller Zynismus über seine eigene Person, all seine Skepsis hinsichtlich der Echtheit seiner ersten seltsamen Eingebung bei der Betrachtung der alten Speerspitze in der Hofburg, schmolzen dahin, als er nun mit angehaltenem Atem diese Worte von Hegel las, die die Rolle zu bestätigen schienen, die die lange Reihe der Besitzer des Speeres gespielt hatten. Sein Sendungsbewußtsein war nun so stark, daß es ihn in der Brust schmerzte. Der Speer in der Schatzkammer barg also den Schlüssel zur Macht! Er war der Schlüssel zur Verwirklichung seines eigenen welthistorischen Schicksals!

Irgendwie mußte auch er seine Geheimnisse ergründen und seine Kräfte für seine eigenen ehrgeizigen Pläne für das deutsche Volk nutzbar machen. Ob er nicht am Ende selber der unsterbliche Siegfried war, den das Schicksal dazu ausersehen hatte, die Männer deutschen Blutes aus dem tiefen Schlaf zu erwecken, in den sie nach der Götterdämmerung verfallen waren? Der Sonnenheld, dem es vorbehalten war, die Augen aller Deutschen zur Größe ihres geistigen Erbes zu erheben?

Es war schon später Nachmittag, als Hitler voller Scheu und Ehrfurcht die Schatzkammer betrat, um einen zweiten Blick auf die »Heilige Lanze« zu werfen. In den folgenden drei Jahren sollte er noch zahllose solche Pilgerfahrten zur gleichen Stelle unternehmen, um die alte Waffe zu betrachten und hinter ihre Geheimnisse zu kommen.

Aber wiederum war er im ersten Augenblick vollkommen verwirrt. Er spürte, wie eine seltsame und mächtige Kraft von der eisernen Speerspitze ausging, aber er konnte sie nicht näher bestimmen. Er stand dort eine ganze Weile und starrte auf das ungelöste Rätsel: »Ich studierte genau jedes Detail in seiner Form, Farbe und Substanz, jeden Augenblick bereit, seine Botschaft zu empfangen.

Langsam wurde ich mir einer mächtigen übernatürlichen Gegenwart bewußt, die die alte Waffe umgab, es war die gleiche ehrfurchtgebietende Gegenwart, die ich innerlich bei den seltenen Gelegenheiten in meinem Leben empfunden hatte, in denen ich ahnte, daß ein großes Schicksal meiner harrte.«

Und nun begann er die Bedeutung des Speers zu verstehen und den Ursprung seiner Legende, denn er spürte intuitiv, daß er ein Mittel zur Offenbarung war – »eine Brücke zwischen der Welt der Sinne und des Geistes«.

Adolf Hitler behauptete später von diesem Augenblick, als er dort vor dem Speer gestanden habe: »Ein Fenster zur Zukunft wurde mir aufgestoßen, und ich sah in einer blitzartigen Erleuchtung ein künftiges Ereignis, das mir mit absoluter Sicherheit verhieß, daß das Blut in meinen Adern eines Tages dazu ausersehen sei, die nationale Seele meines Volkes zu erretten.«

Adolf Hitler verließ an diesem Abend die Schatzkammer der Hofburg in der unerschütterlichen Überzeugung, daß er selber eines Tages aus dem Dunkel hervortreten würde, um persönlich Anspruch auf den Schicksalsspeer zu erheben und eine große welthistorische Aufgabe damit zu erfüllen.

Der Mann, der eines Tages der unbestrittene Führer des Dritten Reiches werden sollte, hat niemals erzählt, was er in dem kurzen Augenblick gesehen hat, als die Umrisse der Schatzkammer vor seinen Augen dahinschmolzen und er durch eine blitzartige Erleuchtung in die Zukunft versetzt wurde.

Vielleicht sah er sich gar selber triumphierend vor der Hofburg stehen und zu den dichten Reihen der auf dem Heldenplatz angetretenen österreichischen Nazis und zu den unglücklichen und verwirrten Bürgern der Stadt sprechen, die den Ring bevölkerten: »Die Vorsehung hat mir die Aufgabe auferlegt, die deutschen Völker wieder zu vereinen ... die Aufgabe, mein Heimatland dem Deutschen Reich zurückzugeben. Ich habe an diese Aufgabe geglaubt. Ich habe für sie gelebt, und nun glaube ich, daß ich sie bewältigt habe.«[10]

»Künftige Ereignisse werfen ihre Schatten voraus«, sagte Goethe, der berühmte deutsche Dichter und Transzendentalist. Vielleicht ist also die Zukunftsvision des jungen Hitler an jenem Abend, vierundzwanzig Jahre, bevor er zur Macht kam, ein höchst unheilvolles Omen gewesen!

Was für eine triumphale oder geisterhafte Vision er auch immer vor Augen gehabt haben mag, fest steht, daß sie seine ganze Lebensführung völlig veränderte. »Ich hatte diese Stadt einst betreten als ein halber Junge noch und verließ sie als ernst und still gewordener Mensch«, sagte Hitler in *Mein Kampf.* Von dem Augenblick an empfand er kein Bedürfnis mehr nach dem Trost, den menschliche Freundschaft zu spenden vermag. In jener Nacht traf er Vorbereitungen, um aus der Wohnung auszuziehen, die er bis dahin mit August Kubizek geteilt hatte. Nun war er ein Mann, der ganz auf sich allein gestellt war – ein Mann, der ein mächtiges und furchtbares Schicksal zu erfüllen hatte.

»Was nur mag Adolf Hitler veranlaßt haben, mich ohne ein Wort oder Zeichen zu verlassen?«, rief der enttäuschte Gustl, als er aus seinen Ferien in das leere Zimmer in der Stumpergasse zurückkehrte.[11]

---

[10] Hitlers Ansprache beim Anschluß nach Beendigung der »Operation Otto«, die Österreich dem Deutschen Reich einverleibte (15. März 1938)

[11] *August Kubizek:* Adolf Hitler, mein Jugendfreund

3. Kapitel
Adolf Hitlers Versuchung
Ein arischer Gott oder Übermensch?

»Wiederum führte ihn der Teufel mit sich auf einen sehr hohen Berg und zeigte ihm alle Reiche der Welt und ihre Herrlichkeit; Und sprach zu ihm: ›Dies alles will ich dir geben, so du niederfällst und mich anbetest.‹

Da sprach Jesus zu ihm: ›Hebe dich hinweg von mir, Satan; denn es steht geschrieben: Du sollst anbeten Gott, deinen Herrn, und ihm allein dienen.‹

Da verließ ihn der Teufel; und siehe, da traten die Engel zu ihm und dienten ihm.«

Ev. Matthäus 4, 8-11

Gemäß der mit dem Speer des Longinus verknüpften Legende hat sein jeweiliger Besitzer bei der Durchsetzung seiner welthistorischen Ziele die Wahl zwischen zwei gegensätzlichen Prinzipien: nämlich dem des Guten oder des Bösen.

Es mag im Rahmen der konventionellen Moral lächerlich erscheinen, daß jemand unfähig sein sollte, zwischen den Extremen Gut und Böse zu unterscheiden. Und doch vermochte Adolf Hitler, der zu diesem kritischen Zeitpunkt noch keineswegs entschlossen war, sich auf den Weg des Teufels zu begeben, sie nicht auseinanderzuhalten.

Er begann seine Nachforschungen über die Geschichte des Speers und die Bedeutung seiner Legende mit einer furchtbaren inneren Belastung. Er hatte schon mit fünfzehn Jahren die Werke des tragischen Philosophen Friedrich Nietzsche verschlungen, dessen mächtige Abhandlung zur »Genealogie der Moral« eine »Umwertung aller Werte« vorzunehmen versuchte, um zu beweisen, daß das sogenannte Böse gut und das, was allgemein als gut angesehen wurde, böse sei!

Der Zustand des Zweifels und der Unschlüssigkeit, in den Nietzsche ihn versetzt hatte, verstärkte sich noch durch den Einfluß zweier weiterer selbstgewählter Lehrmeister. Der erste war der große Pessimist Schopenhauer, der die Existenz von Gut und Böse leugnete und behauptete, daß kein höheres Wesen hinter der Schöpfung walte. Und der andere war Maestro Richard Wagner, der den listig als arischen Christus verkleideten Luzifer anbetete.

Drei Jahre lang war Adolf Hitler unentrinnbar in das Gedankennetz dieser drei zweifellos genialen Männer verstrickt, deren Werk den Boden für das Aufkommen des Nationalsozialismus vorbereitete. Und in diesem Sinne ist es zu verstehen, wenn man die im Männerheim in Armut und Dunkelheit verbrachten Jahre, in denen er hinter die Geheimnisse des Speeres zu kommen versuchte, als Jahre der »Versuchung« – der furchtbaren Versuchung Adolf Hitlers – bezeichnen kann.

Adolf Hitler war im römisch-katholischen Geiste erzogen worden, zu einem Glauben, dem er sich bis zum Alter von elf Jahren mit tiefem Ernst hingegeben hatte. Die wenigen Freunde der Familie, die Hitler in seinen frühen Entwicklungsjahren in Linz kannten, haben seine Fähigkeit gerühmt, Herzenswärme auszustrahlen und selbstlos zu handeln. Sie waren tief gerührt von der Geduld, Zärtlichkeit und Liebe, mit der er seine sterbende Mutter pflegte. Wir wissen auch, wie tief seine jugendliche Seele sich für Werke wie Dantes *Göttliche Komödie* und Goethes *Faust* begeistern konnte. Als er die ›Arielszene‹ im *Faust*, die so eindrucksvoll die christliche Erlösung behandelt, gelesen hatte, »sprach er tagelang von nichts anderem mehr«.[12]

Der erste Schatten eines Zweifels, der Hitlers festen Glauben an die Dogmen Roms erschütterte, entstand, als er Schopenhauers Schrift *Die Welt als Wille und Vorstellung* entdeckte. Neben einer kurzen Auswahl von Nietzsches Werken sollte sie zur »Bibel« Hitlers werden, die er bis zu seinem Selbstmord 1945 im Bunker von Berlin bei sich trug. Schopenhauer war der erste deutsche Denker von Bedeutung gewesen, der die großen religiösen, mystischen und philosophischen Systeme des Orients studiert und kritisch zu ihrer Bedeutung Stellung genommen hatte.

Dieser pessimistische Denker, der die Begeisterung und Bewunderung des jungen Nietzsche entfacht hatte, leugnete, daß jemals ein Gott auf Erden zu Fleisch und Blut werden könne und ersetzte den Begriff einer höheren Wirklichkeit mit dem, was er ein »blindes Streben des Willens« nannte. Nach Schopenhauer konnte begriffliches Denken nie zur Wahrheit führen, und die einzige Wirklichkeit, die menschlichen Wesen offensteht, war das tatsächliche physische Erlebnis der Willenskraft.

Das alles klingt natürlich reichlich übertrieben und vielleicht sogar etwas lächerlich, wenn man bedenkt, daß dieser Prophet der Askese und Willenskraft ein bekannter Gourmet war, der sich sowohl über die Quantität als auch die Qualität der Speisen freute, die er mit ebenso reichlichen Mengen erlesener Weine hinunterspülte. Und wie oft verfiel er dann in einen stundenlangen

---

[12] *August Kubizek:* Adolf Hilter, mein Jugendfreund

Schlummer an dem Tisch, an dem er sich vorher gütlich getan hatte! Doch Adolf Hitler, der von dieser verblüffenden Diskrepanz zwischen Theorie und Praxis nichts ahnte, konnte lange Passagen von Schopenhauer wie ein Priester das Glaubensbekenntnis herunterhaspeln, und die Maximen des Salonasketen wurden zum bedeutungsvollsten Bildungsfaktor seines Lebens, das ja ohnehin schon ein Wunder der Willenskraft war.[13]

Wie Nietzsche selbst, der die Grundlage seines »Willens zur Macht« auf derselben »Willensprämisse« formulierte, sah auch Hitler in Schopenhauers Gedanken, daß Christi Opfertod am Kreuze geradezu die Personifizierung der »Verneinung des Lebenswillens« sei, das reinste Evangelium. Der junge Mann, der später einmal seine auf dem Rückzug befindlichen Truppen in Rußlands gefrorenen Steppen mit den Worten anfeuern sollte: »Wer aufgibt, hat das Recht zu leben verwirkt«, begann bereits damals, allen Respekt vor Jesus Christus und dem passiven Widerstand der ersten Christen zu verlieren. Vielleicht war der konzentrierteste Willensakt in Hitlers Leben das Studium der Geschichte des Schicksalsspeers, mit dem er die Geheimnisse der diesem anhaftenden okkulten Kräfte ergründen wollte. Und es war ein direktes Ergebnis dieser Forschungen, daß er zu jener schrecklichen Weltanschauung gelangte, die das Antlitz der Geschichte des zwanzigsten Jahrhunderts total verändern sollte:

> »Wien aber war und blieb für mich die schwerste, wenn auch gründlichste Schule meines Lebens ... Ich erhielt in ihr die Grundlagen für eine Weltanschauung im Großen und eine politische Betrachtungsweise im Kleinen, die ich später nur noch im einzelnen zu ergänzen brauchte, die mich aber nie mehr verließen.«
> *Adolf Hitler:* Mein Kampf

Wie schlecht haben doch Hitlers Biographen die wahre Bedeutung dessen verstanden, was er las und welche Motive hinter der Wahl der Fächer und Bücher lagen, die er um jene Zeit so gierig verschlang!

---

[13] »Während seiner Münchner Zeit trug Hitler immer eine schwere Reitpeitsche aus Nilpferdhaut bei sich. Damit wollte er – wie mit jedem Satz und jeder Geste seiner Reden – den Eindruck von Stärke, Entschlossenheit und Willenskraft hervorrufen ... Die Stärke seiner Persönlichkeit – ihm keineswegs angeboren – war das Ergebnis einer Willensübung: ihr entsprang das rauhe, sprunghafte und krankhafte Benehmen, mit dem Hitler im Anfang seiner politischen Laufbahn auffiel. Kein Wort kam häufiger von Hitlers Lippen als das Wort »Wille«, und seine ganze Karriere von 1919 bis 1945 ist eine einzige große Leistung der Willenskraft.«
Alan Bullock: Hitler. Eine Studie über Tyrannei

Professor Alan Bullock, ein für seine Rechtschaffenheit bekannter, bedeutender Historiker, hat sogar die Fächer (oder jedenfalls einige von ihnen) zusammengetragen, in die Hitler sich damals vertiefte, aber obwohl er die Wahrheit direkt vor Augen hatte, erkannte er nicht die wirklichen Motive hinter Hitlers Studien.

Nach einer verletzenden und vielleicht auch irrigen Bemerkung, daß Hitler nur anderen Menschen imponieren wolle und voller phantastischer und einander widersprechender Ideen gesteckt habe, schreibt Bullock: »Seine geistigen Interessen waren der gleichen Sprunghaftigkeit unterworfen. Er verbrachte viele Stunden in den öffentlichen Bibliotheken. Aber er las wahllos und unsystematisch: Das antike Rom, orientalische Religionen, Joga, Okkultismus, Hypnotismus, Astrologie ...«

Wir werden zahlreiche Beweise anführen, aus denen hervorgeht, daß Adolf Hitler aus diesen und verwandten Studien seine persönliche Weltanschauung formte, die das Gesicht der Welt dreißig Jahre später so gründlich verändern sollte.

Schopenhauers und Nietzsches Werke, die voller Lobpreisungen der orientalischen Denkungsweise sind, veranlaßten den jungen Hitler zu gründlichen Studien der Religionen des Ostens und der Jogalehre. Es spricht für ihn, daß er nicht die gleichen Fehler beging wie die Theosophen in den meisten Büchern, die im letzten Jahrzehnt des vorigen und im ersten Jahrzehnt dieses Jahrhunderts erschienen. Abgesehen von Einzelpersonen, die über echte Visionen und ausreichendes Einfühlungsvermögen verfügten, sahen die Theosophen nur einen geringen oder gar keinen Unterschied zwischen Menschen alter und neuer Zeit hinsichtlich ihrer Fähigkeiten und Bewußtheit. Hitler hütete sich klug vor diesem Fehler und weigerte sich beharrlich, sich auf intellektuelle Auslegungen derartig ehrfurchtgebietender Werke wie *Regweda, Upanischad, Gita, Zendawesta, das Ägyptische Totenbuch* und andere einzulassen.

Er lehnte die weitverbreitete Ansicht ab, daß diese Werke, die einen so tiefen Einblick in die Beziehungen zwischen Kosmos, Erde und Menschheit vermitteln, auf Fähigkeiten zurückzuführen sein sollten, die auch nur entfernt mit der modernen Form des Intellekts verwandt sind. Er begriff zugleich, daß das darin enthaltene Gedankengut viel älter war, als gemeinhin angenommen wurde, und daß ihr Inhalt erst dann formuliert worden war, als die Kräfte, die ihn hervorgebracht hatten, schon abzusterben begannen. Kurz gesagt, Adolf Hitler hatte schon damals angefangen, den historischen Prozeß unter dem Gesichtspunkt einer ständigen Veränderung der menschlichen Bewußtheit aufzufassen.

Als er dem Aufstieg und Verfall der alten Kulturen nachforschte, beobachtete er, wie ihre Aufeinanderfolge in der Geschichte mit dem deutlich wahrnehmbaren Verlust geistiger Fähigkeiten einherging. Und er begann darüber nachzudenken, ob nicht eine solche Auszehrung des geistigen Sehvermögens mit einem Dahinschwinden der magischen Kraft im Blute der Rassen in Verbindung stehen könne und daß beide Faktoren zusammen allmählich eine ständig zunehmende materialistische Denkweise hervorbrächten. Er kam zu dem Schluß, daß die Menschheit im Laufe der Zeit in einen tiefen Schlaf verfallen war, so daß vergangene goldene Zeitalter, in denen der Mensch in magischer Beziehung zum Universum gestanden hatte, vergessen waren, und daß die einzigen Beweise für diese einzigartigen Lebensbedingungen in Mythen und Legenden verborgen lagen, an die niemand mehr glauben wollte.

Im Gegensatz zu römisch-katholischen Priestern (»böswillige Schmarotzer«) und den protestantischen Pfarrern (»unterwürfige Hunde, die vor Verlegenheit schwitzen, wenn man mit ihnen spricht«) wies Hitler den Gedanken zurück, daß die alten Hebräer in irgendeiner Weise für die lange Geschichte der Menschheit von positiver Bedeutung gewesen wären. Und er begann um diese Zeit, die Juden für das Aufkommen des Materialismus und die Verfälschung aller Ideale verantwortlich zu machen, die den Menschen in alter Zeit heilig gewesen waren.[14]

Als Adolf Hitler begann, sich mit der Bedeutung Christi und des Christentums zu beschäftigen, bemächtigte sich der Geist des Antichrist, der so deutlich aus allen späteren Schriften Nietzsches spricht, seiner eigenen fruchtbaren Phantasie. Er brauchte den Wert des Christentums nicht selber zu beurteilen, denn das hatte Nietzsche schon in einer meisterhaften Analyse dieser »Religion für Sklaven, Schwächlinge und die vertrockneten Reste des Rassenabschaums« besorgt!

»Ich berühre hier nur das Problem der *Entstehung* des Christentums. Der *erste* Satz zu dessen Lösung heißt: das Christentum ist einzig aus dem Boden zu verstehen, aus dem es gewachsen ist – es ist nicht eine Gegenbewegung gegen den jüdischen Instinkt, *es ist dessen*

[14] »Der Jude hat nie irgendeine Kultur gegründet, wenn er auch Hunderte zerstört hat. Er selber hat nichts geschaffen, worauf er hinweisen kann. Fremde Völker, fremde Arbeiter bauten seine Tempel; Ausländer schaffen und arbeiten für ihn. Er hat keine eigene Kunst; Stück für Stück hat er sie von anderen Völkern gestohlen. Er ist nicht einmal imstande, die kostbaren Dinge, die andere geschaffen haben, zu erhalten ... Letzten Endes kann nur der Arier Staaten gründen und sie zur künftigen Größe führen. All dieses kann der Jude nicht. Und weil er es nicht kann, muß all seine Revolution international sein. Sie muß sich wie eine Pest ausbreiten.«
Adolf Hitler: Reden in München, 1922

Folgerichtigkeit selbst[15] ... Die Juden sind das merkwürdigste Volk der Weltgeschichte, weil sie, vor die Frage von Sein und Nichtsein gestellt, mit einer vollkommen unheimlichen Bewußtheit das Sein *um jeden Preis* vorgezogen haben: dieser Preis war die radikale *Fälschung* aller Natur, aller Natürlichkeit, aller Realität, der ganzen inneren Welt so gut als der äußeren ... Sie schufen aus sich einen Gegensatz-Begriff zu *natürlichen* Bedingungen – sie haben, der Reihe nach die Religion, den Kultus, die Moral, die Geschichte, die Psychologie auf eine unheilbare Weise in den *Widerspruch zu deren Natur-Werten umgedreht*. Wir begegnen demselben Phänomen noch einmal und in unsäglich vergrößerten Proportionen, trotzdem nur als Kopie – die christliche Kirche entbehrt, im Vergleich zum ›Volk der Heiligen‹, jedes Anspruchs auf Originalität. Die Juden sind, eben damit, das verhängnisvollste Volk der Weltgeschichte, in ihrer Nachwirkung haben sie die Menschheit dermaßen falsch gemacht, daß heute noch der Christ antijüdisch fühlen kann, ohne sich als die *letzte jüdische Konsequenz* zu verstehen ...

Was früher nur krank war, ist heutzutage unschicklich. Es ist unschicklich, heute ein Christ zu sein. Und hier beginnt mein Widerwille ... Ich spreche mein Urteil. Ich *verurteile* das Christentum, ich erhebe gegen die christliche Kirche die furchtbarste aller Anklagen, die je ein Ankläger in den Mund genommen hat. Sie ist mir die höchste aller Korruptionen ... mit ihrem Bleichsuchts-, ihrem Heiligkeitsideale jedes Blut, jede Liebe, jede Hoffnung zum Leben austrinkend; das Kreuz als Erkennungszeichen für die unterirdischste Verschwörung, die es je gegeben hat – gegen Gesundheit, Schönheit, Wohlgeratenheit, Tapferkeit, Geist, *Güte* der Seele, *gegen das Leben* selbst ... Diese ewige Anklage des Christentums will ich an alle Wände schreiben, wo es nur Wände gibt ... Ich heiße es den einen unsterblichen Schandfleck der Menschheit ...«

Friedrich Nietzsche
Der Antichrist

Hitler wurde zu größten Haßausbrüchen gegen das Christentum entflammt – dieser teuflischen jüdischen Konsequenz –, als er Nietzsches heftigen Ausfall über die »Zähmung« der Stämme im alten Germanien las:

---

[15] kursiviert von Nietzsche

»Die Zähmung eines Tieres seine ›Besserung‹ nennen, ist in unseren Ohren beinahe ein Scherz. Wer weiß, was in Menagerien geschieht, zweifelt daran, daß die Bestie daselbst ›verbessert‹ wird. Sie wird geschwächt, sie wird weniger schädlich gemacht, sie wird durch den depressiven Affekt der Furcht, durch Schmerz, durch Wunden, durch Hunger zur *krankhaften* Bestie. – Nicht anders steht es mit dem gezähmten Menschen, den der Priester ›verbessert‹ hat. Im frühen Mittelalter, wo in der Tat die Kirche vor allem eine Menagerie war, machte man allerwärts auf die schönsten Exemplare der ›blonden Bestie‹ Jagd – man ›verbesserte‹ zum Beispiel die vornehmen Germanen. Aber wie sah hinterdrein ein solcher ›verbesserter‹, ins Kloster geführter Germane aus? Wie eine Karikatur des Menschen, wie eine Mißgeburt: er war zum ›Sünder‹ geworden, er stak im Käfig, man hatte ihn zwischen lauter schreckliche Begriffe eingesperrt ... Da lag er nun, krank, kümmerlich, gegen sich selbst böswillig, voller Haß gegen die Antriebe zum Leben, voller Verdacht gegen alles, was noch stark und glücklich war. Kurz, ein ›Christ‹ ...«

All die bösen Worte, die Nietzsche über die Niederringung der stolzen germanischen Stämme ausspie, die Zerstörung ihrer unverdorbenen Männlichkeit durch die vergifteten Pfeile des als christlich getarnten Judentums, fand Adolf Hitler wieder und wieder in den mächtigen Werken seines anderen großen Leitbildes, des Maestro Richard Wagner in Bayreuth, bestätigt.

Wagners gewaltiger Genius hatte Hitlers persönliches Interesse an Mythologie und der frühen Geschichte der germanischen Völker entfacht. Der überwältigende *Nibelungenring* – ein majestätisches Werk, das eine Folge von vier Opern umfaßte – hatte den jungen Hitler vor Stolz über seine germanischen Vorväter und das arische Blut in seinen Adern erglühen lassen.

Am »Ring«, der durch das *Nibelungenlied* inspiriert war, einem Epos, das in der zweiten Hälfte des zwölften Jahrhunderts von einem unbekannten Dichter und Minnesänger geschrieben worden war, hatte Wagner fünfundzwanzig Jahre lang gearbeitet. Er war einer dieser dramatischen Mythen, die das deutsche Volk aus dem Schlafe erwecken sollten, doch später zum eigentlichen Inhalt der nazistischen Propaganda wurden, die Hitler zur Macht verhalf. Die letzte Oper des »Rings«, *Götterdämmerung* (Ragnarök), schildert dramatisch, wie die Gier nach Gold Walhalla selber in den Flammen der Zerstörung, die dem blutigen Ringen zwischen Göttern und Menschen folgen, der Vergessenheit anheimfallen läßt.

Richard Wagner, ein Künstler von einzigartigem Talent und einer ans Wunderbare grenzenden Phantasie, versuchte, »Shakespeares Dichtkunst mit Beethovens Musik zu kombinieren«. Er sah sich selber als Propheten, dessen Lebensaufgabe es war, die Deutschen aufzurütteln, daß sie die Größe ihrer Ahnen und die Blutsüberlegenheit ihrer Rasse erkennen sollten. Er verglich die Gier nach Gold in seiner *Götterdämmerung* mit der »Tragödie des modernen Kapitalismus und jiddischem Wuchergeist«, der nach seiner Meinung das deutsche Volk zu vernichten drohte.

Nach alter Überlieferung sollte der Schlaf, der dem Ragnarök folgte, jedoch nicht ewig sein. Es war prophezeit, daß Heimdal, der Wächter an der Schwelle zwischen Göttern und Menschen, eines Tages wiederum seinen Weckruf ertönen lassen würde, um das Aufwachen der germanischen Rasse aus ihrem totengleichen Schlaf anzukündigen. Und Adolf Hitler war froh, als er entdeckte, daß die Voraussagung eines Erwachens aus dem intellektuellen und materialistischen Dunkel von den Texten, Mythen und Legenden fast aller anderen alten Kulturen bestätigt wurde. Zahlreiche Quellen deuteten darauf hin, daß das zwanzigste Jahrhundert den Anbruch des großen geistigen Erwachens der Menschheit bringen würde.

Aber noch entscheidender als die rätselhaften Voraussagungen der Alten war für Adolf Hitler die Verkündung seines geliebten Nietzsche vom kommenden *Übermenschen*, dem elitären Höhepunkt seiner Rasse und dem Herrn der Welt. »Ich lehre euch vom Übermenschen« sind die einleitenden Worte des so glänzend geschriebenen *Also sprach Zarathustra:*

»*Ich lehre euch den Übermenschen.* Der Mensch ist etwas, das überwunden werden soll. Was habt ihr getan, ihn zu überwinden? Alle Wesen schufen bisher etwas über sich hinaus: und ihr wollt die Ebbe dieser großen Flut sein und lieber noch zum Tiere zurückgehen als den Menschen überwinden? Was ist der Affe für den Menschen? Ein Gelächter oder eine schmerzliche Scham. Und eben das soll der Mensch für den Übermenschen sein: ein Gelächter oder eine schmerzliche Scham. Ihr habt den Weg vom Wurme zum Menschen gemacht, und vieles in euch ist noch Wurm. Einst wart ihr Affen, und auch jetzt noch ist der Mensch mehr Affe als irgendein Affe . . Seht, ich lehre euch den Übermenschen. Der Übermensch ist der Sinn der Erde. Euer Wille sage: der Übermensch *sei* der Sinn der Erde! Ich beschwöre euch, meine Brüder, *bleibt der Erde treu* und glaubt denen nicht, welche euch von überirdischen Hoffnungen reden!«

Aber ein Übermensch entsteht erst dadurch, daß der Mensch sich selber überwindet, denn der Mensch ist eine Brücke zwischen den Tieren und Gottmenschen. Der Mensch muß das Blut mit dem Samen der Tugenden des Übermenschen anreichern, sich selbstlos und, ohne Dank zu erwarten, der ihm gestellten Aufgabe opfern, den Übermenschen zu zeugen.

»Der Mensch ist ein Seil, geknüpft zwischen Tier und Übermensch – ein Seil über einem Abgrunde. Ein gefährliches Hinüber, ein gefährliches Auf-dem-Wege, ein gefährliches Zurückblicken, ein gefährliches Schaudern und Stehenbleiben. Was groß ist am Menschen, das ist, daß er eine Brücke und kein Zweck ist: was geliebt werden kann am Menschen, das ist, daß er ein *Übergang* und ein *Untergang* ist.

Ich liebe die, welche nicht zu leben wissen, es sei denn als Untergehende, denn es sind die Hinübergehenden.

Ich liebe die großen Verachtenden, weil sie die großen Verehrenden sind und Pfeile der Sehnsucht nach dem anderen Ufer.

Ich liebe die, welche nicht erst hinter den Sternen einen Grund suchen, unterzugehen und Opfer zu sein, sondern die sich der Erde opfern, daß die Erde einst des Übermenschen werde.«

Für Nietzsche ist Gott tot. Und weil Gott tot ist, trägt der Mensch die Verantwortung für seine eigene Entwicklung und die aller anderen Reiche auf Erden. Der Übermensch kann nur durch den eigenen unbezähmbaren Willen des Menschen verwirklicht werden.

In einem späteren Werk, *Der Wille zur Macht*, zeigte sich Nietzsche optimistischer hinsichtlich einer Möglichkeit eines baldigen Erscheinens des Übermenschen. Er wies darauf hin, daß ein Herrenvolk bereits im Aufbau befindlich sei und daß die Menschen sich schon darauf einstellten, Vorväter – und sogar Väter – des kommenden Übermenschen zu werden: »Möchte ich doch einen Übermenschen zur Welt bringen, ist das Gebet der Frauen, möchte ich einen Übermenschen zum Sohn haben, ist der Wunsch der Männer.«

Mit der äußeren Erscheinung, die der 21jährige Hitler in der zweiten Hälfte des Jahres 1910 bot, ging es ständig abwärts, und zu guter Letzt sah er regelrecht heruntergekommen aus. Kaffeehausbesitzer und öffentliche »Suppenküchen«, die er aufsuchte, um seinen Hunger zu stillen, das Personal in den Bibliotheken, die Billettabreißer in den Theatern und nicht zuletzt die uniformierten Aufseher in der Schatzkammer der Hofburg, sie alle begannen ihn als verdächtiges Subjekt, als arbeitslosen Herumstreicher, anzusehen.

Aber für den jungen Mann, der vor dem Speer des Longinus gestanden und in einer blitzartigen Eingebung Einblick in seine Zukunft gewonnen hatte, waren die Meinungen anderer über seine äußere Erscheinung und armseligen Lebensbedingungen völlig gleichgültig. Das einzige, was »diese Erscheinung, derentgleichen man selten unter Christenmenschen antrifft« interessierte, war die Erlangung einer neuen Bewußtheit, mit der er die Natur der einander entgegengesetzten geistigen Kräfte des Speers verstehen und darüber hinaus den Sinn seines eigenen persönlichen Schicksals entdecken konnte.

Obwohl allgemein bekannt ist, daß Hitler verschiedene Formen des Joga studierte, gibt es niemanden, der ihn im Obdachlosenasyl in der Meldemannstraße nach Art der Hatha-Joga-Haltung von Patanjali hat vor seinem Bett hocken sehen. Er wurde sich schnell darüber klar, daß jene Seite des Joga, die sich mit Stellungen und den Geheimnissen der Atemkontrolle befaßte, für Asiaten in früherer Zeit bestimmt gewesen war. Er sah sie als nützlich für ein Volk an, dessen Ich-Gefühl nicht sonderlich entwickelt und dessen intellektuelle Fähigkeit nicht allzu ausgeprägt war. Es war eine Technik, die den Körper durch Askese und Meditation in solchem Maße zu reinigen versuchte, daß er zum Auge der Seele wurde. »Das letzte, was ich mir wünschen würde, wäre, einst als Buddha zu enden«, sagte Adolf Hitler[16].

Adolf Hitler sah sich derselben Situation gegenüber wie die heutige jüngere Generation, die die Tore zur Erkenntnis und den Weg zur Bewußtheitserweiterung ohne den Gebrauch von Drogen finden möchte. In dem Überfluß von alten Texten konnte er keinen sicheren Halt finden, von dem aus er den direkten Aufstieg zur transzendentalen Bewußtheit antreten konnte, und keine klare, unmittelbar anwendbare Methode der Einweihung, die die Herrschaft der Sinne und die Trugschlüsse des an sie gebundenen Intellektes verdrängen konnte.

Er hegte keinerlei Zweifel, daß das Geheimnis um den Speer des Longinus mit einem mächtigen und blutigen Mysterium und einem völlig neuen Zeitbegriff verknüpft war. Aber wo in der Geschichte oder in der Gegenwart zeigte sich ein rein abendländischer Weg zu transzendentalen Bewußtheitszuständen?

Die Antwort kam aus einer unerwarteten Richtung. Unerwartet deswegen, weil die Lösung in unmittelbarer Reichweite vor ihm gelegen hatte: Richard Wagners Oper *Parsifal*, jenes Werk, das von den Mysterien des Heiligen Grals inspiriert worden war!

---

[16] Hitlers Tischgespräche

Parsifal, Wagners letztes großes Werk, war eine rein persönlich empfundene Dramatisierung der Gralserzählung, die von Wolfram von Eschenbach, einem Dichter und Minnesänger des dreizehnten Jahrhunderts, gedichtet worden war. In diesem bemerkenswerten mittelalterlichen Epos glaubte Adolf Hitler genau das gefunden zu haben, was er suchte – einen vorgezeichneten westlichen Weg zur Erlangung transzendentaler Bewußtheit und neuen Stufen des Zeiterlebnisses.

Um der Suche nach dem Heiligen Gral eine dramatische Form zu geben, hatte Richard Wagner den Kampf zwischen den Gralsrittern und ihren Gegnern um den Besitz des Heiligen Speers zum zentralen Thema seiner Oper gemacht – jenes Speeres des Longinus, der einst die Seite Christi durchbohrt hatte!

In den Händen des Ritters Parsifal, der dem Erzengel des Grals diente, war der Speer ein heiliges Symbol des Blutes Christi ein kostbarer Talisman, der Heil und Erlösung brachte. Im Besitz des unheimlichen Klingsor, der, umgeben von seinen verführerischen Blumenmädchen in einer unzugänglichen Burg unter südlichem Himmel hauste, wurde der Speer jedoch zu einer Art phallischen, im Dienst schwarzer magischer Kräfte stehenden Zauberstabes.

Adolf Hitler war sehr froh über diese Entdeckungen, die ihn in kurzer Zeit ein gutes und wichtiges Stück Weges vorangebracht hatten und weitere Forschungsmöglichkeiten eröffneten. Er sah der Aufführung des *Parsifal* voller Ungeduld entgegen, aber er mußte mehrere Monate lang warten, bis er im Wiener Opernhaus gespielt wurde.

Hoch oben auf einem billigen Platz der Galerie ließ er sich von der Majestät der Musik mitreißen, einem Leitmotiv, das an *Tristan und Isolde* erinnerte, aber noch ergreifender und überirdischer war. Er lag im Konflikt mit sich selber, als er aus dem Theater trat, und fühlte sich zwischen zwei widerstreitenden Gefühlen, zwischen Begeisterung und Abscheu, hin und her gerissen.

Auf der einen Seite hegte er keinen Zweifel, daß Richard Wagner die überlegene prophetische Gestalt unter den Deutschen war. Seine Verherrlichung der »Bruderschaft von Rittern«, in deren Adern reines und edles Blut floß, hatte ihn tief bewegt. Und der Gedanke, daß gerade das Blut die Geheimnisse enthalten sollte, die ein Licht auf die Geheimnisse des Grals werfen konnten, hatte seine Gefühle in einen vorher nie gekannten Aufruhr versetzt.

Aber während die Szenen der Oper wechselten, hatte eine andere Seite seiner Natur bei den Prozessionen und den Ritualen in der Gralsburg – vor allen Dingen aber bei allen christlichen Ausschmückungen und Karfreitagsmystifizierungen – einen unerklärlichen Widerwillen empfunden.

Draußen vor dem Theater in der kalten Nachtluft wurde er sich plötzlich der Ursache seines Unbehagens bewußt. Ihm waren die christlichen Gelübde und die Barmherzigkeitsideale der Ritter innerlich zuwider. »Ich konnte keinen Grund finden, die armseligen Ritter zu bewundern, die ihr ›arisches Blut‹ entehrt hatten, um sich dem Aberglauben des Juden Jesus hinzugeben. Meine Sympathie war ganz und gar auf seiten Klingsors«, sagte er später.

Hitler brauchte nur kurze Zeit, um ausfindig zu machen, daß Wagner selber durch seine Studien über die »Heilige Lanze« in der Schatzkammer der Hofburg dazu inspiriert worden war, das Parsifalthema mit der Legende vom Longinusspeer in seiner Oper zu verschmelzen.

Richard Wagner und Friedrich Nietzsche hatten eigens eine Reise nach Wien unternommen, um diesen Speer der Offenbarung gemeinsam zu betrachten. Eine Reise, die für beide ein bitteres Ende nehmen sollte.

Die sich aus dem beiderseitigen Studium ergebenden Meinungsverschiedenheiten über die Geschichte des Speers und die Bedeutung seiner Legende führten schließlich zum Bruch zwischen den früher unzertrennlichen Freunden – dem Meister der Musik und dem zynischen Philosophen. Es war ein Abschied, der sie beide in bittere und pathetische Vereinsamung treiben sollte, die sich allmählich zu gegenseitigen Gefühlen des Hasses und der Verachtung steigerte. Die öffentliche Kontroverse wurde so heftig geführt, daß der gerade aufgekommene pangermanische mystisch-heidnische Idealismus in seinen Grundfesten erschüttert wurde.

Die näheren Umstände des letzten Treffens zwischen Nietzsche und Wagner in Bayreuth sind wohlbekannt, weil der große Skeptiker und Kritiker sie mit der ihm eigenen stilistischen Brillanz festgehalten hat. Es scheint so, als ob Wagner, der zu jener Zeit nichts von Nietzsches Ablehnung seiner Gedanken über Christus ahnte, sein Parsifalthema auf Grund seines eigenen, neu gewonnenen religiösen Erlebnisses der Erlösung und Heimkehr in den Schoß der christlichen Gemeinschaft entwickelt hatte (all dies natürlich in der Voraussetzung, daß Jesus nicht als Jude geboren, sondern von glorreicher arischer Abstammung war).

Nietzsche, der das Christentum für einen moralischen Verderb hielt, »eine Verneinung aller Dinge«, eine Kapitulation vor dem paulinischen Gift, konnte kaum seine Gefühle des Abscheus bezwingen und kehrte Wagner und Bayreuth für immer den Rücken.

»Es war wirklich an der Zeit, Abschied zu nehmen«, schrieb er in *Nietzsche contra Wagner*, nachdem er Zeuge gewesen sei, wie sein einziger Freund jämmerlich auf dem Weg der Entsagung dahingekrochen wäre, »eine verfallene und erbärmliche Gestalt, hilflos und zerbrochen vor dem christlichen Kreuz liegend«.

Nietzsche hat beschrieben, wie er Bayreuth, die berühmte Heimstätte der Wagnerfestspiele, *»mit jenem Schauder verlassen hat, den jeder empfindet, der unbewußt einer fürchterlichen Gefahr entronnen ist«.*

In Versen, die den Stil von Goethes *Faust* parodieren sollten, brachte Nietzsche seine Gedanken über Wagners Bekehrung zum Ausdruck:

»Ist das noch deutsch?
Aus deutschem Herzen kam dies schwüle Kreischen?
Und deutschen Leibs ist dies Sich-selbst-Entfleischen?
Deutsch ist dies Priester-Händespreizen,
Dies weihrauch-düftelnd' Sinnereizen?
Und deutsch dies Stocken, Stürzen, Taumeln,
Dies ungewisse Bimbambaumeln?
Dies Nonnen-Äuglein, Ave-Glocken-Bimmeln,
Dies ganze falsch verzückte Himmel-Überhimmeln?
Ist das noch deutsch?
Erwägt! Noch steht ihr an der Pforte:
Denn was ihr hört, ist Rom – *Roms Glaube ohne Worte!*«
Friedrich Nietzsche
Wagner als Keuschheitsapostel

In ernsterem Ton, einer Mischung von Raserei und Enttäuschung, sagte Nietzsche seine Meinung über Wagners Parsifal:

»Ist nicht Wagners *Parsifal* sein heimlich überlegenes Lachen über sich selber? Klar sollte man das wünschen: denn was würde *Parsifal* sein, wenn es als ein ernstes Stück gemeint wäre? Müssen wir (wie jemand es mir gegenüber ausgedrückt hat) ihn als eine ›wahnsinnige Ausgeburt des Hasses gegen Wissen, Geist und Empfindsamkeit‹ ansehen? Einen Fluch über die Sinne und den Geist und Atem des Hasses? Als Abfall und eine Bekehrung zu christlichen und obskurantistischen Idealen? Oder letzten Endes als eine Selbstverleugnung, die Selbstvernichtung eines Künstlers in bezug auf das, was er früher angestrebt hat? Denn *Parsifal* ist ein Werk der Falschheit und der Rachgier, ein heimlicher Versuch, die Voraussetzungen des Lebens zu vergiften – ein schlechtes Werk ... Ich verachte einen jeden, der *Parsifal* nicht als Versuch erlebt, alle grundlegende Moral zu ermorden.«
Friedrich Nietzsche
Wagner als Keuschheitsapostel

Die öffentliche Polemik zwischen Nietzsche und Wagner fand keinesfalls nur einseitig statt. Wagner verteidigte sich mit einem sehr überzeugenden Argument und sprach sich für ein Christentum aus, das sich nicht mehr im Judentum zu Hause fühle. Er bewies sogar, daß es genau das Gegenteil dessen war, was Nietzsche verächtlich »eine jüdische Konsequenz« nannte. Denn Wagner behauptete, daß ihm offenbart worden sei, daß Jesus Christus reinster arischer Abstammung sei und daß er niemals etwas mit den rassisch entweihten jüdischen Völkerschaften zu tun gehabt habe. Für diese, meinte er, müsse nach einer »endgültigen Lösung« gesucht werden, um das Vaterland vor ihren verderblichen Einflüssen zu schützen[17].

Der Gedanke, daß Jesu Blut arisch sei, der eine völlig falsche Vorstellung von der universellen Natur des Christentums in sich birgt, gab der Suche nach dem Heiligen Gral einen ganz neuen Sinn. Er bedeutete, daß diese heiligen Mysterien als ausschließlich deutsch zu betrachten und die Gralsritterwürde einzig und allein ein deutsches Vorrecht war.

Der grimmige Haß und die Verachtung, die sich zwischen Adolf Hitlers beiden großen Helden und Inspirationsquellen entwickelt hatten, stellten ihn vor ein gewisses Dilemma – zumal es bei diesem Streit um die Natur des Blutes Jesu Christi und die Bedeutung des Speeres ging, durch den es vergossen wurde.

Ein großes Problem harrte noch der Lösung. Wer hatte nun recht mit seinen Ansichten über Jesus Christus? Der Komponist, der vor einem arischen Christus auf die Knie gefallen war, oder der düstere Philosoph mit den buschigen Augenbrauen, der den christlichen Gott einen Idioten geschimpft hatte: Der Maestro von Bayreuth, der große Prophet eines neuen pangermanischen Christentums, oder der einsame Visionär, der die Ankunft des »Übermenschen« voraussagte.

Irgendwie gelang es Adolf Hitler, eine Entscheidung zu treffen, die ihn der Notwendigkeit enthob, einem seiner großen Lehrmeister abzuschwören (»wer sonst wäre wohl imstande gewesen, solch beachtlichen intellektuellen Purzelbaum zu schlagen?«): Er lieh sich ganz einfach von Wagners strahlendem Talent und dem finster-brütenden Genius von Nietzsche jene Elemente aus, die er brauchte, um sich seine eigene verdrehte Weltanschauung zusammenzuzimmern. Obwohl er an der früheren Struktur und visionären Breite von Wagners *Nibelungenring* festhielt und die Gralsmysterien auf seine ei-

[17] Der Ausdruck »endgültige Lösung«, der den Gasöfen der Todeslager und der Liquidation von cirka 5 Millionen europäischen Juden vorgriff, kam erstmalig während seiner »christlichen« Bekehrung über Wagners Lippen.

gene heidnische Weise auslegte, ergriff er gleichzeitig Partei für Nietzsches *Genealogie der Moral* mit ihrer »Umwertung aller Werte«. *Das christlich Gute war böse, und das christlich Böse war gut!*

»Mein besonderes Talent«, sagte Hitler in einer Ansprache nach der Machtübernahme, »ist die Fähigkeit, komplizierte Probleme zu vereinfachen und in grundlegende Fragen zu verwandeln.« Das ist vielleicht die Erklärung dafür, daß Adolf Hitler die Moral des Christentums kühn auf den Kopf stellte, als er dort vor dem Speer, der Christi Seite durchbohrt hatte, stand und ein unwiderrufliches Gelübde ablegte, fortan das Böse anzubeten.

Zahllose Besuche in der Schatzkammer hatten Adolf Hitler gelehrt, daß der Speer, der Katalysator der Offenbarung, nichts zu enthüllen vermochte, solange er nicht selber in seinem eigenen Verständnis des darin verborgenen Geheimnisses ein tüchtiges Stück vorangekommen war. Jetzt stand er vor der alten Waffe, die auf dem roten Sammetkissen lag, und hatte das deutliche Gefühl, daß der Augenblick gekommen war, in dem ihm ein großes Geheimnis offenbart werden sollte: Der Geist des Speeres wollte sich ihm enthüllen!

> »Die Luft wurde stickig, und ich konnte kaum atmen. Das Menschengewimmel in der Schatzkammer schien vor meinen Augen zu entschwinden. Ich stand allein und zitternd vor der schwebenden Gestalt des Übermenschen – eines hohen und furchtbaren Geistes von schreckeinjagendem und grausamem Aussehen. In heiliger Ehrfurcht bot ich ihm meine Seele als Werkzeug für seinen Willen dar.«[18]

Adolf Hitler hat nie mitgeteilt, ob er gleich Nietzsche jenen »Schauer verspürt hat, den jeder empfindet, der unbewußt einer fürchterlichen Gefahr entronnen ist«. Adolf Hitlers furchtbare Versuchung war vorüber.

»Gehe dahin, Jesus, denn es steht geschrieben: ›Du sollst den Übermenschen anbeten, die Elite der Rasse, den Herrn über alle Königreiche der Erde und ihre Herrlichkeit; ihm allein sollst du dienen.‹«

---

[18] Hitler beschrieb die gleiche Vision dem einstigen Nazigauleiter Rauschning, der später zu den Alliierten überging. Es geschah in einem Gespräch, in dem Hitler die Mutationen der deutschen Rasse erörterte.
»Der Übermensch lebt jetzt unter uns! Er ist hier!« rief Hitler triumphierend aus. »Genügt Ihnen das nicht? Ich habe den neuen Menschen gesehen. Er ist unerschrocken und grausam. Ich hatte Angst vor ihm.« Als Hitler diese Worte sagte, zitterte er in einer Art Extase.
Hermann Rauschning: Gespräche mit Hitler

4. Kapitel
Die Fußnoten des Teufels

»Ach, holde Gattin, welch Schicksal verfolget uns?
Dein furchtbarer Anblick offenbart eine schreckliche Weissagung,
die wie ein Schatten über dem Kinde in deinem Schoß liegt.
Es wird nichts lieben, wird des Blutes Band zerschneiden.
Und zuletzt mit leidenschaftlich bittrem Wort
Streit säen unter Bürgern
und wie ein Feuer rasen in den Herzen der Gerechten.«
Echempertus, Landulf von Capua
Chronist aus dem neunten Jahrhundert

»Über dem Reich der Geister, die zwischen Himmel und Erde leben, gleich ob sie gut waren oder böse, beherrschte Klingsors Macht sie alle; Gott allein konnte sie schützen.«
Richard Wagner
Parsifal

Die vier Tische an dem zur Straße gelegenen Fenster von Demels Café waren immer für Stammgäste aus Wiens vornehmen Familien reserviert. Aber Walter Johannes Stein kam nur selten in dies wohl exclusivste Café der Stadt, obwohl seine Mutter viele Jahre lang regelmäßige Kundin und nahe Freundin der Familie Demel gewesen war.

Der junge Universitätsstudent mied diesen Platz vor allem mitten im Sommer. Um diese Jahreszeit war Demel nämlich meist von Touristen überschwemmt, die alle von den weltberühmten Backwaren kosten wollten. Zu jeder anderen Zeit des Jahres schaute er aber gelegentlich gern hinein, um auf dem Heimwege von der Universität eine Tasse Kaffee zu trinken. Frau Demel pflegte ihn dann immer herzlich zu begrüßen und sich nach seiner Familie zu erkundigen. Er konnte dann sicher sein, einen Tisch am Fenster zu bekommen, an dem er ungestört seine Aufzeichnungen aus den Vorlesungen durchsehen konnte, wenn er es nicht vorzog, müßig herumzusitzen und auf das bunte Treiben auf dem Kohlmarkt hinauszublicken.

Feinschmecker behaupten, daß Demels Creme Grenoble und Sicilienne zu den Hochgenüssen ihres Lebens zählen. Trotzdem ist kaum anzunehmen, daß Walter Stein allein wegen des Kaffees und der Nußtörtchen mit

Curaçao und Pflaumen oder wegen des mit Malaga gespritzen Himbeereises die Eichentäfelungen und Marmortische bei Demel für den Rest seines Lebens so deutlich vor Augen behalten sollte. Durch die mit Streuselkuchen, Baumkuchen und Gugelhupf gefüllten Regale im Schaufenster sollte er nämlich zum ersten Male in das arrogante Gesicht und die mystischen blauen Augen Adolf Hitlers blicken!

Walter Johannes Stein studierte an der Universität zu Wien, um eine naturwissenschaftliche Dissertation zu schreiben. Obwohl er als der befähigtste naturwissenschaftliche Student seines Jahrgangs galt, besonders wegen seiner großen Begabung für Mathematik, interessierte er sich persönlich mehr für klassische Studien und die Geschichte der abendländischen Philosophie. Das einzig »künstlerische« Fach auf seinem Lehrplan war der kurze Kursus in deutscher Literatur, den alle Studenten belegen mußten, weil so viele verschiedene Nationalitäten des weitgestreckten habsburgischen Reiches die Universität besuchten.

Eines der grundlegenden Bücher im Literaturkursus, ausgewählt wegen der besonderen Qualität seiner »mittelhochdeutschen« Prosa, war Wolfram von Eschenbachs *Parzival*. Vielleicht wäre diese Gralsromanze aus dem Mittelalter auch für Walter Johannes nur eine akademische Sprachstudie geblieben, wenn er nicht ein seltenes, übersinnliches Erlebnis gehabt hätte.

Eines Nachts erwachte er und stellte fest, daß er ganze Partien der romantischen Verse des Minnesängers in einer Art bilderlosen Traums rezitiert hatte!

Man denke nur einen Augenblick darüber nach, was es bedeuten würde, wenn man ein ähnliches Erlebnis z. B. mit Chaucers *Canterbury Tales* hätte. Die Sprache der Chaucerschen Prosa aus dem vierzehnten Jahrhundert ist ziemlich schwierig, was die meisten englischen Schuljungen bezeugen können, und doch ist sie letzten Endes die Sprache, aus der sich das moderne Englisch direkt entwickelt hat. Die Sprache der deutschen Minnesänger ist ein halbes Jahrhundert älter und besteht aus einer Mischung von Dialekten, die sich vom modernen Deutsch gründlich unterscheiden. Darüber hinaus hat sie einen verwickelten, ganz persönlichen und elliptischen Stil.

Es war charakteristisch für Walter Johannes Steins ruhige und methodische Art, daß er sofort nach Papier und Feder griff und sich die Worte aufschrieb, die er soeben rezitiert hatte. Ohne sich über das Verwunderliche seines Erlebnisses aufzuregen – hatte er bisher doch nur die einleitenden Seiten des Werkes gelesen –, ging er in sein Arbeitszimmer hinunter und machte sich daran, seine Rezitation mit dem gedruckten Text zu vergleichen. Es war unheimlich zu entdecken, daß diese mysteriöse Eingebung zwischen Traum und Wachen Wort für Wort mit der Originalprosa übereinstimmte!

Dieses Eindringen von etwas Übersinnlichem in sein Bewußtsein ereignete sich noch zweimal während der Nacht; alles in allem also dreimal. Jedesmal verhielt er sich auf die gleiche Weise und stellte fest, daß er nicht einen einzigen Fehler gemacht hatte, abgesehen von einigen kleineren Rechtschreibfehlern bei der Niederschrift der altertümlichen Sprache.

Er merkte, daß die Worte des Minnesängers auf seinen Lippen lebendig zu werden schienen wie die »sprechenden Zungen«, die in den Briefen des Paulus erwähnt sind, denn sein Erlebnis hatte nichts mit intellektuellem Denken zu tun. Durch die Leichtigkeit, mit der er die Verse immer wieder rezitieren konnte, begann ihm klarzuwerden, daß seine Fähigkeit auf irgendeiner Form »höheren Erinnerns« beruhen mußte.

In den folgenden Wochen las er *Parzival* zahllose Male durch, ohne ihn kritisch zu beurteilen: Er genoß ihn nur als ein wunderbar gegliedertes und in sich geschlossenes Kunstwerk, das in ebenso hohem Maße wie Dantes *Göttliche Komödie* alle Aspekte des menschlichen Daseins umfaßte. Er war fest entschlossen, es nicht wissenschaftich kalt und nüchtern zu analysieren und auseinanderzunehmen, bevor er nicht seinen ganzen künstlerischen Reiz gefühlsmäßig ausgekostet hatte.

Während der seltsame Zauber der Ritterzeit seine Sinne durchdrang, spürte er allmählich das fast unmerkliche Keimen einer lebhaften bildschöpferischen Fähigkeit. Ohne besondere Anstrengung konnte er nun fast das gesamte Werk auswendig Wort für Wort aufsagen. Da er nicht wollte, daß diese bemerkenswerte neue Fähigkeit Einfluß auf seine täglichen Studien für sein Doktorexamen gewinnen sollte, beschloß er, niemandem etwas darüber zu erzählen.

Erst als das Frühjahrsemester begann, machte er sich ernstlich daran herauszufinden, was wirklich hinter diesen augenscheinlich so unschuldigen Versen lag, die den germanischen Völkern im dreizehnten Jahrhundert von einem umherziehenden Troubadour gesungen worden waren.

Ein Streifzug durch die Buchläden und Bibliotheken erbrachte eine Reihe von zeitgenössischen Urteilen und kritischen Stellungnahmen zu sämtlichen Gralsdichtungen des Mittelalters und viele Werke über den historischen und literarischen Hintergrund dieser Epoche.

Es dauerte nicht lange, bis Stein vor den gleichen Problemen stand, die noch heutigen Tages die führenden Gelehrten der mittelalterlichen Geschichte und Literatur beschäftigen. Zum Beispiel: Was ist der Gral? Warum wird er in den Arthurlegenden als »heilig« bezeichnet, wogegen Wolfram von Eschenbach ihn niemals »heilig« nennt? Ist er eine Schale? Ein Edelstein? Ein übersinnliches Erlebnis? Wieviel vom *Parzival* ist nichts als eine weitergehende Ausschmückung traditioneller Folklore? Wie konnte der offenbar wissensmäßig nicht sonderlich gebildete Dichter, der ja behauptete, weder lesen noch schreiben zu können, in der geschickten und fortschrittlichen Darstellung des Seelenlebens seines Helden seiner Zeit so weit vorauseilen? Und was soll man von dem Verhältnis zwischen den Geschlechtern in seinen Versen halten, in denen die romantische Liebe ihre höchste Erfüllung in einer nahezu modernen Auffassung der Ehe findet? Wie kam es, daß die Ritter, die die sublimsten Höhen religiösen Erlebens erstrebten, offenbar der strengen Askese und den Zölibatsgelübden entgingen, denen die Mönchsorden jener Zeit sonst unterworfen waren?

Führende Forscher hoben hervor, daß die »Abenteuer« der Ritter nichts weiter waren als bezaubernde Phantasien von edlen Rittertaten im Morgengrauen des »romantischen Zeitalters«. Und daß das neuauftauchende Erlebnis der romantischen Liebe eine Art Erlösung von den sexuellen Instinkten und eine Vertiefung des Seelenlebens im Mittelalter darstellen sollte. Die allgemeine Meinung ging dahin, daß die Hunderte der im *Parzival* genannten Personen nicht wirklich gelebt haben, daß aber der allgemeine Hintergrund, den die Erzählung der Minnesänger beschrieb, sich ausschließlich auf das dreizehnte Jahrhundert bezog.

Den ersten bedeutungsvollen Schritt zur Offenlegung der historischen Bedeutung dieser Gralsromanze tat er, als er Weihnachten 1911 seine Familie zu einer Aufführung des *Parsifal* begleitete. Die Oper machte einen ungeheueren Eindruck auf ihn und wurde zu einem unvergeßlichen Erlebnis. Kein Zweifel, daß Wagner vieles stark vereinfacht und daß er die empfindliche Struktur und komplexe Handlung des Werkes mit seiner zugespitzten Dramatisierung stark beeinträchtigt hatte, aber all dieses wurde durch die Musik kompensiert, die ein unbeschreiblich eindrucksvolles Zeugnis von Christi erlösender Liebe vermittelte.

Die wichtige Frage, die die Oper ihm stellte, war, wie Wagner auf die Idee gekommen war, seinen *Parsifal* um einen wirklich vorhandenen Speer zu komponieren. War es reine Phantasie, oder war der Speer, der Christi Seite durchbohrt hatte, als heilige Reliquie durch die Jahrhunderte gegangen? Und wenn dem so war, welche mittelalterlichen Könige und Fürsten hatten dann diesen Talisman in ihrem Besitz gehabt? Die Antwort auf diese Fragen könnte einen Fingerzeig geben, von welchen historischen Persönlichkeiten die Gralserzählung handelte!

Und so kam es, daß Walter Stein, genau wie Adolf Hitler, zur Bibliothek der Hofburg ging, um die Geschichte der verschiedenen Speere zu erforschen, denen man eine entscheidende Rolle im Mittelalter nachsagte, und zum Schluß vor der Reichslanze in der Schatzkammer stand, die er als jenen Schicksalsspeer identifizierte, mit dem ein römischer Zenturio einst Christi Seite bei der Kreuzigung verwundet hatte.

Während der folgenden Monate begann Walter Stein sein Thema von den verschiedensten Seiten her anzugehen, ohne die geringste Ahnung zu haben, daß dies der Anfang eines lebenslangen Studiums der Mysterien des Heiligen Grals war und daß das von ihm gesammelte Material eines Tages ein ganzes Archiv füllen würde, das vierundzwanzig Jahre später in aller Eile verbrannt werden mußte, als der Reichsführer-SS Heinrich Himmler den Befehl zu seiner Verhaftung gab, um seine Akten beschlagnahmen zu können und ihn zu zwingen, für das Okkulte Büro der Nazis, *Ahnenerbe*, zu arbeiten.

Im Frühjahr 1912, nach einjähriger Forschungsarbeit, war er bereits zu dem Schluß gekommen, daß das neunte Jahrhundert den Hintergrund zu Wolfram von Eschenbachs Gralserzählung bildete und daß sich hinter den vielen klangvollen und seltsamen Namen geschichtliche Personen verbargen, die tatsächlich während der Herrschaftszeit der karolingischen Kaiser gelebt hatten.

Das neunte Jahrhundert hatte die politischen und legalen Strukturen der klassischen Welt dahinschwinden sehen und erlebt, wie diese durch die Kulturen der neu heranwachsenden Nationen und die Etablierung mächtiger Königshäuser ersetzt wurden, von denen einige bis zu tausend Jahre existieren sollten.

Aber das neunte Jahrhundert erlebte nicht nur den Verfall der römischen und griechischen Kultur, es brachte zugleich ein Versiegen jener atavistischen Kräfte des Blutes, mit denen die germanischen Anführer einst ihre Stämme regiert hatten. Überall begann das intellektuelle Denken das alte Blutsbewußtsein zu verdrängen, und Millionen von Männern und Frauen in ganz Nordeuropa begannen sich selber als individuelle Einzelwesen und nicht mehr bloß als Angehörige ihrer Stämme zu fühlen.

Das bezeichnendste Beispiel dieses Übergangs von der Stammesidentität zum individuellen Selbstbewußtsein kann in der Entthronung und Gefangennahme der »langhaarigen« Merowinger gesehen werden, die jahrhundertelang allein vermöge alter Blutriten über die Franken regiert hatten.

In besonderen zeremoniellen Veranstaltungen schnitt man den Mitgliedern der merowingischen Familie, die seit den Tagen des großen Königs Chlodwig die

Macht innegehabt hatte, angesichts johlender Volksmassen die Locken ab, um aller Welt zu zeigen, daß die magische Kraft ihres Blutes erloschen war.[19]

Andererseits waren die Karolinger, die ihnen nun folgten, samt und sonders bedeutende Männer, Staatenlenker, Gelehrte und Heerführer. Karl Martell hatte nur den nichtssagenden Titel »majordomus« gehabt, als er die Franken bei Poitiers zum Sieg über Abd-ar-Rhamen führte und die mohammedanische Invasion von Frankreich und ganz Europa abwandte. Pippin der Kurze, der Aquitanien eroberte, unterdrückte die Lombarden in Italien und vertrieb die Mauren aus Languedoc; schließlich setzte er das merowingische Herrscherhaus ab und setzte die päpstliche Anerkennung des karolingischen Hauses durch. Karl der Große, der im Jahre 800 von Papst Leo III. zum Römischen Kaiser gekrönt wurde und wahrscheinlich die größte historische Erscheinung seit Caesar Augustus war, baute während seiner Lebenszeit ein ganzes Imperium auf und erreichte eine solche Machtfülle, daß er sogar das Recht für sich beanspruchte, die Papstwahlen zu kontrollieren.

Das Symbol der Merowinger war der alte Stammesspeer gewesen, der geistige Führerschaft unter dem Stammesgott und irdische Macht über Leben und Tod aller Franken bedeutete.

Karl der Große jedoch hütete den Speer des Longinus als kostbaren Talisman der Macht. Er gründete seine große Dynastie auf die Kraft seiner Legende und hoffte, daß das karolingische Haus tausend Jahre bestehen bleiben würde. Für Karl den Großen symbolisierte der Heilige Speer Christi Blut, und er leitete aus seinem Besitz den Anspruch ab, als höchster Diener des neuen Gottesbundes durch »göttliches Recht« ein ganzes Imperium aus verschiedenen Rassen zu beherrschen.

Im gleichen kritischen Jahrhundert begann die Heldendichtung der barbarischen Stämme des Nordens in Vergessenheit zu geraten, da nunmehr fromme Werke aus dem Lateinischen in eine Menge neuer Sprachen übersetzt wurden. Als Folge der Teilung des Karolingischen Reiches nach Karls des Großen Tod entstanden die beiden Königreiche Frankreich und Deutschland. Das erste Dokument, das auf Europas künftige Vielfalt hindeutete, war der Straßburger Eid, jener von den Enkeln Karls des Großen geschlossene Vertrag, der die Entflechtung der lateinischen und germanischen Sprachen vorbereitete.

In England übersetzte Alfred der Große lateinische Werke ins Englische und trug so dazu bei, das Inselreich zu begründen. Norwegen bekam seinen ersten

---

[19] *Vgl. .1. M. Wallace-Hadrill (Methuen):* The Long-Haired Kings

König, und auch die Dänen wurden unter einem einzigen Herrscher vereinigt; der Handel der Stadt Utrecht bereitete den Weg für die Entstehung Hollands vor. Sogar die Grundlage des modernen Rußlands wurden in diesem Jahrhundert gelegt, als der Wikinger Rurik der erste Fürst von Nowgorod wurde.

Das neunte Jahrhundert war zugleich auch die Zeit, in der es zu einem folgenreichen Bruch zwischen den Kirchen des Ostens und des Westens kam: Die endgültige Trennung erfolgte auf dem Konzil in Konstantinopel im Jahre 869. Während dies wichtige Konzilium vorbereitet wurde, erklärte Papst Nikolaus I., daß der Mensch nicht als Dreieinigkeit von Geist, Seele und Körper anzusehen sei. Von nun an sollte der päpstliche Stuhl das Vorhandensein eines individuellen menschlichen Geistes verneinen, indem er erklärte, daß der Mensch nur aus Körper und Seele bestünde. Der persönliche Geist dagegen sei nichts anderes als eine »intellektuelle Eigenschaft der Seele«. Auf diese Weise wurde die geistige Initiative des abendländischen Menschen in das Gefängnis der dreidimensionalen Bewußtheit der Sinnenwelt eingesperrt, und die Dogmen der römischen Kirche wurden zur einzig anerkannten Offenbarungsquelle.

Gerade als dieser plötzliche Wandel in der Entwicklung der menschlichen Bewußtheit stattfand, als die intellektuelle Seele Europas zu keimen begann und ein neues Gefühl der Individualität unter den Massen geboren wurde, erblühten Ritterschaft und ritterlicher Geist.

Mit überraschender Schnelligkeit tauchten die Troubadoure und Minnesänger inmitten der neu entstandenen Nation auf. Sie sangen ein Loblied auf die persönliche romantische Liebe, die zwischen den Geschlechtern erblühte, und gaben dem neuen Ideal der christlichen Ehe frische und zärtliche Impulse.

Obwohl die römische Kirche alle Sexualität als Sünde ansah und von den Priestern ein absolutes Zölibat verlangte, beschrieb Wolfram von Eschenbach, der größte unter den Minnesängern, wie die Ritter sich verheiraten und Kinder haben konnten und dennoch das höchste aller geistigen Ziele – den Heiligen Gral – zu erreichen suchen durften.

Es war im heißen Spätsommer des Jahres 1912, als ein seltsamer Zufall indirekt zu einer Begegnung zwischen Walter Stein und Adolf Hitler beitrug. Stein hatte sich an diesem Vormittag in das alte Stadtviertel an der Donau hinausbegeben, wo es eine bunte Reihe kleiner Antiquariate gab, die religiöse, theosophische, alchimistische, okkulte und ähnliche Literatur verkauften.

In einem von ihnen, einer ziemlich schmutzigen Bude, auf deren Schild der Name Ernst Pretzsche zu lesen war, machte er eine Entdeckung, die ihn als erster ahnen ließ, welche Rolle der Speer bei der totalen Veränderung der Welt im zwanzigsten Jahrhundert spielen sollte.

Von einem fast leeren Regal oben an der Rückwand des Ladens griff er sich ein Buch, das Seite für Seite mit Notizen, Hinweisen, Zahlen, Kommentaren und Fußnoten bedeckt war, die alle in der gleichen winzigen und verschnörkelten Handschrift geschrieben waren. Das Buch war eine verschlissene, in Leder gebundene Ausgabe und stellte einen der zahlreichen Nachdrucke der frühen deutschen Version von Wolfram von Eschenbachs *Parzival* aus dem neunzehnten Jahrhundert dar.

Rein zufällig schlug er es auf einer Seite auf, die Parzivals drittes Abenteuer beschrieb, wo um die Zeilen, die die Mutter des Helden, Herzeloyde, beschreiben, ein Tintenkreis gezogen war:

»Owê daz wir nu niht enhân
ir sippe unz an den eilften spân!
des wirt gevelschet manec lîp.«

»(Diese Wurzel edler Güte
aus der der Demut Stamm erblühte)
Weh, daß man schon im elften Glied
die Sippe längst erloschen sieht
und Falschheit uns umgibt.«[20]

Eine kurze Randbemerkung lautete: »Parzival lebte elf Generationen vor dem Dichter Wolfram von Eschenbach – im neunten Jahrhundert um 860 bis 870.«

Das Buch schien Stein ein sehr spannender Fund zu sein, und, falls die anderen Kommentare ebenso bedeutsam und wohlbegründet waren, zugleich ein sehr wertvoller. Er bezahlte gern das Doppelte des Preises, den der Verkäufer verlangte, der ihn augenscheinlich für einen etwas naiven Studenten hielt.

Es war, wie gesagt, ein sonniger Morgen Ende August. Walter Johannes schlenderte durch die Straßen der Altstadt zum Kohlmarkt hinüber und betrat kurz entschlossen Demels Café. Dort setzte er sich an einen Fenstertisch, der Aussicht auf das Treiben draußen auf dem Markt bot. Dann unterzog er seinen

[20] Kein anerkannter Experte hat bislang den Schlüssel zum geschichtlichen Hintergrund dieser Verse gefunden. Das obige Zitat ist geschickt in ein Abenteuer verwoben, das sonst keinerlei Spuren enthält, die auf den Ursprung des Gedichtes hinweisen könnten.

neuerworbenen Fund einer genauen Betrachtung, denn er war gespannt, welch weitere Entdeckungen die verschnörkelte Schrift ihm enthüllen würde.

Es dauerte nicht lange, bis er dahinterkam, welch ungeheuerlicher Art die Kommentare waren. Er blieb dort sitzen, ohne darauf zu achten, wie die Zeit verging, während der er das ganze Werk durchlas und die Kommentare zu den einzelnen Strophen studierte. Und je weiter er las, desto unruhiger wurde er.

Dies war kein üblicher Kommentar, sondern Randbemerkungen eines Menschen, der über ein beträchtliches Wissen in den übersinnlichen Künsten verfügen mußte! Der unbekannte Kommentator hatte den Schlüssel zu einigen der tiefsten Geheimnisse des Grals gefunden, verachtete aber offensichtlich die christlichen Ideale der Ritter und ergötzte sich an den Machenschaften des Antichrist.

Ganz plötzlich wurde ihm klar, daß er die Fußnoten des Teufels las!

Auf der einen Seite bewies der Kommentator echtes Verständnis für die ganze Reihe der Abenteuer Parzivals als Einweihungsübungen auf dem vorgeschriebenen Wege zu den Höhen der übersinnlichen Bewußtheit, auf der anderen leistete er sich zahllose grobe, vulgäre und vielfach sogar obszöne Bemerkungen zu dem Werk. Durch den ganzen Kommentar lief ein Rassenfanatismus und eine fast krankhafte Anbetung arischen Blutes und pangermanistischen Wesens, die voller Ekel und Verachtung gegenüber den Juden waren, denen die Schuld für alles Böse und alles Leid der Welt zugeschoben wurde.

Zum Beispiel stand neben den Strophen, die die Gralsprozession und die Versammlung der Ritter zur feierlichen Messe in der Gralsburg beschreiben, mit großen Buchstaben quer über die Seite geschrieben: »Diese Männer verrieten ihr reines arisches Blut für den schmutzigen Aberglauben des Juden Jesus – ein Aberglaube, der genauso ekelhaft und lächerlich ist wie die jüdischen Beschneidungsriten. «

Das umfassende Bild, das der Kommentar vom Ursprung der Gralserzählung, ihrer Bedeutung und ihrem historischen Hintergrund entwickelte, übertraf an Erkenntnissen bei weitem die Forschungsergebnisse der gelehrtesten Wissenschaftler der Zeit.

Walter Stein mußte widerwillig anerkennen, daß es sich hier um eine Art primitiver Genialität handelte, die allerdings verworren und voller Haß und Groll gegenüber der Freiheit des Individuums und der Gleichheit aller Menschen war.

Zur Stütze seiner Deutungen der Gralsmysterien hatte die unbekannte Hand zahllose Quellen angeführt: fernöstliche Religionen, Mystizismus, Alchimie, Astrologie, Joga, Mythologie, die antike Welt Griechenlands und Roms und eine große Anzahl historischer mittelalterlicher Werke und Chroniken. Wer der Kommentator auch sein mochte, in jedem Falle war er außerordentlich belesen, und seine bedeutsamen und informativen Randbemerkungen erfüllten die geheimnisvollen Strophen des Minnesängers mit neuem Leben, obwohl ihre Romantik auf höchst unheilvolle Weise mißverstanden worden war.

Das Wort »Gral« war augenscheinlich von »Graduale« abgeleitet, das gradweise, stufenweise, Grad um Grad bedeutet. Die Suche nach dem Gral – glaubte man – sollte das innere Seelenleben gradweise von einer an Schlaf grenzenden Stumpfheit über den Zweifel zu einem wirklichen geistigen Erwachen bringen. Der Kommentar deutete das Wort »Saelde« (Glückseligkeit, Seligkeit), unter dem Wolfram von Eschenbach die Erreichung des Grals verstand, als »das Erwachen eines Dummkopfes aus gedankenleerer Abgestumpftheit«.

Der Gral wird vom Minnesänger als ein »Edelstein« (lapsit exillis) beschrieben, aber eine Fußnote besagte, daß der Stein das alchimistische Symbol der unter dem Gehirn gelegenen Zirbeldrüse des dritten Auges – sei! Und der ganze Sinn dieser Gralserzählung, ihrer Fabel und der Reihenfolge der sechzehn darin beschriebenen Abenteuer wäre es, dieses zapfenförmige dritte Auge so zu öffnen und zu aktivieren, daß es die verborgenen Geheimnisse der Zeit und den Sinn des Schicksals der Menschheit zu erkennen vermochte!

Hatte der dunkle Genius, von dessen Hand dieser faszinierende Kommentar geschrieben war, auch dieses »dritte Auge« entwickelt? Walter Stein dachte schaudernd über diese Frage nach. Und was, wenn dem so wäre, würde ein solcher schwarzer Magier dann für die Welt im großen zu bedeuten haben?

Der Kommentar identifizierte viele der in Wagners *Parsifal* agierenden Personen als wirkliche, lebendige Gestalten aus dem neunten Jahrhundert: zum Beispiel sollte der sterbende, von Dämonen besessene König Anfortas König Karl der Kahle gewesen sein, ein Enkel Karls des Großen; in der Zauberin Kundry glaubte er Ricilda Böse, die verrufenste Hure jener Zeit, die ihn verführte, zu erkennen, Parsifal wurde zu Luitward von Vercelli, dem Kanzler am Fränkischen Hofe, in Beziehung gesetzt, und Klingsor war angeblich mit Landulf II. von Capua, der bösartigsten Gestalt des Jahrhunderts, identisch.

Der Streit zwischen den christlichen Rittern und ihren Gegnern sollte den anhaltenden Machtkampf zwischen zwei Parteien illustrieren, die sich wegen eines tatsächlich existierenden Speeres befehdeten: der Reichslanze in der Hofburg!

Das Blut der karolingischen Kaiser wurde als magische Quelle für die Offenbarungen der Gralsfamilie bezeichnet: »Ein Blut, dem einzigartige magische Kräfte anhafteten, die Einblicke in übersinnliche Welten gestatteten.« Und, wie in Wagners Oper geschildert, war es die Absicht Klingsors und seiner schwarzen Gehilfen, die Gralsseelen durch sexuelle Perversion zu blenden und sie ihres geistigen Sehvermögens zu berauben, damit sie sich nicht länger von den himmlischen Hierarchien leiten ließen.

Walter Stein war von diesem Thema gefesselt, weil Kaiser Michael in Konstantinopel die Werke des Dionysios Aeropagitas, die die himmlischen Hierarchien und die Rolle, die sie im historischen Geschehen spielen, beschrieben, Karl dem Großen bei seiner Krönung zum Römischen Kaiser im Jahre 800 als Krönungsgabe überreicht hatte. Obwohl Papst Nikolaus I. diese Schriften als ketzerisch verdammt hatte, berief König Karl der Kahle den berühmten englischen Gelehrten Scotus Erigena an seinen Hof, damit er sie übersetzen solle. Und es war Scotus Erigena, der Freund und Beichtvater des Kanzlers Luitward, der sich durch den Heiligen Speer zu folgenden Zeilen inspirieren ließ:

»Wenn zu himmlischen Höhen
du selbst dich erhebst,
wirst du mit strahlenden Augen
den Tempel der Weisheit erblicken.«

Es machte tiefen Eindruck auf Walter Stein, daß Wagners scheußlicher Klingsor mit Landulf von Capua identifiziert wurde, denn er kannte bereits einige geschichtliche Tatsachen, die mit dieser unheilvollen Person verknüpft waren, und seine späteren Forschungen sollten ihm ein noch klareres Bild geben.

Landulfs Einfluß auf die Ereignisse im neunten Jahrhundert war enorm, und es besteht kein Zweifel, daß er die zentrale Figur für alles Böse war, das in jenem Zeitabschnitt geschah. Kaiser Ludwig II. ernannte ihn zum »dritten Mann des Königreiches« und überhäufte ihn mit so vielen Ehren, daß er sogar Capua zur Hauptstadt machen wollte und sich selber zum Erzbischof ernannte.

Er überredete seinen Kaiser, gegen die Araber in Süditalien Krieg zu führen, obwohl sein eigener Bruder die Ungläubigen herbeigerufen hatte, die christlichen Länder zu überfallen. Landulf, der viele Jahre in Ägypten zugebracht und arabische Astrologie und Magie studiert hatte, war ihr geheimer Bundesgenosse. Durch seine islamischen Verbindungen konnte er später sein Schloß, seinen Adlerhorst in den Bergeshöhen des von den Arabern besetzten Sizilien behalten. Dort oben, auf dem Kalot Enbolot (oder Carta Belota), wo sich einst ein alter Mysterientempel befunden hatte, führte er die schrecklichen und perversen Handlungen aus, die ihm den Ruf eines der meistgefürchteten Schwarzkünstler der Welt einbrachten. Schließlich wurde er im Jahre 875 exkommuniziert, als sein Bündnis mit dem Islam aufgedeckt wurde und seine Missetaten, zu denen die verführerische Iblis ihn angestiftet hatte, bekannt wurden.

Einige Historiker, denen klar geworden war, wie die durch den Gral inspirierte geistige Renaissance Roms Macht völlig zu verdunkeln drohte, hatten über die unheilvollen Beziehungen zwischen Landulf und einer Reihe von Päpsten geschrieben und von ihren gemeinsamen Versuchen berichtet, das esoterische Christentum des Heiligen Grals zu vernichten. Aber keiner übertraf an Einfühlung Richard Wagners eigenes phantasievolles Bild vom schwarzen Zauberer Klingsor, der dem Antichrist diente und sich mit ihm zusammen verschworen hatte, die richtige Entwicklung der Liebe und Weisheit in diesem wohl wichtigsten aller frühen Jahrhunderte europäischer Geschichte zu pervertieren.

Richard Wagner begriff, daß Landulfs magische Riten, die schreckliche sexuelle Perversionen und Menschenopfer einschlossen, eine verheerende Wirkung auf die weltlichen Führer des christlichen Europas gehabt hatten. Der große Künstler und Komponist veranschaulichte, wie solche magischen Riten elementare Kräfte frei machen, durch die dämonische Geister sich Zutritt zu dem Blut und Bewußtsein solcher Individuen verschaffen, gegen die sie gerichtet sind. Und genau in diesem Sinne stellte Wagner Klingsor auch in seiner Oper dar, wie er den Speer des Longinus als mächtigen phallischen Stab gegen die romantische Liebe schwingt, die gerade in diesem Zeitalter zu knospen begann. »Das Feuer, das durch seine magischen Riten entflammt wurde, wirkte auf die gesamte Menschheit ein«, sagt ein Chronist aus dieser Zeit.

Wolfram von Eschenbach hat die zerstörerischen Wirkungen der Magie Klingsors noch subtiler beschrieben. Er zeichnet das Bild des verwundeten Gralskönigs Anfortas, dessen wahre Liebe durch ausschweifende sexuelle Phantasie verfälscht wurde.

Der größte unter den mittelalterlichen Minnesängern hat geschildert, wie der König des Grals moralisch durch eine sexuelle Perversion ruiniert worden ist, die die heilige Vereinigung zwischen Herz und Hirn durchbrochen und ihn seines geistigen Sehvermögens beraubt hat. Die »Wunde« von Anfortas besteht aus einer Unfähigkeit, die wirklichen Prozesse der geistigen Entwicklung zur Vollendung zu bringen. Und mit dem »Blutenden Speer« symbolisiert der Dichter jene Kräfte Klingsors, die – wie der Teufel »Legion« – aus den sexuellen Instinkten entstehen und das »höhere Ich« vernichten wollen, um so den Zugang zum Gral zu versperren.

In der Szene, die in dem inneren Heiligtum auf der Gralsburg spielt, vermehrt der Anblick des von der Spitze des Speeres tropfenden Blutes siebenfach den Schmerz und die Angst des verwundeten Königs und verursacht ein endloses Jammern unter den Rittern. In einem feierlichen Ritual wird der Speer durch den Tempel getragen, und alle vier Wände werden damit berührt. Ein Zeichen dafür, daß der Weg zur Erreichung des Grals zerstört war und daß die Gemeinschaft der Gralsritter, vom Anblick der himmlischen Hierarchien ausgeschlossen, für immer auf die Sinnenwelt angewiesen war.

»Der wirt sich selben setzen bat
gein der mitteln fiwerstat
ûf ein spanbette.
ez was worden wette
zwischen im und der fröude:
er lebte niht wan töude.
in den palas kom gegangen
der dâ wart wol empfangen,
Parzivâl der lieht gevar,
von im der in sante dar.
er liez in dâ niht langer stên:
in bat der wirt nâher gên
und sitzen, ›zuo mir dâ her an.
sazte i'uch verre dort hin dan,
daz waere iu alze gastlîch.‹
sus sprach der wirt jâmers rîch.
Der wirt het durch siechheit
grôziu fiur und an im warmiu kleit.
wît und lanc zobelîn,
sus muose ûze und inne sîn
der pelliz und der mantel drobe.
der swechest balc waer wol ze lobe:
der was doch swarz unde grâ:
des selben was ein hûbe dâ
ûf sîme houbte zwivalt,
von zobele den man tiure galt.
sinwel arâbsch ein borte
oben drûf gehôrte,
mitten dran ein knöpfelîn,
ein durchliuhtîc rubîn.
Dâ saz manec ritter kluoc,
dâ man jâmer für si truoc.
ein knappe spranc zer tür dar in.
der truog eine glaevîn

(der site was ze trûren guot):
an der snîden huop sich pluot
und lief den schaft unz ûf die hant,
deiz in dem ermel wider want.
dâ wart geweinet unt geschrît
uf dem palase wît:
daz volc von drîzek landen
möhtz den ougen niht enblanden.
er truoc se in sînen henden
alumb zen vier wenden,
unz aber wider zuo der tür.
der knappe spranc hin ûz derfür.
Gestillet was des volkes nôt ...«[21]
Wolfram von Eschenbach:
Parzival

Walter Stein fuhr fort, in dem Buch zu blättern, um weitere Fußnoten über den unheimlichen Landulf zu finden, aber er empfand plötzlich eine unangenehme Kühle, einen fremdartigen Hauch, der sich in sein Bewußtsein drängen wollte. Doch tat er das Gefühl wie etwas nicht zur Sache Gehöriges ab und las weiter.

Auf den leeren Seiten am Ende des Buches entdeckte er einige Anmerkungen eines zeitgenössischen Chronisten, der die Ereignisse in Landulfs Leben

---

[21] »Der Gastgeber selbst ließ sich an der mittleren Feuerstelle auf eines der Ruhebetten niedersetzen. Zwischen ihm und der Freude war alle Schuld bereinigt. Sein Leben war nur noch ein ständiges Sterben.
In diesen Palas war nun der strahlende Parzival eingetreten und wurde freundlich empfangen von dem, der ihn dorthin geschickt hatte. Sein Gastgeber ließ ihn nicht länger stehen, sondern bat ihn, näherzutreten und sich niederzusetzen: ›Zu mir heran! Würde ich Euch dort hinten hinsetzen, so würde ich Euch zu sehr als einen Fremdling behandeln.‹ So sprach der jammerreiche Wirt.
Er ließ seiner Krankheit wegen ein großes Feuer vor sich schüren und trug warme Kleider. Sein Rock hatte innen und außen große und lange Zobelfelle und ebenso der Mantel, den er darüber trug. Der geringste Balg an dieser Kleidung hätte noch Lob verdient, er war noch immer schwarz und grau. Auf seinem Haupte trug er eine Haube, innen und außen aus demselben teuren Zobel. Oben war, wie es sich gehörte, eine arabische Borte um sie herumgelegt, in deren Mitte ein Knöpflein aus einem durchsichtigen Rubin prangte.
Mancher schmucke Ritter saß da, als man nun etwas vor sie hintrug, was tiefen Jammer bei ihnen erregte. Ein Knappe sprang zur Tür herein, der eine Lanze hielt – ein Brauch, der hier jedesmal alles in tiefe Trauer versetzte –, an deren Schneide Blut herausquoll und am Schaft herunter bis auf die Hand lief, daß der Ärmel davon berührt wurde. Wie wurde da in dem großen Palas geweint und geschrien! Das Volk von dreißig Ländern könnte es mit seinen Augen nicht leisten. Der Knappe trug die Lanze in seinen Händen an allen vier Wänden entlang bis zur Tür zurück und sprang schnell wieder hinaus. Da wurde die Not der Ritter gestillt...«

beschrieb. Danach hatte seine Mutter in der Nacht vor seiner Geburt einen furchtbaren Traum gehabt. In einer Vision hatte sie gesehen, daß sie eine brennende Fackel zur Welt bringen müsse, die nicht nur ihr ganzes Königreich, sondern die ganze Welt in Flammen aufgehen lassen würde. Ihr Gatte, dem sie diesen Traum berichtete, erlitt einen derartigen Schock, daß er das Kind bei seiner Geburt fast umgebracht hätte. Statt dessen entschloß er sich, ein Gedicht zu schreiben, um die Welt vor seinem Sohn und der Tyrannei, mit der er sie überziehen würde, zu warnen:

»Ach, holde Gattin, welch Schicksal verfolget uns?
Dein furchtbarer Anblick offenbart eine schreckliche Weissagung,
die wie ein Schatten über dem Kinde in deinem Schoß liegt.
Es wird nichts lieben, wird des Blutes Band zerschneiden.
Und zuletzt mit leidenschaftlich bittrem Wort
Streit säen unter Bürgern
und wie ein Feuer rasen in den Herzen der Gerechten.«

»Was er in geistiger Extase voraussagte, ließ das Schicksal uns mit eigenen Augen sehen«, fuhr der Chronist fort. »Und das Feuer, das dann durch seine Taten angezündet wurde, befleckte das Blut der gesamten Menschheit.«

An dieser Stelle schaute Walter Stein von seinem Buche auf und blickte durch die Regale im Schaufenster direkt in das arroganteste Gesicht und die teuflischsten Augen, die er jemals gesehen zu haben glaubte.

Es war das Gesicht eines Mannes mit einer in die Stirn hängenden braunen Haarlocke, einem kleinen, fast komisch wirkenden Bart, der an beiden Seiten der Oberlippe kurz geschnitten war, und einem kleinen dunklen Kinnbart. Der Mann starrte ihn forschend an. Er trug einen verschlissenen dunklen Überzieher, der viel zu groß für ihn war, und unter den zerfransten Hosen schauten aus zerplatzten Schuhen die Zehen hervor. In den Händen hielt er Aquarelle im Postkartenformat, die er offensichtlich an Touristen, die draußen vor dem Café auf dem Kohlmarkt vorübergingen, zu verkaufen versuchte.

Natürlich wußte er nicht, daß er in diesem Augenblick einem Menschen ins Gesicht sah, dessen Handlungen die furchtbaren Prophetien über Klingsor bei weitem übertreffen würden; der ein satanisches Terrorregime errichten und ein kaltblütiges Gemetzel stattfinden lassen würde, das in seiner Grausamkeit und Bestialität alle früheren Ereignisse in der Geschichte der Menschheit in den Schatten stellen sollte.

Indem er sich rasch von den hypnotischen Augen dieser seltsamen Erscheinung abwandte, versuchte er mit großer Mühe, sich wieder auf die übrigen Kritzeleien über Landulf von Capuas Persönlichkeit zu konzentrieren: »Landulf war gescheit und im allgemeinen recht geschickt, dabei aber wollüstig, maßlos ehrgeizig und eitel. Er verachtete Mönche und plünderte die Menschen aus. Er verriet seinen eigenen Fürsten, brach seine Versprechen und betrog seine Enkelkinder. Wo immer er freundschaftliche Bande zwischen den Menschen antraf, setzte er alles daran, sie zu zerschneiden. Überall suchte er Unfrieden zu stiften. Wer dies nicht glauben will, möge an die Hartnäckigkeit denken, mit der er seine Herren verriet, obwohl er dreimal geschworen hatte, ihre Oberhoheit anzuerkennen. Nur zu gern wollte er sich der Seelen unschuldiger Menschen bemächtigen, statt sie als seinesgleichen anzuerkennen und der Ehrerbietung wertzuhalten.« (Echempertus)

Als Stein schließlich am späten Nachmittag aus Demels Café heraustrat, stand der armselige Künstler immer noch draußen. Er kaufte drei von den kleinen Aquarellen, bezahlte mit einer Handvoll Münzen und stopfte den Rest wieder in die Tasche, während er die Straße hinuntereilte. Erst als er nach Hause kam, wurde ihm klar, daß er ein Bild des Schicksalsspeeres – der »Heiligen Lanze« – gekauft hatte, die auf rotem Sammet in einer Glasvitrine der habsburgischen Schatzkammer lag.

Und das Aquarell trug den gleichen Namenszug wie das Vorsatzblatt des zerschlissenen Exemplars von *Parzival* – ADOLF HITLER!

5. Kapitel
Das ABC des Grals mit schwarzer Magie
Die durch Drogen bewirkte Vision Adolf Hitlers

»Ouch erkante ich nie sô wîsen man,
ern mähte gerne künde hân,
welher stiure disiu maere gernt
und waz si guoter lêre wernt.
dar an si nimmer des verzagent,
beidiu si vliehent unde jagent,
si entwîchent unde kêrent,
si lasternt unde êrent.
swer mit disem schanzen allen kan,
an dem hât witze wol getân,
der sich niht versitzet noch vergêt
und sich anders wol verstet.
valsch geselleclîcher muot
ist zem hellefiure guot,
und ist hôher werdekeit ein hagel.
sîn trîwe hat sô kurzen zagel,
daz si den dritten biz niht galt,
fuor si mit bremsen in den walt.«[22]
Wolfram von Eschenbach, Parzival

Viele der Wohngenossen Adolf Hitlers im Wiener Männerheim haben beschrieben, wie elend und zerzaust er in dieser Zeit aussah. Alle schildern ihn als bequem, mürrisch und jeder Art von Arbeit so gründlich abgeneigt, daß

---

[22] »Und doch habe ich nie einen Menschen getroffen, der wiederum so weise gewesen wäre, daß er nicht trotzdem gern erfahren hätte, wohin diese Geschichte steuert und welche guten Lehren sie darbietet. Nun, sie wird sich nie scheuen, sowohl zu fliehen, wie zu jagen, zu entweichen und zurückzukehren, zu schmähen und zu ehren. Wer mit all diesen ›Chancen‹ umzugehen versteht, der allein ist ein rechter und kluger Mann. Der versitzt sich nicht, und vergeht sich nicht, sondern er erkennt seinen rechten Platz. Die Gesinnung, die sich in der Gemeinschaft falsch ausrichtet, ist reif für das Höllenfeuer und wie ein Hagelschlag für die rechte Würde des Menschen. Ihre Treue hat einen so kurzen Schwanz, daß sie den dritten Biß nicht abzuwehren vermag, wenn sie in den einsamen Wald läuft und von den Bremsen überfallen wird.«

er lieber seine Bücher und wenige Habseligkeiten verpfändet hätte, als eine Arbeit anzunehmen und ein paar elendige Heller zu verdienen.

Einige haben sogar detailliert beschrieben, wie ihr übelgelaunter Zimmergenosse gezwungen wurde, nur in eine Decke eingehüllt, in seiner Koje zu bleiben, wenn man ihm gewaltsam seine Kleider abgenommen und zur Desinfizierung gebracht hatte.

Unnötig zu sagen, daß keiner der Vagabunden und mißglückten Existenzen, die seine armselige Behausung teilten, auch nur die geringste Ahnung von der wirklichen Beschaffenheit dieses Mannes hatte, der zwanzig Jahre später Führer des deutschen Volkes werden sollte. Auch wußten sie nichts von seinen Studien, seinen weitgehenden Ambitionen und daß er mit Hilfe von Narkotika Zugang zu den Höhen transzendentaler Bewußtheit erlangt hatte. Dennoch sind die meisten anerkannten Hitlerbiographien auf die Aussagen und Meinungen dieser Landstreicher und Vagabunden angewiesen, um über die entscheidenden Jahre dieser Persönlichkeit, die später nahe daran war, die Welt zu erobern, berichten zu können.

Wie auch hätte man von dem menschlichen Strandgut eines städtischen Armenhauses erwarten können, daß sie das Format einer Persönlichkeit von den Ausmaßen Adolf Hitlers richtig einschätzten? »Einen Mann ohne Maß« nannte Baldur von Schirach, einer seiner früheren Gefolgsleute, seinen Führer zutreffend nach der Entlassung aus dem Spandauer Gefängnis. Von Schirach, einstiger Führer der Hitlerjugend und Gauleiter von Wien, meinte damit, daß Adolf Hitler jedes Maß verloren hatte und daß seine zügellose Phantasie die eigentliche Quelle seiner bösen Sinnesart war.

Walter Stein, der Adolf Hitlers Gedankengänge auf allen Ebenen verstehen wollte und der eines Tages der vertrauliche Ratgeber Winston Churchills in allen den Naziführer und seine Gefolgsleute betreffenden Fragen werden sollte, ging der armselige Postkartenmaler nicht aus dem Sinn, aber es war nicht leicht, ihn ausfindig zu machen. Eine Anzahl Wochen hielt er sich in der Nähe der bekannten touristischen Sehenswürdigkeiten auf, die von den Einheimischen nur selten besucht wurden – vor dem Stephansdom, dem Habsburger Sommerpalast, dem Opernhaus, der Spanischen Reitschule oder auf dem Ring und natürlich in Demels Café am Kohlmarkt, wo er ihn zum ersten Male gesehen hatte.

Als letzte Möglichkeit kehrte er zu dem Antiquariat in der Altstadt zurück, wo er Hitlers Exemplar des Parzival erstanden hatte. Es war zwar nur eine geringe Chance, aber der Weg machte sich bezahlt. Der Inhaber, Ernst Pretzsche, zeigte sogleich großes Interesse, als er Hitlers Namen nannte, und bat ihn, in das kleine Büro hinter dem Laden zu kommen.

Pretzsche war ein glatzköpfiger Mann und sah recht bösartig aus.

Er hatte einen Ansatz zum Buckel, und die ganze Gestalt wirkte krötenartig. Walter Stein empfand sogleich Widerwillen gegen ihn. Es stellte sich heraus, daß Hitler ein regelmäßiger Besucher des Ladens war, daß Pretzsche ihn aber schon seit über drei Wochen nicht gesehen hatte.

»Er weiß, daß er immer hierher kommen kann, wenn er etwas Vernünftiges zu essen bekommen und sich ein Weilchen aussprechen möchte«, sagte Pretzsche. »Er ist zu stolz, sich Geld schenken zu lassen. Ich nehme seine Bücher und Habseligkeiten in Pfand, damit er etwas für die dringendsten Lebensbedürfnisse hat. Seine Bücher sind eigentlich nichts wert, aber sie geben mir einen Vorwand, ihm gelegentlich ein paar Heller zukommen zu lassen.«

Er griff nach einem kleineren Buchstapel, der in einer Ecke lag, und sagte: »Schauen Sie hier. So wie hier schmiert er all seine Bücher voll. Es gibt kaum eine Seite, die nicht vollgekritzelt ist. Normalerweise verkaufe ich so etwas nicht. Mein Angestellter hat Ihnen das Buch versehentlich verkauft.«

Stein erkannte ein paar Werke von Fichte, Schelling, Hegel, Schopenhauer und Nietzsche und ein Exemplar von Houston Stewart Chamberlains *Grundlagen des neunzehnten Jahrhunderts*. Außerdem bemerkte er einige Werke über östliche Religion und Joga, das *Nibelungenlied*, Goethes *Faust* und Lessings *Erziehung des Menschengeschlechtes*.

Eine Anzahl von Hitlers Malereien hingen ringsum an den Wänden oder standen neben seinen Büchern, und einige Postkartenaquarelle waren auch auf dem Kaminsims aufgestellt, alles in allem ein recht deutlicher Beweis, in welchem Ausmaß Pretzsche seinem Schützling finanzielle Unterstützung gewährt hatte.

Es gab auch sonst viele interessante Dinge an den Wänden zu sehen, die der Aufmerksamkeit Steins nicht entgingen. So zum Beispiel Drucke, die Alchimisten bei der Arbeit zeigten, und astrologische Symbole und Karten, die neben unerquicklichen pornographischen Illustrationen hingen, wie sie damals in der antisemitischen Literatur Wiens üblich waren.

Ein Gruppenfoto auf dem Schreibtisch stellte Pretzsche mit einem Mann dar, den Stein als den berüchtigten Guido von List erkannte. Er war der Gründer und die treibende Kraft einer okkulten Loge, deren Wirken die Wiener Bevölkerung tief beunruhigt hatte, als es seinerzeit von der Presse enthüllt worden war. Bis zu diesem Zeitpunkt war von List ein sehr erfolgreicher politischer Schriftsteller gewesen, dessen Bücher über den pangermanistischen Mystizismus weite Verbreitung gefunden hatten. Als sich herausstellte, daß er der Leiter einer Blutsbrüderschaft war, die das Kreuz durch das Hakenkreuz ersetzt hatte und Rituale vollzog, zu denen sexuelle Perversionen und mittelalterliche Schwarzkünste gehörten, war List aus Wien geflohen, denn er hatte Angst, von einer aufgebrachten, mit der römisch-katholischen Kirche sympathisierenden Volksmasse gelyncht zu werden.

Walter Stein war nicht im geringsten überrascht, derartige Zusammenhänge mit dem satanischen Kommentar zum Gral zu entdecken. Pretzsche war ein widerwärtiger Mensch. Wie er es fertigbrachte, sich selber als ein prächtiges Exemplar deutschen Mannestums anzusehen, war schwer zu verstehen. Stein fühlte sich in der engen Kammer wie eine Fliege, die sich in einem Spinnennetz verfangen hat. Die glänzenden schwarzen Augen in seinem gelblichen, blutleeren Gesicht schienen Böses auszustrahlen, zumal ihr Besitzer offenbar von der Annahme ausging, daß der Besucher seine Ansichten von der Überlegenheit der arischen Rasse teilte.

Stein wich allen Fragen über seine persönlichen Verhältnisse und seine politischen Sympathien aus. Er ließ nur durchblicken, daß er an der Universität studiere und sehr erstaunt darüber gewesen sei, im hitlerschen Exemplar des mittelalterlichen Epos von Wolfram von Eschenbach einen so erschöpfenden Kommentar zum geschichtlichen Hintergrund des Grals gefunden zu haben.

»Ich gelte in gewissen Kreisen als große Autorität in okkultistischen Fragen«, vertraute Pretzsche ihm an. »Adolf Hitler ist nicht der einzige, dem ich Beistand und Hilfe in diesen Fragen leiste. Sie können auch jederzeit kommen und mich um Rat fragen.«

Aber Stein wollte alles andere, als weiterhin mit diesem wie eine Kröte aussehenden Mann zu tun haben, der offenbar in Kreisen verkehrte, die sich mit okkulten Dingen befaßten. Er hatte nun alles in Erfahrung gebracht, was er brauchte, denn Pretzsche hatte ihm Hitlers Adresse gegeben. Jetzt konnte er ihn ohne weitere Hilfe finden. Indem er vorgab, keine Zeit zu haben, verließ er eilends den Laden.

Es blieb offenbar keine andere Möglichkeit, als Adolf Hitler in der Herberge in der Meldemannstraße aufzusuchen, die Pretzsche ihm als Wohnung angegeben hatte. Herr Kanya, der Leiter dieser Herberge, teilte ihm mit, daß Adolf Hitler sich in Spittal an der Drau befände, wo eine seiner Tanten kürzlich gestorben sei und ihm ein kleines Erbe hinterlassen habe. Er wußte nicht, ob Hitler nach seiner Rückkehr in der Herberge wohnen bleiben würde.

Die Erbschaft hatte eine totale Veränderung in Adolf Hitlers äußerer Erscheinung bewirkt, so daß Walter Stein ihn kaum wiedererkannte, als er ihn zehn Tage später draußen vor der Hofburg beim Malen antraf. Zwar hatte er immer noch seine braune Stirnlocke und seinen Schnurrbart, aber der Kinnbart war abrasiert, und das Haar war im Nacken und an den Seiten militärisch kurz geschnitten.

Er trug einen dunklen Anzug und ein sauberes weißes Hemd, und seine Füße steckten jetzt in einem Paar glänzender neuer Stiefel. Es war schwer zu glauben, daß es sich um den gleichen Mann handeln sollte wie die verhungerte und zerlumpte Vogelscheuche, die er vor vier Wochen draußen vor Demels Café gesehen hatte.

Bevor wir hier auf die Unterhaltung zwischen Walter Stein und Hitler und ihre spätere Verbindung eingehen, muß darauf hingewiesen werden, daß keinerlei schriftliche Aufzeichnungen über diese Gespräche vorliegen. Das heißt, daß wir keine Einzelheiten über ihren Verlauf wissen, sondern nur die Reihenfolge der Ereignisse kennen, die sich bei ihren Begegnungen zutrugen, sowie den allgemeinen Inhalt und die Art der Beziehungen, die sich zwischen den beiden Männern entwickelten. Als Dr. Stein mir damals ausführlich von diesen Unterhaltungen berichtete, hatte ich selber noch keine Ahnung, daß mir die Aufgabe zufallen würde, das Buch über den Speer zu schreiben. Zu diesem Zeitpunkt hatte ich noch eifrig versucht, Stein zu überreden, es selber zu schreiben, was er auch höchstwahrscheinlich getan hätte, wenn er nicht so früh gestorben wäre. Dies war auch der Grund, daß ich keine wörtlichen Aufzeichnungen und keine Tonbandaufnahmen machte, sondern mich mit allgemeinen Notizen in meinen Tagebüchern begnügte.

Es war deutlich zu merken, daß Adolf Hitler es als Zudringlichkeit auffaßte, als Walter Stein sich hinter ihn stellte und ihm irgendein banales Kompliment über das große Aquarell, das er vom Ring malte, machte. Und als Stein das mit Kommentaren versehene Exemplar des *Parzival* herauszog, wurde Hitler sehr böse und schimpfte auf Pretzsche, daß er es gewagt habe, eines seiner bei ihm verpfändeten Bücher zu verkaufen. Vielleicht hätte ihr Gespräch ein abruptes Ende genommen, wenn Stein nicht angefangen hätte, offen über seine eigenen Forschungen in bezug auf den Schicksalsspeer zu erzählen und dabei durchblicken zu lassen, welch großen Wert er den von Hitler gegebenen Kommentaren über die historischen Ereignisse im neunten Jahrhundert beimaß, die den Hintergrund zum Gral bildeten. Hitler beruhigte sich dann etwas. Aber als Stein listig hinzufügte, daß er den Zenturio Longinus teilweise für einen Germanen hielte, spitzte Hitler die Ohren. Es dauerte nicht lange, und sie befanden sich in einer angeregten Diskussion über den Talisman der Macht, der zum Angelpunkt in Hitlers Leben werden sollte und zur eigentlichen Quelle seiner ehrgeizigen Pläne, die Welt zu erobern.

Adolf Hitler wurde ganz aufgeregt und begann in dem blauäugigen und arisch aussehenden Universitätsstudenten einen Mitverschwörer in seinen pangermanistischen Plänen zu sehen. Er erklärte, daß eine der frühesten germanischen Chroniken in Köln behaupte, daß Longinus von germanischer

Herkunft sei. Diese Chronik erwähne einen von Gaius Cassius aus Jerusalem in sein Heimatdorf Zobingen in der Nähe von Ellwangen geschriebenen Brief, in dem der römische Offizier beschrieb, welche entscheidende Rolle er bei der Kreuzigung des jüdischen Messias gespielt habe. Der Stadtälteste hatte darauf geantwortet und berichtet, welche bedeutsamen Ereignisse sich während seiner Abwesenheit in der Heimat abgespielt hatten.

Nach einem stundenlangen Gespräch, in dem Hitler sein umfangreiches Wissen über die mit dem Speer des Longinus verknüpfte Legende und die Art, wie sie im Laufe der Jahrhunderte immer wieder in Erfüllung gegangen war, zu erkennen gab, gingen die beiden Männer zusammen über den Ring, um der Schatzkammer einen Besuch abzustatten und dort die alte Waffe zu betrachten.

Während sie so über den Ring auf die Hofburg zuschritten, äußerte Stein seine Verwunderung darüber, daß alle historischen Ereignisse während der für die zukünftige Entwicklung Europas wichtigsten Periode des Mittelalters sich um den Speer gedreht hätten. Vor allem aber, so erzählte er Adolf Hitler, sei er von den unheilverkündenden Vorzeichen fasziniert gewesen, die immer dann zu beobachten gewesen seien, wenn der Tod des jeweiligen Inhabers kurz bevorstand und der Speer in andere Hände übergehen sollte. Als Beispiel nannte er die schicksalhaften Vorzeichen beim Tod Karls des Großen, über die man bei Einhard, einem zeitgenössischen Chronisten am fränkischen Hofe, im einzelnen nachlesen könne.

Er erzählte, wie bei der Heimkehr Karls des Großen aus Sachsen, nach siegreicher Beendigung seines siebenundvierzigsten Feldzuges, ein Komet den Himmel erhellte und das Pferd des Kaisers plötzlich gescheut und seinen Reiter zu Boden geworfen habe. Der große fränkische Kaiser war so heftig gefallen, daß ihm der Gürtel seines Schwertes vom Leibe gerissen und der Speer, den er in der linken Hand gehalten hatte, über fünf Meter durch die Luft geschleudert wurde. Um die gleiche Zeit wurde der königliche Palast in Aachen von einem Erdbeben heimgesucht, und das Wort »Princeps« war auf mystische Weise aus der ockerroten Inschrift »Karolus Princeps« auf einem Hauptbalken oben in der Kathedrale gelöscht worden. Karl der Große hatte diesen bösen Omen, die seine Höflinge als Zeichen seines unmittelbar bevorstehenden Todes deuteten, keine sonderliche Beachtung geschenkt. Oder, mit Einhards Worten: »Er weigerte sich zuzugeben, daß irgendeines dieser Ereignisse etwas mit ihm persönlich zu tun haben könnte.« Aber der 70 Jahre alte Kaiser setzte trotzdem ein Testament auf für den Fall, daß die Voraussagen dennoch in Erfüllung gehen sollten. Und das sollten sie!

Adolf Hitler hatte offenbar gelesen, was die Chronisten über das Leben Karls des Großen zu berichten wußten, aber er war an den Karolingern nicht sonderlich interessiert, sondern zog, wie er sagte, berühmte deutsche Kaiser wie Otto den Großen und Friedrich Barbarossa vor. Er erzählte Walter Stein die Geschichte von den Raben Barbarossas, die ihrem Herrn überallhin folgten und ihn nicht einmal im Getümmel der heftigsten Schlacht verließen, wenn sie über der Spitze des Speeres schwebten, den er in Händen hielt. Und er fügte hinzu, daß seine Höflinge keineswegs überrascht gewesen seien, als ihr Kaiser vom Pferde gefallen war und bei der Überquerung eines Flusses in Sizilien starb. Die Raben hatten nämlich drei Tage vorher ihren Herrn verlassen und waren über das Meer davongeflogen!

Aber an diesem sonnigen Septembermorgen des Jahres 1912 in Wien hatte Walter Stein natürlich nicht die leiseste Ahnung, daß die bemerkenswertesten »Zufälle« im Zusammenhang mit dem Besitzerwechsel des Schicksalsspeeres noch bevorstanden und daß ausgerechnet er selber dreißig Jahre später indirekt dafür verantwortlich sein sollte, daß der Speer aus einem geheimen Gewölbe unterhalb der Burg von Nürnberg geholt wurde, und noch dazu im gleichen Augenblick, in dem Adolf Hitler sich im OHL-Bunker im belagerten Berlin das Leben nahm.

Adolf Hitler schritt ihm auf der langen Seitentreppe zur Schatzkammer voran und führte ihn direkt durch den langen Gang zu der Vitrine, in der die »Heilige Lanze« aufbewahrt wurde.

Walter Stein hatte den Speer schon bei vielen früheren Gelegenheiten gesehen. Die Vorstellung, daß diese alte Speerspitze aus Eisen mit den größten Namen der europäischen Geschichte verknüpft war, hatte ihm immer Ehrfurcht eingeflößt. Doch an diesem Morgen erweckte der Speer zum ersten Male tiefes Mitleid in ihm bei dem Gedanken an Jesu Opfertod und das Blut, das durch die Speerspitze vergossen worden war. Mehrere Minuten lang verharrte er dort, in tiefe Meditation versunken, und vergaß völlig die Anwesenheit Adolf Hitlers. Auch empfand er mit einem Male, daß die Legende des Speeres und die geschichtlichen Persönlichkeiten, an denen sie sich bewahrheitet hätte, ihm gleichgültig waren.

Als er dieses Mal vor der Waffe stand, die einst in Christi Seite geworfen worden war und ihn zwischen der vierten und fünften Rippe getroffen hatte, ließ ihn das Ereignis, das sich vor 1900 Jahren auf einem Hügel vor Jerusalem zugetragen hatte, als Gottes Sohn den Kreuzestod erlitt, um die Menschheit zu erlösen, nicht mehr los.

Einige Augenblicke lang fühlte er sich fast überwältigt von den starken Gefühlen, die seine Brust erfüllten und wie ein warmer, heilender Strom durch sein Gehirn rannen. Er empfand Ehrfurcht, Demut und Liebe. Eine Botschaft vor allem schien vom Anblick dieses Speeres auszugehen, der in der Mitte eine Aushöhlung hatte, in der einer der Nägel lag, mit denen Jesus ans Kreuz geschlagen worden war. Es war jene Botschaft des Mitleids, die so wunderbar in dem Motto der Gralsritter ausgedrückt war: *Durch Mitleid wissen*. Ein Ruf vom unsterblichen Ich des Menschen, der in der Dunkelheit der Verwirrung und des Zweifels der menschlichen Seele widerhallte: durch Mitleiden zur Selbsterkenntnis.

Zum ersten Mal in seinem Leben erfuhr er, was Mitleid, Freude und geistige Befreiung bedeuten. Er fühlte sich irgendwie als vollständiges menschliches Wesen erneuert, und er empfand intuitiv, daß das Leben selber eine Gnadengabe der himmlischen Mächte war. In seinem Herzen erwachte ein tiefes Verlangen, die Ziele der menschlichen Entwicklung zu verstehen und den Sinn seines eigenen individuellen Schicksals zu entdecken. Es war ein reinigendes Erlebnis.

Walter Stein stellte fest, daß nicht nur er von dem Anblick dieser historischen Speerspitze bewegt wurde. Adolf Hitler stand wie in Trance neben ihm, wie ein Mensch, über den ein schrecklicher Zauberspruch gefällt worden war. Sein Gesicht war flammend rot, und in seinen Augen lag ein seltsamer Glanz. Er schwankte auf seinen Füßen hin und her, als sei er von einer völlig unerklärlichen Euphorie überwältigt. Der ganze Raum um ihn herum schien von einer magischen Ausstrahlung erfüllt zu sein, einer Art geisterhaften, ektoplastischen Lichtes. Auch seine Physiognomie und Haltung wirkten völlig verändert, als habe sich ein starker Geist seiner Seele bemächtigt, der sowohl in ihm als auch um ihn herum eine böse Verwandlung seiner eigenen Natur und Macht geschaffen hatte.

Der junge Student erinnerte sich an die Legende der beiden einander bekämpfenden Mächte des Guten und des Bösen, die mit diesem Speer verbunden waren. War er etwa Zeuge, daß sich der Geist des Antichrist in dieser irregeleiteten Menschenseele niederließ? War dieser Vagabund aus dem Obdachlosenasyl für einen Augenblick zum Werkzeug dessen geworden, den die Bibel »Luzifer« nennt, jenes Geistes, den das Gralsgedicht als Führer der bösen Heerscharen bezeichnet, die in den Seelen der Menschheit wohnen?

Es war nicht leicht, seinen eigenen Augen zu glauben, aber die späteren Ereignisse sollten Stein nur recht geben. Denn es war der Anblick dieses selben Geistes in Adolf Hitlers Seele, der später Houston Stewart Chamberlain, Wagners Schwiegersohn und den Propheten der pangermanischen Welt, dazu inspirieren sollte, ihn zum deutschen Messias zu erklären.

Nicht nur die fanatischen Anhänger der nazistischen Weltanschauung oder Menschen, die persönlich von dem Charisma und dynamischenWesen

Hitlers beeinflußt waren, sollten bezeugen, daß er von »Luzifer« besessen war. Zum Beispiel meint ein realistischer und aufgeschlossener Beobachter wie Denis de Rougement:

»Einige Leute glauben, weil sie in seiner Gegenwart ein Gefühl des Schreckens und den Eindruck übernatürlicher Kraft erlebt haben, er sei der Sitz von Thronen, Besitzungen und Mächten, unter denen St. Paulus die hierarchischen Geister versteht, die sich in jedem gewöhnlichen Sterblichen niederlassen können und ihn besetzt halten. Woher kommen die übermenschlichen Kräfte, die er bei solchen Gelegenheiten zeigt? Es ist doch klar, daß eine Kraft von dieser Art nicht vom Individuum selber ausgeht und auch nicht zum Ausdruck kommen könnte, wenn dieses Individuum, obwohl an sich unbedeutend, nicht das Instrument einer Kraft wäre, für die unsere Psychologie keine Erklärung hat ... Was ich hier sage, wäre als romantischer Unfug abzutun, wenn nicht das, was von – oder besser gesagt – durch diesen Mann geschaffen wurde, eine Wirklichkeit darstellte, die zu den Wunderwerken unseres Jahrhunderts zählt.«

Natürlich konnte Walter Stein an diesem Septembertage des Jahres 1912 in der Wiener Schatzkammer nicht voraussehen, daß Hitler solche dämonischen Kräfte in bestimmte Bahnen lenken und sein persönliches Schicksal so eng mit dem Anti-Geist des Speeres verknüpfen würde. »Als wir damals zum ersten Male nebeneinander vor dem Speer des Longinus standen«, hat Dr. Stein mir fünfunddreißig Jahre später erzählt, »schien es mir, daß Hitler in einen so tiefen Trancezustand verfallen war, daß er sich außerhalb der Sinnenwelt befand und sein Bewußtsein völlig ausgelöscht war.«

Mit anderen Worten: Hitlers Seelenleben war in jenem Moment nicht reif genug, daß er sich seiner selbst und seiner Umgebung bewußt bleiben konnte, als diese fremde Macht von ihm Besitz ergriff. Während der folgenden sechs Monate kam es zu einer Reihe unregelmäßiger Zusammentreffen und Diskussionen mit Hitler, und Dr. Stein sollte erleben, wie sich in dieser geheimnisvollen Person ein allmählicher Reifungsprozeß vollzog, durch den er nach und nach zum bewußten und willigen Werkzeug jener weltvernichtenden Kräfte des dämonischen Geistes wurde, der ihn überschattete. »Ich gehe wie ein Schlafwandler, wohin die Vorsehung mich schickt«, sagte Hitler in einem Presseinterview. Geradezu tragisch, daß die sonst so skeptischen Journalisten, die den Aufstieg des Dritten Reiches beobachteten, nicht fähig waren, zu erkennen, welch fürchterliche Wahrheit sich hinter diesen Worten verbarg!

Als Dr. Stein von der dramatischen Szene in der Hofburg berichtete, fragte ich ihn, was er hätte tun können, wenn er rechtzeitig erkannt hätte, welch furchtbarer Terror und schreckliche Zerstörung durch die in Adolf Hitler wirkenden bösen Mächte ausgelöst würden. Gab es eine Berechtigung, solch ein Werkzeug des Bösen zu beseitigen, ehe es Schaden anrichten konnte?

Als Antwort führte Dr. Stein das Beispiel von Friedrich Staps an, der Napoleon töten wollte, als dieser seine Garde in Schönbrunn inspizierte. Staps, ein Student, trat vor, um Napoleon eine Bittschrift zu überreichen. Als er durchsucht wurde, fand man, daß er ein langes, scharfes Messer bei sich trug. Beim Verhör gab er ohne Umschweife zu, daß er damit den Kaiser habe ermorden wollen.

Napoleon verhörte Staps dann selber mit Hilfe seines Adjutanten, der als Dolmetscher fungierte.

»Warum wolltest du mich töten?« fragte er.

»Weil Sie Unglück über mein Land gebracht haben.«

»Habe ich dir irgendein Leid zugefügt?«

»Nicht mehr und nicht weniger als jedem anderen in Deutschland auch.«

»Wer hat dich zu diesem Verbrechen angestiftet?«

»Niemand. Ich habe zur Waffe gegriffen, weil ich fest davon überzeugt war, daß ich dadurch, daß ich Sie umbrachte, meinem Land und ganz Europa den größten Dienst erweisen würde.«

»Sie sind entweder verrückt oder krank!«

»Weder noch.«

Der Arzt Corvisart wurde herbeigerufen und stellte fest, daß der junge Mann tatsächlich bei guter Gesundheit war. Napoleon bot ihm an, ihn zu begnadigen.

»Ich will nicht begnadigt werden«, rief der Jugendliche. »Ich bedauere nur, daß ich keinen Erfolg hatte.«

»Aber würdest du denn nicht dankbar sein, wenn ich Gnade für Recht ergehen ließe?«

»Ich würde immer nur wünschen, Sie umzubringen.«

Staps starb mit dem Ruf »Es lebe die Freiheit!«[23]

Staps war der Sohn eines Pfarrers und gehörte dem Germanenorden an, einem Kreis junger Leute, der sich verschworen hatte, den Schicksalsspeer aus Nürnberg zu entfernen, bevor der Kaiser ihn in seinen Besitz bringen konnte, um ihn für seine eigenen ehrgeizigen Welteroberungspläne zu benutzen.

---

[23] *Octave Aubry:* Napoleon

Dr. Stein brachte zum Ausdruck, daß solche Versuche zur Beseitigung von Tyrannen vollauf gerechtfertigt seien, immer vorausgesetzt, daß der Attentäter sich nicht den Folgen seiner Tat zu entziehen versuche. Es hätte jedoch großen Mut erfordert, Hitler während seiner Entwicklungsjahre in Wien zu töten, denn er wurde ja für leicht verrückt gehalten! Wer hätte wohl glauben sollen, daß ein Landstreicher aus dem Obdachlosenasyl eines Tages zum größten Tyrannen der Weltgeschichte werden könnte? Es ist so leicht, hinterher den Schlauen zu spielen!

Das Verhältnis, das sich zwischen Stein und Hitler entwickelte, konnte nie als Freundschaft bezeichnet werden. Stein erfuhr, daß es durchaus möglich ist, für jemanden Mitleid und Anteilnahme zu empfinden, der einem eigentlich unsympathisch ist und mit dem man absolut nichts gemeinsam hat.

»Ich gebe gern zu«, sagte Dr. Stein später, »daß ich von seinen Gralsstudien fasziniert war. Gleichzeitig glaubte ich, und zwar völlig irrigerweise, wie sich später herausstellte, daß ich sein Denken verändern und ein echtes soziales Bewußtsein in ihm wecken konnte. Es besteht kein Zweifel, daß er einige bemerkenswerte Gaben besaß, aber sie waren nicht von der Art, daß er sich in die Gesellschaft eingliedern ließ oder gar sein tägliches Brot damit verdienen konnte.«

Adolf Hitler, so scheint es, sah in Stein einen geistreichen und intelligenten Studenten, den er vielleicht durch seinen persönlichen Einfluß für pangermanistische und rassistische Ziele gewinnen konnte. Offenbar empfand er auch einen gewissen Stolz darüber, daß er einen begabten Universitätsstudenten in Dingen unterweisen konnte, die kein orthodoxer Wissenschaftler ihm jemals hätte beibringen können.

Immer lag eine Art verborgener Feindschaft zwischen ihnen, und Hitler brachte seinem Studienkameraden niemals echte freundschaftliche Gefühle entgegen. So benutzte er zum Beispiel nie Walter Steins Vornamen auf die gleiche Weise, wie er es bei »Gustl« Kubizek getan hatte, noch duzte er ihn. Es lag eine Spur von Sarkasmus in der Art, mit der er ihn als »Herr Professor« oder »Herr Doktor« anredete.

Stets war es Walter Stein, der diese Begegnungen arrangieren mußte, und zwar immer dann, wenn es Hitler paßte. Dabei erschien dieser nicht einmal regelmäßig zu den Verabredungen, oder er ließ stundenlang auf sich warten. Dann mußte Stein ihn an solchen Stellen suchen, an denen er sich sonst aufzuhalten pflegte: in den Cafés der Stadt oder im Industriegelände von Wiener Neustadt, wo Hitler leicht Gelegenheit fand, seine politischen Grundsätze zu verkünden.

Zu allem Überfluß waren auch Hitlers Stimmungen starken Schwankungen unterworfen. An bestimmten Tagen war er durchaus bereit, sich offen über gewisse Aspekte seiner okkulten Erlebnisse zu äußern, wogegen seine Konversation sich an anderen Tagen auf langweilige politische Argumente oder ununterbrochene Haßtiraden gegen fremde Rassen beschränkte.

»Nur ganz langsam, nachdem mehrere Monate vergangen waren, konnte ich mir ein Gesamtbild über sein Leben machen und den Hintergrund aufdecken, der ihn bewog, sich für den Gral und die Geheimnisse des Speers von Longinus zu interessieren. Ich habe es sorgfältig vermieden, jemals irgendwelchen Druck auf ihn auszuüben«, sagte Stein, »sondern habe geduldig darauf gewartet, bis er nach und nach seine Erlebnisse preisgab. «

Der Inhalt dieser Diskussionen, die im Spätsommer, Herbst und Winter 1912 sowie im Frühjahr 1913 stattfanden, hat den Beschreibungen von Hitlers Leben und Plänen in den ersten Kapiteln dieses Buches zugrunde gelegen.

Für den Universitätsstudenten, der einem kultivierten Milieu entstammte, war Hitler ein recht ungehobelter Geselle, dessen Gesellschaft ihm einige Verlegenheit bereitete, wenn sie zusammen im Café saßen und ihre Meinungen über den Gral oder den Speer austauschten. Oft mußte Walter Stein still sitzen und zuhören, wie Hitler seinen fanatischen Egoismus demonstrierte, der manchmal an Größenwahnsinn grenzte, und seine brutale, geradezu hypnotisierende Willenskraft zu erkennen gab. Zu solchen Ausbrüchen kam es immer, wenn Hitler sich mit Fremden in hitzige politische Debatten einließ, die oft genug in regelrechte Raufereien auszuarten drohten. Seine gewaltsamen Ausbrüche konnten damit enden, daß er laut schrie und Schmähungen ausstieß, so daß seine Widersacher schockiert und verletzt schwiegen. Und dann, als ob nichts geschehen sei, konnte er auf seinen Platz zurückkehren, seinen Kaffee trinken und ruhig mit Stein über die Gralssuche oder dergleichen weiterdiskutieren.

Bei anderen Gelegenheiten, besonders wenn er guter Dinge war, konnte es vorkommen, daß sich Hitlers übliche kurze und abgehackte Sprechweise in einen magischen Wortstrom verwandelte, der seine Zuhörer geradezu in einen Zauberbann schlug. In diesen Augenblicken war es so, als lausche Hitler selber einem von außen auf ihn eindringenden Wesen, das vorübergehend von seiner Seele Besitz ergriffen hatte. Hinterher konnte er sich dann erschöpft in seinem Stuhl zurücklehnen, eine einsame Gestalt, die von den Höhen orgastischer Extase gefallen und völlig des Charismas beraubt war, das ihn vor wenigen Augenblicken noch befähigt hatte, über sich selber und seine Zuhörerschaft zu gebieten.

Diese seltsame Verwandlung, die Stein in ihren frühesten Anfängen erlebte, sollte später noch von anderen beschrieben werden, die Zeuge waren, wie diese luzifersche Besessenheit immer stärker wurde, je höher Hitler zu den Zinnen der Macht aufstieg.

»Man lauscht auf Hitler und hat plötzlich die Vision eines Menschen, der die Menschheit zu Ehre und Ruhm führen will«, sagte der frühere Parteigenosse Gregor Strasser zwanzig Jahre später. »Ein Licht wird in einem dunklen Fenster entzündet. Ein Herr mit einem komischen Schnurrbart verwandelt sich in einen Erzengel. Dann fliegt der Erzengel fort, und zurück bleibt nur Hitler, in Schweiß gebadet und mit verglasten Blicken.«

Wenn Hitler am Gral arbeitete, den er sich als einen Weg vorstellte, der aus gedankenloser Leere, über den Zweifel, zum geistigen Erwachen führte, kam das Wort »Einweihung« oft über seine Lippen. Viele Male haspelte er die steigenden Grade auf dem Wege zu höheren Bewußtheitsstadien herunter und erklärte die Bedeutung der Heraldik und Wappenzeichen der Ritter, die nach seiner Ansicht die verschiedenen Stufen darstellten, die ihre Träger bei der Gralssuche erreicht hatten.

Der schwarze Rabe war das Zeichen des ersten Grades, erklärte er, weil der Rabe der Bote des Grals und der Finger des Schicksals war, der den Menschen zu ihm hinführte. Der zweite Grad wurde durch den Pfau symbolisiert, der mit seinem bunten Federschmuck ein Sinnbild für die vielfarbige Phantasie und bildschöpferische Kraft darstellen sollte.

Der Schwan war das Zeichen des dritten Grades, weil der Novize, der ihn zu erreichen trachtete, das Schwanenlied singen mußte. Das heißt, er mußte seine eigenen egoistischen Wünsche und Schwächen sterben lassen, um den höheren Zielen seiner Rasse dienen zu können.

Dem vierten Grade war das Symbol des Pelikans gegeben worden, jenes Vogels, der seine eigene Brust aufreißt, um seine Jungen zu nähren. Ein solcher Eingeweihter, folgerte Hitler, lebte für das Weiterleben seines Volkes und widmete sich der Erziehung seiner Jugend.

Der Löwe bedeutete, daß ein Mensch den fünften Grad erreicht und seine Bewußtheit mit dem Volksgeist seiner Rasse vereinigt hatte. Er sprach dann im Auftrag dieses Volksgeistes und war zum messianischen Führer seines Volkes geworden.

Und nach Hitlers unchristlicher Auslegung der Gralssymbolik verdiente der höchste Grad das Emblem des Adlers, denn der Geweihte hatte nun die höchsten Kräfte und Fähigkeiten erreicht, die ein Mensch erlangen konnte. Nun war er befähigt, eine welthistorische Aufgabe zu übernehmen.

»Was hat solch ein Einweihungsweg mit einem jüdischen Tischler aus Nazareth zu tun?« fragte Hitler. »Einem Rabbiner von eigenen Gnaden, dessen Lehre von Demut und Liebe schließlich dazu führte, daß er den Willen zum Überleben aufgab. Überhaupt nichts! Ebensowenig wie die Gralslehren, auf welche Weise man die im Blut schlummernden Kräfte erweckt, nicht das geringste mit dem Christentum zu tun haben.«

Gab es eine einzige Episode oder Zeile in der Gralsgeschichte, die nicht für sich allein bestehen konnte und auf listig untergeschobene christliche Doktrinen angewiesen war?

»Nein!« sagte Hitler. »Die wirklichen Gralstugenden waren den besten arischen Völkern gemein. Das Christentum fügte nur noch seine dekadenten Lehren hinzu und predigte Vergebung, Selbstverleugnung, Schwäche, falsche Demut und Verneinung des Naturgesetzes, daß nur die am besten Geeigneten, die Mutigsten und Begabtesten überleben sollen.«

Walter Stein konnte jedesmal, wenn sie sich trafen, auf ein längeres Gefasel dieser Art gefaßt sein, aber er nutzte die Gelegenheiten, wenn Hitler besonders redselig war, um all die Fragen zu stellen, die die Lücken in seinen allmählich wachsenden Kenntnissen über Hitlers Forschungen nach den Mysterien des Grals und den Geheimnissen der Speerlegende ausfüllen konnten.

Walter Stein war mehr als neugierig zu erfahren, wann von Ernst Pretzsche und seinen Verbindungen mit der berüchtigten »Blutloge« Guido von Lists die Rede sein würde, denn er merkte von Tag zu Tag deutlicher, daß Adolf Hitler irgendeinen erfahrenen Mentor hinter sich haben mußte. Aber er vermied es, ihn direkt darüber zu befragen, denn er hatte bemerkt, daß Hitler sich immer wie eine Muschel verschloß, wenn er glaubte, daß man ihn aushorchen wolle. Die Antwort erhielt er eines Novemberabends, als Hitler eine alchimistische Karte zu ihrem Treffen mitbrachte, die er, wie er sagte, vor einiger Zeit von Ernst Pretzsche bekommen hatte.

Stein erkannte diese Karte als eine der Illustrationen zu einem Werk von Basilius Valentinus, einem Alchimisten aus dem sechzehnten Jahrhundert, der in einer Serie von Zeichnungen die zentralen Themen von Wolfram von Eschenbachs *Parzival* im Bilde dargestellt hatte.

Jenes Bild, das Hitler bei sich hatte, zeigte die Ritter Parzival, Gawain und Feirifis, die drei Helden der Erzählung, vor der Einsiedelei des Trevrizent, des alten und weisen Hüters der Gralsgeheimnisse. Und Adolf Hitler erzählte Stein im Vertrauen, daß Ernst Pretzsche entdeckt habe, daß der ganze Weg zu transzendentaler Bewußtheit in dieser hübschen und märchenähnlichen Illustration verborgen *sei*. Walter Stein selber hatte bereits ihre heimliche Bedeutung erforscht und benutzte die Illustration später in seinem Buch *Das neunte Jahrhundert*.

Man erkennt darauf, wie sich der Pfad zum Gral (vgl. Abb. Nr. 14) an den Seiten eines Miniaturberges über der Felshöhe des bärtigen Eremiten in die Höhe windet. Ein Hase, das Sinnbild der Alchimie und der flüchtigen Gedanken des Uneingeweihten, springt auf den Weg. Ein Stückchen höher auf dem Berg liegt eine dicke, fette Henne brütend auf ihren Eiern und symbolisiert die Wärme und Willenskraft, die erforderlich sind, um eine bildschöpferische Phantasie zu entwickeln, so daß Gedanken greifbar werden wie Gegenstände und eine neue klare Form und Beständigkeit annehmen.

Weiter oben auf dem eng gewundenen Pfad versperrt ein Löwe den Weg. Der Löwe versinnbildlicht das Reich der Gefühle, d. h. die Sympathien und Antipathien, Neigungen und Abneigungen, die der Gralssucher fortan beherrschen und zügeln soll. Um den Löwen zu besiegen, muß er seine Gefühle so unpersönlich und objektiv wie sein Denken werden lassen, so daß die Macht des Gefühls selber zu einer inspirierten Form der Erkenntnis wird, die ihn über wirkliche Dinge informiert statt über seine selbstsüchtigen Sympathien und Antipathien.

Und nun ist für den Ritter die Stunde gekommen, dem Drachen entgegenzutreten und ihn zu töten. Der Drachen symbolisiert die Kräfte der ungezügelten Instinkte, Impulse und Begierden – den unersättlichen Appetit des Ungeheuers, das sich der harten und konzentrierten Willenskraft, die es zu überwinden trachtet, mit aller Gewalt widersetzt.

Das nächste Symbol ist das sonderbarste und mystischste von allen und hat sogar die kühnsten Geister verwirrt, die sich mit dem Gral beschäftigt haben – ein Müllkasten, der eine fortgeworfene Sonne nebst Mond enthält! Diese rätselhafte Symbolik schildert den Zustand der menschlichen Seele: Wie gelehrt sie auch nach außen hin wirken mag, so ist sie doch nach wie vor im dreidimensionalen »Müllkasten« des Bewußtseins – der Welt des Maßes, der Zahl und des Gewichts – gefangen, das heißt, die Seele ist noch nicht in der Lage, »übersinnlich« zu denken und so den Weg zur transzendentalen Bewußtheit zu finden.

Über dem Müllkasten mit den unglücklich dreinschauenden Gestirnen erkennt man eine unheimliche Zauberküche mit rauchendem Schornstein. Dieses seltsame Laboratorium, das sich ganz in der Nähe der Bergspitze befindet, stellt die feinen alchimistischen Veränderungen dar, die eintreten müssen, wenn Geist, Seele und Körper in eine solch intensive Harmonie miteinander gebracht werden, daß die sinneserweiternden Fähigkeiten sich entwickeln können – die Dreieinigkeit der schöpferischen Vorstellungskraft, Inspiration und Intuition, mit deren Hilfe der suchende Ritter die Brücke zwischen zwei Welten, der irdischen und der übersinnlichen, überschreiten kann.

Dies ist das Stadium der Gralssuche, in dem der Ritter die gründlichste Selbsterkenntnis gewinnen soll. Er muß selber die wahre Bedeutung von Unparteilichkeit, Toleranz und Gleichmut erkennen. Einer Unparteilichkeit, die alle Vorurteile, in Sonderheit die der Rasse, aufhebt; einer Toleranz, die auf dem wahren Respekt vor der Gleichheit der Rechte aller Menschen beruht; und eines Gleichmutes, der aus tiefstem Gottesglauben entspringt. Als Herr seiner Gedanken, seiner Gefühle und Willensstärke muß der Aspirant intuitiv zwischen dem moralisch Wahren und Unwahren, dem Ewigen und dem Vergänglichen unterscheiden können. Vor allem aber muß er die von Gott verliehene Fähigkeit zu geistiger Freiheit richtig einschätzen, zu der er, befreit von kirchlichen Dogmen und sonstigen Vorschriften, allein durch eigene moralische Intuition gelangt. Diese geistige Freiheit muß sein ganzes geistiges Leben zu einem hingabevollen Dienst an der Menschheit gestalten, in dem alle persönlichen Motive die Höhen universeller Ideale erreicht haben.

Hier, an der eigentlichen Schwelle zum Heiligen Gral, ertönen die Worte von Paulus – »Nicht ich, sondern Christus in mir.« Der Ritter schreitet nun den Pfad der Demut, der zur Vernichtung der Selbstsucht im heiligen Feuer der Liebe Christi führt.

Aber obwohl Parzival selber durch Mühe und Leiden den tiefsten Inhalt der Worte *Durch Mitleid wissen* erfahren hat, muß er dennoch auf den von Gott gegebenen Augenblick warten, in dem ihm die endgültige Erleuchtung zuteil wird. Jenen Augenblick, in dem er, im Geist wiedergeboren, aktiv an den übersinnlichen Welten teilhaben kann.

Oberhalb des Berges sieht man die Sonne und den Mond, befreit von ihrem dreidimensionalen Sklaventum – sie haben nun endlich die materialistischen Unreinheiten des Müllkastens abgeworfen. Sonne und Halbmond, jetzt in ihrer richtigen Stellung, sind das Zeichen des Grals, das heilige Symbol transzendentaler Bewußtheit.

Der Gral wird auch durch eine Taube versinnbildlicht, die von der Sonne zu der »unsichtbaren Scheibe« hinüberfliegt, die der Halbmond in seinen Armen hält. Auf anderen alchimistischen Bildern, die von demselben Basilius Valentinus gemalt sind, erscheint die Sonne als das menschliche Herz und der Mond als die Zirbeldrüse – jenes »kostbare Juwel«, das in Wolfram von Eschenbachs *Parzival* erwähnt ist.

Wie bereits ausgeführt, ist es diese Zirbeldrüse, die, wenn man *sie* öffnet und aktiviert, zu jenem geistigen Sehorgan wird, das von den östlichen philosophischen Systemen »drittes Auge« genannt wird. Und mit diesem höchsten aller geistigen Organe werden die Geheimnisse der Zeit erschlossen und die »Akashische« Chronik enthüllt, die auch »Kosmische« Chronik genannt wird. Auch kann man mittels dieses Zirbeldrüsenauges Ereignisse, die in früheren Erdenleben stattgefunden haben, in Form transzendentaler Erinnerungsbilder wahrnehmen.

Adolf Hitlers Auslegung der Gralssymbolik war bei weitem nicht so deutlich wie die vorstehende Beschreibung. Sie wies auch keinerlei christliche Bezüge auf, doch gelang es ihm trotzdem, in seiner groben, direkten Weise die wichtigsten Punkte der Gralssuche zu erklären. Er schien auch durchaus vertraut zu sein mit dem Zirbeldrüsenauge, der Akashischen Chronik und der Wiedergeburt, wobei er sich seiner eigenen Inkarnation im neunten Jahrhundert zu entsinnen behauptete. Stein war es völlig klar, daß, wenn Hitler die Wahrheit sprach, er seine Fähigkeiten nicht dem moralisch anspruchsvollen Weg zum Gral verdankte, sondern irgendwelchen anderen geheimnisvollen und wahrscheinlich höchst unerlaubten Mitteln.

Erst ganz allmählich nach einer Reihe weiterer Treffen und Diskussionen (von denen viele wegen Hitlers ständig schwankenden Launen ergebnislos verliefen) erfuhr Stein die ganze unglaubliche Geschichte, wie Adolf Hitler mit Hilfe von Drogen zu transzendentaler Bewußtheit gelangt war.

Tag für Tag, die ganze erste Hälfte des Jahres 1911 hindurch, hatte Adolf Hitler all seine Energien und angeborene Schlauheit aufgeboten, um die Rätsel zu lösen, die die seltsamen und doch so bemerkenswerten Verse der verwickelten Gralserzählung über die Erlebnisse der Ritter und ihrer Damen im frühen Mittelalter bargen. Er wurde bald gewahr, daß die Schilderung des Weges zum Gral so angelegt war, daß hinter dem bezaubernden Wortstrom des mittelalterlichen Minnesängers noch tiefere Wahrheiten verborgen lagen. Bald schon kam der Augenblick, in dem er erkannte, daß er seinem Ziel so nahe gekommen war, wie es mit intellektuellen Fähigkeiten möglich war. Um die Schwelle zur transzendenten Bewußtheit zu überschreiten und die tiefsten Geheimnisse des Grals zu erkennen, boten sich ihm zwei Möglichkeiten: der wagnersche Weg der Selbstverleugnung vor dem Kreuz eines arischen Christus oder ein direkter Weg zu höheren Erkenntnissen durch ein Eindringen in den Bereich der schwarzen Künste.

Der erste Weg erschien ihm wie eine »ungeheuerliche Kapitulation vor dem geistig Abstoßenden« oder, wie Friedrich Nietzsche es ausdrückte, »ein Kniefall vor der höchsten aller denkbaren Formen der Korruption«. Der zweite Weg öffnete sich ihm mühelos, wie wenn der Teufel sein Schicksal persönlich in die Hände genommen habe, als er die Bekanntschaft von Ernst Pretzsche machte, jenes Buchhändlers, der die schwarzen Künste gründlich studiert und ausgeübt hatte.

Stein konnte sich gut vorstellen, welchen Eindruck Hitler von Anfang an auf Pretzsche gemacht haben mußte, als er die Bücher in den Regalen durchblätterte und sich in wütende Dispute mit seinen Kunden einließ. Doch Pretzsche fühlte sich offenbar nicht im geringsten durch Hitlers ungepflegtes Äußeres und sein dünnes, ausgemergeltes Gesicht abgestoßen. Vielleicht war er sogar begeistert gewesen von dessen mystischen blauen Augen, die so nachdenklich und von einer Aufgabe entflammt schienen und dabei eine außerordentliche Mischung von Arroganz und Selbstsicherheit verrieten: den leidenschaftlichen Glauben an die Zukunft Deutschlands, gepaart mit dem tödlichen Haß, mit dem diese Vogelscheuche von Mensch in heftigen Ausfällen gegen die Juden lamentierte.

Nach ihrem ersten Zusammentreffen konnte Hitler immer mit einem herzlichen Willkommen und einer reellen Mahlzeit in dem engen Büro hinter dem Laden rechnen. Er fand dort sogleich heraus, daß Pretzsche eingehende Studien über den Okkultismus, die Alchimie und die Astrologie des Mittelalters betrieben haben mußte. Die kleine bucklige Gestalt mit dem großen Wanst und den unproportioniert langen Armen, die ihrem Besitzer das Aussehen einer surrealistischen Kröte gaben, war in einer patriotischen deutschsprachigen Gemeinde von Mexico City aufgewachsen. Der Vater, Wilhelm Pretzsche, war dort Apotheker gewesen und hatte in seiner Freizeit ein gründliches Studium der Sitten und rituellen Bräuche der alten Azteken betrieben, ein Interesse, das vom Sohn, als dieser alt genug dazu war, übernommen wurde. Nach seiner Rückkehr in sein Heimatland 1892 wurde Ernst Pretzsche von der wagnerschen pangermanistischen Bewegung ergriffen und beteiligte sich sehr bald an der Verbreitung antisemitischen Schrifttums in Wien. Durch seinen Buchladen, der okkulte und ähnliche Literatur vertrieb, wurde er einem weiten Kreis von Adepten bekannt, die sein fachmännisches Wissen auf dem Gebiet der rituellen Magie sehr zu schätzen wußten. Auf diese Weise traf er auch mit Guido von List zusammen, dessen »Blutloge« und Schwarzkunstrituale die deutschsprechende Welt des Jahres 1909 schockierte. Und Pretzsche war nach Hitlers Aussage selber zugegen, als Guido von List versuchte, »die bösen Geister« (incubi) in einem Ritual zu materialisieren, durch das ein »Mondkind« geschaffen werden sollte.

Pretzsche hatte in Übereinstimmung mit den meisten anderen Deutschen, die sich mit Okkultismus beschäftigen, eingehend Wolfram von Eschenbachs *Parzival* studiert, und er konnte Hitlers Aufmerksamkeit auf einige der bedeutungsvollsten Verse darin lenken. Zum Beispiel das Rätsel, wie das Werk selber zustande gekommen ist:

»Swer mich dervon ê frâgte
unt drumbe mit mir bâgte,
ob ichs im niht sagte,
umprîs der dran bejagte.
mich batez helen Kyôt,[24]
wand im diu âventiure gebôt
daz es immer man gedaehte,
ê ez d'âventiure braehte
mit worten an der maere gruoz
daz man dervon doch sprechen muoz.
Kyôt der meister wol bekant
ze Dôlet verworfen ligen vant
in heidenischer schrifte
dirre âventiure gestifte.
der karakter â b c
muoser hân gelernet ê
ân den list von nigrômanzî.«[25]

Pretzsche lenkte dann Hitlers Aufmerksamkeit auf eine andere Stelle des Textes, an der Kyot behauptet, sein »ABC« von Flegetanis gelernt zu haben, was bedeutet »von dem, der in den Sternen zu lesen versteht.«

Der seltsame Hinweis auf das Lernen des »ABC« erklärte Pretzsche nun seinem eifrigen Schüler, bezog sich auf die Entwicklung einer Fähigkeit, durch die Eingeweihte die Zusammenhänge der geistigen Existenz zu erkennen und in der »Kosmischen Chronik« zu lesen vermochten, in der die Vergangenheit, Gegenwart und Zukunft des Menschen wie in einem aufgespulten Band vereinigt waren. Und diese Erklärung konnte Adolf Hitler mühelos verstehen, denn er hatte ein einzigartiges Bild dieser unvergänglichen Chronik gesehen, als er damals vor dem Schicksalsspeer in der Hofburg gestanden und das Versprechen empfangen hatte, daß er der Führer des deutschen Volkes werden solle.

---

[24] Kyot ist Wolfram von Eschenbachs okkulter Lehrer

[25] »Wer früher danach fragte und darum auf mich schalt, wenn ich nicht darüber sprach, der hat sich damit selber nur in eine peinliche Lage gebracht. Kyot bat mich, es zu verhehlen, denn die Aventiure gebot ihm, daß keiner darauf sinnen solle, ehe sie selbst an der Stelle davon spräche, wo der Gang der Geschichte dazu auffordere, darüber zu reden.
Der berühmte Meister Kyot fand zu Dolet in einer unbeachteten, arabischen Handschrift die erste Aufzeichnung dieser Aventiure. Das Abc der Zauberschrift mußte er zuvor erlernen, aber nicht die Schemen der Schwarzkunst.«

Was aber hatte es mit den mystischen Worten »ohne schwarze Magie« auf sich? Hier war Pretzsche in seinem Element. Er konnte Hitler erzählen, daß man die Kosmische Chronik viel einfacher und schneller, aber genauso effektiv lesen könne, wenn man sich dabei der schwarzen Magie bediene!

In dem kleinen Büro hinter dem Buchladen, in einem der alten Stadtteile Wiens, offenbarte also Ernst Pretzsche dem jungen Hitler die bereits ausführlich von uns behandelten Geheimnisse, die sich hinter dem astrologischen und alchimistischen Symbolismus der Gralssuche verbergen. Dort auch überreichte der finstere Krummbuckel seinem unheimlichen Schüler die Droge, die die Clairvoyance der Azteken wachrief, das magische Peyotl, das wie eine Gottheit verehrt wurde. Es war ein Stoff mit gleicher Wirkung wie jener, der den essenischen Gemeinden geholfen hatte, den herabsteigenden Logos, den kommenden Messias, zu erkennen. Es war auch das gleiche Präparat, das ein halbes Jahrhunder später Aldous Huxley dazu inspirieren sollte, sein epochemachendes Buch *The Doors of Perception: Heaven and Hell* (Die Türen der Erkenntnis: Himmel und Hölle) zu schreiben und den ungläubigen Timothy Leary auf den ersten sinnesausweitenden »Trip« der Geschichte zu schicken, der das psychedelische Zeitalter einleitete.

Die Alten sagten, daß solche Drogen »mit Gottes Stimme sprachen«, aber nach den höchsten Idealen des Heiligen Grals waren sie ein Mittel, das »ABC *mit* der Kunst der schwarzen Magie zu lernen«. Man bestahl durch den Gebrauch von Drogen die Kosmische Chronik und verriet und verfälschte den eigentlichen Sinn des menschlichen Schicksals in der christlichen Welt.[26]

Pretzsche, der den größten Teil seines Lebens in Mexiko verbracht hatte, war genügend vertraut mit den Wirkungen der mexikanischen Wurzel Peyotl, um seinem Schützling raten zu können, an welcher Stelle seines Weges zum Gral er zu dem Narkotikum greifen sollte, um auf diese Weise den Weg zur transzendentalen Bewußtheit abzukürzen.

Er überredete Hitler, sich dem grundlegenden Training der Gralssuche zu unterwerfen, d. h. zielbewußte Konzentrationsübungen zu machen, die meditative Kraft, Gedanken wie Dinge zu behandeln, zu stärken, eine strenge Kontrolle des Gefühlslebens vorzunehmen und seine inneren Triebe zu beherrschen. All dieses war nach Pretzsches Meinung wichtig, weil das Narkotikum ohne diesen Hintergrund seelischer Kontrolle und innerer Disziplin seine Vision nicht von selber steuern oder ihn für die Realitäten empfänglich ma-

[26] Die wechselnde Bedeutung des Gebrauchs von Drogen zur Erlangung höherer Bewußtseinsstufen wird im 21. Kapitel behandelt.

chen könne, die im Augenblick der Bewußtheitserweiterung sichtbar würden. Die Droge, die, wie man jetzt weiß, Meskalin enthält (den aktiven Bestandteil des Peyotl), würde dann jenen speziellen chemischen Zustand des Körpers herstellen, der sonst nur auf geheimnisvolle Weise durch die höchsten Tugenden des Grals bewirkt wird, und somit ein direktes fruchtbares Erlebnis transzendentaler Bewußtheit vermitteln.

Adolf Hitler betrieb seine Suche nach dem Heiligen Gral vom Männerheim aus, das er zusammen mit Alkoholisten, Narkomanen, Dieben und anderen gescheiterten Existenzen bewohnte. Er behauptete, daß er es vorzöge, »an diesem Zufluchtsort für Landstreicher und Bettler unbekannt und unbelästigt von den verachtenswerten Kleinbürgern zu leben, als sich sein Brot unter dem Gesindel von ausländischen Arbeitern zu verdienen, die gekommen waren, um an dieser Stätte alter deutscher Kultur ein bequemes Leben zu führen.«[27]

Zur Begründung dieser verbitterten und isolierten Lebenseinstellung wurde Hitler nicht müde, aus dem *Also sprach Zarathustra* seines geliebten Nietzsche zu zitieren: »Und viele, die sich vom Leben abwandten, wandten sich nur vom Pöbel ab, sie wollten nicht Brunnen, Flamme und Feuer mit ihm teilen.«

Der Heilige Gral verlangt vom Menschen, daß er auf dem Wege zum höchsten und heiligsten aller christlichen Mysterien drei Schritte zurücklegt und mit jedem dieser Schritte größere Selbstbeherrschung und moralische Kraft gewinnt. Aber statt durch Selbstlosigkeit, Ehrfurcht vor dem Leben, Aufrichtigkeit und Aufgeschlossenheit für die Bedürfnisse anderer konnte Hitler sein Ziel jetzt genausogut erreichen, wenn er sich die Prinzipien der herabgewürdigten Moral und des erbitterten Kampfes ums Überleben im Obdachlosenasyl zu eigen machte, die er später als eine harte Schule beschreibt, »die ihm die gründlichste Lektion seines Lebens erteilt habe«.

Skrupellosen Opportunismus, Verschlagenheit, List, Brutalität und eine ständige Bereitschaft, die Schwächen anderer zu seinem eigenen Vorteil auszunutzen – eine derartige Einstellung kann man also auch bei einem Gralssucher finden, der sich dazu entschließt, die christliche Moral durch Drogen zu ersetzen!

»Nicht mit Hilfe humaner Prinzipien lebt der Mensch oder hält sich über der Tierwelt, sondern nur durch brutalsten Kampf. Wenn man nicht für das Leben kämpft, wird man es nie gewinnen.« Walter Stein konnte bei ihrem letzten Zusammentreffen im Frühjahr des Jahres 1913 die letzten Stückchen in das Puzzlespiel einfügen und erkennen, auf welchen Wegen Hitler zur transzendentalen Bewußtheit vorgestoßen war.

---

[27] Mein Kampf

Dieser war ungewöhnlich redselig und aufgeschlossen, denn er stand noch unter dem Eindruck eines kürzlichen Besuches der *Meistersinger* von Richard Wagner. Er wollte Wien für immer verlassen und in der folgenden Woche nach München übersiedeln. Ausnahmsweise machte Hitler diesmal selber den Vorschlag, einen gemeinsamen letzten Ausflug in die von der Donau durchflossene Wachau zu unternehmen.

Es war gerade Hochwasser nach der Schneeschmelze, und die Landschaft lag im frischen zarten Grün da. Die Sonne schien auf die Kiefern an den Hängen zu beiden Seiten des Flusses. Adolf Hitler und Walter Stein standen zusammen im Bug eines kleinen Dampfers, der sich schäumend seinen Weg auf der Donau bahnte.

Erst als sie sich halbwegs schon in der Wachau befanden, enthüllte Hitler den wahren Grund ihres Ausfluges. Er wollte einem alten Freund namens Hans Lodz Lebewohl sagen, einem Kräutersammler, der in seinem Bauernblut noch Spuren der von den germanischen Stämmen ererbten atavistischen Clairvoyance bewahrt habe. Er sei Lodz zufällig begegnet, erklärte Hitler, als er vor zwei Jahren das Land durchstreift und auswärts genächtigt habe. Der alte Mann hätte ihn in seinem kleinen Haus aufgenommen und nicht nur seine einfache Mahlzeit mit ihm geteilt, sondern ihm auch einen großen Dienst erwiesen, indem er ihm einen besonderen Arzneitrank bereitete, dem er sein erstes längeres Erlebnis des Makrokosmos und einen Einblick in die Wunder der Reinkarnation verdankt habe. Der Trank, von dem er sprach, war aus den gleichen Peyotlwurzeln gebraut, die sich Ernst Pretzsche beschafft hatte.

Die beiden Männer gingen am Fluß entlang, bis sie zu einem verfallenen kleinen Häuschen kamen, das einem alten Bauern gehörte, der sich seinen Lebensunterhalt durch Holzfällerarbeiten und das Sammeln von Kräutern verdiente. Hans Lodz erwies sich als ein rastloser kleiner Mann mit wogendem weißen Haar und Bart und einem Gesicht, das zerfurcht war wie der Stamm einer knorrigen Eiche. Er erinnerte an einen boshaften kleinen Zwerg aus *Grimms Märchen* oder an eine Illustration aus einem alten deutschen Sagenbuch. Er war offensichtlich sehr froh, Hitler wiederzusehen, und machte sich sogleich daran, eine Kräutersuppe zu bereiten. Jedenfalls gab er auf alle erdenkliche Weise zu erkennen, wie willkommen ihm die beiden Gäste in seiner bescheidenen Wohnung waren.

Hier, in der Ruhe und Einsamkeit der Wälder, weitab vom Lärm und den Zerstreuungen der großen Städte, hatte Adolf Hitler also die ersten kühnen Expeditionen in das Reich der Bewußtheitserweiterung unternommen. Obwohl Hitler meinte, daß Peyotl der kürzeste Weg zu transzendentaler Bewußtheit sei, so gab er Stein gegenüber doch zu, daß ihm der Gedanke unsympathisch gewesen wäre, seinen eigenen Willen einem Prozeß unterzuordnen, auf den man dann vielleicht nur noch geringe Kontrolle ausüben könne. Er spürte deutlich, daß das Gehirn, das Nervensystem und die Sinne gerade die Organe waren, die den Menschen auf das dreidimensionale Denken festlegen und alle Ausdehnung auf den übersinnlichen Raum des totalen Geistes verhindern, dem kein Geheimnis des Universums verborgen bleibt.

Dennoch war Stein sicher, daß Hitler keine Ahnung hatte, daß er ausgesprochen schizophren war, und daß die Spitze des mexikanischen Wüstenkaktus eine tiefe und oft vernichtende Wirkung auf solche Menschen hat – und zwar bis zu dem Grad, daß ihr Identitätsgefühl vollkommen verlorengeht, wenn sie aus ihrer eigenen Seele in höhere Zeit- und Bewußtheitsdimensionen geschleudert werden. Auch bedachte Hitler nicht, daß seine nahe an der Hungergrenze verlaufende Diät und der durch ständige seelische Belastung erzeugte innere Druck einen chemischen Körperzustand herbeigeführt hatte, der nur geringen oder gar keinen Schutz gegen die verheerenden Wirkungen dieses starken Halluzinogens gewährt.

Heute wissen wir, daß das Peyotlerlebnis in jedem Fall von dem Temperament, dem geistigen Zuschnitt und den allgemeinen Lebensgewohnheiten dessen abhängt, der sich ihm hingibt. Je nach Art der Voraussetzungen kann die eintretende Sinneserweiterung in zwei Hauptrichtungen erfolgen.

Entweder ergießt sich die Seele in eine wachere Wahrnehmung des Geistes jenseits der materiellen Welt und überbrückt die Kluft zwischen Mensch und Natur, so daß alle vergänglichen und irdischen Phänomene wie ein äußeres Kleid erscheinen, das die Gottheit trägt. Oder aber sie kann auf höheren Stufen der Wahrnehmung, die völlig von unseren irdischen Sinneserlebnissen abgeschnitten sind, in ein sich veränderndes Bildwerk von bunten, beweglichen Vorstellungen getaucht werden.

Bei der ersten Art der Reaktion, bei der die Natur selber in transzendentaler Bewußtheit erlebt wird, kann die Person vielleicht sogar die Fähigkeit zum klaren Denken beibehalten und in der Lage sein, während dieses verstärkten visuellen Erlebnisses mit anderen zu kommunizieren. Aber bei der zweiten Art des Erlebnisses kann die Reaktion so heftig und so extrem sein, daß alle Bewußtheit der Sinnenwelt für viele Stunden ausgelöscht wird.

Vielleicht wäre es glücklicher für die Welt gewesen, wenn Hitlers Reaktion auf Peyotl ihm ein solches ästhetisches Erlebnis der Natur beschert hätte, denn dann wäre ihm, selbst in einem so späten Stadium seiner Entwicklung, vielleicht noch eine erfolgreiche Karriere als Maler beschieden gewesen.

Obwohl die menschliche Seele buchstäblich in einer augenscheinlich materiellen Welt der Länge, Breite und Dicke gefangen ist, so dient doch solch ein isoliertes, begrenztes und eingekapseltes Bewußtsein als Schutz, denn ohne es würden wir nicht nur außerstande sein, zum individuellen Selbstbewußtsein zu reifen, sondern auch total unfähig, unseren täglichen Verrichtungen nachzugehen, die uns helfen, auf der Erde zu überleben. Peyotl sprengt die Mauern dieses Gefängnisses; es setzt, was Huxley so treffend unser »Reduktionsventil« genannt hat, das uns »die wenigen Tropfen der Bewußtheit« zuteilt, außer Funktion und schützt uns vor dem furchtbaren Zusammenprall mit der transzendentalen Bewußtheit, ehe wir bereit sind, sie zu empfangen.

Falls höhere Mächte dieses »Reduktionsventil« einstellen, so daß ein bestimmtes Maß an transzendentaler Bewußtheit in die Seele gelangt, sprechen die christlichen Theologen von »Gnade«: der strebenden Seele wird ein inneres Wissen geschenkt, das als Balsam, Halt und Heilmittel wirkt.

Adolf Hitler, der aktiv danach strebte, von Luzifer besessen zu werden, sollte das genaue Gegenteil der »Gnade« erleben; denn die durch Narkotika erzeugte Wahrnehmungskraft brachte ihn seinem ungeheuerlichen und unmenschlichen Ziel der persönlichen Macht, Tyrannei und Welteroberung näher; er erhielt eine Art Garantie auf persönliche Verdammnis als Belohnung für seine einsamen Hymnen des Hasses und der Menschheitsverachtung.

Aldous Huxley hat mit großem Einfühlungsvermögen die Bilderwelt beschrieben, die ein Durchschnittsmensch unter dem Einfluß einer starken Dosis Meskalin erleben kann:

> »Das typische Meskalinerlebnis beginnt damit, daß man bunte, sich bewegende, lebendige geometrische Formen wahrnimmt. Allmählich werden die rein geometrischen Formen konkret, und der Visionär sieht keine Muster, sondern gemusterte Dinge wie Teppiche, Schnitzereien, Mosaiken. Diese weichen dann enormen komplizierten Gebäuden in Landschaften, die die ganze Zeit über wechseln und von reicher Farbenpracht zu noch intensiver gefärbter Fülle übergehen.
>
> Heroische Gestalten jener Art, die Blake ›Seraphime‹ nannte, treten nun allein oder in Scharen auf. Tiere aus dem Reich der Fabel ziehen über die Bühne. Alles ist neu und verblüffend. Fast nie erblickt der Visionär etwas, das ihn an seine eigene Vergangenheit denken läßt. Er erinnert sich keiner Szenen, Personen oder Gegenstände, und er erfindet sie nicht. Er betrachtet etwas neu Erschaffenes.«
>
> *Aldous Huxley*
> The Doors of Perception: Heaven and Hell

Niemand würde Adolf Hitler wohl einen Durchschnittsmenschen nennen wollen, und seine Reaktion auf das Präparat konnte in keiner Weise als typisch bezeichnet werden. Er stand ja sogar ohne Narkotika bereits auf der Schwelle zur geistigen Wahrnehmung und verfügte über starke mediale Kräfte. Daher ist als wahrscheinlich anzusehen, daß die Visionen, die er unter dem Einfluß von Peyotl hatte, ganz und gar von seinen eigenen persönlichen Zielen und seiner einzigartigen Willensstärke gesteuert wurden und daher eine viel ausgeprägtere Form annahmen.

Es ist nicht möglich, detailliert auf den genauen Inhalt dieser Trips in die psychedelische Bewußtheit einzugehen, denn Hitler war nicht bereit, sich Walter Stein gegenüber ausführlicher darüber auszulassen. Daß er um diese Zeit herum transzendente Bewußtheitsfähigkeiten erlangte und sich seine Weltanschauung mit Hilfe von Narkotika bildete, wurde zum bestgehüteten Geheimnis seines Lebens. Doch er erzählte Stein immerhin so viel von seinen Erfahrungen, daß dieser sich ein Bild über die verschiedenen Bewußtseinskategorien machen konnte, die er mit Hilfe von Peyotl erreichte.

Der unheimlichste Eindruck dieses ersten Trips muß der Augenblick gewesen sein, der heutzutage als kritischer Punkt bezeichnet wird, wenn psychotische Personen Halluzinogene benutzen; jener Augenblick, in dem die Seele brutal und abrupt, wie ein Fisch am Haken, aus dem dreidimensionalen Raum geschleudert wird. Aber als Hitler durch diese schimmernden, tönenden, pulsierenden und übernatürlichen Farblandschaften taumelte, die für das Meskalinerlebnis typisch sind, scheint er einen Teil seiner persönlichen Identität bewahrt zu haben; denn er hat beschrieben, daß er sich gleichzeitig bewußt war, daß alles, was er sah, nur projizierte Bilder der Rhythmen und physiologische Prozesse seiner eigenen Körperchemie waren – lebende Bilder, die in Kolossalperspektive biochemische Funktionen wie Herztätigkeit und Blutumlauf, Atmung und Stoffwechsel widerspiegelten.

Aber es war nicht das Gebiet der Aufdeckung einer lebenden Verbindung zwischen Makrokosmos und Mikrokosmos, das Adolf Hitler zu diesem Zeitpunkt faszinierte. Der ganze Sinn dieser gefährlichen Ausflüge in die unerforschten Tiefen des »inneren Raumes« war, die Bedeutung seines eigenen persönlichen Schicksals in der Geschichte zu erforschen.

Die Suche nach dem Sinn des eigenen Schicksals und der Versuch, mit Hilfe der drogeninspirierten Wahrnehmung frühere Inkarnationen auf Erden festzustellen, hat dazu geführt, daß viele waghalsige Jugendliche in unserem psychedelischen Zeitalter sich ernstlich geirrt und getäuscht haben. Denn in der subtilen, flüchtigen und unendlich komplexen Welt der Kosmischen Chronik muß alles chaotisch und wirr erscheinen, wenn man sie ohne das lange und mühsame Training zu erreichen trachtet, das mit der okkulten Einweihung verbunden ist. Ein solches Training, das die Beherrschung aller Aspekte des menschlichen Denkens, Fühlens und Wollens einschließt, öffnet die Organe, die für das geistige Erkennen erforderlich sind, und bietet dem Suchenden die Möglichkeit, sich in dem sonst unüberschaubaren Labyrinth der übernatürlichen Sphären zu orientieren.

Adolf Hitler erlebte auch das Chaos und die Verwirrung, die nicht ausbleiben, wenn man unvorbereitet und moralisch unverdient in die Ozeane der transzendentalen Bewußtheit hinausgeschleudert wird. Aber in dieser Beziehung war er nicht so hilflos wie der Durchschnitt der zeitgenössischen psychedelischen Heilssucher, die weder über die zielbewußte Konzentration noch über die ausreichende Willenskraft verfügen, um den Weg zu finden und ihre Vision in der übersinnlichen Welt zu lenken. In dieser Beziehung hatte Adolf Hitler, dessen Karriere von den hervorragendsten Kapazitäten als »einzigartige Leistung menschlicher Willenskraft« anerkannt worden ist, einen sehr großen Vorteil.

In der unendlich reichen Vielfalt wiedertönender Bilder, die in den verschiedensten Farben schimmerten und von allen Seiten auf sein Bewußtsein einstürmten, folgte er seiner Gewohnheit, sich »auf das Wesentliche zu konzentrieren und alles Unwesentliche außer acht zu lassen«. Auf diese Weise glückte es ihm, dem furchtbaren Wirrwarr der Bewegungen zu entkommen und sich einem einzigen Bewußtheitsthema zuzuwenden, das, wie er fühlte, seinen eigenen Zielen förderlich war.

Er behauptet, daß sein Einzeleinbruch in die leuchtendhelle Begriffswelt ihn mit den gleichen »universellen Strömen göttlichen Denkens« in Verbindung gebracht habe, die Wolfram von Eschenbach zum *Parzival* und Richard Wagner zu seiner größten Oper mit dem Speer als Schicksalsthema inspiriert hätten.[28]

In diesen überirdischen Sphären, in denen Gedanken noch konkreter sind als materielle Dinge auf Erden, fühlte Hitler sich wie in einen Wandteppich mit immer wechselnden Bildern versenkt, den wir in Ermangelung eines besseren Ausdrucks als Mosaik »himmlischer Mythologie« beschreiben müssen.

---

[28] »Ich möchte zum Ausdruck bringen, daß Inspiration ein sehr vager und flüchtiger Begriff ist, der sich nicht definieren läßt und von dem wir sehr wenig wissen. *Wenige in der Tat wissen, wie sie die Quelle anzapfen sollen, aus der sie fließt,* und das ist ohne Zweifel auch der Grund, warum so wenig darüber geschrieben worden ist. Ich bin selber überzeugt davon, daß es *universelle Gedankenströme gibt* ... und daß derjenige, welcher diese Vibrationen erleben kann, inspiriert wird, sofern er sich des Prozesses bewußt ist und genügend Kenntnisse und Geschicklichkeit besitzt, ihn zu deuten.«
Humperdincks Bericht über Unterhaltungen mit Richard Wagner

Aber als ihn diese universellen Gedankenströme, die die Suche nach dem Heiligen Gral darstellten, forttragen wollten, wurde er zur gleichen Zeit gewahr, daß diese Bildfolge ätherischer Symbolik in Wirklichkeit historische Ereignisse des Mittelalters widerspiegelte.

Auf einer anderen Bewußtheitsebene, aber gleichzeitig, begann die Erinnerung an eine seiner früheren Inkarnationen hervorzutreten. Aber diese Erinnerung an ein früheres Leben auf Erden war offenbar nicht Teil eines fortschreitenden Erinnerungsprozesses. Es waren mehr vereinzelte und schnell wieder verschwindende Impressionen, die nicht nach normalen irdischen Zeitbegriffen geordnet waren – Bilder von Plätzen irgendwo am Mittelmeer, offenbar in Süditalien oder Sizilien. Die Leute darin waren mittelalterlich gekleidet und trugen Waffen und Ausrüstungen, die aus dem neunten und zehnten Jahrhundert stammten.

Adolf Hitler hatte oft von der immer noch lebendigen indischen Reinkarnationstradition gesprochen, die er für negativ und rückschrittlich hielt, denn er weigerte sich, das Leben als ein »Rad des Leidens« anzusehen, dem die Menschheit um jeden Preis entkommen müsse. Er fand den alten athenischen Gedanken der Wiedergeburt wesentlich realistischer. Er begeisterte sich für Platons *Mythus von Er*, der den *Staat* abschließt und die Reinkarnation als ein Mittel ansieht, den Gerechtigkeitsausgleich von Leben zu Leben herzustellen.

Lessings kurze geschichtliche Abhandlung über *Die Erziehung des Menschengeschlechts* hatte großen Eindruck auf ihn gemacht. Er konnte lange Passagen daraus zitieren, die er auswendig gelernt hatte:

> »Geh deinen unmerklichen Schritt, ewige Vorsehung! Nur laß mich dieser Unmerklichkeit wegen an dir nicht verzweifeln! Laß mich an dir nicht verzweifeln, wenn selbst deine Schritte mir scheinen sollten zurückzugehen! – Es ist nicht wahr, daß die kürzeste Linie immer die gerade ist.
>
> Du hast auf deinem ewigen Wege so viel mitzunehmen, so viel Seitenschritte zu tun! – Und wie? Wenn es nun gar so gut als ausgemacht wäre, daß das große langsame Rad, welches das Geschlecht seiner Vollkommenheit näherbringt, nur durch kleinere schnellere Räder in Bewegung gesetzt würde, deren jedes sein Einzelnes eben dahin liefert?
>
> Nicht anders! Eben die Bahn, auf welcher das Geschlecht zu seiner Vollkommenheit gelangt, muß jeder einzelne Mensch (der früher, der später) erst durchlaufen haben. – ›In einem und eben demselben Leben durchlaufen haben? Kann er in eben demselben Leben ein sinnlicher Jude und ein geistiger Christ gewesen sein? Kann er in eben demselben Leben beide überholt haben?‹

Das wohl nun nicht! – Aber warum könnte jeder einzelne Mensch auch nicht mehr als einmal auf dieser Welt vorhanden gewesen sein?

Ist diese Hypothese darum so lächerlich, weil sie die älteste ist? Weil der menschliche Verstand, ehe ihn die Sophisterie der Schule zerstreut und geschwächt hatte, sogleich darauf verfiel?

Warum könnte auch ich nicht hier bereits einmal alle die Schritte zu meiner Vervollkommnung getan haben, welche bloß zeitliche Strafen und Belohnungen den Menschen bringen können?

Warum sollte ich nicht so oft wiederkommen, als ich neue Kenntnisse, neue Fertigkeiten zu erlangen geschickt bin? Bringe ich auf *einmal* so viel weg, daß es der Mühe wiederzukommen etwa nicht lohnt?

Darum nicht? – Oder weil ich es vergesse, daß ich schon dagewesen?«

In seinem zerlesenen, ledergebundenen Exemplar des *Parzival* hatte Adolf Hitler zu seiner Überraschung zahlreiche verschleierte Hinweise auf die Reinkarnation gefunden; desgleichen offene Erwähnungen der früheren Inkarnationen einiger führender Personen der Gralserzählung. Kundry, die Hexe, sollte die wiedergeborene Herodias sein, jene teuflische Mutter der tanzenden Salome, die sich die verführerischen Künste ihrer Tochter mit dem Kopf Johannes des Täufers hatte bezahlen lassen.

Es war eine Überraschung für Hitler, daß dieser Gedanke der Wiedergeburt in einem so christlichen Werk wie der Erzählung vom Heiligen Gral enthalten war. Bislang hatte er geglaubt, daß der Islam und das Judentum (einschließlich des Christentums, »seiner jüdischen Konsequenz«) zu den wenigen Religionen gehörten, die kein karmisches Gesetz oder etwas Ähnliches in ihre Lehre aufgenommen hätten.

Adolf Hitler war äußerst daran gelegen, die Größe seiner früheren Erdenleben herauszufinden. Hatte er nicht vor dem Schicksalsspeer in der Hofburg gestanden und intuitiv gefühlt, daß er diesen Talisman der Macht und Eroberung in einem früheren Jahrhundert der Geschichte in Händen gehalten hatte – vielleicht als allmächtiger Cäsar oder als einer der wirklich großen deutschen Kaiser wie Barbarossa, als Anführer der deutschen Ritter, oder gar als berühmter gotischer Held wie Alarich der Kühne?

Aber hier erlebte Hitler eine gewaltige Enttäuschung. Seine durch Narkotika bewirkte Sinneserweiterung hatte ihm gezeigt, daß sich unter seinen früheren Inkarnationen keiner der allmächtigen Herrscher oder prachtvoll blonden Teutonen befand, auf die er so sehr gehofft hatte.

Er hatte bald entdeckt, daß Wolfram von Eschenbachs *Parzival* kein Buch im eigentlichen Sinne des Wortes war. Er begriff, daß es ein Einweihungsdokument höchsten Ranges darstellte. Er hatte genügend Scharfsinn, um zu begreifen, daß in seinen Versen ein prophetisches Bild der Gegenwart enthalten war; eine Art magischen Spiegels, der die umwerfenden Ereignisse während der ersten Jahrzehnte des zwanzigsten Jahrhunderts voraussagte und das innere und verborgene Antlitz dieser kritischen Periode, in der die Menschheit gegen die Schwelle des Geistes geschleudert wird, sichtbar machte.

Kurz gesagt, Adolf Hitler erblickte in der sogenannten Gralserzählung ein prophetisches Dokument für die Ereignisse, die eintausend Jahre später eintreten sollten. Und er glaubte, daß alle darin erwähnten Persönlichkeiten des neunten Jahrhunderts im zwanzigsten Jahrhundert wiedergeboren würden.

Durch dieses Wissen von der Bedeutung der Gralsweisheit für unsere Zeit und der erwarteten Wiedergeburt der Gralsgestalten in unserem Jahrhundert konnte Adolf Hitler das durch Narkotika heraufbeschworene Bild seiner früheren Inkarnation identifizieren. Er erkannte sich nunmehr selber als die Wiedergeburt jener historischen Gestalt, die sich hinter Richard Wagners Klingsor versteckte: Landulf von Capua, im neunten Jahrhundert Herr über Terra di Labur, das große Gebiet, das sich von Neapel bis Kalabrien einschließlich Capri erstreckte und über das Wasser bis Sizilien reichte.

Statt eines strahlenden germanischen Helden verkörperte er also die meistgefürchtete Persönlichkeit in der ganzen Geschichte des Christentums: den Geist des Antichrist.

ZWEITER TEIL
Der Mann, der zwischen den Beinen glatt war

»Er beschnitt ihn so,
daß er keiner Frau mehr zur Kurzweil zu dienen vermag.
Davon sind viele Leute in Not gekommen.«

Wolfram von Eschenbach
Parzival

6. Kapitel
Eine Stimme aus dem Schoß: »Hütet euch vor dem Falschen Propheten«

»Folgt Hitler! Er will tanzen, aber ich bin es, der die Melodie angestimmt hat!

Ich habe ihn in ›die heimliche Lehre‹ eingeweiht, seine Visionszentren geöffnet und ihm die Mittel gegeben, mit den Mächten zu kommunizieren.

Trauert nicht um mich: Ich werde die Geschichte mehr als alle anderen Deutschen beeinflußt haben!«

So sprach Dietrich Eckart, als er im Dezember 1923, an den Folgen einer Senfgasvergiftung, in München im Sterben lag. Der imposante Bayer, der zu den sieben Gründern der Nazipartei zählte, war nach außen hin bekannt als Dichter, begabter Schriftsteller, Historiker sowie als *bon vivant* und Liebhaber geistvoller Gespräche. Wer ihn scheinbar ganz dem munteren Treiben in Münchens Bierkellern hingegeben sah, konnte nicht ahnen, daß sich hinter dem jovialen Äußeren dieses ehemaligen Offiziers ein fanatischer Teufelsanbeter versteckte, ein Mann, der die höchste Weihe in den Künsten der schwarzen Magie und Rituale empfangen hatte und Mittelpunkt eines einflußreichen und ausgedehnten Kreises von Okkultisten war – nämlich der Thulegruppe.

Das erste, was Adolf Hitler über seinen künftigen Lehrmeister erfuhr, war, wie abscheulich sich dieser beim kommunistischen Putsch in München verhalten hatte, der die Reaktion auf die Unterzeichnung des Waffenstillstandes gewesen war.

Der Jude Kurt Eisner, der den blitzschnellen Staatscoup leitete, durch den die Sozialdemokraten den bayerischen König und die Regierung abgesetzt hatten, wurde auf der Straße niedergeschossen. Seine wütenden Anhänger klebten ein riesiges Portrait von Eisner an eine Wand neben die Stelle, an der er ermordet worden war, und alle Vorübergehenden wurden mit Waffengewalt gezwungen, ihm eine Ehrenbezeigung zu erweisen.

Dietrich Eckart, der den Mord selber organisiert hatte, gab Anweisung, daß man Mehl in das Blut von läufigen Hündinnen tauchen und in dünnen Papiertüten gegen das Portrait und auf den Boden davor werfen solle. Hunde aus der ganzen Gegend liefen alsbald zusammen, und sowohl das Portrait als auch seine Wächter verschwanden schnell.

»Dieser Dietrich Eckart ist ein Mann, den ich bewundern muß«, sagte Adolf Hitler. »Er scheint zu wissen, was wirklicher Haß ist und wie man ihn zeigt.«

Der Adolf Hitler der Wiener Vorkriegszeit, der arbeitslose Vagabund und halbverrückte Herumtreiber, der an den großen heimlichen Mysterien nur geschnuppert hatte, würde niemals einen okkulten Eingeweihten von Dietrich Eckarts Format interessiert haben.

Eckart war auf der Suche nach einer ganz anderen Art von Schüler. Er behauptete im Kreise seiner Gehilfen in der Thulegruppe, daß er persönlich eine Art satanischer Verheißung empfangen habe, er sei dazu ausersehen, das Werkzeug des Antichrist vorzubereiten, jenen Mann, der von Luzifer inspiriert war, die Welt zu erobern und die arische Rasse zu Ehre und Ruhm zu führen.

Der Adolf Hitler, der aus den blutigen Schlachten in den Schützengräben des Westens hervorging, war jedoch keine bejammernswerte Figur mehr. Er war zu einer Gestalt von fast übermenschlicher Kraft geworden. Und es war dieser unendlich reif und beherrscht wirkende Adolf Hitler mit dem Eisernen Kreuz erster Klasse auf der Brust und einem Schimmer dämonischen Stolzes in seinen mystischen blauen Augen, der den wartenden Propheten so beeindruckte.

Dietrich Eckart war einer der wenigen gewesen, der sich 1918 nach dem Zusammenbruch der Habsburger für die Rückgabe der Reichskleinodien eingesetzt hatte: das heißt der Krone des Zeptus und der anderen Schätze, zu denen auch die »Heilige Lanze« gehörte. Der Augenblick des Erkennens kam, als Hitler von seinem eigenen Studium der mit dem Speer des Longinus verwobenen Legende berichtete und hervorhob, daß die Vorsehung ihn aus dem Kugelhagel errettet habe, damit er den Speer in Besitz nehmen und einen weltgeschichtlichen Auftrag damit erfüllen solle.

»Hier ist der, für den ich nur ein Prophet und Vorläufer bin«, sagte Eckart blasphemisch zu seinen Mitverschworenen in der Thulegesellschaft.

Für Adolf Hitler war die Kriegserklärung eine günstige Gelegenheit gewesen, seinem Hunger und seiner Enttäuschung in München zu entgehen, wo er es nicht viel besser gehabt hatte als in der Armenherberge von Wien. Aber in die Armee aufgenommen zu werden, die ihm einen vollen Magen, einen gewissen Status sowie die Chance geben sollte, zu zeigen, was er konnte, war nicht so einfach. Als österreichischer Staatsbürger mußte er eine besondere Erlaubnis einholen, als Freiwilliger zu dienen. Doch König Ludwig von Bayern gewährte ihm seine Bitte verhältnismäßig rasch. Er beschrieb diesen Augenblick in *Mein Kampf*: »Ich öffnete das Dokument mit zitternden Händen; keine Worte beschreiben den Jubel, den ich fühlte ... Ich sank auf meine Knie nieder und dankte dem Himmel aus vollem Herzen, daß er so gnädig gewesen war, mich solch eine Zeit miterleben zu lassen.«

Er rückte bei der 1. Kompanie des 16. bayerischen Reserveinfanterieregiments ein, das besser unter dem Namen seines Gründers als List-Regiment bekannt war. Nach kurzer Ausbildung in Bayern kam er noch gerade rechtzeitig genug zur Front, um an den harten Kämpfen gegen die Engländer in der ersten Schlacht bei Ypern teilnehmen zu können. Obwohl nur 600 von 3500 Mann seines Regiments das Blutbad überlebten, scheint Hitler dieser harten Feuertaufe, die ihm das Eiserne Kreuz zweiter Klasse einbrachte, einigen Geschmack abgewonnen zu haben.

Abgesehen von einer Unterbrechung im Jahre 1916, während der er mit einer Beinwunde kurze Zeit im Lazarett lag, blieb er während des ganzen Krieges an der Front und überstand einige der härtesten Kämpfe, u. a. die lange und blutige Schlacht an der Somme.

Hitler diente als Meldegänger, d. h. als Ordonnanz, die Nachrichten zwischen dem Regimentshauptquartier und den vordersten Linien zu befördern hatte. Das Leben eines solchen Meldegängers zu Kriegszeiten ist keineswegs so gemütlich, wie im allgemeinen angenommen wird. Er muß oft auf Deckung verzichten, wenn seine Kameraden gegen Granaten und Maschinengewehrfeuer geschützt sind. Er ist auch das beliebteste Ziel des Heckenschützen. In den gefährlichsten Augenblicken sind solche Melder meistens völlig allein, und aus diesem Grunde erfordert ihre Aufgabe eine ganz spezielle Art von Initiative.

In Friedenszeiten war Hitler ein Ausgestoßener gewesen; im Kriege fühlte er sich ausgefüllt und am richtigen Platz. Dennoch war er nicht so übertrieben patriotisch, wie vielfach irrtümlich geglaubt wird. Zutreffender und realistischer ist es wohl, wenn man es so sieht, daß Hitler den Krieg vor allem als Gelegenheit betrachtete, seinen eigenen Glauben an sein persönliches Schicksal zu erproben; denn er versuchte, sooft er konnte, die »Vorsehung« herauszufordern, um seine Annahme bestätigt zu finden, daß sie ihn für eine welthistorische Aufgabe aufsparen wollte. Und er ertrug die Härte seines täglichen Lebens in den Gräben als willkommene Gelegenheit, jene Willenskraft zu entwickeln, derer er bedurfte, um das Werkzeug des unnachgiebigen Geistes zu werden, der ihn überschattete und darauf wartete, seine Seele in Besitz zu nehmen.

Nur wenn wir die Mosaiksteinchen zusammensetzen, die seine Kriegskameraden als spärliche Information gegeben haben, können wir aus dieser Zeit ein Bild von ihm gewinnen: Es zeigt das Heranwachsen einer außerordentlich starken und tiefen Persönlichkeit.

»Er war ein wunderlicher Geselle«, sagte Hans Mend, einer seiner Kriegskameraden. »Er saß in der Ecke unseres Unterstandes und stützte seinen Kopf in Gedanken versunken in seine Hände. Plötzlich konnte er dann aufspringen und uns aufgeregt umherfuchtelnd anschreien, daß uns trotz aller unserer Anstrengungen der Sieg versagt bliebe, weil die unsichtbaren Feinde des deutschen Volkes weitaus gefährlicher seien als die stärksten feindlichen Kanonen. Bei anderen Gelegenheiten saß er mit dem Helm über die Augen gezogen, der Welt völlig entrückt und in tiefe Betrachtung versunken, auf seinem Stuhl, und keiner von uns konnte ihn wachrütteln.«

Keiner der Kameraden verfügte über seinen schier übernatürlichen Willen und seine starke Selbstdisziplin, die ihn sein Los ertragen ließen, ohne sich jemals schwach zu zeigen oder zu beklagen. Den Dingen, die den ständigen Gesprächsstoff der Kameraden bildeten – Urlaub, Essen und Frauen –, schenkte er offenbar nicht die geringste Beachtung. »Wir verfluchten ihn alle miteinander und fanden ihn unerträglich. Was war das nur für ein seltsamer Vogel, der sich abseits hielt, wenn wir den Krieg verwünschten!«

Inmitten dieser täglichen Szenerie des Todes und der Vernichtung verschloß Hitler seine Ohren vor den Klagen und menschlichen Schwächen seiner Kameraden und unterdrückte alle natürlichen Regungen, um bald darauf aufs neue mit der übermenschlichen Kraft und Entschlossenheit geboren zu werden, die er zur Bewältigung der Aufgabe brauchte, die die germanischen Götter für ihn in Bereitschaft hielten.

Im August 1918 wurde ihm das Eiserne Kreuz erster Klasse verliehen, die höchste Auszeichnung, die ein gewöhnlicher Gefreiter im deutschen Heer erhalten konnte. In den offiziellen Papieren des List-Regiments ist nur verzeichnet, daß er den Orden bekam, nicht aber, warum er ihm verliehen wurde. Man nimmt allgemein an, daß er für eine Tat von bemerkenswerter Tapferkeit dekoriert wurde, als er, nur mit einer Pistole bewaffnet, einen französischen Offizier und fünfzehn Mann gefangennahm.

Die wenigen Briefe, die er nach Hause schrieb, zeigen, in welchem Maße er alle menschliche Schwäche von sich abstreifte und lernte, sich ganz auf den unerschrockenen Geist zu verlassen, der ihn eines Tages zu den höchsten Zinnen der Macht führen sollte.

Konrad Heidens gründliches Studium der von Hitler aus dem Kriege geschriebenen Briefe veranlaßten ihn zu folgender Bemerkung: »Er stellt sich selber als einen passionierten Krieger dar. Er hat ganz einfach keine schwachen Seiten. Er ist mutig und mißt seinem Leben keinen besonderen Wert bei. Doch er bringt auch klar zum Ausdruck, daß er glaubt, es beruhe auf einem Wunder – besser gesagt, auf einer ganzen Reihe von Wundern –, daß er noch lebe, daß explodierende Granaten ihn Mal für Mal verschont hätten, daß er, während der größte Teil seines Regiments in einem Blutbad aufgerieben worden sei, den besonderen Schutz der Vorsehung genossen habe.«

Hitlers Glaube an die »Vorsehung« wurde vorübergehend erschüttert, als er im letzten Monat des Kriegs bei einem englischen Senfgasangriff verwundet wurde. Schwer vergiftet und mehrere Tage völlig blind, wurde er in einem Lazarettzug von Frankreich nach Pasewalk gebracht, einer kleinen Stadt nordöstlich Berlins.

Aber diese Gasvergiftung sollte sich, wie eine Gnade des Teufels, als Glück im Unglück erweisen, denn sie bescherte ihm die längste Periode geistiger Erleuchtung seines ganzen Lebens. Und während dieses Durchbruchs in übersinnliche Welten, während seine Augen in der Dunkelheit brannten, erlebte Hitler, was er später »den magischen Zusammenhang zwischen dem Menschen und dem ganzen Universum« nannte.

Hermann Rauschning behauptet, daß Hitler gesagt haben solle, das Ziel der menschlichen Entwicklung sei, zu einer mystischen Vision des Universums zu gelangen. Die innere Überzeugung hinter dieser viel zitierten Erkenntnis, die mit Recht Hitler zugeschrieben wird, kam während der durch die Umstände erzwungenen und völlig unerwarteten mystischen Tranceperiode in Pasewalk zustande. Sie war ein wichtiger Schritt auf dem Wege zur totalen Unterordnung unter ein fremdes, mächtiges Wesen.

Während die Wirkungen des Gases allmählich aus Hitlers Augen und Kehle im Pasewalker Lazarett verschwanden, kam die völlig unerwartete Nachricht, daß Deutschland den Krieg verloren habe.

Professor Alan Bullock sagt in seinem Buch *Hitler. Eine Studie über Tyrannei*, daß der Schock von Deutschlands Niederlage das entscheidende Erlebnis in Hitlers Leben gewesen sei. Alles, was ihm etwas bedeutet habe, sei vernichtet und fortgefegt worden.

Es war die gleiche Version, die auch Hitler die Leute glauben machen wollte und in *Mein Kampf* näher beschrieb. Aber in Wirklichkeit verhielt es sich genau entgegengesetzt. Hitler war nur seinen eigenen Machtgelüsten gegenüber loyal, und deswegen war er auch in keiner Weise enttäuscht über die plötzliche Kapitulation. Die Armut und Erniedrigung einer besiegten Nation und das Chaos, das dem Krieg folgte, öffneten ihm den einzig möglichen Weg zur politischen Macht. In einem siegreichen Deutschland wäre für einen Adolf Hitler kein Platz gewesen, und er war klug genug, dies zu begreifen. Sein künftiger Erfolg würde ganz und gar davon abhängen, daß er es verstand, die Folgen der Niederlage und Kapitulation mit Gerissenheit und Schläue für die eigenen Zwecke auszunutzen.

Als Adolf Hitler Ende November 1918 nach München zurückkehrte, fand er die Stadt, in der er sich vor dem Kriege niedergelassen hatte, im Belagerungszustand vor. Der bayerische König hatte abgedankt, und die Regierung war geflüchtet, als die Sozialdemokraten das Parlament besetzten und die Republik ausriefen. Auf den Straßen waren politische Gewalttaten an der Tagesordnung; Handel und Gewerbe lagen völlig danieder, und die Lebensmittelpreise stiegen, während die Massen hungerten. Überall trieben sich aus dem Krieg heimgekehrte Soldaten führerlos und undiszipliniert auf den Straßen herum.

Hitler blieb in Uniform und besorgte sich seinen wöchentlichen Sold und seine Essensrationen aus den Kasernen der Reserveinfanterie in München. Er wollte sich nicht gern im Zivilleben der Gefahr einer anhaltenden Arbeitslosigkeit aussetzen, denn die langen Schlangen von Arbeitslosen, die nach Lebensmitteln anstanden, waren ein täglicher Anblick. Er selber hatte nichts zu verlieren, wenn er in der Reichswehr verblieb, und das Eiserne Kreuz erster Klasse half ihm, seine Vorgesetzten zu überzeugen, daß er ein Mann war, auf den man sich verlassen konnte. So akzeptierte er bereitwillig das Angebot, Wachmann in einem Kriegsgefangenenlager in Traunstein nahe der österreichischen Grenze zu werden. Und während Hitler sich dort seinen einfachen und wenig verantwortungsvollen Pflichten widmete, fand er Zeit, sich einen Überblick über die nationale Situation zu verschaffen und seinen eigenen Eintritt in die politische Arena vorzubereiten. Er kehrte im Januar 1919 nach München zurück, als die Gefangenen nach Hause geschickt und das Lager geschlossen wurde.

Die erste Gelegenheit, sich hervorzutun, bot sich ihm kurz nach seiner Rückkehr in die Stadt durch die Übernahme von Spitzeldiensten. Als nach dem Sturz der Hoffmannregierung am 6. April eine Räterepublik ausgerufen wurde, befand sich Hitler unter einer kleinen Zahl besonders ausgesuchter Soldaten, die in München bleiben und sich frei zwischen der roten Soldateska bewegen sollten, die die Revolution unterstützte.

Das kommunistische Regime wurde bald darauf schnell und brutal durch eine Einheit der Reichswehr aus Berlin gestürzt, und Hitler ging die Reihen der verhafteten Roten entlang und zeigte auf die einzelnen Rädelsführer, die daraufhin unmittelbar exekutiert wurden.

Er stand neben den Exekutionskommandos und sah zu, wie die von ihm ausgesuchten Opfer an die Wand gestellt und erschossen wurden. Man hatte endlich begriffen, welche Möglichkeiten in dem kleinen Gefreiten mit dem Eisernen Kreuz und der exakten Ehrenbezeigung lagen und wollte ihn schnell belohnen. Er wurde der politischen Abteilung des Bezirkskommandos überstellt und sollte zunächst an einem Kursus für politische Erziehung teilnehmen.

Das deutsche Heer war nun, ganz im Gegensatz zu seinen strengen Traditionen des neunzehnten Jahrhunderts, tief in die Politik verstrickt, zumal in Bayern, wo die Reichswehr sich an der Niederwerfung der Kommunisten beteiligt hatte.

Die bezirklichen Befehlshaber rüsteten heimlich »Freikorps« aus. Sie organisierten und unterstützten die vielen entlassenen Soldaten, die überall in Deutschland auftauchten, und verwandten diese Korps als Mittel, die politische Szene zu beherrschen und die sozialistische Revolution zu unterdrücken.

Die Offiziere, die diese blutdürstigen Banden befehligten, behaupteten frech, daß der Krieg noch nicht zu Ende sei, und weigerten sich, die Niederlage anzuerkennen. Alle ihre Bemühungen liefen nun darauf hinaus, die republikanische Regierung zu stürzen, die, wie sie behaupteten, für die Kapitulation verantwortlich war, diesem »schändlichen Verbrechen und vorsätzlichen Akt des Verrates«.

Als Adolf Hitler sich in der politischen Abteilung des 7. Armeebezirkskommandos zum Dienst zurückmeldete, entdeckte er, daß daraus inzwischen eine Nachrichtenzentrale zur Lenkung des Terrors in ganz Deutschland geworden war. Von München wurden Verschwörer ausgesandt, die politische Verbrechen ausführen sollten. In besonderem Auftrag begingen sie ruchlose Morde wie zum Beispiel den an Matthias Erzberger, jenem Mann, der den Waffenstillstand unterzeichnet hatte, und Walther Rathenau, den jüdischen Außenminister, dessen undankbare Aufgabe es war, die Einhaltung des Versailler Vertrages zu überwachen.

Adolf Hitler kam zum »Presse- und Informationsbüro« der politischen Abteilung, dem eigentlichen Zentrum der unterirdischen Spionage- und Propagandatätigkeit. Er absolvierte einen kurzen Kursus in politischer Instruktion, und da er sich in dieser militärischen Umgebung wohl fühlte, tat er sich bald als eifrigster Teilnehmer des Lehrgangs hervor.

Es dauerte nicht lange, bis Ernst Röhm, die hervorragendste Persönlichkeit im Armeebezirkskommando, sein Augenmerk auf diesen Schüler richtete, der eine fast magische Stimme und den mystischen Blick eines Propheten hatte.

Röhm war Berufsoffizier. Er war aus dem Kriege heimgekehrt und stand in dem Ruf, ein besonders ideenreicher und tapferer Soldat zu sein. Er war kurz und gedrungen, verfügte über eine enorme Energie und Tatkraft und hatte sich als Offizierstypus erwiesen, dem die Truppen unbedingt gehorchten und folgten. Er war dreimal verwundet worden, die Hälfte seiner Nase war fortgeschossen, und ein schwarzgelbes Loch von einer Kugel entstellte seine Wange.

Röhm soll geweint haben, als »der Frieden ausbrach«, und bekannte sich offen zu der Ansicht, daß ein Krieg das Beste im Menschen hervorlocke. Er weigerte sich voller Verachtung, ins Zivilleben zurückzukehren, verschaffte sich die Unterstützung reicher Industriebosse und zog eine eigene Armee auf, mit der er die Industrie gegen die Bedrohung durch die Kommunisten beschützen wollte. Eine Zeitlang führte er den Befehl über ca. 100 000 Mann, die sich seiner Einwohnerwehr, einer Art zivilen Verteidigungstruppe, angeschlossen hatten.

Adolf Hitler wurde sogleich ein Bewunderer dieses eifrigen Reichswehrhauptmanns, den er später zum Stabschef seiner Sturmabteilungen machen sollte. Schon bei ihrer ersten Begegnung hatten die beiden Männer eine Art gegenseitigen Respekts füreinander empfunden, und Röhm hat später zugegeben, daß er von Anfang an Hitlers phantastische Führungsbegabung gespürt habe.

Eine andere Persönlichkeit, die Hitler gleich bei der ersten Begegnung bewunderte, war ein gewisser Gottfried Feder, ein Ingenieur, der an dem gleichen politischen Zentrum, in dem Hitler zum *Bildungsoffizier* ausgebildet wurde, in Wirtschaftkunde unterrichtete. Er war begeistert von der Kraft und Schärfe in Hitlers Stimme, beeindruckt von seinem angeborenen politischen Talent, überwältigt von seinem offenbar glühenden Patriotismus und geradezu fasziniert von dem magischen Charisma seiner Person.

Feder vergeudete keine Zeit und berichtete seinem Freunde Dietrich Eckart von seiner aufregenden Entdeckung. Eckart war skeptisch – er hielt Feder für etwas wunderlich – und war erstaunt, daß der realistische und rücksichtslose Ernst Röhm nicht weniger beeindruckt von diesem Gefreiten Hitler war. Röhm nahm Hitler mit zu Eckarts bevorzugtem Stammtisch im Weinkeller »Die Brennnessel«. Und so geschah es also, daß der okkulte Meister endlich seinen seit langem erwarteten Schüler traf, den er unterweisen und einweihen sollte – jenen Mann, der ihm auf dem Totenbette Anlaß geben sollte zu sagen: »Trauert nicht um mich: Ich werde die Geschichte mehr als alle anderen Deutschen beeinflußt haben!«

Eine der groß aufgelegten Schwindeleien des zwanzigsten Jahrhunderts ist Hitlers Beschreibung in *Mein Kampf*, wie er die Deutsche Arbeiterpartei entdeckte und sich angeblich in einem furchtbaren Dilemma befand, als er sich entscheiden sollte, die ihm in der Reichswehr gebotene Sicherheit zu verlassen und sich einer »uninteressanten Ansammlung von Nullen« anzuschließen. Aber die meisten seiner Biographen haben diesen Teil seiner Lebensgeschichte für bare Münze genommen!

Adolf Hitler behauptet, daß er diese Deutsche Arbeiterpartei im Rahmen seiner Überwachung neuer politischer Gruppen rein zufällig entdeckt habe. Er erzählt in *Mein Kampf*, wie überrascht er gewesen sei, als man ihm eine Karte zugesteckt habe, die ihm nach nur einmaligem Besuch einer ihrer Veranstaltungen die Mitgliedschaft bescheinigt habe. »Das war anmaßend und ganz ausgeschlossen«, meint er und fährt fort zu beschreiben, wie er zu einer Ausschußsitzung gegangen sei, um die Gründe zu nennen, warum er sich einer »solch absurd kleinen Organisation« nicht anschließen könne.

»Der Gasthof, in dem die bewußte Sitzung stattfinden sollte, war das ›Alte Rosenbad‹ in der Herrnstraße; ein sehr ärmliches Lokal ... Ich ging durch das schlecht beleuchtete Gastzimmer, in dem kein Mensch saß, suchte die Türe zum Nebenraum und hatte dann die ›Tagung‹ vor mir. Im Zwielicht einer halb demolierten Gaslampe saßen an einem Tisch vier junge Menschen, von denen einer mich sofort auf das freudigste begrüßte und als neues Mitglied der Deutschen Arbeiterpartei willkommen hieß ... Dann wurde das Protokoll der letzten Sitzung verlesen und dem Schriftführer das Vertrauen ausgesprochen. Als nächstes kam der Kassenbericht an die Reihe – es befanden sich im Besitze des Vereins insgesamt 7 Mark und 50 Pfennig –, wofür der Kassierer die Versicherung allseitigen Vertrauens erhielt. Dies wurde wieder zu Protokoll gebracht ... Fürchterlich, fürchterlich! Das war ja eine Vereinsmeierei allerärgster Art und Weise. In diesen Klub also sollte ich eintreten?«

Adolf Hitler zeichnet ein Bild von sich selber und seiner innersten Gedanken und Gefühle in dieser Zeit, in der er, wie er behauptet, erwog, ob er sich dieser unbedeutenden politischen Partei anschließen solle. Er wollte den Lesern seines Buches anschaulich schildern, wie er, in tiefes Grübeln verfallen, auf dem Bett seines dürftig eingerichteten Zimmers saß, in dem er angeblich seine mageren Rationen mit den Mäusen teilte, die ihn beständig an seine Armut erinnerten.

»Daß ich mittellos und arm war, schien mir noch das am leichtesten zu Ertragende zu sein, aber schwerer war es, daß ich nun einmal zu den Namenlosen zählte, einer von den Millionen war, die der Zufall eben leben läßt oder aus dem Dasein wieder ruft, ohne daß auch nur die nächste Umgebung davon Kenntnis zu nehmen geruht. Dazu kam noch die

Schwierigkeit, die sich aus meinem Mangel an Schulen ergeben mußte ... Nach zweitägigem qualvollen Nachgrübeln und überlegen kam ich endlich zur Überzeugung, den Schritt tun zu müssen.«

Es war Hitlers Wunsch, daß die Millionen, die die Nazibibel *Mein Kampf* lasen, dies glauben sollten. »Die grobe, unverschämte Lüge hinterläßt immer Spuren, selbst wenn sie als Unwahrheit erkannt ist«, sagte Hitler im Kreise seiner Vertrauten. Doch seine Lügen in dieser Beziehung sind bis auf den heutigen Tag noch nicht erkannt. Die Wahrheit war nämlich das genaue Gegenteil.

Um diese Zeit, unmittelbar bevor er in die Partei eintrat, hatte er das deutliche Gefühl, nicht mehr zu den namenlosen Massen zu zählen, sondern eine kometenhafte politische Karriere vor sich zu haben, die die Träume seiner Kindheit von einem weltgeschichtlichen Schicksal erfüllen würde. Und er war sich auch im klaren darüber, daß seine harten Lehrjahre nun zu Ende waren und daß ein lange erwartetes und vorausbestimmtes Schicksalsmuster sich abzuzeichnen begann. Er konnte bereits die Menschen und die Ereignisse wahrnehmen, die ihn direkt auf den Weg zu den Zinnen der Macht führen sollten.

Die Wahrheit ist, daß Adolf Hitler vom Nachrichtendienst der Reichswehr den Auftrag erhielt, sich der Deutschen Arbeiterpartei anzuschließen und ihre Führung zu übernehmen. Und man hatte ihm exakte Informationen darüber gegeben, wie die Reichswehr selber diese Partei wiedererrichtet hatte, um sie zur mächtigsten Bewegung in Deutschland zu machen.[29]

Hitler hatte vom General von Epp und seinem Gehilfen Hauptmann Röhm eine Garantie erhalten, daß er jedwede finanzielle Unterstützung bekommen solle, die er brauche, und darüber hinaus das Versprechen, daß reguläre Truppen und altgediente Soldaten sich in der ersten Zeit in die Partei einschreiben würden, um die Mitgliederzahl zu erhöhen und ihre ersten öffentlichen Versammlungen vor den heftigen Demonstrationen der Kommunisten zu schützen.

---

[29] Die Deutsche Arbeiterpartei, die viele Male ihren offiziellen Namen gewechselt hatte, war ursprünglich von Anton Drexler, einem Münchener Schlosser, gestartet worden. Sie hatte während des Ersten Weltkrieges viele hunderttausend Anhänger gehabt. Ihr Ziel war in erster Linie gewesen, dem Oberkommando patriotische Unterstützung zu geben und der wachsenden inneren Unzufriedenheit entgegenzuarbeiten, in der Sozialismus und Marxismus zu gedeihen begannen. Im September 1919 wurde sie von den politischen Agenten der Reichswehr neu errichtet, um den antimilitaristischen und antinationalistischen Gefühlen der arbeitenden Klassen entgegenzutreten, vor allem aber, um der Verachtung der Massen für die Idee des »Vaterlandes« und der Offiziersklasse, die in der Niederlage ihr Gesicht verloren hatte, ein Ende zu bereiten.

7. Der Schädel des Lazarus in der Gralskapelle zu Ansbach, BRD. (Siehe das Kapitel „Der Speer als Symbol für den kosmischen Christus".)

8. Das Kamel trägt das Kreuz, das eine Reliquie von der Beschneidung Jesu enthält, von Tours nach Niedermünster. (Siehe das Kapitel »Der Höcker des Kamels und das unergründliche Lächeln der Sphinx«.)

9. Das führerlose Kamel beendet seine Wanderung vor der St. Odilienkirche in Niedermünster, die im neunten Jahrhundert Zentrum des Heiligen Grals wurde.

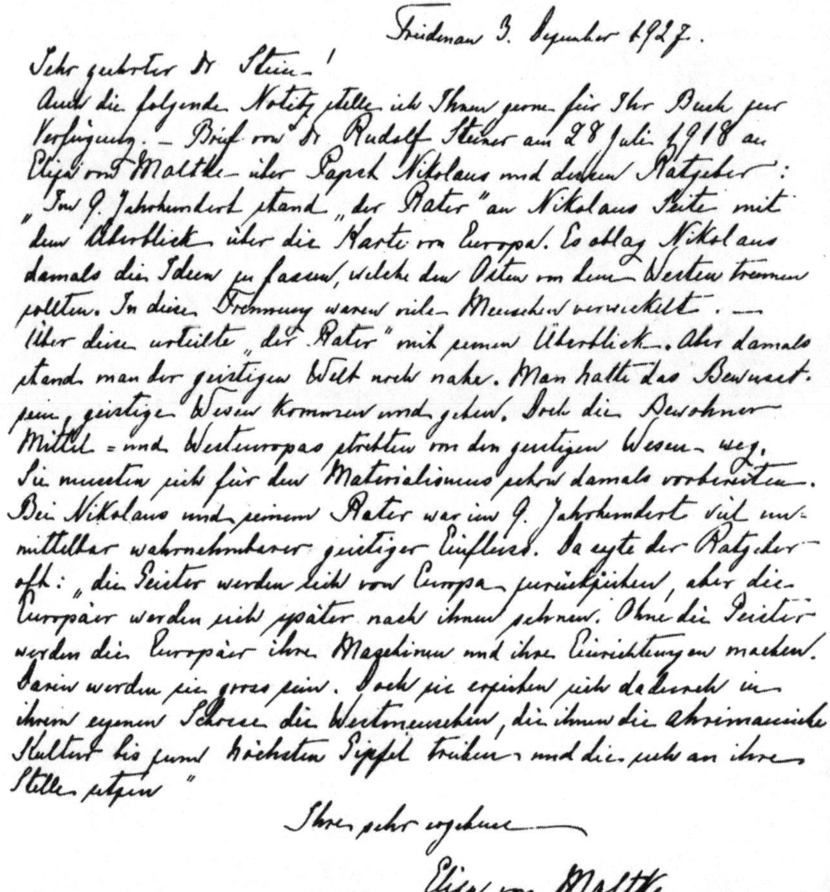

Friedenau 3. Dezember 1927.

Sehr geehrter Dr. Stein!
Auch die folgende Notitz stelle ich Ihnen gerne für Ihr Buch zur Verfügung. – Brief von Dr. Rudolf Steiner am 28 Juli 1918 an Eliza von Moltke über Papst Nikolaus und dessen Ratgeber:
„Im 9. Jahrhundert stand „der Rater" an Nikolaus Seite mit dem Überblick über die Karte von Europa. Es oblag Nikolaus damals die Ideen zu fassen, welche den Osten von dem Westen trennen sollten. In diese Trennung waren viele Menschen verwickelt. – Über diese urteilte „der Rater" mit seinem Überblick. Aber damals stand man der geistigen Welt noch nahe. Man hatte das Bewusstsein, geistige Wesen kommen und gehen. Doch die Bewohner Mittel- und Westeuropas strebten von den geistigen Wesen weg. Sie mussten sich für den Materialismus schon damals vorbereiten. Bei Nikolaus und seinem Rater war im 9. Jahrhundert viel unmittelbar wahrnehmbarer geistiger Einfluss. Da sagte der Ratgeber oft: „die Geister werden sich von Europa zurückziehen, aber die Europäer werden sich später nach ihnen sehnen. Ohne die Geister werden die Europäer ihre Maschinen und ihre Einrichtungen machen. Darin werden sie gross sein. Doch sie erziehen sich dadurch in ihrem eigenen Schosse die Westmenschen, die ihnen die ahrimanische Kultur bis zum höchsten Gipfel treiben und die sich an ihre Stelle setzen"

Ihre sehr ergebene

Eliza von Moltke
geb: Gräfin Moltke-Huitfeldt.

⑩

10., 11., und auf S. 236 Abb. 12. und 13. Vier Briefe an Dr. Stein von Eliza von Moltke, Gattin des Generals von Moltke, des Generalstabschefs des kaiserlich-deutschen Heeres im Ersten Weltkrieg

Kreisau 10 Dezember 1927.

Sehr geehrter Dr. Stein!

Auch die folgende Notiz stelle ich Ihnen gerne für Ihr Buch zur Verfügung:

Ein Gespräch zwischen dem Papst Nikolaus und einem Rater, dem Kardinal, von Dr. Rudolf Steiner am 17. Juni 1924 an Eliza von Moltke mitgeteilt:

Der Papst: Sollen wir verlieren, was uns Spirituelles brachte, nachdem die Kunde von dem Gekreuzigten den Himmel auf die Erde senkte.

Der Rater: Was alt geworden, soll verwelken. es ist der Tod nur neues Leben. Ich sehe Europas Leben entsteigen aus Asiens Niedergang. —

Der Papst: Es wird der Entschluss schwer.

Der Rater: Doch kühne Geister wollen ihn, um Ahriman die rechte Richtung zu weisen, im Seelenleben, das von Franken nach dem Osten leuchten soll. Das Nordlicht, das auch eine Seele hat, das hat es mir gesagt, als ich in heller Sommernacht auf heimatlichen Steinen der Stimme lauschte, die von Gabriel kommt, der ein neues Europa gebären will.

Der Papst: Bist du sicher?

Der Rater: Aber es gibt nur Sicherheit, wo die höheren Geister sprechen; und ich bin sicher, dass sie deutlich sprechen.

Der Papst: Deutlich mögen sie sprechen, aber ich weiss auch, dass die Jahrhunderte, die da folgen auf unseren Seelen lasten. —

(11)

Eliza von Moltke
geb: Gräfin Moltke Huitfeldt.

Außer der Tatsache, daß er als untergeordneter Angehöriger und Beauftragter der Reichswehr zu politischer Macht aufstieg, gibt es noch weitere bedeutungsvolle Umstände, die Hitler sich hütete, in *Mein Kampf* zu erwähnen. Worüber er sich vor allem ausschwieg, war die Tatsache, daß der Vorstand und die vierzig ursprünglichen Mitglieder der neuen Deutschen Arbeiterpartei samt und sonders von der mächtigsten okkulten Gesellschaft kamen, die ebenfalls vom Oberkommando finanziert wurde – der Thulegesellschaft.

Die Thulegruppe streckte ihre heimlichen Fangarme weit aus und stand hinter allem, was in Bayern geschah; besonders auf der politischen Bühne, wo sie die Verantwortung für einen Großteil des Terrors und Rassenhasses und die meisten der kaltblütigen Morde trug, die so gut wie täglich verübt wurden.

Dieser mächtige okkulte Kreis zählte zu seinen Mitgliedern und Anhängern Richter, Polizeichefs, Anwälte, Rechtsgelehrte, Universitätsprofessoren und Dozenten, aristokratische Familien, darunter auch Personen, die den Wittelsbachern nahegestanden hatten, führende Industrielle, Ärzte, Wissenschaftler und eine Menge vermögender und einflußreicher Mitbürger, wie zum Beispiel den Besitzer des berühmten Hotels »Vier Jahreszeiten« in München.

Auch der bayerische Ministerpräsident Franz Gürtner war ein aktives Mitglied der Thulegesellschaft. Desgleichen der Polizeichef Münchens, Pöhner, und Wilhelm Frick, sein Stellvertreter, der später Innenminister des Dritten Reiches werden sollte. Gürtner wurde zum Dank für seine Dienste, die er Hitler schon zur Zeit der Thulegruppe geleistet hatte, später Justizminister.

Doch es waren nicht nur Zivilisten, die der Thulegesellschaft angehörten, sondern auch Offiziere und Ex-Offiziere der Reichswehr, denen es gestattet war, an Versammlungen und Zeremonien, ja, sogar an den heimlichen Ritualen, als »Gäste« teilzunehmen. Auf diese Weise umging man die Bestimmung, daß deutsche Offiziere, die einen Treueid abgelegt hatten, nicht in andere Organisationen eintreten durften, welche ihnen einen Eid abverlangten.

Der Mann, der von der Reichswehr auserwählt war, die Deutsche Arbeiterpartei neu zu beleben, war kein geringerer als Dietrich Eckart, die zentrale Gestalt in der Thulegesellschaft. Er trat in Anton Drexlers Vorstand ein, nachdem die Armee ihm volle Unterstützung zugesagt hatte.

Eckart war intelligent genug, um zu wissen, daß die Partei niemals zu einer populären nationalen Bewegung werden könne, ohne daß ein Führer auftauchte, der die Massen begeistern und die Unterstützung der arbeitenden Klassen finden würde.

Konrad Heiden, zu dieser Zeit Journalist in München, hat erzählt, daß Eckart dieses Problem mit den Stammgästen in der »Brennessel« im Frühjahr 1919 diskutierte: »Wir brauchen einen Mann an der Spitze, der das Knattern von

Maschinengewehren verträgt. Dem Gesindel soll das Herz in die Hose sacken. Offiziere können wir nicht brauchen, weil die Leute keinen Respekt mehr vor ihnen haben. Der beste Mann für den Job wäre ein Arbeiter, der das Maul aufmachen kann.«

Solch eine Art zu sprechen war typisch für die äußere Fassade, die Dietrich Eckart sich zu geben wünschte. In Wirklichkeit wartete er, wie bereits an anderer Stelle beschrieben, auf einen Führer ganz anderer Art – einen germanischen Messias, der mit der Beredsamkeit und mystischen Kraft des Propheten Mohammed die Politik und Religion zu einem unheiligen Kreuzzug gegen die Ideale der christlichen Welt miteinander verbinden würde.

Dietrich Eckart und ein kleiner innerer Kreis von Thuleleuten waren auf die baldige Ankunft des deutschen Messias durch eine Reihe spiritistischer Séancen vorbereitet worden, die zusammen mit zwei berüchtigten russischen Emigranten, den Generalen Skoropadski und Bishupski, stattfanden. Diese beiden russischen Generale waren wegen ihrer heftigen antisemitischen und antibolschewistischen Haltung in ganz Bayern bekannt und verschafften später Hitler das Geld, den *Völkischen Beobachter* zu kaufen, dessen erster Chefredakteur Dietrich Eckart wurde.

Das Medium, dessen sie sich dabei bedienten, eine einfache und unwissende Bauersfrau, war von Dr. Nemirowitsch-Dantschenko entdeckt worden, einer zwielichtigen Person, die sich als »Presseagent« für die vielen Weißrussen betätigte, die sich in Bayern niedergelassen hatten.

Wenn die Frau sich in tiefer Trance befand, entstiegen ihrer Vagina ektoplasmische Köpfe und Gestalten – wie eine Art Geistergeburten aus der Unterwelt. Aber nicht diese Emanationen waren für den okkulten Kreis, der den Körper dieses armseligen Weibes so schamlos ausnutzte, von Bedeutung, sondern die Stimmen, die aus ihr sprachen, wenn aus tiefer Bewußtlosigkeit poetische Worte in vielen fremden Sprachen über ihre Lippen drangen.

Dietrich Eckart war bei diesen regelmäßigen Séancen Zeremonienmeister, aber ein deutscher Flüchtling aus Moskau, Alfred Rosenberg, übernahm die Aufgabe, die ständig wechselnden Geister zu befragen, die vorübergehend das Medium mit Beschlag belegt hatten. Und es war auch Alfred Rosenberg, der Prophet des Antichrist der *Protokolle der Weisen von Zion*, der es wagte, das Untier der Offenbarung anzurufen – den luziferischen Leviathan, der sich Hitlers Körper und Seele bemächtigt hatte.

Nach Aussage Konrad Rietzlers, eines der frühesten Mitglieder der Thulegruppe und späterhin der literarische Herausgeber ihrer geheimen

Publikationen, waren sämtliche Anwesenden entsetzt über die mächtigen Kräfte, die sie freigelassen hatten. Die Luft im Zimmer wurde stickig und unaushaltbar, und der nackte Körper des Mediums wurde durchscheinend in einer Aura ektoplasmischen Lichtes. Rolf Glauer, der Gründer der Thulegesellschaft, wollte in panischer Angst aus dem Zimmer stürzen, aber Eckart griff ihn am Arm und warf ihn zu Boden. Keiner hatte die Geistesgegenwart, die rätselhaften Äußerungen niederzuschreiben, die aus dem Munde des Mediums hervorströmten.

Botschaften von größter Wichtigkeit und Klarheit wurden auf den Sitzungen vernommen, in denen tote Mitglieder der Thulegruppe von der anderen Seite des Grabes herbeizitiert wurden. Die wichtigste Prophetie von der lange erwarteten Ankunft des deutschen Messias kam vom Fürsten von Thurn und Taxis, der in jenem Jahr (am 30. April 1919) von den Kommunisten im Luitpoldschen Gymnasium getötet worden war.

Der Fürst, bei seinem Tode nur dreißig Jahre alt, war auch Mitglied der »Bayerischen Mystiker« gewesen, einer Sekte, die gegen Ende des 18. Jahrhunderts gegründet wurde und später Anschluß an den Germanenorden gewann. Er fühlte sich den Traditionen der alten deutschen Kaiser verbunden und hatte aktiv an der Verschwörung gegen das kommunistische Regime teilgenommen. Nun erschien der Kopf des Fürsten bleich und gespenstisch über einem ektoplasmischen Tuch, während das Medium, seine irdische Stimme perfekt nachahmend, in deutscher Sprache seine Gedanken äußerte, wozu es in wachem Zustand nicht in der Lage gewesen wäre.

Er hatte sich zusammen mit Dietrich Eckart für die Bildung einflußreicher Gruppen eingesetzt, die einen Druck ausüben sollten, daß die alten Reichsschätze nach Nürnberg zurückgeführt wurden, weil doch die alte Habsburger Dynastie seit 1918 nicht mehr regierte. Jetzt identifizierte er den Mann, der neuer deutscher Führer werden sollte, als nächsten Prätendenten auf die Heilige Lanze, mit der die Legende von der Welteroberung verwoben war.

Erst der »Schatten« der einstmals blonden und schönen Heila, Gräfin von Westarp, zu ihren Lebzeiten, bis die Roten sie ermordeten, Sekretärin der Thulegesellschaft, bereitete den mitternächtlichen Verschwörern eine höchst unwillkommene Überraschung.

Wie eine durchsichtige Kassandra stieg sie aus dem Schoß des schlummernden Mediums und verkündete, daß dieser Mann, der sich nun daran mache, die Führung der Thulegesellschaft zu übernehmen, sich als falscher Prophet erweisen würde. Er würde totale Macht über die Nation erlangen, aber eines Tages ganz Deutschland in Ruinen legen und das deutsche Volk in eine Niederlage und moralische Verderbnis führen, die bislang nicht ihresgleichen in der Geschichte habe.

Natürlich wurde ihre Verkündigung, daß der kommende Messias »vor der Tür« stünde, mit Jubel vernommen, aber die warnenden Worte aus dem Jenseits, die sich so erschütternd bewahrheiten sollten, verhallten völlig unbeachtet.

7. Kapitel
Der Antichrist der Protokolle
Ein Plan zur Macht

»Das Wildtier sieht nicht immer so aus, wie es ist. Es kann sogar einen komischen Schnurrbart haben.«
Solowjew: Antichrist

Alfred Rosenberg war Sohn eines verarmten Schuhmachers, und der Schlüssel zu seiner Karriere war der Besitz eines heimlichen Manuskripts, das er aus Moskau herausgeschmuggelt hatte. Dieser Mann wurde später Reichsleiter der Nazipartei und ihr offizieller Philosoph, und zwar deswegen, weil er Hitler einen Plan zur totalen Macht – *Die Protokolle der Weisen von Zion* – geschenkt hatte.

Diese *Protokolle der Weisen von Zion* waren ein Dokument vom jüdischen Weltkongreß 1897 in Basel, auf dem angeblich Pläne zur Erlangung der Weltherrschaft geschmiedet worden sein sollten.

Rosenberg, der ein Romantiker zweifelhafter Art war, wußte eine mysteriöse Geschichte zu erzählen, wie eine Kopie dieser Protokolle in seinen Besitz gelangt sei. Er behauptete, daß ein Fremder sie ihm übergeben habe. »Der Mann, den ich nie zuvor gesehen hatte, trat ohne anzuklopfen in mein Arbeitszimmer, legte das Buch auf meinen Schreibtisch und verschwand, ohne ein Wort zu sagen.«

Es stellte sich heraus, daß die Protokolle der Anhang eines Werkes waren, das *Der Antichrist* hieß. Es war von einem dekadenten russischen Schriftsteller namens Nilus geschrieben, einem nichtswürdigen Schüler des großen und tiefsinnigen russischen Philosophen Solowjew. Auf dem Umschlag des mit Schreibmaschine geschriebenen Manuskripts standen die Worte aus dem Matthäus-Evangelium: »Er ist nahe, er steht dicht vor der Tür.«

Nach erster flüchtiger Durchsicht des Dokuments wußte Alfred Rosenberg, daß es gefälscht war. Er wußte zugleich, daß er damit politisches und rassisches Dynamit in Händen hielt, das, wenn man es richtig verwendete, sogar der Schlüssel zu seinem eigenen Aufstieg in einer feindlichen Umgebung werden könnte.

Trotz seiner jüdischen Abstammung gewann Rosenberg Anschluß an die Thulegesellschaft, als er Dietrich Eckart die Protokolle vorlegte. Eckart geriet bei ihrer Lektüre in große Erregung. Nicht minder großen Jubel verursachte das Manuskript, als auf einer Versammlung des Vorstandes der Thulegesellschaft darüber diskutiert wurde, auf welche Weise es am wirkungsvollsten veröffentlicht werden könne.

Die Thuleanhänger beschlossen, die Veröffentlichung der *Protokolle* nicht mit ihrer eigenen okkulten Bewegung in Verbindung zu bringen, da diese überall wegen ihrer antisemitischen Haltung bekannt war. Ein unabhängiger Verleger in München, Ludwig Müller, wurde beauftragt, die erste Ausgabe des Werkes herauszugeben.

Die *Protokolle der Weisen von Zion* hatten genau die erwartete Wirkung auf die deutschen Intellektuellen, die vergebens nach einem Sündenbock Ausschau gehalten hatten, dem die Niederlage des »Vaterlandes« im Weltkrieg in die Schuhe geschoben werden konnte. Endlich glaubten sie, die richtige Erklärung gefunden zu haben, und behaupteten, daß man Deutschland einen Dolchstoß in den Rücken versetzt habe, als seine Soldaten noch tapfer auf französischem Boden kämpften. Die gemeine und abscheuliche jiddische Verschwörung war also zuletzt doch noch aufgedeckt worden!

Auflage um Auflage ging heraus, aber die Nachfrage stieg immer weiter. Ausländische Verleger witterten ein großes Geschäft, und die *Protokolle* erschienen so gut wie in jedem Land der Welt. Überall, wo das Werk gelesen wurde, begannen die Leute darüber zu diskutieren, ob es wirklich ein internationales jüdisches Netz gäbe, das sich in aller Heimlichkeit das internationale Kapital unterwerfen und die Weltpolitik listig manipulieren wolle, um alles Leben auf Erden zu beherrschen.[30]

Um die *Protokolle* so glaubwürdig wie möglich erscheinen zu lassen, hatte man eine detaillierte Lügengeschichte zusammengesponnen, die beweisen sollte, daß der internationale jüdische Kongreß in Basel sich im Widerspruch zu seiner programmierten Absicht keineswegs damit beschäftigt habe, die Möglichkeit eines bleibenden Zufluchtsortes für jüdische Flüchtlinge in Palästina zu diskutieren.

»Das war nur ein Vorwand«, behauptete der raffinierte Nilus. »Die neue zionistische Bewegung ist aus weit unheilvolleren Motiven gegründet worden. Ihr geheimes Ziel ist die uneingeschränkte Herrschaft über die ganze Welt. « Auf der Konferenz in Basel, sagte er, seien führende Rabbiner aus ganz Europa und Nord- und Südamerika zusammengekommen, um Pläne

---

[30] In England publizierte die *Morning Post* eine ganze Reihe von Artikeln, die den *Protokollen* Glauben schenkten. Die *Times* war skeptischer und forderte eine unmittelbare Untersuchung, ob die ernsten Anklagen gegen das Judentum zu Recht erhoben wurden.

zur Versklavung der ganzen Menschheit zu entwerfen. Sie bereiteten sich selber auf das Erscheinen des Antichrist vor, der als Jude geboren werden würde. Unter der Führung dieses Antichristen würden die Juden ihre weitgesteckten Ziele erreichen.

»Wir wollen überall Unruhe, Streit und Feindschaft erzeugen«, sagen *Die Protokolle der Weisen von Zion*. »Wir werden einen fürchterlichen Krieg auf Erden entfesseln ... werden die Völker in solche Bedrängnis bringen, daß sie uns freiwillig die Führerschaft anbieten, durch die wir die ganze Welt beherrschen können.«

Die Erklärung, auf welchem Wege die *Protokolle* in nichtjüdische Hände gefallen waren, basierte auf einer weiteren listigen Lüge. Nilus behauptete, daß ein jüdischer Kurier, der die stenografierten Aufzeichnungen von der Baseler Konferenz bei sich trug, bestochen worden sei, sie in unbefugte Hände gelangen zu lassen. Für eine große Summe Geldes habe er die Agenten der Ochrana (der Geheimpolizei des Zaren) eine Kopie anfertigen lassen, bevor er sie zur sicheren Aufbewahrung in den Archiven der Freimaurerloge »Aufgehende Sonne« in Frankfurt abgegeben hätte. Die ganze Geschichte war eine offensichtliche Lüge. Unglücklicherweise waren aber zu viele Leute bereit, ihr Glauben zu schenken. Die *Protokolle* riefen eine Woge des Hasses gegen die Juden hervor, und auf dieser Woge wurde Adolf Hitler zur Macht getragen.

Das Fragment verfälschter Wahrheit, das in den *Protokollen* verborgen war, hätte die gleiche überzeugende Kraft gehabt, wenn es sich gegen jede beliebige andere Rasse, Religion oder politische Bewegung der Welt gerichtet hätte, speziell die Nazis. Der »Dämon«, der aus den Protokollen spricht, versah Adolf Hitler tatsächlich mit einem Plan zur Erringung der totalen Macht, dem er ohne die geringste Abweichung folgte, bis er absoluter Diktator des Dritten Reiches wurde.

Das verborgene Thema, das eine okkulte Kraft in sich birgt, die Sinne zu beeinflussen, hatte die russische Ochrana von all den echten Propheten gesammelt, deren Stimmen eine sterbende Epoche davor warnten, dem Antichrist in sich selber nachzugeben und durch das Chaos ihres eigenen Verfalls dem apokalyptischen Tier aus der Hölle den Weg zu bereiten.

Die Grundthese des Dokuments war ursprünglich eine von einem französischen Rechtsanwalt namens Maurice Joly geschriebene Satire gewesen, die die politischen Bestrebungen Napoleons III. ins Lächerliche zu ziehen versucht hatte. Der Titel von Jolys Meisterstück lautete: *Dialogue aux enfers entre Machiavel et Montesquieu, ou la politique de Machiavel au XIX. siecle, par un Contemporain* (Dialog in der Hölle zwischen Machiavelli und

Montesquieu, oder Machiavellis Politik im neunzehnten Jahrhundert, von einem Zeitgenossen).

Wenn auch Maurice Jolys Identität bald von der Geheimpolizei des Kaisers festgestellt wurde und er ins Gefängnis kam, wurde das Werk, das ursprünglich im Jahre 1864 in Belgien erschienen war, in Geheimdrucken weiterverbreitet.

Joly, der einem alten Rosenkreuzerorden angehörte, hatte Machiavellis Gedanken zu neuem Leben erweckt und warnend vorausgesagt, auf welchem Wege man in Zukunft die Massen beherrschen könne. Er griff den Massenmedien und vielen Aspekten der technologischen Entwicklung des zwanzigsten Jahrhunderts mit ihrer unmittelbaren Kontrolle über das politische und wirtschaftliche Leben vor und warnte die Menschen vor der »Entstehung eines neuen Typs von Cäsarismus«.

»Wir werden mit den Leuten auf Straßen und Märkten sprechen und sie lehren, die politischen Fragen so zu beurteilen, wie wir es gerade in dem Augenblick verlangen. Denn das, was der Herrscher dem Volk sagt, verbreitet sich wie ein Präriebrand über das ganze Land, die Stimme des Volkes trägt es in alle vier Winde.

Wir – das Tier sagt immer ›wir‹, denn seiner sind Legionen – werden Unruhe, Streit und Haß in ganz Europa aussäen und auch auf anderen Kontinenten verbreiten. Wir werden jederzeit in der Lage sein, wenn es uns gefällt, neue Unruhen hervorzurufen oder die alte Ordnung wieder herzustellen.

Unablässig werden wir die Beziehungen zwischen den Völkern und Staaten aller Länder vergiften. Durch Neid und Haß, Kampf und Krieg und selbst durch Hunger, Not und Pest wollen wir alle Völker in derartige Bedrängnis bringen, daß ihr einziger Ausweg in völliger Unterwerfung unter unsere Herrschaft liegen wird.

Wir werden ihre Jugend verdummen, verführen und zerstören.

Wir werden auch nicht vor Korruption, Verrat und Bestechung zurückschrecken, solange sie der Verwirklichung unserer Pläne dienen. Unsere Losung ist: Macht und Heuchelei!

In unserem Arsenal verfügen wir über grenzenlosen Ehrgeiz, brennende Gier, unbarmherzige Rachegelüste und unnachgiebigen Haß. Von uns geht das Gespenst der Furcht, des alles umfassenden Terrors aus.«

Der Dämon, der vorgab, für die Juden zu sprechen, lieferte in Wirklichkeit die Richtlinien der nazistischen Rassetheorien, die später in Alfred Rosenbergs *Mythus des zwanzigsten Jahrhunderts* ausgearbeitet wurden.

»Wir sind die Auserwählten, sind die einzig wahren Menschen. Von unserem Wesen geht die wahre Kraft des Geistes aus, die Intelligenz des übrigen Teils der Welt ist nur instinktiv und tierisch. Sie können zwar sehen, aber sie können nicht voraussehen; ihre Erfindungen sind rein physischer Natur. Folgt daraus nicht, daß wir von Natur aus prädestiniert sind, die ganze Welt zu beherrschen?

Wir wollen nicht die Größe unseres gesamten Planes, den Zusammenhang zwischen seinen Teilen, die Folgen jedes einzelnen Punktes, dessen geheime Bedeutung verborgen bleibt, dem Urteil und der Entscheidung der vielen überlassen, nicht einmal derer, die unsere Gedanken teilen. Wir werden nicht die strahlenden Gedanken unseres Führers vor die Schweine werfen und wollen nicht zulassen, daß man *sie* bekrittelt, auch nicht in engsten Kreisen.

Wir werden die Missetaten fremder Regierungen in den grellsten Farben malen und einen solchen Widerwillen gegen sie erzeugen, daß die Völker tausendmal lieber Sklaverei ertragen wollen, die ihnen Frieden und Ordnung garantiert, als ihre vielzitierte Freiheit genießen. Die Völker werden sich in jede Sklaverei fügen, die wir ihnen auferlegen, nur um zu vermeiden, daß die Schrecknisse von Krieg und Revolution wiederkehren. Unsere Grundsätze und Methoden werden sich in voller Stärke auswirken, wenn wir sie im scharfen Gegensatz zur alten, morschen Gesellschaftsordnung durchführen.«

Das Bild des Antigeistes der Zeit, das in Jolys Portrait über die moderne Tyrannei so prophetisch enthüllt worden war, wurde dreiunddreißig Jahre später von der Ochrana, der Geheimpolizei des Zaren, erkannt. Sie erblickte in ihm ein Werkzeug, mit dem man die Flamme der Revolution löschen konnte, die überall inmitten der geistigen Auflösung des heiligen Rußlands aufloderte.

Bei einer ganzen Reihe von Mitverschworenen der geheimen Polizei begann die Idee Gestalt anzunehmen, daß man die Juden für die radikal materialistischen Ideen verantwortlich machen könne. Sie sahen darin einen Weg, die Massen zu der Überzeugung zu bringen, daß der Bolschewismus das Werk des Antichrist sei und daß das internationale Judentum ihm dabei Hilfe geleistet habe. Wenn man die *Protokolle* verfälschte, konnte man die Konterrevolution in einen geistigen Kreuzzug ummünzen und sogar den religiösen Glauben, der so tief in den Massen verwurzelt war, für die eigene Sache ausnutzen.

Die endgültige Version der *Protokolle*, die im November 1918 von Alfred Rosenberg nach München gebracht wurde, entstand unter sehr eigentümlichen Umständen. Nilus, der Werke über Religion und Philosophie schrieb, wurde von der Ochrana als Strohmann dazu ausersehen, die *Protokolle* zu veröffentlichen, und zwar aus zwei Gründen. Er hatte gerade ein Buch fertiggestellt, das den Titel trug: *Kleine Anzeichen verkünden große Ereignisse – Antichrist ist nahe.* General Ratschkowsky, Chef der Ochrana, hielt dieses Buch für ein ausgezeichnetes Werk und plante, die *Protokolle* als »Anhang« dazu erscheinen zu lassen. Die Ochrana hoffte nämlich, die Bücher würden einen solchen Eindruck auf den Zaren machen, daß er statt eines französischen Heilkundigen, den sie haßten und für einen Spion hielten, Nilus zu seinem geistigen Ratgeber berufen würde.

Beide Pläne schlugen fehl. Das Buch wurde von der kaiserlichen Druckerei in Zarskoje Selo veröffentlicht, aber die Reaktion des Zaren überraschte die Ochrana. Er erkannte, daß die *Protokolle* gefälscht waren und überlegte auch, ob sie als Waffe gegen seine Feinde zu gebrauchen waren. Nach langer Überlegung kam er zu einem Entschluß. »Wir können uns in einer so gerechten Sache keiner so unsauberen Waffe bedienen«, sagte er und befahl, alle Exemplare des Buches vernichten zu lassen. Nilus fiel in Ungnade und wurde vom Hof vertrieben. Und die Ochrana mußte hilflos zusehen, wie Rasputin als neuer Beichtvater der Romanows willkommen geheißen wurde, jener Wundermönch, der später zum Fall der Dynastie beitragen sollte.

Obwohl Nilus alle Hauptgedanken von Maurice Joly in seinem Werk *Kleine Anzeichen verkünden große Ereignisse* wiedergegeben hatte, war es die wahrhaft prophetische Denkungsweise des Philosophen und Wissenschaftlers Solowjew, die dem Buch eine so unheimlich authentisch wirkende Ausstrahlung verlieh. Solowjew, ein echter Visionär von reinster russischer Art, war der Autor des Werkes *Die organische Philosophie*, eines Buches, das von einer Art kosmischen Christentums inspiriert war, das Wissenschaft und Religion in einer Weise vereinte, die den Schriften Teilhard de Chardins um einige Jahrzehnte vorgriff. Von dieser kosmischen Weltanschauung ausgehend und teilweise vom *Buch der Offenbarung* inspiriert, schrieb Solowjew den *Antichrist*, das Werk, von dem die Ochrana in den *Protokollen* betrügerisch Gebrauch machte.

Solowjews Antichrist ist keine mystische Figur, sondern hat sich in der Seele eines Menschen von Fleisch und Blut niedergelassen.

Eines Menschen, der so alltäglich gekleidet ist und nach außen hin so unauffällig wirkt, daß er unbemerkt in einer Volksmenge vorübergehen könnte. Und Solowjew erkannte, daß die größte Gefahr gerade darin bestand, daß »das Tier nicht so aussieht, wie es wirklich ist«.

Er ist jung und stark, und seine Stimme hat einen magischen Klang, der, wie die verführerischen Töne des Rattenfängers, alt und jung verlockt, ihm zu folgen. Selbst große Führer bringt der Antichrist dazu, alle moralische Verantwortung aufzugeben, während die Massen sich unter seinem Einfluß erheben und eine sterbende Kultur in Schutt und Asche legen. Unter einem banalen und entwaffnenden Äußeren – »er kann sogar einen komischen Schnurrbart haben« – ist er ein blutdürstiger Tyrann und gewaltiger Demagoge.

Solowjews »Leviathan« übernimmt nicht die Seele und den Körper eines Juden wie der Antichrist der *Protokolle*. Ganz im Gegenteil begriff Solowjew, daß gerade die gebildeten Juden, die ihre alte Weisheit und Frömmigkeit bewahrt hatten, zu den wenigen gehörten, dic dcn Drachen erkannten und beim Namen nannten. Und Solowjew sah auch voraus, daß gerade die jüdische Rasse der furchtbaren Verfolgung des Antichrist zum Opfer fallen würde. Seine erschütternde Voraussage geht bis ins kleinste Detail und erwähnt sogar, daß die Haut der Juden zu Gebrauchsgegenständen verarbeitet werden würde – wie es in den Konzentrationslagern des Dritten Reiches tatsächlich geschah, als hemmungslose SS-Leute ihre jüdischen Gefangenen ermordeten und Lampenschirme aus ihrer Haut fertigten.

Man kann sich vorstellen, mit welch geheimer Begeisterung Adolf Hitler die *Protokolle der Weisen von Zion* gelesen haben muß, denn diese listige Fälschung beschrieb ja seinen eigenen Weg zur Weltherrschaft, mit dem die Legende um den Speer des Longinus in Erfüllung gehen sollte. Es wurde sogar angedeutet, wie der Antichrist sich zu erkennen geben würde, nachdem sein auserwähltes Werkzeug sich von einer kürzeren Zeit der Blindheit erholt hätte!

Und wann sollte dies geschehen? Im Jahre 1921!

Und wie alt würde dieses Werkzeug des Haders sein? Dreiunddreißig Jahre!

Nun, Adolf Hitler feierte 1921, als er der unbestrittene Führer der nationalsozialistischen Partei wurde, seinen dreiunddreißigsten Geburtstag!

Wenn man die Worte des »Dämonen« in den *Protokollen* liest, glaubt man wirklich, die Geschichte von Adolf Hitlers meteorenhaftem Aufstieg zur Macht zu hören, den Prototyp eines Planes, wie man im Einverständnis und mit Hilfe einer ganzen Nation die Hölle auf Erden errichtet.

So spricht der Dämon in den *Protokollen*:

»Aber nach außen hin, in unseren ›offiziellen‹ Stellungnahmen, werden wir das entgegengesetzte Verfahren wählen und immer unser Bestes tun, um ehrlich und entgegenkommend zu wirken. Die Worte eines Staatsmannes brauchen nicht mit seinen Handlungen übereinzustimmen. Wenn wir diesen Prinzipien folgen, werden die Regierungen und

Völker, die wir auf diese Weise vorbereitet haben, unsere Schuldbriefe für bares Geld nehmen. Eines Tages werden sie uns als Wohltäter und Erlöser der Menschheit akzeptieren. Wenn ein Staat es wagt, sich uns zu widersetzen, oder wenn dessen Nachbarn gemeinsame Sache mit ihm gegen uns machen, werden wir einen Weltkrieg entfesseln ...

Durch all diese Methoden werden wir diese Nationen am Boden halten, so daß sie gezwungen werden, uns die Weltherrschaft anzubieten. Wir wollen unsere Arme in allen Richtungen wie Zangen ausstrecken und eine solche Gewaltherrschaft errichten, daß alle Völker sich unserer Herrschaft beugen werden.«

8. Kapitel
Kaiser Wilhelms Wahrsager
Der Sohn des Admirals, der von Dämonen gejagt wurde

»Houston Stewart Chamberlain verfügte über die Gabe, Dämonen zu sehen, die ihn, seiner eigenen Darstellung zufolge, unablässig antrieben, neue Studiengebiete zu suchen und seine erstaunlichen Schriften zu mehren. Als er 1896 von einer Studienreise zurückkehrte, setzte ihm ein Dämon dermaßen zu, daß er in Gardone aus dem Zug stieg, sich für acht Tage in einem Hotelzimmer einschloß, und, ein geplantes Werk über Musik zurückstellend, fieberhaft an einer biologischen Studie arbeitete, bis er zum Kern des Themas durchgedrungen war, das in all seinen späteren Werken eine dominierende Rolle spielen sollte: *Rasse und Geschichte* ... Da er sich von Dämonen gelenkt fühlte, schrieb er seine Bücher wie im Fieber, in einem wahrhaften Trancezustand, im Rausch, so daß er sie, wie er in einer Autobiographie *Lebenswege meines Denkens* sagt, oft nicht als eigene Werke wiedererkannte, weil sie seine Erwartungen übertrafen.«
William L. Shirer: Aufstieg und Fall des Dritten Reichs

Der Speer des Longinus spielte während der ersten beiden Jahrzehnte des zwanzigsten Jahrhunderts außer in Adolf Hitlers und Walter Johannes Steins Leben eine zentrale Rolle im Leben dreier Männer. Es waren dies: Houston Stewart Chamberlain, ein Mann von dämonischer Genialität, der als erster das Interesse des deutschen Kaisers für die mit dem Schicksalsspeer verknüpfte Legende erweckte; Kaiser Wilhelm selber, der mit Hilfe einer List versuchte, diesen Talisman der Welteroberung an sich zu bringen, als Deutschland am Rande eines globalen Konfliktes stand; und Quartiermeister General Helmuth von Moltke, Chef des kaiserlichen Generalstabs des deutschen Heeres, der geschickt zu verhindern wußte, daß die heilige Waffe in die Hände dieses irregeführten und machtgierigen Monarchen fiel.

Houston Stewart Chamberlain ist sowohl als wahrer Nachfolger des Genies Friedrich Nietzsche beschrieben worden, als auch als »eines der erstaunlichsten Talente in Deutschlands Geistesgeschichte, eine Fundgrube der Aufklärung und Ideen«.[31]

---

[31] *Konrad Heiden:* Der Führer

Er war 1855 als Sohn eines englischen Admirals und Neffe des Feldmarschalls Sir Neville Chamberlain geboren. Er wurde von Verwandten in Paris erzogen und von einem hervorragenden preußischen Lehrer unterrichtet. Sein wacher Intellekt fühlte sich vom militärischen Ruhm Preußens und den Werken großer deutscher Dichter und Philosophen wie Goethe, Fichte, Hegel und Richard Wagner lebhaft angezogen.

Im Alter von siebenundzwanzig Jahren siedelte Chamberlain nach Deutschland über, wo er sich in Dresden niederließ und deutscher als die Deutschen selber wurde, indem er sich im wahrsten Sinne des Wortes ihre Nationalität und Sprache, ihren Geist und ihre Seele zu eigen machte. Im Jahre 1897 publizierte er sein wichtigstes Werk, *Die Grundlagen des neunzehnten Jahrhunderts*, das auf die empfänglichen Sinne der Deutschen wie eine Bombe wirkte und ihn über Nacht berühmt werden ließ.

Mit einer erstaunlichen Gelehrsamkeit, die ihren Eindruck auf die deutschen Intellektuellen nicht verfehlte, gelang es ihm, eine Synthese aus Richard Wagners und Friedrich Nietzsches einander widersprechenden Lehren zu bilden. Zur Genugtuung der Adelsfamilien und der Elite des Offizierskorps entwickelte und erweiterte er Wagners Lehre von der arischen Herrenrasse. Nach Chamberlains Auffassung war die Tragödie der »Götterdämmerung«, die durch Vermengung mit niedrigeren Rassen hervorgerufen war, keineswegs notwendig. Mit einem Federstrich tilgte er einfach den Gedanken, daß eine edle Rasse nach den Gesetzen der Natur unbedingt verfallen müsse. Denn an diesem Punkt der Gedankengänge Wagners fügte er listig Nietzsches Glauben ein, daß eine »höhere Rasse« gezüchtet werden könne.

Chamberlain behauptete, daß die Geburt einer neuen Rasse nicht in erster Linie durch Blutsverwandtschaft zu geschehen brauche. Er dachte mehr an eine Verwandtschaft der Seelen, die sich in einem geschichtlichen Augenblick zusammenfanden. Eine solche Rasse könne geschaffen werden, wenn »der Geist des welthistorischen Schicksals« eine Mischung von Völkern gleichen Charakters und gleicher Denkweise zuwege brächte, die einander physisch nicht im geringsten zu ähneln brauchten.

Wenn eine Rasse geboren würde, betonte Chamberlain, bedürfe es sowohl eines wichtigen geschichtlichen Ereignisses als auch eines hohen geistigen Ideals, das stark genug sei, der Bevölkerung das Gefühl eines homogenen und gleichartigen geistigen Anteils zu geben.

Die Einigung der deutschen Stämme um Wilhelm von Preußen, Otto von Bismarck und General Helmuth Karl von Moltke auf dem Boden des besiegten Frankreich 1870-1871 wurde als solch ein welthistorischer Augenblick beschrieben, in dem eine neue Rasse – die deutsche Herrenrasse – geboren wurde.

»Auf diese Weise wurde der Boden für eine neue Rasse von Übermenschen vorbereitet«, sagte Houston Stewart Chamberlain. Und nun setzte sich diese Rasse durch die Stärke des deutschen Geistes und das preußische Talent zur Organisation durch, wobei ihr zugute kam, daß sie an der Ruhr über die beste Schwerindustrie der Welt verfügte und technisch an der Spitze lag. Und, fügte der englische Prophet hinzu, weil die deutsche Intelligenz niemals etwas dem Zufall überläßt, wird sie auch bei der Entstehung einer neuen Rasse lenkend eingreifen. »So wie man eine Perle durch künstliche Stimulanz züchten kann, muß der deutsche Geist die arischen Völker zu rassenmäßiger Überlegenheit und Weltherrschaft führen.«

Chamberlain wußte, daß er die neue Bibel der pangermanistischen Bewegung geschrieben hatte, aber er war dennoch überwältigt von der phantastischen Aufnahme, die das Buch fand. Kaiser Wilhelm lud ihn bei Hof ein und begrüßte ihn mit den Worten: »Es war Gott, der Ihr Buch dem deutschen Volke sandte und Sie persönlich zu mir.« Chamberlain antwortete dem Kaiser mit einem nicht minder blasphemischen Kompliment. Er schrieb ihm und erwähnte, daß er das Bildnis des Kaisers in seinem Arbeitszimmer direkt gegenüber Leonardo da Vincis Gemälde von Jesu Kopf aufgehängt habe. »Ich gehe in dem Zimmer zwischen meinem Kaiser und meinem Gott hin und her.« Der Kaiser schrieb ihm daraufhin, daß alle Bediensteten bei Hofe, der Generalstab und das gesamte Garde du Corps das Buch gelesen hätten und von grenzenloser Bewunderung erfüllt seien. Was im übrigen gar nicht einmal so sehr verwunderlich war, nachdem Chamberlain sie zu Führern der Elite und großen Helden der neuen Rasse ernannt hatte!

Aber das deutsche Volk als Ganzes stand seinen Rassetheorien skeptisch gegenüber und lehnte seinen Wunsch nach deutscher Weltherrschaft ab. Viele maßvolle deutsche Denker, die von Goethes und Schillers hohen Idealen erfüllt waren, Männer, die die geistige Freiheit und Gleichheit aller Menschen zu würdigen wußten, äußerten sich verärgert über Chamberlain und ähnliche Tyrannen und Geschichtsschreiber vom Schlage eines Treitschke, der in seinen Werken nur Kriege und Eroberungen verherrlichte.

Als Kaiser Wilhelm öffentlich von einem sozialistischen Reichstag getadelt wurde, daß er sich allzu offen in die Regierungsgeschäfte eingemischt habe, tröstete Chamberlain ihn mit der Bemerkung, die öffentliche Meinung werde nur für Idioten und böswillige Verräter gemacht. Der Kaiser erwiderte: »Sie kämpfen mit Ihrer Feder, ich mit meiner Zunge. Ich werde mit meinem Schlachtschwert dazwischenschlagen.«

Chamberlains Freundschaft mit dem deutschen Kaiser wurde immer enger, bis er zum Schluß als Berater des kaiserlichen Haushalts nach Potsdam geholt wurde. Seine Stellung dort war noch unangefochtener und noch gefährlicher als Rasputins verderblicher Griff um den Hof der Romanows. Diese ungewöhnliche Situation, daß ein Engländer so viel Einfluß in Potsdam hatte und einziger Vertrauter des deutschen Kaisers war, hatte im Hauptquartier des deutschen Nachrichtenwesens begreifliche Besorgnis erregt. Von Moltke erhielt jede Woche Berichte über Chamberlains Tätigkeit und war sehr beunruhigt über den schädlichen Einfluß, den er auf den machtbesessenen Monarchen ausübte.

General von Moltke war der Neffe des berühmten Grafen Helmuth von Moltke, dem Freund Kaiser Friedrichs und Bismarcks, der im Blitzfeldzug gegen Frankreich 1870-1871 den Oberbefehl über das deutsche Heer geführt hatte. Obwohl von Moltke auf eine beachtliche Karriere zurückblicken konnte und sich um die Modernisierung des Generalstabs nach den Richtlinien seines berühmten Onkels verdient gemacht hatte, wollte er insgeheim den hohen Posten des Generalquartiermeisters, den der Kaiser ihm aufzuzwingen versuchte, ablehnen. »Ich bin zu schwerblütig, zu bedächtig und bedenklich, zu gewissenhaft für diesen Posten, wenn Sie wollen«, soll er gesagt haben. Er war ein tief philosophisch veranlagter Mann, mehr Gelehrter als Soldat. Kaiser Wilhelm war beeindruckt von seiner ernsten und stillen Art und nannte ihn aus unbekanntem Anlaß »den traurigen Julius«.

Kaiser Wilhelm hoffte, daß etwas von dem militärischen Genie seiner Ahnen auf Moltke übergegangen sei. Diese Hoffnung hatten seine Generalskollegen allerdings aufgegeben. Sie bedauerten, daß sein hauptsächliches Interesse, außerhalb des militärischen Alltags, der Suche nach dem Heiligen Gral galt! Sie waren der Ansicht, daß mittelalterliche Mystik nicht zu den normalen und gesunden Interessen eines preußischen Generals gehörte, und waren besorgt, daß er in einem kritischen Augenblick unter Umständen nicht die rücksichtslose Entschlossenheit zeigen könne, die man von einem Oberbefehlshaber verlangte. Als ein gewisser Dr. Rudolf Steiner, der allgemein als goetheanischer Wissenschaftler und okkulter Meister bekannt war, regelmäßiger Gast in von Moltkes Heim wurde, wandte man sich diskret an den Kaiser und bat ihn einzugreifen und seinen Stabschef zu warnen, daß solcher Umgang das Vertrauen der höheren Ränge des deutschen Offizierskorps in die Armeeführung untergrübe.

Der Kaiser schob die Kritik zur Seite. Er hatte keine Einwände gegen General von Moltkes Erforschung der Geschichte des Heiligen Grals. Er hegte echten Respekt vor Moltke, und eine solche Kritik traf ihn ja auch selber, weil er sich ja auch so stark für den pangermanistischen Mystizismus interessierte. Aber, wenn auch der Kaiser keinen Anstoß an der Verbindung Moltkes mit Dr. Steiner nahm, so war der General jedenfalls bekümmert, daß der Kaiser so ganz und gar im Banne Chamberlains stand.

General von Moltke wußte eine ganze Menge über Chamberlain, wovon der Kaiser und seine Umgebung zu jener Zeit keine Ahnung hatten. So wußte er zum Beispiel, daß er die meisten seiner Werke in einer Art Trancezustand schrieb, in dem Hierarchien von bösen Geistern vor seinen Augen erschienen. Und daß er niemals ahnte, wann oder wo seine Seele von Dämonen ergriffen würde, die ihn zu einer fieberhaften Fortsetzung seiner Arbeit trieben, um ihn später wie eine leere Schale, oft an der Grenze zu Hysterie und Kollaps, liegenzulassen. Agenten der Abwehr, die Chamberlain genau überwachten, hatten sogar berichtet, daß sie ihn auf der Flucht vor solch unsichtbaren Dämonen angetroffen hätten.

Was General von Moltke besonders beunruhigte, war, daß das gleiche Thema in allen Werken Chamberlains wiederkehrte. Der General, der über ein umfassendes Wissen über die Mysterien des Heiligen Grals verfügte, hegte nicht den geringsten Zweifel, daß Chamberlain sich in der Gewalt dämonischer Kräfte befand, die versuchten, einen unheilvollen Einfluß auf die Geschichte Europas auszuüben. Aber er sah keine Möglichkeit, den Kaiser davon zu überzeugen, daß der Engländer den Fall der Hohenzollerndynastie bewirken und Deutschlands Niederlage herbeiführen könne.

Das Problem wurde dadurch noch komplizierter, daß nicht alle Visionen Chamberlains dämonischen Ursprungs waren. Manchmal riefen seine medialen Gaben große Gestalten aus der antiken Geschichte herbei, die sich ihm zeigten und ihn mit ihren Worten inspirierten. So zum Beispiel basierte Chamberlains ganze Rassentheorie ursprünglich auf einer Vision des alten Propheten Phineas, der einen Speer als Symbol für das magische Blut der jüdischen Rasse schmiedete. Hesekiel hatte sich ihm gleichfalls gezeigt – derselbe Hesekiel, der den Juden prophezeit hatte, daß sie zu dem gekreuzigten Messias aufsehen würden, dessen Seite sie mit dem Speer durchbohrt hätten.[32]

Chamberlain war der Entwicklung der jüdischen Rasse durch viele Generationen gefolgt und glaubte, sie sei von »rundköpfigen Hethitern mit vorwiegend semitischen Nasen« befleckt worden! Die ammonitischen Züge, sagte er, seien zu spät hinzugetreten, um sie noch durch ihre rein arischen Eigenschaften retten zu können.

---

[32] Konrad Heiden kommt in seiner glänzenden Hitlerbiographie *Der Führer* der Wahrheit erstaunlich nahe, wenn er schreibt: »Chamberlain hatte von den großen Meistern der Weltherrschaft gelernt, von den jüdischen Propheten Hesekiel, Esra und Nehemia, die, wie er sagt, auf Befehl des Perserkönigs das rassebewußte jüdische Volk schufen. – Andere Nationen zu durchdringen, sie von innen her durch ihre in Generationen gezüchtete überlegene Intelligenz aufzusaugen und sich selber zur beherrschenden Intelligenz über fremde Völker einzusetzen und die Welt auf diese Weise jüdisch zu machen – das ist nach Chamberlain das Ziel der jüdischen Rasse.«

Er beschrieb Jesus Christus als einen hoch aufgerichteten, blonden und hübschen Galiläer vom ammonitischen Typus mit einem sehr hohen Anteil nichtsemitischen Blutes. »Wer immer behaupten will, daß Jesus Jude sei, ist entweder dumm, oder er lügt ... Jesus war kein Jude. Er war Arier.« Und nach Chamberlains Auffassung hatten nur die Besten indoarischen Blutes, in Sonderheit die Teutonen, die erforderliche Kraft, Christi Botschaft zu verstehen und zu verwirklichen, doch bestimmt weder die Juden, die zu einer »negativen Rasse von Bastarden« geworden waren, noch die chaotische Mischung niederer Rassen rings um das Mittelmeer. Christi Blut war ausschließlich für das arische Volk vergossen worden!

Diese seltsam vorgefaßte Meinung, daß das Christentum nur für Arier bestimmt sei, war nichts Neues. Chamberlain wiederholte nur mit größerer Gelehrsamkeit und weitaus kühneren Worten die Rassenlehren seines geliebten Richard Wagner.

Chamberlain traf Wagner zum ersten Male 1882, als er von Genf nach Bayreuth reiste, um den Festspielen beizuwohnen. Der Komponist wurde sofort zum Hauptinhalt seines Lebens, und es ist Wagners Einfluß zuzuschreiben, daß Chamberlain sich entschloß, ganz nach Deutschland überzusiedeln und sich mit deutscher Geschichte, Philosophie, Literatur und Musik zu befassen.

Wagner war es auch, der zuerst Chamberlains Aufmerksamkeit auf die Existenz des Heiligen Speers lenkte, der ihn zu seiner größten Oper *Parsifal* inspiriert hatte. Aber das geschah viele Jahre bevor Chamberlain entdeckte, wie tief Wagner in die Gralsgeschichte aus dem neunten Jahrhundert eingedrungen war und daß die Rollen in der Oper wirkliche Personen aus dem Mittelalter zum Vorbild hatten.

Vor allem hatte Wagner Chamberlains Interesse für die Legende um den Speer des Longinus geweckt, und sieben Jahre später ließ dieser sich in Wien nieder, um die Geschichte und Bedeutung des Speers für unsere Zeit intensiv zu studieren.

Während der folgenden zwanzig Jahre (1889-1909), bis zu seiner Übersiedlung nach Bayreuth, besuchte der englische Mystiker regelmäßig die Hofburg, wo er – genau wie Hitler drei Jahrzehnte später – stundenlang die alte Waffe betrachtete und darauf hoffte, ihre Geheimnisse zu ergründen.

Chamberlain behauptete, sowohl den Zeitgeist, der zum Speer gehörte, als auch den Antigeist, der ihm seine magischen Kräfte verlieh, in einer Vision gesehen zu haben. Er vertiefte sich gründlich in die unglaubliche Geschichte des Speeres, der zweitausend Jahre hindurch den Lauf der europäischen Geschichte beeinflußt hatte. Und der Speer des Longinus als Symbol für die magische Kraft des Blutes gab ihm auch die Anregung zu den Rassentheorien seines Buches *Die Grundlagen des neunzehnten Jahrhunderts*, jenes Werkes, das die geistigen Voraussetzungen zur Gründung des Dritten Reiches lieferte.

Mit erstaunlichen medialen Fähigkeiten, vergleichbar denen der Madame Blawatsky, sah Chamberlain in einer Reihe von Trancezuständen viele der großen historischen Persönlichkeiten, die im Laufe der Jahrhunderte den Speer aus guten oder bösen Motiven heraus für sich beansprucht hatten. Die Beschreibung dieser Visionen versetzte Kaiser Wilhelm in höchste Erregung und intensivierte seine Welteroberungsträume.

Der deutsche Kaiser zeigte einen fast unersättlichen Appetit auf Chamberlains ständige und lebendige Visionen von berühmten Männern aus der Geschichte, die sich der Kräfte des Speeres bedient hatten, um einen weltgeschichtlichen Auftrag zu erfüllen. Männer wie Konstantin der Große, Justinianus, Karl Martell, Karl der Große und die größten deutschen Kaiser und Könige wie Heinrich der Vogler, Otto der Große, Friedrich Barbarossa und natürlich der erstaunliche Friedrich von Hohenstaufen.

Der Augenblick der Entscheidung für den machthungrigen Monarchen mit dem verkrüppelten Arm kam, als Chamberlain ihm eine persönliche Botschaft aus dem Jenseits überbrachte. Der gewiegte Engländer erzählte, daß ihm der deutsche Kaiser Sigismund erschienen sei und ihn beschworen habe, Kaiser Wilhelm auszurichten, daß es ein Verbrechen gegen Gott sei, den Heiligen Speer außerhalb der Grenzen Deutschlands zu lassen. Der Kaiser beauftragte schnell seine eigenen Historiker, das Leben Kaiser Sigismunds zu erforschen, und sie konnten bald bestätigen, daß er tatsächlich ein Dekret erlassen hatte, wonach die Heilige Lanze für immer innerhalb der Grenzen des Vaterlands ruhen sollte.

Dies erfuhr der Kaiser im Jahre 1913, nachdem eine Reihe von Krisen Deutschland an den Rand eines Krieges geführt hatte. Das alles war zuviel für den Kaiser. Er begriff, daß er den Speer unbedingt nach Deutschland zurückschaffen mußte, um sich seiner Kräfte für die künftigen Geschicke des Vaterlandes zu bedienen und eine neue »Herrenvolkrasse« heranwachsen zu lassen.

Deswegen dachte sich der Kaiser eine raffinierte List aus, um schleunigst in den Besitz des Speeres zu gelangen. Überall wurde Reklame gemacht für eine Ausstellung germanischer Kunst, die in Berlin gezeigt werden sollte. Kaiser Wilhelm lud den betagten Kaiser Franz Joseph von Österreich ein, die Ausstellung anläßlich eines Staatsbesuches zu eröffnen, und bat um vorübergehende Ausleihung der Reichskleinodien und der heiligen Reliquien der deutschen Kaiser. Auf diese Weise brauchte der Speer nicht extra erwähnt zu werden, denn er befand sich ja unter den Kronen, Juwelen, Zeptern, Schwertern u. s. w., die zu den alten deutschen Schätzen gehörten.

Die List hätte durchaus glücken können. Der einzige schwache Punkt des sorgfältigen Arrangements, den der Kaiser übersehen hatte, war seine eigene Zunge. Er war von Natur aus schwatzhaft und total unfähig, ein Geheimnis für sich zu behalten, und so dauerte es nicht lange, bis seine gesamte Umgebung, die Offiziere des Garde du Corps und viele Mitglieder des Generalstabes den wahren Grund für das plötzliche und ungewöhnliche Interesse des Kaisers an deutscher Kunst erfuhren. Es lag klar auf der Hand, daß er niemals beabsichtigte, den Heiligen Speer an den Kaiser von Österreich zurückzugeben, sondern daß er ihn als Talisman der Macht behalten und einen Weltkrieg damit gewinnen wollte.

Bei diesem Stand der Dinge entschloß sich General von Moltke einzugreifen. Die bombastischen Reden Kaiser Wilhelms und seine kriegerischen Diskussionen mit dem Generalstab hatten ihn ernstlich beunruhigt, zumal nach dem Intermezzo von Agadir. Er ließ Kaiser Franz Joseph heimlich eine Mitteilung zukommen, in der er die wahren Motive hinter Kaiser Wilhelms Bitte um vorübergehende Entleihung der Reichskleinodien aufdeckte und ihn warnte, der Speer in Wilhelms Händen könne diesen dazu verleiten, den Weltkrieg zu entfachen, den die gesamte Christenheit fürchtete und verabscheute.

Kaiser Wilhelm, der inzwischen von seinem Gesandten in Wien erfahren hatte, daß Kaiser Franz Joseph bereit zu sein schien, die alten Schätze der deutschen Kaiser auszuleihen, war höchst überrascht, als er einen kurzgefaßten Brief erhielt, mit dem seine Bitte abgeschlagen wurde. Er hat nie erfahren, wer seine Pläne durchkreuzt hatte.

Teilweise war es General von Moltkes Verdienst, daß Deutschland sich nicht schon früher auf einen Weltkrieg eingelassen hatte. Als Stabschef warnte er den kriegsbegeisterten Kaiser ständig, daß die deutsche Armee noch nicht über genügend ausgebildete Divisionen verfüge, um den Schlieffenplan durchführen und einen Blitzkrieg auf zwei Fronten gewinnen zu können.

Von Moltke sympathisierte heimlich mit der ausgleichenden Friedens- und Fortschrittspolitik, die die zivile Regierung, aller pangermanistischen Weltherrschaftsziele des Kaisers zum Trotz, verfolgte. Er konnte nur schwer seine Genugtuung verbergen, als das deutsche Volk 1912 einen überwiegend antipreußischen und antimilitärischen Reichstag wählte, der zum größten Teil aus friedliebenden Demokraten bestand.[33]

Als am 28. Juni 1914 der österreichische Thronfolger Erzherzog Franz Ferdinand und seine Frau, die Herzogin Sophie, in Sarajewo von Meuchelmördern umgebracht wurden, die der okkulten Organisation »Schwarze Hand« angehörten, entstand die internationale Krise, die durch Furcht und Mißverständnisse dem Kaiser den Vorwand gab, den er und Chamberlain sich gewünscht hatten.

Anfänglich glaubten nur wenige Deutsche, daß das Attentat von Sarajewo Auswirkungen auf ihr eigenes Leben haben würde. Bosnien und der Balkan lagen weit entfernt, und wenige Leute bekümmerten sich ernsthaft um die Ermordung eines österreichischen Erzherzoges. Obwohl die deutsche Regierung den österreichischen Standpunkt unterstützte, daß die Serben für ihre böse Tat bestraft werden müßten, ging man davon aus, daß die Russen niemals zugunsten einer kleinen Nation mobilisieren würden, die einen brutalen Mord begangen hatte.

Den ganzen Juli über blieb der Kaiser an Bord der kaiserlichen Jacht auf einer verlängerten Kreuzfahrt längs der norwegischen Küste. General von Moltke, der mit seiner Familie einen Urlaub in Karlsbad verbrachte, hatte das unbehagliche Gefühl, daß sich Europa am Rande eines furchtbaren Unglücks befand.

Als Österreich am 23. Juli ein verspätetes, aber unnachgiebiges Ultimatum an Serbien richtete, war alle Welt erstaunt über die abrupte Reaktion des Zaren: »Rußland kann Österreich nicht erlauben, Serbien zu zerschlagen und die dominierende Macht des Balkans zu werden.«

Die Lage begann unheilvoll auszusehen. Und erst jetzt begriff der deutsche Stabschef plötzlich die Schwäche des Schlieffenplans, die er vorher nicht

---

[33] Konrad Heiden hat den Gegensatz zwischen diesen militärischen und zivilen Gruppen im Deutschland der Vorkriegszeit erklärt: Es war teilweise mit Rücksicht auf die innere Opposition der Regierung, daß die deutsche Außenpolitik nicht ihrer Eroberungslust nachgab, wie Chamberlain es erwartet hatte.

»Zwischen 1910 und 1912, als England Südafrika eroberte, Frankreich Marokko und Italien Tripolis einnahm, eroberte Deutschland kein Land mit Waffengewalt. Es hatte sich aus Marokko zurückgezogen, ehe die Franzosen dorthin kamen, und aus Persien, ehe England und Rußland auf dem Plan erschienen.

Gegen Ende des Jahrhunderts hatte Deutschland das französich-russische Anerbieten eines Bündnisses gegen England zurückgewiesen, das gerade in den Burenkrieg verwickelt war. Und als Rußland und Frankreich ein Bündnis gegen Deutschland eingingen, ließ Deutschland 1904 und 1907 die verlockende Möglichkeit eines Blitzeinfalls in Frankreich vorübergehen, obwohl Rußland damals hart von inneren Unruhen und der Niederlage gegen Japan bedrängt war. Nicht einmal der Erste Weltkrieg begann als deutscher Eroberungskrieg.«

Konrad Heiden: Der Führer

erkannt hatte: Der Plan ließ keine Zeit zu diplomatischen Verhandlungen, die einen Krieg vielleicht noch abwenden konnten.

> »Tatsächlich war der Frieden nicht mehr zu retten, wenn erst einmal in Rußland die roten Mobilmachungsplakate an den Wänden hingen. Deutschland, von zwei Seiten bedroht, glaubte nicht warten zu können, bis die russische Dampfwalze zu rollen begann.
>
> In den schicksalsschweren letzten Julitagen wurde die deutsche Politik in weit stärkerem Maß durch den toten Grafen Schlieffen bestimmt als durch den Kaiser oder Reichskanzler Bethmann-Hollweg. Da Schlieffens Plan davon ausging, daß Frankreich entscheidend geschlagen werden mußte, ehe noch die Russen ihren Aufmarsch abgeschlossen hatten, durfte man es nicht zulassen, daß diese noch im Frieden mobilisieren konnten. Oder, anders gesagt, wenn Rußland der Krieg erklärt war, mußte sofort der Angriff auf Frankreich erfolgen. Das wenigstens war die Meinung General von Moltkes. Der Schlieffenplan ließ keine andere Möglichkeit, und einen Alternativplan gab es nicht. Und selbst wenn Frankreich erklären sollte, es werde seinen Verbündeten im Stich lassen und Rußland den Strauß mit Deutschland allein ausfechten lassen, konnte man denn dann damit rechnen, daß Frankreich der Versuchung widerstehen würde, seinen alten Gegner anzugreifen, wenn die deutschen Armeen erst einmal in Rußland festlagen?«
>
> *D. J. Goodspeed:* Ludendorff

General von Moltke beharrte darauf, daß es eine militärische Notwendigkeit sei, den Russen mitzuteilen, daß die Mobilisierung ihrer Armeen als Kriegshandlung aufgefaßt würde. »Eine Fortsetzung der russischen Mobilmachungsmaßnahmen wird uns zwingen, ebenfalls zu mobilisieren, und in diesem Fall ist ein europäischer Krieg kaum noch zu vermeiden«, lautete die offizielle Note, die der deutsche Gesandte der russischen Regierung in St. Petersburg überreichte.

Doch es gab noch einen weiteren Grund, warum Helmuth von Moltke sich persönlich für den unkontrollierbaren Lauf der Ereignisse verantwortlich fühlte. Seine eigenen persönlichen Verbesserungsvorschläge zum Schlieffenplan erforderten, daß im gleichen Augenblick, in dem der Krieg erklärt wurde, Lüttich eingenommen werden mußte. Die Forts von Lüttich mußten zum Schweigen gebracht werden, ehe noch die französischen und englischen Armeen auf dem Schienenwege durch Belgien ins Innere Frankreichs geschafft werden konnten. Jede Verzögerung, die dem Feind Gelegenheit gab, sich vorzubereiten, würde dazu führen, daß der gesamte Plan mißglückte. Von Moltkes Nachrichtenchef meldete, daß sowohl die russische als auch die französische Mobilmachung in vollem Gange sei. Die Lage war nicht nur bedrohlich – es gab ganz einfach keinen Rückweg mehr. Es blieb keine andere Wahl als Krieg. Wenn Deutschland nicht gemäß Plan mobilisierte und unmittelbar zum Angriff überging, war der Krieg verloren, noch ehe er begonnen hatte.

Am 31. Juli fuhr der Kaiser mit hochgezwirbeltem Schnurrbart und triumphierendem Gesicht durch die mit wild jubelnden Volksmassen gefüllten Straßen von Berlin. Die Abendzeitungen meldeten das deutsche Ultimatum an Rußland, und 200000 Menschen versammelten sich unter dem Balkon des Schlosses. »Das Schwert ist mir in die Hand gedrückt worden«, erklärte der Kaiser. »Und nun überlasse ich Euch Gottes Händen. Geht in die Kirchen, fallt auf die Knie vor Gott und bittet ihn um Beistand für unsere tapfere deutsche Armee.«

Die ganze Nacht über saß General von Moltke an seinem Schreibtisch im Hauptquartier des Generalstabs, während die von ihm vorbereitete Blitzmobilmachung mit minutiöser Genauigkeit und ohne die geringste Verzögerung abrollte.

> »Überall in Deutschland machten sich die Reservisten auf den Weg zu den Mobilmachungsdepots... Die Verladung in die Transportzüge verlief schnell und reibungslos. Auf die Wände der Waggons hatte man mit Kreide optimistische Parolen gekritzelt – ›Nach Paris‹ oder ›Nach Petersburg‹. Pünktlich auf die Minute rollten die endlosen Züge aus den Hallen, und die Reservisten lehnten sich aus den Fenstern und winkten ihren Freunden und Angehörigen ein letztes Mal zu ... Bataillon um Bataillon, Division um Division, Korps um Korps wurde auf Kriegsstärke gebracht, mit Waffen und Material versehen und zu ihren Bereitstellungsräumen verfrachtet. Das großartige deutsche Eisenbahnnetz erlaubte es, diese Truppenbewegungen schnell und reibungslos durchzuführen: vier zweigleisige Hauptlinien quer durch ganz Deutschland und dazu ein System von Nebenlinien, das ganz auf die Bedürfnisse im Kriegsfall zugeschnitten war. Wenn in den ersten Wochen des Krieges Fehler gemacht wurden, dann lagen die Ursachen bestimmt nicht in den technischen Vorbereitungsarbeiten, die die Aufmarschabteilung des Generalstabs geleistet hatte.«
> *D. J. Goodspeed:* Ludendorff

Vor seiner Generalstabskarte im Hauptquartier am Königsplatz stehend, erließ von Moltke eine unablässige Folge von Befehlen, die seine Armeen schleunigst in die geplanten Stellungen an der Ost- und Westfront bringen sollten. Alle Eventualitäten waren in seinen persönlichen Ergänzungen zum Schlieffenplan vorausgesehen. Er wußte, daß das künftige Schicksal Deutschlands einzig und allein in seinen Händen lag, und er fühlte sich bereit und in der Lage, seine Aufgaben mit der rücksichtslosen Entschlossenheit durchzuführen, die die Lage von ihm forderte.

In diesem Augenblick, als die gut geölte militärische Maschine mit perfekter preußischer Präzision anlief, brach der Oberbefehlshaber über seinem Schreibtisch zusammen. Es sah aus, als habe er einen Anfall oder einen Herzschlag erlitten. Ein Doktor wurde herbeigerufen, während besorgte Adjutanten ihren General auf einen Lehnstuhl an einem der zum Königsplatz hinauszeigenden Fenster trugen.

Helmuth von Moltkes plötzlicher Kollaps war nicht auf eine direkt feststellbare Krankheit zurückzuführen. Aus unbekanntem Grunde war er in einen rätselhaften Zustand ohnmächtiger Trance verfallen, der ohne jede Vorwarnung seine physischen Sinne überwältigt hatte. Sein methodischer und gewissenhafter deutscher Geist hatte nicht mit der Hand des Schicksals gerechnet, die ihm in diesem kritischen Augenblick seiner Karriere über eine Kluft von tausend Jahren gereicht wurde, damit er sein persönliches Schicksal im historischen Prozeß erkennen solle.

9. Kapitel
Der Papst im Armeehauptquartier
Verschlungene Wege des Schicksals
Non corpore, tamen, spiritu et virtuti

»Unter denen, die seit den Tagen Gregors des Großen in Rom zur päpstlichen Würde aufstiegen, kam keiner dem Papst Nikolaus I. gleich (858-867).

Er erteilte Königen und Tyrannen Befehle, und er behandelte sie so gebieterisch, als ob er Herrscher über die gesamte Erde wäre.

Bischöfen und Priestern gegenüber, die die Gesetze des Herrn in rechter Weise einhielten, war er demütig, gut, fromm und mild, aber zu den Gottlosen und denen, die den rechten Weg verlassen hatten, war er furchtbar und hart in seinen moralischen Anklagen, so daß man zu Recht glaubte, Gott habe einen zweiten Elias in unserer Zeit entstehen lassen, *wenn nicht im Fleische, so doch jedenfalls in Geist und Kraft.* (Non corpore, tamen spiritu et virtuti).« *Regino von Prune*, Chronist aus dem neunten Jahrhundert

Die bekümmerten Adjutanten, die sich um ihren Oberbefehlshaber sammelten, glaubten zuerst, daß er im Sterben läge. Er atmete so leicht, daß es kaum zu hören war, und auch der Herzschlag war kaum wahrzunehmen. In den offenen Augen lag ein leerer, lebloser Ausdruck, als ob alles Bewußtsein ausgelöscht sei.

Aber wie immer der Generalquartiermeister Helmuth Ludwig von Moltke in diesem Augenblick auch aussehen mochte, so war er doch weder tot noch bewußtlos. Im Gegenteil, er erlebte eine neue Bewußtheit, die so konzentriert, scharf und lebendig war, daß er es fast schmerzhaft spürte, als seine Seele sich auf eine Reise begab, die tausend Jahre in die Vergangenheit führte.

Mit allen beweglichen und farbenreichen Bildern des Traumes und mit der gleichen magischen Leichtigkeit, mit der der Traum die Grenzen des geordneten Zeitablaufs und des dreidimensionalen Raumes durchbricht, erlebte er bedeutungsvolle Episoden im Leben eines mittelalterlichen Papstes. Und durch einen unerklärlichen Prozeß höherer Erinnerung, die nun in seiner Seele erwachte, wurde ihm bewußt, daß er das Leben Papst Nikolaus I. nachvollzog, jenes Papstes, der die meisten schicksalsschweren Entscheidungen der römischen Kirche im Mittelalter treffen mußte.

Aber im Labyrinth seiner erweiterten Bewußtheit, die nun eine Brücke über die Jahrhunderte schlug, bewahrte er sein eigenes Ich als Stabschef im zwanzigsten Jahrhundert. Es faszinierte ihn zu sehen, wie diese beiden Leben, die durch tausend Jahre europäischer Geschichte voneinander getrennt waren, sich zu einem lebendigen Gesamtbild von Ursache und Wirkung zusammenfügen zu lassen schienen.

Ihm war, als seien die Ereignisse im Leben dieses erhabenen Papstes durch ein magisches Verwandlungsgesetz mit den Geschehnissen und persönlichen Umständen seines jetzigen Lebens verwoben. Und er war noch erstaunter darüber, daß viele der den berühmten Papst umgebenden Kardinals- und Bischofsgesichter bei seinen nahen Kollegen im deutschen Generalstab wiederzuerkennen waren!

Eine der mittelalterlichen Gestalten, die er am deutlichsten erkannte, war sein berühmter Onkel, der Feldmarschall, der den Generalstab begründet und 1870 einen eklatanten Sieg über die Franzosen errungen hatte. Aber sein Onkel trat nicht, wie er ihn von früher her in Erinnerung hatte, in der Uniform eines deutschen Generals auf, sondern in der Gewandung eines mittelalterlichen Papstes.

Natürlich gab es gewisse Abweichungen in den beiden Gesichtern, die ja durch zehn Jahrhunderte voneinander getrennt waren, aber mit Hilfe höherer Fähigkeiten, die die Geheimnisse in der Verwandlung der menschlichen Physionomie bloßlegten, war es ohne weiteres möglich, ihre Zusammengehörigkeit zu erkennen. Auf diese Weise identifzierte er seinen Onkel mit Papst Leo IV., dem großen »Soldatenpapst«, der Roms Verteidigung organisiert und seine Soldaten selbst in die Schlacht geführt hatte.

Noch größere Überraschung verursachte die Erscheinung des großen, hageren und nervösen Generals von Schlieffen in der Gestalt Papst Benedikts II., jenes Papstes, der sein ganzes Leben damit zugebracht hatte, das Gleichgewicht zwischen den feindlichen Kräften in Ost und West zu bewahren, und die karolingischen Kaiser an ihr Gelübde zu erinnern, den Heiligen Stuhl gegen alle Angreifer zu verteidigen.

Nachdem von Moltke sich 1914 vom aktiven Dienst zurückgezogen hatte, schrieb er einen detaillierten Bericht über dieses einzigartige transzendentale Erlebnis, das nach seiner Ansicht eine echte Erinnerung an ein früheres Erdenleben war und die inneren Strukturen von Karma und Wiedergeburt bloßlegte.

Als er genügend Muße fand, über die Bedeutung dessen nachzudenken, was ihm enthüllt worden war, als der Schleier der Zeit plötzlich vor ihm gehoben wurde, wollte es ihm vollkommen abwegig erscheinen, daß ein berühmter Papst, der sein Leben der römischen Kirche geweiht hatte, in der

Reinkarnation eines Generalstabschefs wiederkehrte, der entschlossen war, gegen seine Feinde Krieg zu führen. Er jedenfalls konnte keinen Sinn darin erkennen. Aber nachdem er viele Monate lang versucht hatte, das Mysterium aufzuklären, begann er eine ganze Reihe logischer Verbindungsglieder zwischen den mittelalterlichen Päpsten des neunten Jahrhunderts und den Oberbefehlshabern und der Elite der höheren Offiziere des deutschen Generalstabs im neunzehnten und zwanzigsten Jahrhundert zu entdecken.

Den Schlüssel zu dem karmischen Verhältnis zwischen diesen beiden Persönlichkeitsfolgen, die mit tausend Jahren Zwischenraum lebten, fand er erst, als er von dem Gedanken abrückte, daß die »Religion« der Päpste ein wichtiger Faktor sei. Statt dessen versuchte er eine Ähnlichkeit zwischen der Lebensweise der mittelalterlichen Kirchenfürsten und dem täglichen Routinebetrieb des Offizierskorps herauszufinden. Zum Beispiel Dinge wie Sitten, Gewohnheiten, persönliche Verhältnisse, Haltung und Gestik.

Er stellte fest, daß die Offiziere des Generalstabs ebenfalls völlig abgesondert und abgeschnitten von dem lebten, was rings um sie herum geschah. Und er begriff, daß sie in vieler Hinsicht genauso zurückgezogen lebten wie die römische Kurie und daß sie dasselbe isolierte und fromme Leben von Päpsten und Kardinälen führten, die nur darauf bedacht waren, die strengen Gebote einer höheren religiösen Ordnung zu erfüllen.

Wie ehrwürdige Geistliche, waren auch alle höheren Offiziere des Elitekorps sorgfältig von den Niederungen des weltlichen Lebens isoliert, so daß sie keine Vorstellung von dem hatten, was rings um sie vorging – z. B. dem Vormarsch der Industrie im modernen Deutschland und der neuen bürgerlichen Wohlstandswelle.

Und in gleicher Weise wie der exklusive Kreis um einen Papst, vereinigten sie auch in harmonischer Weise zwei einander widerstreitende Prinzipien – absolute Autokratie und die denkbar liberalste Form der Demokratie. Wie am päpstlichen Hof, bewertete man Intelligenz und echtes Talent höher als militärischen Rang. Alle Dienstgrade vom höchsten General zum simpelsten Hauptmann nahmen frei und oft sogar leidenschaftlich an den Diskussionen teil, bis zu dem Augenblick, in dem die Entscheidung getroffen wurde. Und obwohl man erwartete, daß die jüngeren Offiziere die ihnen gegebenen Befehle augenblicklich und ohne jedwede Rückfrage ausführten, setzte man dennoch voraus, daß sie ihre Vorgesetzten ehrlich und ohne Unterwürfigkeit beraten sollten, so wie es die mittelalterlichen Prälaten dem Heiligen Stuhl gegenüber auch getan hatten.

Was aber von Moltke am meisten verblüffte, war die Ähnlichkeit des grundsätzlichen Auftrages, den die Päpste und die modernen Stabschefs zu erfüllen hatten. Die wichtigste Aufgabe der Päpste war es gewesen, die Machtverhältnisse zwischen Ost und West auszugleichen, denn die Existenz des päpstlichen Stuhles stand ständig auf dem Spiel. Und nicht unähnlich der Reihe der Päpste vor tausend Jahren, hatten auch die Stabschefs des neunzehnten und zwanzigsten Jahrhunderts eine gemeinsame Aufgabe, die sie ihren Nachfolgern von Generation zu Generation vererbten. Sie versuchten, Zentraleuropa zu schützen, den ständig bedrohten neuralgischen Punkt zwischen zwei völlig verschiedenen und möglicherweise feindlichen Kulturen in Ost und West. Und das Leben des Oberkommandierenden und seines Stabes drehte sich um die Durchführung des Schlieffenplans, der mit einem Krieg an zwei Fronten rechnete, einem Titanenkampf, in dem es um das Schicksal der Nation ging.

Wenn man weiß, was von Moltke selber von der Echtheit seiner transzendentalen Visionen hielt, wird man ihren Inhalt vielleicht etwas glaubwürdiger finden. Man sollte vielleicht an dieser Stelle einflechten, daß der deutsche Oberbefehlshaber als unbestechlicher und ehrlicher Mann galt, der alle Arten von unbegründeter Spekulation entrüstet zurückwies und dessen Liebe zur Wahrheit und peinlichen Detailtreue allgemein respektiert wurde. Er selber hielt daran fest, daß seine Bewußtheit während des gesamten transzendentalen Zustandes klarer und schärfer gewesen sei als sein normales Bewußtsein in der materiellen Welt, und er hob hervor, daß das Gefühl der Wahrheit und Wirklichkeit an Intensität alles übertroffen habe, was er bei früheren Gelegenheiten empfunden hätte.[34]

Das zentrale Thema, das von Moltkes reicher transzendentaler Erfahrung gewissermaßen Inhalt und Sinn gab, war der Schicksalsspeer. Einige Monate zuvor, bei einem Besuch in Wien, hatte er der Schatzkammer einen Besuch abgestattet, um ihn zu sehen.

Er hatte damals an einem Treffen der Stabschefs der deutschen und österreichischen Armeen teilgenommen. Unter anderem war auch ein Höflichkeitsbesuch in der Hofburg arrangiert worden, so daß er die Gelegenheit wahrnahm, die »Heilige Lanze«, durch die Chamberlain den deutschen Kaiser zu Welteroberungsplänen angestachelt hatte, genau in Augenschein zu nehmen.

Er betrat die Schatzkammer in Begleitung des österreichischen Generalstabschefs Franz Freiherr Conrad von Hötzendorf, seinem langjährigen

[34] In vieler Beziehung liegt hier eine Situation vor, die mit der des Luftmarschalls Lord Dowding verglichen werden kann, dessen visionäre Voraussicht als Chef der RAF-Jagdflieger in der Schlacht um England den Ausschlag gab. Dowding hatte ebenfalls tiefe übersinnliche Erlebnisse, derentwegen er jahrelang ausgelacht wurde, bis eine neue Generation heranwuchs, die laut seine Umsicht und Rechtschaffenheit pries.

Freund. Während die beiden Männer durch die Gänge schritten und den Krönungsschmuck der Habsburger betrachteten, setzten sie ihre Diskussion über die kritische internationale Lage, das Wettrüsten und die Wahrscheinlichkeit eines Krieges fort. Hötzendorf brachte zum Ausdruck, daß Englands, Frankreichs und Rußlands Einkreisungspolitik seiner Meinung nach klar beweise, daß diese Länder die Absicht hätten, die deutschsprachigen Völker zu unterwerfen, und daß nach seiner Meinung der Krieg nunmehr unvermeidlich sei.

In dem Augenblick, als die beiden Generale vor dem Speer des Longinus angelangt waren, sagte Moltke: »Falls der Krieg unser Schicksal sein soll, wird jede Verzögerung leider eine Verminderung unserer Erfolgschancen bedeuten.«

Der Speer machte einen tiefen Eindruck auf ihn. Aber nicht nur Mitleid und christliche Ehrfurcht vor dem erhabenen Opfer, das Jesus Christus der Menschheit gebracht hatte, wurden in seinem Herzen wach. Der Speer schien auch seltsame Erinnerungen und unbeantwortete Fragen aus seinem Unterbewußtsein hervorzulocken. Er erzählte später seiner Frau, Eliza von Moltke, er glaube, daß der im Blatt des Speeres befestigte Nagel die Antwort auf das Rätsel vom *Schicksal und freien Willen* enthielte.

Und jetzt, in der transzendentalen Klarheit, mit der er die Welt Papst Nikolaus I. wiedererlebte, entdeckte er zu seiner Verwunderung, daß gerade die Frage dieser einander widersprechenden Faktoren – Schicksal und freier Wille – den mittelalterlichen Papst arg gequält hatte.

In der hitzigen Kontroverse, auf welche Weise die Menschheit selber die Heilige Dreieinigkeit von Vater, Sohn und Heiligem Geist widerspiegele, war Papst Nikolaus zu dem Ergebnis gekommen, daß der Wille des Vaters das menschliche Schicksal lenke, daß aber die Möglichkeit des freien Entschlusses auf die Opferbereitschaft des Sohnes zurückzuführen sei. Nach Meinung von Papst Nikolaus würde ein Mensch in Schuld und Selbsttäuschung verstrickt, falls er nicht lerne, daß Schicksal und Freiheit im menschlichen Leben miteinander vermischt sind. Nur dann könne der Mensch zur Seligkeit gelangen, wenn er entdecke, wie göttliche Ordnung und menschliche Freiheit gemeinsam sein persönliches Leben gestalteten.

Auf dem Höhepunkt seiner transzendentalen Vision begriff General von Moltke die wahre Bedeutung des Schicksalsspeeres, und er sah ihn nun als mächtiges apokalyptisches Symbol an.

Er verstand nun, daß die Speerklinge das Schicksal darstellte, das Wirken des Gesetzes der moralischen Funktion, das die Begebenheiten früherer Jahrhunderte in neue Muster von Weltereignissen umwandelte. Und er begriff auch, daß der Nagel im Speer das Schicksal des einzelnen Menschen symbolisierte, das unentwirrbar mit dem Gewebe des geschichtlichen Prozesses verflochten ist. Das einzige Maß an Freiheit lag in den Motiven und in der Art, wie der einzelne auf das ihm zugeteilte Schicksal reagierte. Und doch erschloß jedes persönliche Schicksalsmuster, wenn es nur mit christlicher Liebe akzeptiert wurde, den zur Selbsterkenntnis führenden Weg.

Wenn Nikolaus vom neunten Jahrhundert aus in die Zukunft schaute, sah er bereits damals den heutigen Materialismus heraufziehen, der die abendländische Menschheit als unabwendbares Schicksal dereinst treffen würde. In der Entwicklung der menschlichen Bewußtheit erschien ihm unvermeidlich, daß die Europäer noch tiefer in der dreidimensionalen Welt der Sinne versinken mußten.

Kardinal Anastasius (Bibliothecarius), sein Freund und Ratgeber, glaubte, daß der abendländische Mensch nur durch solch ein Versinken zu einem starken und selbständigen Ego gelangen und den analytischen Intellekt entwickeln könne, der zur wissenschaftlichen Beherrschung der Erde erforderlich sei. Aber als Preis für eine solche wissenschaftliche Betrachtungsweise, die zum Maschinenalter führe, müsse die Menschheit vollständig auf alles Wissen über die Geisteswelt verzichten und ganz auf die Offenbarung der Evangelien zurückfallen.

Sowohl Nikolaus als auch Anastasius sagten voraus, daß eine Zeit kommen würde, in der die innere Sehnsucht einzelne Menschen in einem künftigen materialistischen Zeitalter anregen würde, wieder in Freiheit nach dem Geist zu suchen. Und diese Überlegungen, ganz abgesehen von der Vorlegung der »Pseudoisidorischen Dekretalen« beim Heiligen Stuhle, bewogen Nikolaus endgültig, den Geist des einzelnen Menschen aus der ursprünglichen Dreiteilung herauszunehmen.

Anastasius, der über die Gabe verfügte, himmlische Geister zu sehen, konnte beobachten, wie böse Geister aus dem Makrokosmos in die Seele des Menschen geworfen wurden. Und er wußte, daß diese Geister aus der zweiten Hierarchie in der Dreieinigkeit des Bösen die Menschen für eine Zeitlang zu der irrigen Vorstellung verleiten würden, daß die physische Welt die einzig wirkliche darstelle.

Nach von Moltkes Tod bestätigte Dr. Rudolf Steiner, ein Mann von einzigartiger Begabung, der nach Belieben die »Kosmische Chronik« lesen konnte, im wesentlichen die Vision des Generals. In zwei Briefen an Dr. Walter Johannes Stein gab Eliza von Moltke die Erlaubnis, diese Bestätigung zu veröffentlichen.

Friedenau, den 3. Dezember 1927

Sehr geehrter Dr. Stein!
Auch die folgende Notiz stelle ich Ihnen gern für Ihr Buch zur Verfügung.
Brief von Dr. Rudolf Steiner am 28. Juli 1918 an Eliza von Moltke über Papst Nikolaus und dessen Ratgeber:
»Im 9. Jahrhundert stand ›der Rater‹ an Nikolaus Seite mit dem Überblick über die Karte von Europa. Es oblag Nikolaus damals, die Ideen zu fassen, welche den Osten von dem Westen trennen sollten. In diese Trennung waren viele Menschen verwickelt. – Über diese urteilte ›der Rater‹ mit einem Überblick. Aber damals stand man der geistigen Welt noch nahe. Man hatte das Bewußtsein, geistige Wesen kommen und gehen. Doch die Bewohner Mittel- und Westeuropas strebten von den geistigen Wesen weg. Sie mußten sich für den Materialismus schon damals vorbereiten. Bei Nikolaus und seinem Rater war im 9. Jahrhundert viel unmittelbar wahrnehmbarer geistiger Einfluß. Da sagte der Ratgeber oft: »die Geister werden sich von Europa zurückziehen, aber die Europäer werden sich später nach ihnen sehnen. Ohne die Geister werden die Europäer ihre Maschinen und ihre Einrichtungen machen. Darin werden sie groß sein. Doch sie erziehen sich dadurch in ihrem eigenen Schoße die Westmenschen, die ihnen die ahrimanische Kultur bis zum höchsten Gipfel treiben und die sich an ihre Stelle setzen.«

Ihre sehr ergebene
Eliza von Moltke
geb. Gräfin Moltke Huitfeldt

Friedenau, den 10. Dezember 1927

Sehr geehrter Dr. Stein!
Auch die folgende Notiz stelle ich Ihnen gern für Ihr Buch zur Verfügung:
Ein Gespräch zwischen dem Papst Nikolaus und seinem Rater, dem Kardinal, von Dr. Rudolf Steiner am 17. Juni 1924 an Eliza von Moltke mitgeteilt:
Der Papst: Sollen wir verlieren, was uns Spirituelles brachte, nachdem die Kunde von dem Gekreuzigten den Himmel auf die Erde senkte?

Der Rater: Was alt geworden ist, soll verwelken, es ist der Tod nur neues Leben. Ich sehe Europas Leben ersteigen aus Asiens Niedergang.
Der Papst: Es wird der Entschluß schwer.
Der Rater: Doch höhere Geister wollen ihn, um Ahriman die rechte Richtung zu weisen, im Seelenleben, das von Franken nach dem Osten leuchten soll. Das Nordlicht, das auch eine Seele hat, das hat es mir gesagt, als ich in heller Sommernacht auf heimatlichen Steinen der Stimme lauschte, die von Gabriel kommt, der ein neues Europa gebären will.
Der Papst: Bist du sicher?
Der Rater: Aber es gibt nur Sicherheit, wo die höheren Geister sprechen; und ich bin sicher, daß sie deutlich sprechen.
Der Papst: Deutlich mögen sie sprechen, aber ich weiß auch, daß die Jahrhunderte, die da folgen, auf unseren Seelen lasten.

Eliza von Moltke
geb. Gräfin Moltke Huitfeldt

Ein weit ausgedehntes Panorama, das Tausende von Jahren europäischer Geschichte umfaßte, tat sich vor General von Moltke in seiner transzendentalen Vision auf. Sie zeigt ihm, wie die Menschheit als Folge der päpstlichen Verleugnung des individuellen Geistes, die in einer früheren Inkarnation sein eigenes Werk gewesen, Schritt für Schritt in die Gefangenschaft einer gegenständlichen Welt der Maße, Zahlen und Gewichte zurückfiel, in der sogar die Existenz der menschlichen Seele selber in Frage gestellt zu sein schien.

Er erlebte, wie ein großer Schlaf die Erde während des Materialismus des achtzehnten und neunzehnten Jahrhunderts überkam, so daß der geistige Ursprung der Menschheit vergessen und der historische Verlauf als blinder Zufall in der darwinschen Entwicklung angesehen wurde. Die Massen hatten den Weg zur Erkenntnis des Geistes nicht zurückfinden können, sondern sich dem Glauben hingegeben, daß im Patriotismus das höchste Ideal zu suchen sei. Und nun also war solch ein mißverstandener Nationalstolz schuld daran, daß die Armeen mobilisiert wurden, um sich gegenseitig zu zerfleischen.

Als der General sein Bewußtsein wiedererlangte, sah er von seinem Stuhl auf in das Gesicht eines Militärarztes, der dabei war, ihn zu untersuchen. Obwohl er äußerlich neun Minuten lang ohnmächtig gewesen war, wurde nur ein physischer Kollaps infolge Überanstrengung und Erschöpfung diagnostiziert.

Stabsoffiziere aller Dienstränge eilten auf ihre verschiedenen Posten zurück und äußerten sich beruhigt darüber, daß ihr Oberkommandierender nur ein wenig Ruhe benötige, um seine Arbeit wiederaufnehmen zu können. Allein General von Moltke selber wußte, welchem furchtbaren Dilemma er fortan gegenüberstand.

Er befehligte die größte Streitmacht, die die Welt je gesehen hatte. Zwei Millionen »schlafender« Männer eilten nach dem Plan an Deutschlands Grenzen, um weitere Millionen »schlafender« Soldaten der französischen, russischen und englischen Heere zu schlagen und zu vernichten. Die große Furcht in den Herzen dieser Männer aller Nationalitäten war die gleiche: daß der individuelle Geist in ihnen erwachen und sie zur Einsicht bringen würde, daß alle ihre kostbaren patriotischen Ideale nichts als ein Gespinst von Träumen waren.

Und das Schlimmste von allem war, daß es so aussah, als ob nun ein langer Alptraum von Tod und Verstümmelung in der grausamen Hölle der Schützengräben vor ihnen läge. Denn nun fürchtete der »Papst« im Armeehauptquartier in seinem Innersten, daß nur noch ein sich lange hinziehender Krieg von bisher unbekanntem Umfang und schrecklichem Leid die Menschheit dazu bringen könne, die Falschheit ihrer Überzeugungen und Wertmaßstäbe einzusehen.

10. Kapitel
Blitzkrieg aus Barmherzigkeit
Das unentrinnbare Schicksal

»Mein Gesamtplan ist idiotensicher. Unsere Feinde werden niemals seiner brutalen und einfachen Kraft widerstehen können. In den Händen eines rücksichtslosen und entschlossenen Oberbefehlshabers kann er nicht mißglücken.«
General von Schlieffen

General von Moltke stand nun vor einer schweren Entscheidung. Im Lichte seines neu erworbenen Verständnisses für die wahre Bedeutung des persönlichen Schicksals im Ablaufe des historischen Prozesses empfand er den Tod jedes einzelnen Soldaten, sei er nun Deutscher, Franzose, Russe oder Engländer, als persönliche Tragödie.

Und doch war es undenkbar, in einem solch kritischen Zeitpunkt seinen Posten als Oberbefehlshaber aufzugeben. Seit zwei Jahren zielten alle Strategie und Taktik und alle Mobilmachungsvorbereitungen des gesamten deutschen Heeres auf die siegreiche Schlacht, die mit Hilfe des Schlieffenplans gewonnen werden sollte. Und da er persönlich den Plan noch verbessert hatte, so daß er einen Blitzdurchmarsch durch Belgien gestatten würde, und er jedes Detail darin kannte, war es selbstverständlich, daß er das Kommando behalten mußte.

Gemäß Schlieffenplan sollte Paris eingenommen werden und die französische Armee überflügelt und am 36. Tage nach dem ersten Mobilmachungsbefehl zur Kapitulation gezwungen werden. Falls er mit eiserner Hand und harter Entschlossenheit die Initiative ergreifen würde, bestand immer noch die Möglichkeit, einen Abnützungskrieg zu vermeiden, der Millionen von Menschenleben kosten würde.

Er entschied sich aus Barmherzigkeit für einen Blitzkrieg.

Als der Beschluß einmal gefaßt war, wunderte sich General von Moltke darüber, daß seine geistige Erleuchtung in keiner Weise sein persönliches Schicksal geändert hatte. Alles lief weiter wie zuvor, einzig und allein das Motiv für seine Handlungsweise war ein anderes geworden. Und so kam es, daß er ähnlich handelte wie der römische Zenturio Longinus, der ja ebenfalls eine kriegerische Tat aus Barmherzigkeit begangen hatte.

Die brutale und robuste Einfachheit des Schlieffenplans erwies sich als äußerst wirksam, als die deutschen Heere das Herz Belgiens durchschnitten und nach Frankreich eindrangen. Während eine geringe Streitmacht die russischen Armeen an der Ostfront stoppte, fegte die Masse der deutschen Westarmee vorwärts und drehte sich wie eine von Riesenhand geschwungene Sense um Metz. Auf der äußersten Rechten überschritt die Armee des Generals von Kluck die Marne und bezog Stellungen in ›Sichtweite‹ von Paris.

»Der Sieg gemäß Plan« schien außer Zweifel zu stehen. General von Moltke gab einen Tagesbericht heraus: »Der Feind, der über die ganze Linie geschlagen ist, zieht sich auf allen Punkten zurück und kann dem deutschen Vormarsch keinen ernsthaften Widerstand leisten.«

Dann ergab sich im Laufe eines einzigen Tages die mysteriöse Serie von Mißverständnissen und Ereignissen, die ihre blutbefleckten Spuren in den Blättern der Geschichte hinterlassen sollten.

Eine Wiederholung von Hannibals »Schlacht bei Cannae« war der Traum General Schlieffens gewesen. Aber nun kam es anders, weil es dem rechten Flügel des deutschen Heeres nicht gelungen war, die französischen und britischen Armeen einzuschließen.

General von Kluck, der eitel und prahlerisch war und sich gern mit dem Hunnenführer Attila verglich, unterließ es, die ihm gegebenen Befehle zu befolgen. Er war auf sein eigenes persönliches Prestige bedacht und ließ sich verlocken, die ungeschützte Flanke der zurückweichenden französischen Armee anzugreifen. So schwenkte er vor Paris herum, anstatt die Stadt einzuschließen. Dieser taktische Fehler verursachte nicht nur eine verhängnisvolle Lücke zwischen den vorrückenden deutschen Kolonnen, sondern er setzte seine Truppen außerdem noch einem rasenden Gegenangriff der beweglicheren französischen und britischen Heeresabteilungen aus.

Die deutschen Truppen waren von ihrem weiten Vormarsch erschöpft; der Nachschub bereitete Schwierigkeiten, und die taktische Lage war unübersichtlich. General von Moltke sah sich plötzlich vor die unbedingte Notwendigkeit gestellt, ein Reservearmeekorps einzusetzen, um die unheilvollen Lücken zwischen seinen verzweifelt herumschwenkenden Armeen auszufüllen. Aber jetzt standen ihm solche Reserven nicht mehr zur Verfügung, denn er hatte sich schon in Sicherheit gewiegt und alle überflüssigen Kräfte an die Ostfront geschickt, um der gefährlichen Situation Herr zu werden, die sich dort im Kampf gegen die Russen anbahnte.

Von der OHL in Luxemburg, mehrere hundert Kilometer vom Schlachtfeld entfernt, entsandte von Moltke einen Stabsobersten, der von Klucks taktische Stellung beurteilen sollte, und gab ihm etwas übereilt volle Befugnis, zwischen weiterem Vormarsch und sofortigem Rückzug zu entscheiden.

Dieser bewährte Offizier, Oberst Hentsche, wurde plötzlich von starken Nierenschmerzen befallen, die sein Urteilsvermögen völlig getrübt zu haben scheinen. Statt den selbstverständlichen Entschluß zu treffen, um jeden Preis ein unmittelbares Vorrücken gemäß dem ursprünglichen Plan anzuordnen, riet er zu vorübergehendem Rückzug über die Marne, um auf diese Weise Zeit für eine kurze Umgruppierung als Vorbereitung auf den schließlichen Angriff zu gewinnen.

Dies war der Wendepunkt des Krieges. Alle Hoffnung auf einen Blitzkrieg war verschwunden. Der französische Widerstand verhärtete sich unheimlich, und der Feind schlug mit wildem Mut zurück. Nach einem Wettlauf zur Küste begann das tödliche Patt des Schützengrabenkrieges, dessen Linien sich wie eine brandige Wunde durch die Weite der französischen Landschaft zogen. Moderne Waffen erwiesen sich in der Verteidigung als dreimal so effektiv wie im Angriff, und nun begann ein Stellungskrieg von bis dahin nicht bekannter Erbitterung.

Jetzt standen vier Jahre tödlichen Kampfes zwischen den zerschossenen Baumstümpfen und Granatlöchern Flanderns bevor. Der einzige Trost, der den Soldaten aller Nationalitäten, die diesen mörderischen Stellungskampf miterlebten, noch verblieb, war die schwache Hoffnung, daß sie einen Krieg führten, der künftige Kriege verhindern sollte.

Die Falle war zugeschnappt. Was die Welt nicht freiwillig hatte hören wollen, mußte sie nun gezwungenermaßen lernen, indem sie den bitteren Kelch des Schicksals leerte. Millionen, die sich in ihrem Innersten vom Kampf abgewandt hatten, mußten nun mit ansehen, wie Hunderttausende von Menschen an einem einzigen Tage getötet wurden, um zehn Meter Gelände zu gewinnen und einen von Ratten wimmelnden Schützengraben gegen einen anderen auszutauschen.

General von Moltke, der ein gebrochener Mann war und von seinem Oberbefehl entbunden wurde, weinte um eine Welt, in der es eines Blutbades von solch ungeheurem Ausmaße bedurfte, um den im verborgenen waltenden Geist zu erkennen.

11. Kapitel
Im Rückblick
Eine Zukunftsschau

General von Moltke wurde nicht nur zum Sündenbock für das Mißlingen des Schlieffenplans, sondern man schob ihm auch die Verantwortung für den mörderischen Wahnsinn des nunmehr folgenden Schützengrabenkrieges zu.

Sein Stab hatte bemerkt, daß die anfänglichen Berichte über den ersten ununterbrochenen Siegesmarsch nach Belgien und Frankreich nur Tränen in seine Augen getrieben hatten. »Er sah erschöpft aus und hatte einen gejagten Blick in den Augen und tiefe Furchen im Gesicht«, sagte Oberst Erich Ludendorff nach einem Besuch in Moltkes Hauptquartier. »Es war nichts in dem sorgenvollen Gesicht zu sehen, was darauf hindeutete, daß man einem siegreichen Heerführer gegenüberstand.«

Seine Generalskameraden, die ja nichts von den christlichen Gewissenskonflikten wußten, die in ihm entstanden waren, nahmen sein Verhalten als ein sicheres Zeichen dafür, daß alle Ratlosigkeit und Unentschlossenheit jener Tage, als man ihm den Posten des Oberkommandierenden angeboten hatte, nunmehr zurückgekehrt seien. Was nützt uns, so fragten sie, ein Oberbefehlshaber, der nicht seinem eigenen Stern vertraut, ein Mann, der so empfindlich ist, daß ihn der Gedanke an das menschliche Leid verfolgt, das nun einmal mit militärischen Entscheidungen in einem Krieg verbunden ist?

Nachdem er durch General Erich von Falkenhayn abgelöst worden war, unternahm er keinerlei Versuch, sich gegen die Anklagen zu verteidigen, die ihn für das mörderische Patt verantwortlich machen wollten, das gerade er vor allen anderen vorausgesehen und zu vermeiden getrachtet hatte.

Erst *nach* seinem Tode im Jahre 1916 gab er die wirkliche Erklärung für alles, was geschehen war. Er tat es von einem höheren, neutralen Punkt aus, der ihm gestattete, ohne vorausgefaßte Meinung genau zu erkennen, warum der Schlieffenplan ganz einfach mißlingen mußte.

Die nahe Verbindung zwischen dem General und seiner Frau riß bei seinem Tode nicht ab. Eliza von Moltke, die zu jenem Zeitpunkt auch bereits übersinnliche Fähigkeiten erlangt hatte, blieb weiterhin in enger geistiger Verbindung mit ihrem Mann. Und durch »Inspiration«, d. h. durch das, was Paulus »in Zungen sprechen« nennt, konnte sich der tote General aus höheren Zeit- und Bewußtseinsebenen durch sie vernehmbar machen.

Viele der nächsten Freunde der Familie Moltke kamen regelmäßig zugeheimen Treffen zusammen, um zu erfahren, was er aus der »Kosmischen Chronik« mitzuteilen hatte, dem ewigen Bildwerk, in dem Vergangenheit, Gegenwart und Zukunft untrennbar miteinander verwoben sind.

Eliza von Moltke behauptete, daß die Verbindungen mit ihrem verstorbenen Gatten keineswegs medialer Art seien. Gemäß ihrer Auslegung des modernen Spiritualismus ahnten Medien im Trancezustand nichts von den Botschaften, die sie selber vermittelten. Sie glaubte, daß es in vielen Fällen zu einer Art dämonischer Besessenheit käme, denn solche Medien könnten nicht die Art der geistigen Kräfte bestimmen, die in ihr Bewußtsein eingedrungen waren und ihren Körper mit Beschlag belegt hatten. Dahingegen befand sie selber sich, wie sie behauptete, in einem normalen und alltäglichen Bewußtheitszustand,wenn ihr Mann durch sie sprach. Obwohl seine Worte mit ihrer Stimme wiedergegeben wurden, bestätigte der Kreis der Lauschenden, daß Art und Stil der Mitteilungen zweifellos für den verstorbenen Stabschef charakteristisch seien.

Diese Mitteilungen, die 1916 niedergeschrieben wurden, enthalten General von Moltkes prophetische Vision der Geschehnisse, die sich in den letzten Jahrzehnten des zwanzigsten Jahrhunderts ereignen sollten. Er vertiefte sich in die »Kosmische Chronik« und beschrieb,was er über das Schicksal Europas zwischen 1916 und 2000 n. Chr. in Erfahrung gebracht hatte.

Er sagte voraus, daß die Entwicklung menschlichen Bewußtseins im Laufe des zwanzigsten Jahrhunderts noch einen Riesenschritt vorangehen würde, wenn Millionen von Menschen in sich selber das Werden einer individuellen geistigen Identität (eines höheren Ichs) zu spüren begännen und ihnen daraus ein neues Gefühl für moralische Freiheit und Gerechtigkeit erwüchse, das alle nationalistischen Vorurteile beseitigen würde.

Er beschrieb in vielen Einzelheiten, wie Deutschland den Krieg verlieren und unter welchen Umständen die Deutschen im Schatten des Versailler Vertrages zu leben gezwungen sein würden. Er sagte voraus, wie die Arbeiterklasse erwachen und einsehen würde, daß der Krieg gegen ihre Interessen und die Interessen der ganzen Menschheit gerichtet war, und wie die große Mehrheit der geschlagenen deutschen Soldaten erkennen würde, daß sie nichts weiter als bedeutungslose Figuren in einem sinnlosen Krieg dargestellt hatten, der ihnen von der Machtpolitik des Abendlandes, dem Kaiser und den einflußreichen Adelsfamilien aufgezwungen worden war.

Er konnte sehen, wie die fürchterlichen Massaker in den Schützengräben die Soldaten zur Einsicht bringen würden, daß der Patriotismus für die »Idee des Vaterlands« und die unbedingte Loyalität zu den Führern der Nation sinnlos vergeudet wurde.

Er sagte auch den Fall der Romanows und Hohenzollern sowie der anderen großen Dynastien voraus, die seit tausend Jahren die Macht ausgeübt hatten und nun von neuen Ideologien mit internationalen Zielsetzungen – wie Faschismus und Kommunismus – hinweggefegt würden.

Er gab auch genaue Einzelheiten an, wie Lenin in Rußland ein kommunistisches Regime errichten und auf welche Weise der Nazismus in Deutschland entstehen würde. Der vielleicht überzeugendste Punkt dieser phantastischen, durch den Mund Eliza von Moltkes ausgesprochenen Prophezeiungen war wohl, daß Adolf Hitler darin als künftiger Führer des Dritten Reiches genannt wurde, denn zu jener Zeit war er noch ein unbekannter und völlig unbedeutender Meldegänger im List-Regiment an der Westfront.

Daß der unbekannte Hitler schon damals als kommender Diktator des nazistischen Deutschlands namentlich genannt wurde, und daß der gesamte Verlauf der Ereignisse einschließlich der raffinierten politischen Manöver und rassistischen Lehren, die ihm zur Macht verhalfen, so präzise vorausgesagt wurden, war jedoch nicht das Resultat eines unerklärlichen und gespenstischen Ratespiels aus dem Jenseits. Das soll heißen, die Mitteilungen, die durch Eliza von Moltke empfangen wurden, waren nicht von gleicher Art wie die sensationellen, aber unzuverlässigen Weissagungen einer heutigen New Yorker »Prophetin«, der es durch mysteriöse Inanspruchnahme unidentifizierter Kräfte gelang, den tragischen Mord an Präsident Kennedy richtig vorauszusagen.

Die Prognose, die so verblüffend genau das künftige Hitlerregime beschrieb, sah Helmuth von Moltke als integrierenden Bestandteil einer gigantischen Perspektive an, die sowohl Europas vergangene Geschichte als auch dessen künftiges Schicksal umspannte: als Manifestitation eines unermeßlichen »Zeitorganismus«, der eine Brücke über die Jahrhunderte vom Mittelalter bis in unsere Zeit schlug.

Innerhalb dieses Zeitorganismus sah er, daß die kommenden Geschehnisse des zwanzigsten Jahrhunderts die karmische Verwandlung einer historischen Szene waren, die sich tausend Jahre früher abgespielt hatte. Und er konnte erkennen, wie die gleichen führenden Persönlichkeiten, die sich im neunten und zehnten Jahrhundert kämpfend gegenübergestanden hatten, um Europas Geschicke auf Gedeih und Verderb in ihre Hand zu nehmen, nun erneut auf Erden auftraten, um die moralischen Konsequenzen ihrer früheren Taten zu verwirklichen.

Die moltkeschen »Mitteilungen« sind sehr umfangreich und füllen mehrere hundert Schreibmaschinenseiten, von denen noch heutigentags Fotokopien unter geheimen Gralsgruppen in Deutschland zirkulieren. Sie enthalten eine Identifikation und Beschreibung der früheren Inkarnationen vieler der politisch bedeutendsten Persönlichkeiten des zwanzigsten Jahrhunderts. Wir wollen uns auf vier von ihm erwähnte Männer beschränken, die mit dem Speer von Longinus und der Rolle, die er im Laufe der Geschichte im zwanzigsten Jahrhundert gespielt hat, im Zusammenhang stehen: Adolf Hitler, Kaiser Wilhelm, Houston Stewart Chamberlain und General Erich Ludendorff.

Von Moltke nannte Adolf Hitler als den wiedergeborenen Landulf von Capua, den abgesetzten und exkommunizierten Erzbischof, der Zuflucht auf Kalot Enbolot in Sizilien suchte, von wo aus er ein Schreckensregiment der schwarzen Magie entfaltete, und zwar in der Gestalt eben jenes »Klingsor«, die Hitler selber in einem früheren Erdenleben besessen zu haben glaubte. Von Moltke beschreibt, wie die ungeheuerlichen Rituale dieser schwarzen Magie und ihrer Anhänger, von denen Graf Terra de Labur der bedeutendste war, als dämonischer Okkultismus des Kerns der Nazipartei wiederkehren würden.

Seine Voraussicht von Hitlers kometenhaftem Aufstieg, der ihn aus der Dunkelheit zu den Höhen der Macht und Schande tragen würde, schloß auch die aufregende Voraussage ein, daß er der neue Anwärter auf den Speer des Longinus wäre. Er würde ihn vom untergehenden Hause Habsburg übernehmen und damit einen Krieg entfesseln, der Deutschland moralisch zu Grunde richtete und in einen rauchenden Trümmerhaufen verwandelte.

Kaiser Wilhelm tritt in diesen Mitteilungen als Wiedergeburt von Bischof Rothard auf, als Fuchs von Soissons, der als besonders unangenehme Person galt, die Papst Nikolaus I. in Rom die »Pseudoisidorischen Dekretalen« als echte Dokumente präsentiert hatte. Der gelähmte Arm des Kaisers ist nach von Moltkes Ansicht eine karmische Vergeltung für diesen im neunten Jahrhundert begangenen Betrug.

Das ursprüngliche Motiv zur Verfälschung der ganzen Serie von Dekretalen, die im neunten und zehnten Jahrhundert herausgegeben wurden, war, daß man wichtige Argumente beschaffen wollte, mit denen die Oberherrschaft des Papstes über die weltliche Macht der Kaiser und Könige begründet werden konnte. Diese Dekretalen bereiteten den Weg für jahrhundertelange blutige Inquisitionen, in denen Christi Stellvertreter in Rom seine Macht über Leben und Tod all der Menschen ausübte, die es wagten, die Dogmen seiner Kirche in Frage zu stellen. Von Moltke behauptete nun, daß dieselben ränkevollen Persönlichkeiten, die diese durchtriebenen mittelalterlichen Fälschungen begangen hatten, sich im neunzehnten und zwanzigsten Jahrhundert wieder auf Erden zeigten, um diesmal die ebenso falsche Theorie von der »Ungleichheit der Rassen« im Widerspruch zum echt christlichen Ideal von der Gleichheit aller Menschen zu verkünden.

Der bösartige Exponent dieser falschen Rassenphilosophie war Houston Stewart Chamberlain, jener Mann, der geschickt Wagners rassistische Theorien mit Nietzsches Idee vom Kommen des »Übermenschen« verband, um auf diese Weise den Traum von der Überlegenheit der arischen Rasse Wirklichkeit werden zu lassen. Und noch einmal bekam von Moltke recht, als er voraussagte, daß Chamberlain Hitler zum lange erwarteten »Deutschen Messias« proklamieren würde.

William Shirer beschreibt das erste Treffen zwischen Hitler und Chamberlain auf folgende Weise:

»Dieser Engländer sollte auf das Dritte Reich, das erst sechs Jahre nach seinem Tode entstand, dessen Kommen er aber vorausgesagt hatte, den größten Einfluß ausüben. Seine Rassentheorien und seine Vorstellung von der Aufgabe Deutschlands und der Deutschen wurden von den Nationalsozialisten übernommen, die ihn als einen ihrer Propheten herausstellten ... Hitler hat wahrscheinlich Chamberlains Schriften in seiner Wiener Zeit kennengelernt ... In *Mein Kampf* äußert er sein Bedauern, daß man im Zweiten Reich so gleichgültig an Chamberlains Erkenntnissen vorübergegangen sei.

Chamberlain war einer der ersten Intellektuellen in Deutschland, die Hitler eine große Zukunft – und den Deutschen, falls sie ihm folgten, neue Möglichkeiten – voraussagten. Hitler hatte ihn 1923 in Bayreuth kennengelernt, und obwohl Chamberlain krank, halb gelähmt und enttäuscht durch Deutschlands Niederlage und den Sturz des Hohenzollernreiches – vom Zusammenbruch all seiner Hoffnungen und Prophezeiungen! – war, fühlte er sich von dem beredten jungen Österreicher mitgerissen.

›Sie haben große Dinge zu vollbringen‹, schrieb er Hitler am Tage darauf, ›ich war in meinem Glauben an das deutsche Volk nicht einen Augenblick lang wankend geworden, doch meine Hoffnung, das muß ich bekennen, war tief gesunken. Mit einem Schlage haben Sie meinen Gemütszustand verwandelt. Daß Deutschland in seiner höchsten Not einen Hitler gebiert, das bezeugt seine Lebendigkeit ... Gott schütze Sie!‹« ...

Die von Hitler ausgehende Suggestion wirkte betörend auf den bejahrten, kranken Philosophen und erneuerte dessen Glauben an das Volk, das er zu seinem eigenen erwählt hatte und erhöhen wollte ...

Zum 70. Geburtstag Chamberlains am 5. September 1925 brachte der *Völkische Beobachter* eine fünf Spalten lange Lobrede, in der die *Grundlagen des neunzehnten Jahrhunderts* als »Evangelium der nationalsozialistischen Bewegung« gefeiert wurden. Sechzehn Monate später, am 11. Januar 1927, ging der Philosoph mit der Hoffnung ins Grab, daß alles, was er gepredigt und prophezeit hatte, unter der göttlichen Führung des neuen deutschen Messias dennoch Wahrheit werden würde.«[35]

---

[35] *William L. Shirer:* Aufstieg und Fall des Dritten Reiches

Man glaubt, daß das Mysterium von Jesu Blut und die Legende vom Speer, durch den es vergossen wurde, das Hauptthema der Diskussionen zwischen dem alternden Chamberlain und Hitler gewesen sei, als sie sich in Wahnfried, im Heim der Familie Wagner, trafen. Und Alfred Rosenberg war es, der Prophet des Antichristen in den *Protokollen der Weisen von Zion*, der den einstigen Gefreiten mit der hypnotischen Stimme dem Manne vorstellte, der sich von Dämonen gejagt fühlte.

Gemäß Chamberlains Theorien war arisches Blut der wesentliche Faktor für die Heranzüchtung eines künftigen Herrenvolkes. Von Geburt an war ein Mensch durch das Blut, das in seinen Adern rann, dazu vorausbestimmt, entweder ein erhöhtes Mitglied des Herrenvolkes zu werden oder als »Untermensch« zu einem Leben in Sklaverei verdammt zu sein. Diese Theorie griff der Gestapo, den Totenkopfverbänden der SS und den Konzentrationslagern – ja, selbst den Gaskammern, weit vor! Und doch hätte sich nichts von alledem durchführen lassen, ohne daß vorher festgestellt worden wäre, daß Jesus Christus arischer Abstammung war. Stand erst einmal fest, daß Jesus Christus ein arischer Gott war, dann würde die Verfolgung niedriger Rassen zu einem religiösen Kreuzzug werden. Ein Himmler, ein Heydrich und ein Eichmann würden damit in die Lage versetzt, den Massenmord der Untermenschen als Erfüllung einer religiösen Pflicht auszugeben – die Inquisition gegen das minderwertige Blut.

Obwohl der Inhalt der Unterredung zwischen diesen beiden Männern, die sich das Geheimnis des Schicksalsspeers teilten, nie völlig bekanntgeworden ist, war es der Nachhall von Chamberlains Worten, der Rosenberg später dazu inspirierte, die Rassenbibel des Nazismus, den *Mythus des zwanzigsten Jahrhunderts*, zu schreiben. Eines ist gewiß: Chamberlain überzeugte Hitler, daß Religion und Politik miteinander vermengt werden mußten, um dem Herrenvolk sein neues Aussehen zu geben.

Chamberlain, dessen hellseherische Fähigkeiten nach dem katastrophalen Mißlingen der Offensive an der Westfront zu Beginn des Ersten Weltkrieges auf mystische Weise verloren gegangen waren, wurde nun wieder von seltsamer Erregung ergriffen, die seine früheren visionären Kräfte für die restlichen Jahre seines Lebens auf geheimnisvolle Weise neu entfachten.

War dies der Augenblick, in dem Hitler angesichts des Mannes, der ihn zum deutschen Messias erklären sollte, seine Verwandlung zum Bösen durchmachte? Vielleicht sah er Luzifers Geist über dem Ex-Gefreiten mit der Stirnlocke und dem banalen Schnurrbart schweben. »Hitler ist ein Seelenerwecker, ein Instrument messianischer Kräfte«, erklärte er. »Hier ist der neue Führer, dem deutschen Volk in seiner tiefsten Not von Gott gesandt.«

Das letzte Glied in der Kette war geschmiedet. Der Prophet des arischen Christentums hatte dem Werkzeug des Antichristen die Hand zu einem schrecklichen Kreuzzug zur Unterdrückung des freien Willens der Menschheit gereicht.

Von Moltke meinte, der größte Fehler seines Lebens sei gewesen, daß er ausgerechnet jenem Mann unbegrenzte Macht gegeben habe, der mehr als alle anderen zum Wegbereiter und Herold des Nationalsozialismus werden sollte – General Erich Ludendorff.

Von Moltke war einer der ersten gewesen, die erkannt hatten, welch außerordentliche organisatorische Fähigkeit und Hingabe an seinen Beruf diesen Mann schon als relativ jungen Stabsoffizier auszeichneten. Ihm, Ludendorff, hatte er die Durchführung der Mobilisierungspläne und die Planung des Vormarsches durch Belgien anvertraut. Später hatte sich Ludendorff als übereifrig erwiesen und die goldene Regel des Stabskorps mißachtet, als er heimlich die politische Arena betreten und versucht hatte, sich für eine Vergrößerung der Armee einzusetzen. Von Moltke hatte seinen Protegé nicht schützen können, als der Kriegsminister dessen unmittelbare Versetzung zum Regimentsdienst verlangte.

Seine erste Maßnahme bei Beginn der Mobilmachung war, daß er Ludendorff zum Stab zurückbeorderte und ihm unbegrenzte Vollmacht hinsichtlich des Angriffs durch Belgien erteilte, eine Aufgabe, der dieser sich mit rücksichtslosem Einsatz widmete. Um jene Zeit herum traf von Moltke den schicksalhaften Entschluß, Ludendorff zum General zu befördern und ihn als Stabschef an die Ostfront zu senden. Hindenburg, ein betagter Infanteriegeneral, wurde aus seinem Ruhestand geholt, um als Gallionsfigur zu dienen, unter deren Schirm Ludendorff seine Befehle herausgeben konnte.

Ludendorffs glänzende und entscheidende Triumphe in den Schlachten bei Tannenberg und an den Masurischen Seen waren die beiden wirklich nachhaltigen deutschen Siege während des Ersten Weltkrieges. Die russischen Armeen, die zahlenmäßig viermal so stark waren wie die deutschen, wurden umzingelt und vernichtet. Es war der Anfang von Ludendorffs kometenhaftem Aufstieg zur Macht. In zwei Jahren war er der eigentliche militärische Diktator Deutschlands geworden.

Solange er noch lebte, hatte von Moltke nicht bereut, diesen Mann befördert zu haben, der sich als unbestreitbares strategisches und taktisches Genie erwiesen hatte und eine geradezu verblüffende Fähigkeit zeigte, die richtigen Beschlüsse genau im richtigen Augenblick zu treffen und auch die nötige Autorität besaß, ihre Durchführung bis in alle Einzelheiten zu überwachen.

Erst nach seinem Tode ließ sich von Moltke über das Böse aus, das unvermeidlich durch General Ludendorff geschehen müsse, den er nunmehr als die Reinkarnation des Papstes Johannes VIII. identifizierte, jenes Kirchenfürsten, der als Mitverschworener Landulfs II. von Capua im neunten Jahrhundert den schlechtesten Ruf in der gesamten Geschichte der römischen Kirche genoß.

Wären von Moltkes Voraussagen über spätere Begebenheiten des zwanzigsten Jahrhunderts nicht so unglaublich präzise gewesen, würde man versucht sein zu glauben, daß Eliza von Moltke, die behauptete, von den Erfahrungen ihres Mannes nach dem Tode zu berichten, einer gefährlichen Täuschung unterlag, wenn nicht gar wahnsinnig war. Aber dem widerspricht die Tatsache, daß die Worte, die über ihre Lippen kamen, alle wichtigen Ereignisse in Ludendorffs späterem Leben genau voraussagten, einschließlich der Hilfe, die er dem damals noch unbekannten Hitler bei seinem Aufstieg zur Macht leistete.

Wenn man Ludendorff unter einem ganz allgemeinen menschlichen Gesichtspunkt betrachtet, so erkennt man unschwer, welche furchtbaren Folgen sein böser Genius, seine Entscheidungen und Handlungen für die Menschheit haben mußten.

Zum Beispiel plante Ludendorff nicht nur jedes Detail in der taktischen Verletzung der belgischen Neutralität 1914, sondern er war es auch, der vom Schlachtfeld aus den ersten Luftangriff unseres Jahrhunderts, die Bombardierung der Zivilbevölkerung von Lüttich, in die Wege leitete.

Ludendorffs Idee war es auch, die Franzosen in die Falle von Verdun zu locken, in der Absicht, sie dort auf die sinnloseste Art, die die Welt je gesehen hat, niederzumetzeln. Und er führte mit seinen Angriffen aus der Tiefe erstmals eine Strategie durch, die der für den Zweiten Weltkrieg so charakteristischen beweglichen Infiltrationstaktik vorgriff.

Als Militärdiktator Deutschlands war er auch verantwortlich dafür, daß alle Gebiete des öffentlichen Lebens voll in den Dienst des Krieges gestellt wurden. Die auf diese Weise geschaffene Militärregierung war gewissermaßen das Muster für die totale Verwaltung in Hitlers Drittem Reich. Auch der erste Keim zur späteren Judenverfolgung wurde in dieser Zeit gelegt, als Ludendorff öffentlich verlauten ließ, daß Tausende junger Juden dem Aufruf zu den Fahnen keine Folge geleistet hätten und daß die Mehrheit der deutschen Juden sich mit Geschäften befaßte, die keinen positiven Beitrag zur Erringung des Sieges darstellten.

Ludendorffs Beschluß, den deutschen U-Booten Befehl zu geben, alle mit Großbritannien Handel treibenden Schiffe, ungeachtet ihrer Nationalität, zu versenken, führte dazu, daß auch Amerika in den Krieg eintrat. Damit war nicht nur der Krieg zuungunsten Deutschlands endgültig entschieden, sondern dadurch erhielt Präsident Wilson auch ein starkes Mitspracherecht bei der Abfassung des Versailler Vertrages, der in der Nachkriegszeit so viel Zorn und berechtigte Unzufriedenheit erregte.

Die wohl drastischste Entscheidung des Jahrhunderts wurde von Ludendorff getroffen, als er Lenin und seine aus dreißig Marxisten bestehende »Zelle« in einem versiegelten Eisenbahnwaggon von der Schweiz durch Deutschland nach Rußland schleuste. Lenin selber hatte sich geweigert, die Reise anzutreten, und nur Ludendorffs beträchtliche Geldspenden und persönliche Sicherheitsgarantien hatten ihn umzustimmen vermocht. Ludendorffs Absicht war, im Herzen Rußlands eine Fünfte Kolonne zu errichten. Nur durch Ludendorff, einzig und allein durch ihn, wurde der Bauer in diesem politischen Schachspiel zur Königin. Der kommunistische Block und der Eiserne Vorhang warfen bereits damals bei dieser schicksalhaften Entscheidung eines deutschen Generals ihre Schatten voraus. Und doch war Ludendorff die führende Stimme im Deutschland der Nachkriegszeit, wenn es sich darum handelte, die »jüdisch-marxistische« Bedrohung zu verdammen.

Sein größtes Verbrechen beging Ludendorff gegen das eigene Volk, denn er wußte bereits 1917, daß die deutschen Armeen niemals einen endgültigen Sieg erringen können würden. Trotz dieses Wissens – und vielleicht, um die Zeit seiner eigenen persönlichen Macht zu verlängern – schickte er Millionen von Deutschen in den sinnlosen Tod des Schützengrabenkrieges. Und als er schließlich einsah, daß der Krieg unwiderruflich verloren war, schob er die Schuld für dessen Beendigung kurzerhand den Sozialdemokraten in die Schuhe. Hierdurch glückte es ihm, die Verantwortung für die Kapitulation der zivilen Regierung aufzubürden und so die Voraussetzungen für das Aufkommen der Dolchstoßlegende zu schaffen.

Es bedurfte keiner großen Überredung, um Ludendorff dazu zu bewegen, die ersten Anfänge der nationalsozialistischen Partei zu unterstützen, als er sich 1919 in Ludwigshöhe in Bayern niederließ. Hauptmann Ernst Röhm, dessen militärische Heldentaten Ludendorff bekannt waren, stellte ihm Hitler vor. Die beiden Männer, der General und der Gefreite mit dem Eisernen Kreuz erster Klasse, fanden bald heraus, daß sie gemeinsame Rassenideologien hatten, daß sie beide die Weimarer Republik stürzen wollten und sich in Haß und Verachtung aller Juden einig waren!

Bald erschien Ludendorff uniformiert zu den Paraden der Sturmabteilungen der Nazis und unterstützte Hitler in seinen Reden auf Versammlungen und Demonstrationen. Hitler war sich im klaren darüber, was der Name und Ruhm des größten lebenden deutschen Generals an Prestige einbrachte. Seine Anwesenheit bei ihren Zusammenkünften machte die Nazipartei in den Augen der Offiziersklasse und rechtsgerichteten Kreise in ganz Deutschland erst salonfähig.

Hitler war darauf bedacht, Ludendorff nicht die Partei zu überlassen, um damit eine Gegenrevolution durchzuführen, denn er wollte im politischen Konzert nicht die zweite Geige spielen. Er hatte früh erkannt, daß Ludendorff keinerlei politischen Verstand besaß. Was Hitler vor allem aus den Diskussionen mit Ludendorff gelernt hatte, war die bedeutsame Tatsache, daß die Führerelite der Offiziersverbände keineswegs unnahbar war, sondern daß sie in der politischen Arena wie »unmündige Kinder in Waffen« reagierten und entsprechend behandelt werden konnten. Es unterliegt auch keinem Zweifel, daß der eigentliche Sieger von Tannenberg, der die Slawen als eine niedere Rasse ansah, Hitlers Augen nach Osten lenkte und Träume von Eroberung und Besetzung riesiger russischer Landstriche in ihm erweckte.

Als die Nazis 1923 versuchten, mit einem Putsch die Regierungsgewalt in Bayern zu übernehmen und den bayerischen Ministerpräsidenten von Kahr zwangen, zunächst gemeinsame Sache mit ihnen zu machen, gab Ludendorffs Beteiligung dem gefährlichen Unternehmen eine gewisse Autorität. Aber der Putsch war nicht mit der nötigen Sorgfalt geplant und mißlang, weil Hitler es unterließ, seine Leute an den strategisch wichtigen Punkten zu konzentrieren. Statt dessen marschierte die Hauptkolonne der Nazis, geführt von Ludendorff und Hitler, auf das Zentrum von München zu, und zwar direkt zum Marienplatz, wo sie in einen Flaschenhals geriet und gefangengenommen wurde. Als die Polizei mit einigen Salven das Gewehrfeuer eröffnete, drehte Hitler sich um und floh, während Ludendorff allein weitermarschierte und die Polizeikarabiner verächtlich beiseite schob.

Obwohl der Putsch ein Fiasko war, gab der nachfolgende Prozeß Adolf Hitler die Gelegenheit, seinen Namen neben dem des berühmten Generals bekanntzumachen. Er benutzte die Anklagebank als politische Plattform, um die kompromittierte Regierung von Kahr in Mißkredit zu bringen. Hitlers Worte wurden zum ersten Mal außerhalb der bayerischen Grenzen vernommen, und sein Name zierte die Schlagzeilen der Presse der ganzen Welt. Er stahl dem bedeutendsten militärischen Heerführer des Ersten Weltkrieges ganz einfach die Schau, verwandelte den Prozeß in einen Triumph für die eigene Sache und schmiedete so das letzte Glied der Kette, die die aufkeimende Nazipartei im patriotischen Eifer mit den konservativen Kreisen der deutschen Bevölkerung verband.

Während Hitler sich daranmachte, ein Jahr seiner Fünfjahresstrafe im Landsberger Gefängnis abzudienen und die Zeit nutzte, den ersten Band seines Buches *Mein Kampf* zu schreiben, zog General Erich Ludendorff sich still auf sein Besitztum Ludwigshöhe zurück, von wo aus er die Reichswehr anklagte, daß sie den Putsch verhindert habe. Er schwor, nie wieder die deutsche Offiziersuniform anzulegen, weil sie durch diesen Verrat entehrt sei. Er verbrachte seine letzten Jahre damit, Schmähschriften gegen die Juden und Freimaurer, und zuletzt auch gegen die bösen Taten des Katholizismus, zu schreiben – alle Päpste wären die Erzfeinde der Menschheit! Aus den tiefsten Tiefen seines Unterbewußtseins verdammte er Papst Johannes VIII. aus dem neunten Jahrhundert, jene finstere Gestalt, von der General von Moltke behauptete, daß er, Ludendorff selber, in ihr wiedererstanden sei.

12. Kapitel
Der Mann, der glatt zwischen den Beinen war
Der Klingsor des zwanzigsten Jahrhunderts

»Uf Kalot enbolot
erwarber der werlde spot:
daz ist ein burc vest erkant.
der künec bî sînem wîbe in vant:
Clinschor slief an ir arme.
lager dâ iht warme,
daz muoser sus verpf enden:
er wart mit küneges henden
zwischenn beinn gemachet sieht.
des dûhte den wîrt, ez waer sîn reht.
Der besneit in an dem lîbe,
daz er decheinem wîbe
mac ze schimpfe niht gefrumn.
des ist vil liute in kumber kumn.
ez ist niht daz lant ze Persîâ:
ein stat heizet Persidâ,
dâ êrste zouber wart erdâht.
dâ fuor er hin und hât dan brâht
daz er wol schaffet swaz er wil,
mit listen zouberlîchiu zil.
Durch die scham an sîme lîbe
wart er man noch wîbe
guotes willen nimmer mêr bereit;
ich mein die tragent werdekeit.
swaz er den freuden mac genemn,
des kan von herzen in gezemn.«[36]
Wolfram von Eschenbach:
Parzival

[36] Auf der durch ihre Festigkeit bekannten Burg Kalot Enbolot widerfuhr ihm diese Schande. Der König überraschte nämlich Klingsor bei seinem Weibe, wie er in ihren Armen schlief. Für dies warme Bett mußte er büßen. Von Königshänden wurde er zwischen den Beinen glattgeschnitten, denn der Hausherr meinte, das wäre sein gutes Recht. Er beschnitt ihn so, daß er keiner Frau mehr zur Kurzweil zu dienen vermag. Davon sind viele Leute in Not gekommen. Nicht in dem Lande Persia, sondern vielmehr in Persida wurde die Zauberei zuerst erfunden. Dorthin reiste er und brachte die Kenntnis vieler Zauberkünste mit heim, so daß er wirken kann, was er will. Wegen der Beschämung, die seinem Leibe geschehen war, hat er einen Groll gegen alle angesehenen Männer und Frauen und freut sich im Grunde seines Herzens, wenn er ihre Freude zerstören kann.«

Dietrich Eckart ist der geistige Gründervater des Nationalsozialismus genannt worden. Ob dies nun zutrifft oder nicht – Chamberlain hat nämlich den gleichen Beinamen bekommen – Adolf Hitler jedenfalls bezeichnete ihn als denjenigen, von dem der wichtigste Einfluß auf sein Leben und die Erfüllung seines Auftrages ausgegangen sei. Er beschreibt Dietrich Eckart in *Mein Kampf* »als der Besten einer, der sein Leben dem Erwachen seines, unseres Volkes gewidmet hat: im Dichten und im Denken und am Ende in der Tat.«

Hinter diesem anscheinend so unschuldigen Nachruf, mit dem Hitler seinen *Kampf* beschließt, liegt ein ungeahntes und schreckliches Geheimnis verborgen, denn Eckarts »Tat«, bevor er starb, war es, Hitler in ein ungeheuerliches, sadistisches und magisches Ritual einzuweihen, das den Ritualen ähnelt, die Landulf II. im neunten Jahrhundert auf Kalot Enbolot ausführte.

Eine etwa an dieser Stelle erfolgende Beschreibung dieses Rituals, mit dem Hitlers okkulte Zentren in Anwesenheit der Mitglieder der Thulegruppe geöffnet wurden, könnten einem Leser ohne jegliche Kenntnis der Geschichte und Gebräuche der rituellen Magie nur schwer verständlich, wenn überhaupt glaubwürdig erscheinen. Aus diesem Grunde wollen wir uns zunächst bemühen, einen notdürftigen Hintergrund für das Verständnis dieses wohl wichtigsten Augenblicks im Leben Adolf Hitlers zu geben. Wir wollen damit anfangen, einige bedeutsame Einzelheiten über Eckart bekanntzugeben, bevor wir näher auf die okkulte Struktur der Thulegesellschaft eingehen, d. h. auf ihre Aktivität in den einzelnen Graden und auf die Art und Weise, durch die ihr geheimer innerer Kern dazu kam, eine so grauenhafte Form von »astrologischer Magie« auszuüben.

Dietrich Eckart und Adolf Hitler entdeckten bald, daß sie verwandte Seelen waren, die schon in frühester Jugend vieles miteinander gemein gehabt hatten. Zum Beispiel war es Eckart, obwohl er ein höchst begabter Student gewesen war, nicht gelungen, seinen juristischen Doktor zu machen, weil er zu viele Interessen außerhalb seines Faches hatte und auch zum Trinken neigte.

Konrad Heiden, der Münchener Journalist, der Eckart kannte, beschreibt diesen als »wurzellosen, verhetzten und alles andere als untadeligen Typus, der schon mit dreißig Jahren in Berlin das Leben eines Vagabunden geführt und sich für einen Dichter gehalten habe. Er konnte Hitler erzählen, daß er (wie Hitler selbst) in zahllosen Obdachlosenheimen gewohnt und auf Parkbänken übernachtet habe, weil – in seinem Falle – jüdische Machenschaften ihn daran gehindert hätten, ein erfolgreicher Autor zu werden.«[37]

---

[37] *Konrad Heiden:* Der Führer (Victor Gollancz)

Und wie Hitler hatte auch Dietrich Eckart zu Anfang durch den Gebrauch von Narkotika transzendentale Bewußtheit erlangt. Obwohl Eckart ursprünglich und eigentlich Morphinist war und viele Male zur Entwöhnung in Krankenhäusern gelegen hatte, experimentierte er auch mit zahlreichen anderen Stoffen, darunter auch solchen, die einen Zustand hervorrufen, den wir heutzutage »psychedelische Erlebnisse« nennen.

Zwanzig Jahre früher (1886) hatte ein deutscher Pharmakologe, Ludwig Lewin, das erste wissenschaftliche Werk über den mexikanischen Kaktus und seine aufsehenerregenden Wirkungen auf Bewußtsein und Nervensystem veröffentlicht. Viele, unter anderen der englische Philosoph Havelock Ellis, ließen sich durch die Veröffentlichung der Lewinschen Untersuchungen dazu verleiten, mit Peyotl, dem auf das Bewußtsein wirkenden Stoff des Kaktusses, zu experimentieren. Dietrich Eckart gehörte zu einer der Gruppen in Berlin, die Peyotl bei der Ausübung neuheidnischer Magie anwandten.

Eckarts Reaktion auf Drogen und seine unbeherrschte Art während der Entziehungsperioden führten schließlich dazu, daß er längere Zeit in eine Berliner Nervenheilanstalt gesperrt wurde, wo er nur Umgang mit Geistesgestörten hatte. Dort fand er endlich Gelegenheit, ein paar seiner abgelehnten Stücke aufzuführen, die neuheidnische Riten, Szenen aus den germanischen Sagen und aus den Legenden um den Heiligen Gral zum Inhalt hatten.

»Seine dramatische Begabung«, sagt Heiden, »hatte endlich ein Forum gefunden. In diesem Heim für geistig Gestörte konnte er die Patienten als Schauspieler einsetzen.« Und, falls unsere Information zutrifft, war eines dieser Stücke um die geheimnisvolle Legende des Schicksalsspeeres geschrieben und erzählte, wie der Speer im Laufe des Mittelalters zum Talisman der Macht wurde.

Es wäre ein Irrtum zu glauben, daß Eckart kein echtes Talent besessen habe, denn er machte später eine ausgezeichnete Übersetzung von Ibsens *Peer Gynt*, und seine Schriften über nordische Mythologie fanden einen weiten und keineswegs anspruchslosen Leserkreis. In den Jahren, die unmittelbar auf den Ersten Weltkrieg folgten, ließ er sich in Schwabing, dem Künstlerquartier Münchens, nieder und gab dort unter dem Titel »Auf gut deutsch« eine reißerische Propagandaschrift heraus, ein witziges, gut unterrichtetes, aber stark voreingenommenes Nachrichtenmagazin, das wöchentlich erschien.

Wie Hitler hatte er eine geschichtliche Grundeinstellung, und sein Lieblingsthema, abgesehen von der rassistischen Ideologie, war die Auferstehung des Islam. Sein Wissen über die mohammedanischen Invasionen in Europa und über die Kunst, Architektur und den religiösen Symbolismus der arabischen Kultur war in der Tat sehr beträchtlich.

Dietrich Eckart hielt sich selber für die Reinkarnation des Bernhard von Barcelona, das heißt einer Persönlichkeit aus dem neunten Jahrhundert, die eine maßgebliche Figur in dem geheimen Zusammenspiel mit der arabischen Welt war. Ihm wird nachgesagt, daß er die karolingischen Heere in Spanien mit Hilfe schwarzer Magie in Schach gehalten habe.

Eckart war weit unter den arabischen Volksstämmen in Nordafrika umhergereist und hatte auch die Stätten besucht, wo die alten islamischen Hochburgen des mittelalterlichen Spanien gelegen hatten, darunter Granada und Córdoba. Und, worauf wir später noch genauer zurückkommen werden, er hatte eine besondere Reise nach Sizilien unternommen, dem Schmelztiegel der Intrigen des neunten Jahrhunderts. Von hier aus, wo auch der Klingsor der Gralslegende seinen Wohnsitz hatte, waren einst die Araber veranlaßt worden, Süditalien zu besetzen.

Mit solchen Interessen folgte Eckart den Fußspuren Friedrich Nietzsches, der ja auch ein eifriger Erforscher der islamischen Kultur gewesen war. Und – wie auch Nietzsche – war er ein glühender Bewunderer Schopenhauers und hatte viele Stunden seines Lebens darauf verwandt, orientalische Philosophie zu studieren und Joga auszuüben.

Es ist nicht weiter schwer, sich vorzustellen, wie all diese höchst verschiedenen Interessen Hitlers lebhafte Aufmerksamkeit erregten und ergänzten, was er sich autodidaktisch angeeignet hatte.

Die vierzig Mitglieder der Thulegesellschaft, die an dem historischen Treffen der Deutschen Arbeiterpartei teilnahmen, um Adolf Hitler zum ersten Mal in Augenschein zu nehmen, waren eine sehr gemischte Gesellschaft! Einige, wie zum Beispiel Anton Drexler, waren nur politisch orientiert und verfügten nur über ein geringes okkultes Wissen, das gerade ausreichte, ihren rassistischen Ideen eine gewisse Grundlage zu geben. Andere, wie Dr. William Guthbertlet, der bei dieser Gelegenheit das Horoskop Adolf Hitlers anfertigte, waren harmlose Mitläufer. Nur ein kleiner Kern, dem Eckart Anweisung gegeben hatte, zugegen zu sein, war zu einem etwas umfassenderen Wissen über okkulte Zusammenhänge gelangt. Sie waren Mitglieder in den verschiedensten Logen, Bewegungen und Gesellschaften, die alle mehr oder weniger eng mit dem im neunzehnten Jahrhundert neu erwachten Interesse für orientalische Philosophie und rituelle Magie verknüpft waren. Die Existenz dieses festen inneren Kerns der Thulegesellschaft war den gewöhnlichen Mitgliedern, die die baldige Ankunft eines deutschen Messias erwarteten, unbekannt.

Vielleicht war es kein Zufall, daß der französische Philosoph Reni Guenon gerade um diese Zeit davor warnte, daß solche, rituelle Magie betreibende, neuheidnische Gruppen leicht zu unbewußten Werkzeugen höherer Mächte würden, die ungeahnte Schrecken über die Menschheit bringen könnten:

»Die falschen Messiasgestalten, die wir bislang erlebten, haben nur sehr kleine Wunder ausgeführt, und ihre Anhänger haben sich leicht bekehren lassen. Aber wer weiß, was die Zukunft in ihrem Schoße bereithält?

Wenn man bedenkt, daß diese falschen Messiasgestalten niemals etwas anderes als die mehr oder weniger unbewußten Werkzeuge derer gewesen sind, die sie heraufbeschworen haben, und wenn man im einzelnen an die Reihe von Versuchen denkt, die in unserer Zeit gemacht worden sind, kommt man unweigerlich zu dem Schluß, daß es sich dabei nur um Versuche gehandelt hat, sozusagen um Experimente, die in verschiedenen Formen wiederholt werden, bis sie glücken ... Nicht, daß wir Okkultisten oder Spiritualisten nicht selber stark genug wären, ein Unternehmen dieser Art durchzuführen. Aber könnte nicht hinter solchen Bewegungen etwas viel Gefährlicheres stecken, wovon ihre Führer vielleicht nichts wissen, da sie ja selber nur unbewußte Werkzeuge einer höheren dämonischen Macht sind?«

Dietrich Eckart gehörte nicht zu den ersten Mitgliedern der Thulegruppe, und er schloß sich ihr nur an, um die Bewegung für seine eigenen Zwecke zu nutzen. Er hatte bereits die Bekanntschaft des sogenannten Freiherr Rudolf von Sebottendorf gemacht, der die Thulegesellschaft als Zweig einer zum alten Germanenorden gehörigen antisemitischen Loge gegründet hatte. Eckart brauchte nicht lange, um herauszufinden, daß dieser »Edelmann«, der in Wirklichkeit Rudolf Glauer hieß, als Sohn eines Lokomotivführers in Dresden geboren war. Rudolf Glauer machte geltend, daß er nach türkischem Recht offiziell von Heinrich von Sebottendorf adoptiert worden sei und den Grafentitel zu Recht führe. Eckart unternahm keinen Versuch, ihn öffentlich bloßzustellen, denn er wollte nicht gern den Ruf und die Macht unterminieren, die die Gruppe in Bayern gerade zu gewinnen begann.

Rudolf Glauer ließ sich im Alter von sechsundzwanzig Jahren nach einem abenteuerlichen Seemannsleben 1901 in der Türkei nieder. Während der dreizehn Jahre, die er als Ingenieur und Inspektor eines großen Gutes in der Türkei arbeitete, widmete er sich in seiner Freizeit der Sufi-Meditation und dem Studium der orientalischen Philosophie. Er war auch stark von der zeitgenössischen theosophischen Literatur beeindruckt, in Sonderheit Madame Blawatskys Schriften, und die Idee, den Thulemythos wieder aufleben zu lassen, verdankte er fast ausschließlich ihrem dreibändigen Werk *Die geheime Lehre*.

Glauer selber hatte keinerlei übersinnliche Fähigkeiten. Er übernahm ganz einfach Blawatskys groteske Schilderungen der magischen Verhältnisse, die in der verschwundenen Atlantiskultur geherrscht hatten, um einen Hintergrund für die mythologische Welt der Edda zu schaffen, in der Götter, Riesen, Menschen und Tiere einen blutigen Kampf ums Überleben führten. Er knüpfte an die uralten Legenden von Niflheim, Muspellsheim und Midgard an und fügte theosophische Ideen über das magische Verhältnis zwischen Kosmos, Erde und Menschheit hinzu. Er sagte voraus, daß die latenten Kräfte und Fähigkeiten im Blut der arischen Rasse sich im Laufe des zwanzigsten Jahrhunderts entfalten würden. Dann sollten »Übermenschen« auf Erden erscheinen und das deutsche Volk zur Übernahme seines uralten ruhmreichen Erbes aufrufen und zur Weltherrschaft führen.

Die ursprünglichen Ideen der modernen Thuleanhänger waren außerordentlich wirr und naiv. Die raffinierteren Versionen der Thulelegende wurden erst im Laufe der Zeit von Dietrich Eckart und General Karl Haushofer entwickelt. Später wurden sie dann unter der Leitung von Reichsführer SS Heinrich Himmler weiter ausgearbeitet, der eine große Gruppe deutscher Wissenschaftler unter Druck setzte, ihr Wissen für den Mythos von der Überlegenheit der deutschen Rasse einzusetzen.

»Jeder Deutsche steht mit einem Fuß im untergegangenen ›Atlantis‹, in dem er mindestens einen recht stattlichen Erbhof sein eigen nennt«, sagte Hermann Rauschning, der abtrünnige Gauleiter von Danzig, als er erklären wollte, warum die Deutschen sich so leicht von rassistischen Ideologien mitreißen ließen.

Die vaterländische Idee war in Hitlers Kindheit durch seine Vorliebe für die germanische Mythologie verstärkt worden. In Wien hatte er sogar blutrünstige Dramen über die epischen Helden der Edda geschrieben, deren Taten, wie er glaubte, im deutschen Blut und in seinen Adern weiterlebten. Nun hatten seine neuen Gefährten in der Thulegruppe ihn in jene kosmologische und magische Welt versetzt, die zur Wiedergeburt Thules im zwanzigsten Jahrhundert geführt hatte.

Die Thulelegende, so alt wie das deutsche Volk selber, ist immer wieder auf die verschiedenste Weise innerhalb der Thulegesellschaft ausgelegt worden. Und Hitler lernte bald von Eckart den Unterschied zwischen der groben Propaganda für ein breiteres Publikum und für die vielen mittleren Grade des Engagements kennen, im Gegensatz zu den Informationen, die nur dem geheimen inneren Kreis zugänglich waren, der durch Ausübung ritueller Magie höhere Einsichtsstufen erlangt hatte.

Päuwels und Bergier, die nicht zwischen der groben Propaganda für den Massengebrauch und dem tieferen verborgenen Wissen des inneren Kerns der Thulegesellschaft zu unterscheiden wußten und beide miteinander verwechselten, haben in ihrem Bestseller *The Dawn of Magic* eine farbenprächtige Schilderung von Thule gegeben:

»Man glaubte, Thule sei eine Insel gewesen, die irgendwo hoch oben im Norden untergegangen sei. Bei Grönland? Oder Labrador? Wie Atlantis, wurde auch Thule als das magische Zentrum einer verschwundenen Kultur angesehen. Eckart und seine Freunde glaubten, daß nicht alle Geheimnisse von Thule untergegangen seien. Wesen, die zwischen Menschen und anderen Intelligenzträgern aus dem Jenseits vermittelten, würden den Eingeweihten einen Vorrat an Kräften zur Verfügung stellen, der Deutschland in die Lage versetzen könne, erneut die Welt zu beherrschen und zur Wiege der kommenden Rasse von Übermenschen zu werden, die das Resultat von Mutationen der menschlichen Arten wären. Eines Tages würden diese Legionen sich aufmachen, um alles zu vernichten, was der geistigen Bestimmung der Erde im Wege stünde, und ihre Führer würden Menschen sein, die alles wüßten und ihre Kräfte aus dem Urquell aller Energie bezögen und von den Großen der alten Welt geführt würden. Das etwa waren die Mythen, auf die sich Eckarts und Rosenbergs arische Lehre gründete und die diese »Propheten« eines magischen Sozialismus Hitlers medialem Sinne eingeflößt hatten. «

Der innere Kern der Thulegruppe bestand nur aus Satanisten, die sich der schwarzen Magie verschrieben hatten. Das will sagen, daß sie sich ausschließlich damit beschäftigten, mit Hilfe von Ritualen ihr Bewußtsein zur Wahrnehmung böser und nichtmenschlicher Intelligenzen im Universum zu trainieren und eine Möglichkeit herauszufinden, mit diesen Intelligenzen zu kommunizieren. Und der Meisteradept dieses Kreises war Dietrich Eckart.

Obwohl die ersten deutlichen Anzeichen für eine Wiedergeburt der alten Magie in unserem Zeitalter in England festzustellen waren, hat gerade die abendländische Mentalität schier unüberwindliche Schwierigkeiten, an die Existenz irgendeiner Form der Magie zu glauben. Vielleicht beruht dies darauf, daß die aller magischen Praxis zugrunde liegende Idee, der Glaube an die Übereinstimmung zwischen Universum und Menschheit, d. h. zwischen Makrokosmos und Mikrokosmos, ist. Das abendländische Denken, das dem Materialismus verhaftet ist, findet eine solche Denkweise vollkommen unwissenschaftlich, und der heutige Durchschnittsmensch mag, jedenfalls was die ältere Generation anbetrifft, wie Shakespeares Hamlet allenfalls an die Existenz von »Geistern« glauben.

Die deutsche, ganz entgegengesetzte Einstellung in dieser Beziehung spiegelt sich in den Anfangszeilen der Zueignung in Goethes *Faust*:

»Ihr naht euch wieder, schwankende Gestalten!
Die früh sich einst dem trüben Blick gezeigt.
Versuch ich wohl, euch diesmal festzuhalten?
Fühl ich mein Herz noch jenem Wahn geneigt?
Ihr drängt euch zu! Nun gut, so mögt ihr walten,
Wie ihr aus Dunst und Nebel um mich steigt;
Mein Busen fühlt sich jugendlich erschüttert
Vom Zauberhauch, der euren Zug umwittert.«

Die deutsche Seele ist auch durchdrungen von dem Verständnis der Beziehungen zwischen Himmel und Erde, wie dies im eigentlichen Kern der Mythologie und in der deutschen Literatur und Philosophie zum Ausdruck kommt. Solch ein Glaube an die magische Übereinstimmung zwischen Makrokosmos und Mikrokosmos erreicht ihren Höhepunkt in Goethes Werken und besonders im *Faust*:

(Faust schlägt das Buch auf und erblickt das Zeichen des Makrokosmos)

»Ha! Welche Wonne fließt in diesem Blick
Auf einmal mir durch alle meine Sinnen!
Ich fühle junges, heil'ges Lebensglück
Neuglühend mir durch Nerv und Adern rinnen.
War es ein Gott, der diese Zeichen schrieb,
Die mir das innre Toben stillen,
Das arme Herz mit Freuden füllen,
Und, mit geheimnisvollem Trieb,
Die Kräfte der Natur rings um mich her enthüllen?
Bin ich ein Gott? Mir wird so licht!
Ich schau in diesen reinen Zügen
Die wirkende Natur vor meiner Seele liegen ...«
(Er beschaut das Zeichen)
»Wie alles sich zum Ganzen webt,
Eins in dem andern wirkt und lebt!
Wie Himmelskräfte auf und nieder steigen
Und sich die goldnen Eimer reichen!
Mit segenduftenden Schwingen
Vom Himmel durch die Erde dringen,
Harmonisch all' das All durchklingen!«

In Goethes Weltanschauung, die magischer Natur ist, stehen sowohl die geistige als auch die körperliche Existenz des Menschen mit dem gesamten Universum, den Sternen, der Sonne und den Planeten in Beziehung. Ebensowenig wie ein Mensch nicht auf seinen physischen Körper begrenzt ist, den Goethe als Gewand für Seele und Geist betrachtete, können wir auch die Sterne nicht als sinnlose, von einem dreidimensionalen Raum-Zeit-Kontinuum umgebene Menge auffassen. Goethe hielt die Himmelskörper eher für äußere körperliche Manifestationen übernatürlicher Wesen: höhere nichtmenschliche Intelligenzen, die in ihren Umlaufbahnen geistige und qualitativ hochstehende Kräfte ausstrahlen.

Weder die in das Wissen der alten Mystik Eingeweihten noch moderne Okkultisten faßten den Makrokosmos in Begriffen von Raum und Zeit auf, sondern sahen ihn eher als Sphären transzendentaler Bewußtheit. Die Anhänger der rituellen Magie, ob weiß oder schwarz, suchen ihr Bewußtsein auf einen Zustand zu erweitern, den sie das »Astrallicht« der planetarischen Sphären nennen. Zweck ihrer magischen Riten ist es, die kosmischen Kräfte zu kanalisieren oder sie aus der Tiefe ihres eigenen Wesens zu »reflektieren«. Und als Hilfe zur Erreichung dieses Zieles benutzen sie bei Ritualen eine ganze Reihe von Zeichen, Symbolen, Farben und Formen, die es dem Magier erleichtern sollen, mit den besonderen Mächten, denen er dienen möchte, zu kommunizieren.

Das nächste Hauptprinzip der abendländischen Magie ist der Glaube daran, daß der genügend geübte menschliche Wille buchstäblich alles erreichen kann. Ein Zitat des großen Theologen Joseph Glanvill aus dem siebzehnten Jahrhundert faßt diese Lehre in bewundernswerter Weise zusammen: »Und der Wille liegt in dem, was nicht stirbt. Wer kennt schon die Mysterien des Willens mit all ihrer Kraft? Denn Gott ist nur ein starker Wille, der alle Dinge mit seiner Beharrlichkeit durchdringt. Der Mensch ergibt sich nicht den Engeln oder im äußersten Falle dem Tode, es sei denn durch die Schwäche seines eigenen Willens.

Die Triebfeder aller Magie ist der ausgebildete Wille des Magiers. Alles Beiwerk der zeremoniellen Magie – Lichter, Farben, Kreise, Dreiecke, Düfte – sind nichts weiter als Hilfen, um den Willen des Magiers in einen flammenden Strom reiner Energie zu verwandeln.«[38]

Wenn man diese kurze Zusammenfassung über die Bedeutung und die Ziele der rituellen Magie liest, wird man erkennen, daß Adolf Hitler die Schwelle zum magischen Erlebnis schon in seinen Entwicklungsjahren in Wien über-

[38] *Francis King:* Ritual Magic in England

schritten hatte, wo er nicht nur höhere Bewußtheitsebenen erlangte, sondern auch den Schleier der Sinne durchbrach und die Verbindung zum Antigeist herstellte, der mit dem Speer des Longinus verknüpft war. Und mehr als dies, als er, im November 1918, durch Senfgas erblindet, in einem unfreiwilligen Trancezustand im Pasewalker Lazarett lag, hatte er unmittelbar die Übereinstimmung zwischen dem Universum und den psychischen und physiologischen Prozessen seines eigenen Körpers empfunden. Auf seinem Wege zur Selbsteinweihung hatte er das Niveau des Laienmagiers bereits überwunden und sich schmerzvoller und unmittelbarer Erfahrung zugewandt.

Die Form der rituellen Magie, durch die Dietrich Eckart seinen Adepten Adolf Hitler weiterhin einweihte, ähnelte der grauenhaften sexuellen Magie Aleister Crowleys und war teilweise von ihr beeinflußt.

Aleister Crowleys Loge, »Astrum Argentinum«, war das Endergebnis einer kurzen und höchst zweifelhaften Renaissance der astrologischen und zeremoniellen Magie, die in England während der zweiten Hälfte des neunzehnten Jahrhunderts betrieben wurde.

Dieses erstaunliche Wiederauftauchen mittelalterlicher Magie inmitten der viktorianischen Oberklasse kann in seinen Ursprüngen auf einen Freimaurer namens Robert Wentworth Little zurückgeführt werden, der im Jahre 1865 die »Societas Rosicruciana« gründete. Er baute alte Rosenkreuzertraditionen und neue Rituale in die Freimaurerei ein, weil er damit den Ritualen, die seit langem ihre ursprüngliche Bedeutung und Überzeugungskraft in einem Labyrinth toter Symbolik eingebüßt hatten, frische und lebendige Impulse zuführen wollte. Aber was Little nicht voraussehen konnte, war, daß spätere Mitglieder der Loge Bestrebungen in die Wege leiten würden, die im Widerspruch zu den hohen moralischen Traditionen der Freimaurerei standen. Eine solche Ausbruchsbewegung war die Loge »Golden Dawn« (Goldene Morgenröte), von der die Nazis indirekt die Anregung zu ihrem eigenen okkultistischen Treiben empfingen.

»Golden Dawn« wurde unter einem geheimnisvollen Schleier gegründet, und noch heutigentags sind zahlreiche Versionen ihres Ursprungs im Umlauf. Aber nur eines erscheint sicher: Ihre Gründung ist auf den offensichtlich zufälligen Fund von Dokumenten in Nürnberg zurückzuführen, die bislang unbekannte und höchst wirkungsvolle Einweihungsrituale enthielten.

Unter den Mitgliedern der fünf Logen, die sich in England und Paris befanden, gab es viele angesehene Persönlichkeiten wie zum Beispiel den Nobelpreisträger W. B. Yeats, Florence Farr, den Chef des Abbey Theaters und nahen Freund Bernard Shaws, und Sir Gerald Kelly, den Vorsitzenden der Royal Academy.[39]

»Golden Dawn« stand im Jahre 1892 vor einer tiefgreifenden Krise in ihrer weiteren Entwicklung. Der Orden hatte seine ursprüngliche Stiftungsurkunde und die Rituale für die ersten fünf Grade von einer Mutterloge in Deutschland bekommen, mit der er eine umfangreiche Korrespondenz führte. Aber kein einziges Mitglied der »Golden Dawn« hatte jemals die deutsche Loge besucht oder eines ihrer Mitglieder getroffen. Die begeisterten Amateurmagier befanden sich bereits auf gefährlichem Grund. Als die Nürnberger Loge sich weigerte, die vier aufsteigenden Grade auszuliefern, die zur direkten Kommunikation mit Hierarchien höherer Intelligenzwesen führten, entstand Bestürzung.

Vielleicht würde die »Golden Dawn« ein stilles und undramatisches Ende gefunden haben, wenn nicht ein Mann namens Samuel Liddell Mathers sich erboten hätte, seinen Mitmagiern zu Hilfe zu kommen. Auf einer Generalversammlung der Loge teilte er seinen erstaunten Zuhörern mit, daß er selber die Verbindung mit den Mächten aufgenommen habe, die ihm die erforderlichen Grade und Rituale des Zweiten Ordens mitgeteilt hätten. Indessen war er nicht in Kommunikation mit den himmlischen Hierarchien gewesen, sondern mit einer Hierarchie von »Übermenschen« – den »geheimen Führern des Dritten Ordens«.

Mathers, der Sohn eines Büroangestellten in London war, hatte das Gymnasium besucht und sich im Laufe der Zeit den Ruf erworben, über gründliche Kenntnisse in okkulten Fragen zu verfügen. Aber trotz seines scharfen Verstandes und seines umfassenden okkulten Wissens war er nie bei den übrigen Mitgliedern beliebt gewesen. Obwohl er unbestreitbar das geistige Rüstzeug besaß, bezweifelten seine Kollegen dennoch, ob man ihm in einer so bedeutungsvollen Angelegenheit vertrauen könne. Aber als über seine verblüffende Enthüllung abgestimmt wurde, akzeptierte man die neuen Rituale und ihre Echtheit mit überwältigender Mehrheit.

Wie die meisten der Anwesenden, war auch Mathers von Madame Blawatskys *Geheimer Lehre* beeinflußt, besonders aber von ihrer sublimen Beschreibung »der mächtigen Wächter der ewigen Mysterien, der großen weißen Loge der Höchstgeweihten.« Und man nahm an, daß diese Höchstgeweihten, die vermutlich unsichtbar hinter den wechselnden Szenen der Geschichte wirkten, eben jene »Übermenschen« waren, mit denen Mathers in Verbindung gestanden hatte. Aber wenn wir lesen, wie er selber sie beschreibt, finden wir eine auffällige

---

[39] Weitere Mitglieder waren u. a. Algernon Blackwood, Annie Horniman, ein vertrauter Freund von Yeats, Sax Rohmer, Bram Stoker, Verfasser des *Dracula*, Arthur Machen und Peck, der königliche Astronom. Vgl. auch *The Golden Dawn* von.R. G. Torrens.

Ähnlichkeit mit dem unerschrockenen und grausamen Geist, den Adolf Hitler sah, als er dem Schicksalsspeer zum ersten Male gegenüberstand.

»›Was die heimlichen Führer des Ordens anbetrifft, auf den ich mich beziehe, und denen ich die hier verkündete Weisheit des Zweiten Ordens verdanke, so kann ich *nichts* erzählen‹, sagte Mathers.

›Ich weiß nicht einmal ihre irdischen Namen, und ich habe sie selten in ihren physischen Körpern zu Gesicht bekommen ... Meine Begegnungen mit ihnen haben mir gezeigt, wie schwer es für einen Sterblichen ist, wie weit er auch immer fortgeschritten sein mag, ihre Gegenwart zu ertragen ... Damit meine ich nicht, daß ich während meiner seltenen Zusammentreffen mit ihnen dasselbe Gefühl einer intensiven physischen Depression erfuhr, das mit dem Verlust von Magnetismus einherzugehen pflegt. Im Gegenteil hatte ich das Empfinden, mit einer furchtbaren Kraft in Verbindung zu stehen, die ich nur mit der anhaltenden Wirkung eines Blitzes vergleichen kann, der während eines Unwetters in unmittelbarer Nähe einschlägt und durch die erstickende Wirkung von Äther Atembeschwerden hervorruft. Bei all meiner Erfahrung in okkulter Arbeit kann ich mir nicht vorstellen, daß ein weniger fortgeschrittener Eingeweihter imstande sein könnte, eine solche Anstrengung auch nur fünf Minuten lang zu ertragen, ohne daran zu sterben ... weil die nervliche Erschöpfung nach jedem Treffen schrecklich ist und von kalten Schweißausbrüchen und Blutungen aus Nase, Mund und Ohren begleitet wird.‹«

Mathers wurde später zum Beschützer eines der berüchtigsten »schwarzen Magier« des zwanzigsten Jahrhunderts – Aleister Crowley. Crowley hörte zum ersten Male von »Golden Dawn«, als er noch in Cambridge studierte. Er trat dem Orden im Jahre 1898 bei. Er durchlief die vorbereitenden Grade schnell und sicher, aber der Eintritt in den Grad des Adepten wurde ihm wegen seines mißfälligen Lebenswandels verweigert. Und als Mathers, der Crowleys Möglichkeiten, dort zum Meisteradepten aufzusteigen, hintertrieb, ihn in der Pariser Loge des Ordens einweihte, gab dies Anlaß zu einem heftigen Streit, in dessen Verlauf »The Golden Dawn« schleunigst aufgelöst wurde.

Als Aleister Crowley seine eigene Loge, das »Astrum Argentinum « gründete, entledigte er sich bald der amateurmäßigen Technik des Kultes und machte sich ernstlich daran, die schwarze Magie in einer neuen und wirkungsvollen Form zu betreiben. Im Vergleich zu Crowley kann die gesamte Mitgliederschaft der »Golden Dawn« mit schlafenden oder Scharaden aufführenden Marionetten verglichen werden.

Crowley fand nach und nach den Weg zu jener Art von schwarzer Magie zurück, die von Klingsor vor tausend Jahren ausgeübt worden war. Seine Studien konzentrierten sich auf alle Formen sexueller Magie, und 1912 hatte er den neunten Grad einer obskuren heimlichen Loge in Berlin erreicht – »Ordo Templi Orientis« –, die sich ausschließlich mit sexueller Magie befaßte.

Er arbeitete sich mit Hilfe von autosexueller Magie – einer Art magischer Masturbation – hoch und erreichte die höchsten Grade, in denen die sexuelle Handlung den zentralen Platz der Zeremonie einnahm, und die Teilnehmer ein »Lebenselexier« tranken, das aus männlichen und weiblichen Sekreten gemischt war.[40]

Während der Zeit, in der Crowley sich in der »Abbey of Thelema« (Thulekloster) in Sizilien niedergelassen hatte, ließ er sich auf noch perversere und sadistischere sexuelle Praktiken ein. Seine Riten umfaßten nun Tieropfer, heterosexuelle Orgien, blutige Auspeitschungen und Sodomie, denn er hatte entdeckt, daß die Ausübung der sadistischsten Rituale einen klaren Einblick in die Kategorien des Bösen vermittelte und eine phänomenale magische Kraft verlieh. Er trat nun in die mittelalterlichen Fußspuren Landulfs II. von Capua, Klingsor des Antigrals, der von seinem Adlerhorst auf dem Schloß Merveille aus »alle Geister, ob gut oder böse, beherrschte«. Und es war während eines nächtlichen Besuches im Schlosse Klingsors auf Kalot Enbolot, daß Crowley zum ersten Mal den Antichrist heraufbeschwor, das Tier der Offenbarung, das sich Ernst Pretzsche und Guido von List in Wien gezeigt hatte, jener gleiche apokalyptische Geist, der sich auch Dietrich Eckart und Alfred Rosenberg während der spiritistischen Séancen der Thulegruppe in München offenbart hatte.

Richard Wagner hat die Szene beschrieben, in der Klingsor, umgeben von verführerischen Blumenmädchen in seinem magischen Garten, die astrologisch-magischen Riten ausführt, die die Quelle all seiner Macht waren.

Auf einer Reise nach Sizilien hat Dietrich Eckart nach dem Platz gesucht, in dem Klingsors Schloß gelegen hat, das Wolfram von Eschenbach Kalot Enbolot nennt und in anderen mittelalterlichen Gralserzählungen Château Merveille (Schloß des Wunders) genannt wird.

Auf den Höhen von Monte Castello im südwestlichen Sizilien entdeckte er den verlassenen Erixtempel, in dem die Priesterinnen des Altertums einst das Orakel der Liebesgöttin Venus bewacht hatten. Und Eckart identifizierte diesen Adlerhorst hoch droben in den unzugänglichen Bergen als Qual'at al-Bellut, Festung der

---

[40] *Vgl. Francis King:* Ritual Magic in England

Eichen, die 840 n. Chr. von den Truppen Abu-I'Kal-Aghlab-ihn-Ibrahims eingenommen wurde, jenem arabischen Sultan, der auch Palermo erobert und den afrikanischen Mohammedanismus auf der ganzen Insel eingeführt hatte.

Nach Aussage des mittelalterlichen Chronikschreibers Echempertus war dies das einsam gelegene Schloß, in das sich Landulf II. geflüchtet hatte, als seine heimliche Zusammenarbeit mit den arabischen Angreifern aufgedeckt wurde. Hier herrschte Landulf, voller Bitterkeit darüber, daß er vom Ehemann und den Brüdern einer adligen Dame, die er vergewaltigt hatte, kastriert worden war, und gab sich den teuflischen Ritualen der arabischen Sternenmagie hin, die Südeuropa terrorisierten und den Gang der Geschichte im neunten Jahrhundert veränderten.

Dietrich Eckart hat zweifellos gründliche Vergleiche zwischen Crowleys Sexualmagie und Landulfs II. »astrologischer« Magie angestellt. Obwohl Crowleys starke und wirkungsvolle Form der Magie eine Reihe böser Geister hervorlockte und mächtige Kräfte zu seiner Verfügung stellte, kamen doch alle Menschen, die an seinen Ritualen teilnahmen, ohne Schaden davon, das heißt, es gab keine unschuldigen und unfreiwilligen Opfer. Zu Landulfs Magie gehörten indessen auch Menschenopfer.

Wenn die Legenden, die uns aus diesen dunklen Jahrhunderten der europäischen Geschichte überliefert sind, der Wahrheit entsprechen, dann schließen diese Rituale, die auf Kalot Enbolot durchgeführt wurden, schreckliche Torturen ein! So schlitzte man zum Beispiel den Opfern den Magen auf, zog langsam die Eingeweide heraus, trieb Pfähle in ihre Körperöffnungen, ehe man sie ausweidete, und beschwor die Geister der Finsternis (Incubi), Jungfrauen zu schänden, die man aus ihren Familien geraubt hatte.

Jede dieser schrecklichen Riten wurde von der Natur und dem hierarchischen Grad der heraufbeschworenen teuflischen Geister bestimmt, und man bediente sich hierzu entsprechender astrologischer Zeichen und Symbole. Durch solche schändlichen Mittel hatte der Klingsor des neunten Jahrhunderts das Innere der Astralleiber seiner Novizen geöffnet, daß sie den Makrokosmos schauen konnten, und ihnen Macht über die Reiche aller elementaren Geister zwischen Himmel und Erde verliehen.

Es ist eine bekannte Tatsache, daß die Thulegruppe unter anderem eine »Mördergesellschaft« war. Daß sie ihre eigenen geheimen Gerichtssitzungen abhielt, durch die viele unschuldige Menschen angeklagt und verurteilt wurden, ist ebenfalls dokumentarisch nachgewiesen worden. Ihre Tätigkeit war den Polizeibehörden gut bekannt, denn manche ältere Polizeioffiziere waren um diese Zeit entweder selber Thuleanhänger oder Mitläufer. So zum Beispiel gehörte Pöhner, der Münchener Polizeipräsident, selber zum engsten Kreis um

Eckart. Professor Alan Bullock hat Pöhners berühmte Antwort zitiert, als er offiziell befragt wurde, ob ihm etwas über die Existenz politischer Mörderbanden in München bekannt sei: »Ja, aber es gibt zu wenige!« Nur zu gut über diese Umtriebe unterrichtet und allein darauf bedacht, die Aufklärung dieser Verbrechen zu verhindern und die Schuldigen frei ausgehen zu lassen, waren auch der stellvertretende Polizeichef Wilhelm Frick, der später Hitlers Innenminister und eine Zeitlang Himmlers nächster Vorgesetzter werden sollte, und der bayerische Justizminister Franz Gürtner, der für seine frühe Zusammenarbeit mit den Nazis durch Ernennung zum Justizminister des Dritten Reiches belohnt wurde.

Ganz abgesehen von den 300 oder mehr politischen Morden, die zwischen 1919 und 1923 begangen wurden, gab es im Gebiet von München auch eine große Anzahl von Menschen, die unter mystischen Umständen verschwanden und als vermißt gemeldet wurden. Und gerade unter diesen Vermißten, bei denen es sich meist um Juden oder Kommunisten handelte, sind die »Schlachtopfer« zu suchen, die nach den Riten der astrologischen Magie vom inneren Kreise um Dietrich Eckart und der Thulegruppe umgebracht wurden. Obwohl eine Reihe von Büchern erschienen ist, die andeuten, daß solche Rituale stattgefunden haben, liegen keine endgültigen Beweise darüber vor, daß diese unglücklichen Opfer mit solch magischen Einweihungsriten zu Tode gequält wurden. Doch es gibt Hinweise anderer Art von einem heimlichen Kreis von Gralseingeweihten, die fähig waren, diese Rituale in jener höheren Form der Bewußtheit zu sehen, die unter Okkultisten als Astralprojektion bekannt ist.

Das geistige Haupt dieser Eingeweihten – wir kommen später noch darauf zurück – war ein Mann namens Dr. Rudolf Steiner, der der höchste christliche Adept Europas war.[41] Und von einem seiner nächsten Mitarbeiter, Dr. Walter Johannes Stein, erfuhr ich zum ersten Male von den Grausamkeiten, die zu der rituellen Magie gehörten, mit der Dietrich Eckart das Innere Adolf Hitlers öffnete, um ihn zur Kommunikation mit den »Mächten« zu befähigen. Hier soll kein Versuch gemacht werden, detailliert darauf einzugehen: Es möge genügen, wenn angedeutet wird, daß sie unsagbar sadistisch und gräßlich waren. In mancher Beziehung noch um vieles entsetzlicher als die Behandlung, die jenen Männern widerfuhr, die versuchten, Hitler zu ermorden und dafür langsam mit Klaviersaiten stranguliert wurden, die von den Fleischhaken eines Schlachthauses in Berlin herunterhingen.

---

[41] Weil Hitler keine seiner Aktivitäten vor Rudolf Steiners geistiger Sicht verbergen konnte, erklärte er ihn zum größten Gegner der Nazipartei, und der erste mißglückte Versuch, Steiner zu ermorden, fand bereits 1922 auf dem Münchner Bahnhof statt.

Hermann Rauschning, der Nazigauleiter, der sich nach Westen absetzte, erkannte Hitler am deutlichsten als den Klingsor des zwanzigsten Jahrhunderts:

> »Vor allem ist Hitler ein dampfender Ansteckungsherd von verklemmter unnatürlicher Sexualität, der die Atmosphäre rings um sich herum durch eine schlechte Ausstrahlung verpestet und vergiftet. Nichts in der Umgebung dieses Mannes ist natürlich und echt. Verborgene Beziehungen, Surrogate und Symbole, Gefühlsersatz und versteckte Begierden – nichts ist auf natürliche Instinkte zurückzuführen. ›Wenn Hitler nur wüßte, wie gut es täte, ein frisches und natürliches Mädel zu haben!‹ sagte Forster, ein anderer von Hitlers Gauleitern.«
> *Hermann Rauschning:* Gespräche mit Hitler

Rauschning hat seinen ersten Besuch bei Adolf Hitler in dessen Felsenfestung Barbarossa und das, was er dort sah, beschrieben. Nachdem er durch eine felsige Kluft gegangen und fast hundert Meter mit einem Fahrstuhl nach oben gefahren war, betrat er ein Gebäude mit Glaswänden, das tief in der verschneiten Öde der bayerischen Berge versteckt lag. Aber als er in Hitlers Allerheiligstes kam, empfand er augenblicklich einen so scheußlichen Widerspruch, daß er entsetzt zusammenfuhr.

Hoch oben über der Welt, weit außerhalb der Reichweite gewöhnlicher Sterblicher, saß Hitler wie auf einem Thron und »starrte in die Ewigkeit hinaus«. Aber an den Wänden dieses Adlerhorstes, in dem Hitler, verzerrt vom Haß und am Rande des Wahnsinns, von der Eroberung der Welt träumte, hingen Bilder von obszöner, nichts verhüllender Nacktheit, die, ohne jedwede künstlerische Ambition, die gröbsten sexuellen Perversionen illustrierten.

Außer Rauschning hat keiner von den übrigen führenden Biographen Hitlers feststellen können, daß sexuelle Perversion einen zentralen Platz in Hitlers Leben einnahm. Sie behandeln die Frage nur sporadisch unter Überschriften wie: »War Hitler impotent?« oder: »Hitlers Einstellung zu Frauen«. Keiner von ihnen hat verstanden, daß eine ungeheure sexuelle Perversion der eigentliche Kern seines Lebens war, die Quelle seiner medialen und hellseherischen Gaben und das Motiv hinter all den Handlungen, mit denen er seine sadistische Rache an der Menschheit befriedigte.

Wolfram von Eschenbach beschreibt im *Parzival* (Buch XIII), wie die Kastration Klingsors, der damals noch ein junger Mann war, zu einer ähnlichen sexuellen Perversion führte, zu bitterem Haß gegen die Menschheit, der sich mit Hilfe magischer Kräfte Ausdruck verschaffte. Er läßt die tugendsame Amive, die das Leben von Grund auf kannte und wie keine andere den Ruf echten Weibstums von der Jugend bis ins hohe Alter bewahrt hatte, erzählen:

»Hêrre, sîniu wunder hie
sint da engein kleiniu wunderlîn,
wider den starken wundern sîn
dier hât in manegen landen.
swer uns des giht ze schanden,
der wirbet niht wan Sünde mite.
hêrre, ich sage iu sînen site:
der ist maneger diete worden sûr.
sin lant heizt Terre de Lâbûr:
von des nâchkomn er ist erborn,
der ouch vil wunders het erkorn,
von Nâpels Virgilîus.
Clinschor des neve warp alsus.
Câps was sîn houbestat.
er trat in prîs sô hôhen pfat,
an prîse was er unbetrogen.
von Clinschor dem herzogen
sprâchen wîb unde man,
unz er schaden sus gewan.
Sicilje het ein künec wert:
der was geheizen Ibert,
Iblis hiez sîn wîp.
din truoc den minneclîchsten lîp
der ie von brüste wart genomn.
in der dienst was er komn,
unz sis mit minnen lônde;
dar umbe der künec in hônde;
Muoz ich iu sîniu tougen sagn,
des sol ich iwern urloup tragn:
doch sint diu selben maere
mir ze sagen ungebaere,
wâ mit er kom in zoubers site.
zeim kapûn mit eime snite
wart Clinschor gemachet ...
ûf Kalot enbolot
erwarber der werlde spot:

daz ist ein burc vest erkant.
der künec bî sînem wîbe in vant:
Clinschor slief an ir arme.
lager dâ iht warme,
daz muoser sus verpfenden:
er wart mit küneges henden
zwischenn beinn gemachet sieht.
des dûhte den wirt, ez waer sîn reht.
der besneit in an dem lîbe,
daz er decheinem wîbe
mac ze schimpfe niht gefrumn.
des ist vil liute in kumber kumn.
es ist niht daz lant ze Persîâ:
ein stat heizet Persidâ,
dâ êrste zouber wart erdâht.
dâ fuor er hin und hât dan brâht
daz er wol schaffet swaz er wil,
mit listen zouberlîchiu zil.
Durch die scham an sîme lîbe
wart er man noch wîbe
guotes willen nimmer mêr bereit;
ich mein die tragent werdekeit.
swaz er den freuden mac genemn,
des kan von herzen in gezemn.«[42]

---

[42] »Herr, seine Künste sind wahrlich gering den Zauberwerken gegenüber, die er in vielen anderen Ländern aufgerichtet hat. Wer sie uns hier zur Schande anrechnet, der sündigt sich durch diese Verleumdung.
Herr, ich will Euch von seinem Wesen erzählen, das schon vielem Volk Bitternis gebracht hat. Sein Land heißt Terre de Labur, und er selbst ist Nachkomme des Mannes, der auch viel Wunderkünste besessen hat. Clinschor ist nämlich ein Verwandter des Virgilius von Napels. Folgendes geschah mit ihm.
Seine Hauptstadt war Caps. Er stieg so hoch an Ruhm, daß sein Ansehen unbestritten war. Mann und Frau erzählten vom Herzog Clinschor, bis er auf folgende Weise zu Schaden kam. Über Sicilje herrschte ein edler König namens Ibert, dessen Gemahlin Iblis hieß. Sie war das holdseligste Wesen, das je einmal an einer Mutter Brust gelegen hatte. Deren Dienst hatte er sich geweiht, bis sie es ihm mit ihrer Liebe lohnte. Der König aber entehrte ihn deswegen.
Ihr müßt nun entschuldigen, wenn ich Euch jetzt von seinen Heimlichkeiten berichte, denn es ist immerhin unschicklich, was nunmehr zu erzählen ist, wieso er nämlich zur Zauberei kam. Mit einem Schnitt wurde Clinschor zum Kapaun gemacht...
Auf der durch ihre Festigkeit bekannten Burg Kalot enbolot widerfuhr ihm diese Schande. Der König überraschte nämlich Clinschor bei seinem Weibe, wie er in ihren Armen schlief. Für dies warme Bett mußte er büßen. Von Königshänden wurde er zwischen den Beinen glattgeschnitten, denn der Hausherr meinte, das wäre sein gutes Recht. Er beschnitt ihn so, daß er keiner Frau mehr zur Kurzweil zu dienen vermag. Davon sind viele Leute in Not gekommen.
Nicht in dem Lande Persia, sondern vielmehr in Persida wurde die Zauberei zuerst erfunden. Dorthin reiste er und brachte die Kenntnis vieler Zauberkünste mit heim, so daß er wirken kann, was er will. Wegen der Beschämung, die seinem Leibe geschehen war, hat er einen Groll gegen alle angesehenen Männer und Frauen und freut sich im Grunde seines Herzens, wenn er ihre Freude zerstören kann.«

Es besteht kein Zweifel, daß Adolf Hitler ebenso impotent war wie Klingsor, der »glatt zwischen den Beinen war«; denn er konnte ebenfalls unter normalen sexuellen Bedingungen nicht zum Orgasmus kommen. Wenn Adolf Hitler zwar auch nur einen Hoden hatte, was von Dr. Stein festgestellt wurde, als er mit Hitler in der Donau badete, und was auch später die russischen Ärzte bestätigten, die seinen verbrannten Körper 1945 vor dem Bunker in Berlin untersuchten, so liegt jedenfalls kein Grund zu der Annahme vor, daß ein organischer Fehler ihn daran gehindert habe, einen normalen Beischlaf auszuüben.

Seine Impotenz ist eher auf tiefliegende psychologische Ursachen zutückzuführen. Er konnte sexuelle Befriedigung nur durch extreme sadistische oder masochistische Betätigung erreichen; dadurch, daß er anderen Schmerz zufügte oder selber Schmerzen erlitt. Während seiner Entwicklungsjahre in Wien hing er romantischen Träumen von seiner Geliebten in Linz nach, ohne jemals den Versuch zu machen, mit ihr ein normales Verhältnis in die Wege zu leiten. Entweder onanierte er, oder er schlich sich heimlich in das Vergnügungsviertel der Stadt, um sich von irgend einer Prostituierten, die ein paar Heller verdienen wollte, fesseln und auspeitschen zu lassen.

Es wird behauptet, daß Hitler eine Zeitlang wirklich in seine Nichte Geli Raubal verliebt war, die er von Wien holte und bei sich in seiner Villa Wachenfeld auf dem Obersalzberg bei Berchtesgaden wohnen ließ. Aber kann man es Liebe im eigentlichen Sinne des Wortes nennen, wenn seine Nachstellungen schließlich zu ihrem tragischen Tod führten?

Nach sechs Monaten, in denen ihre Beziehungen harmonisch gewesen zu sein scheinen, richtete Hitler ihr eine luxuriöse Wohnung in der Prinzregentenstraße in München ein, wo ein etwas intimeres Verhältnis begann, das aber bald abrupt abgebrochen wurde.

Hitler wurde wahnsinnig eifersüchtig und klagte sie an, Geschichten mit anderen Männern zu haben, unter anderen auch mit seinem eigenen Leibwächter und Fahrer Emil Maurice, einer vorbestraften Person. Auf der einen Seite übte er ein tyrannisches Regiment über sie aus und verweigerte ihr sogar das Recht, mit anderen zu sprechen. Auf der anderen wollte er in sexueller Beziehung gern ihr Sklave sein und bat sie, ihn körperlich zu quälen und nach freiem Willen zu mißhandeln. Bei einer Gelegenheit war er so indiskret, dies in einem Brief an sie zu erwähnen. Dieser Brief ging später von Hand zu Hand und bedeutete für alle, die das Pech gehabt hatten, ihn zu lesen, einen grausamen Tod.

Schließlich, als Geli Raubal einem Nervenzusammenbruch nahe war und Hitler bat, nach Wien zurückkehren zu dürfen, sperrte er sie in ihrem Zimmer ein, wo sie sich allem Anschein nach erschoß. Obwohl der Leichenbeschauer

»Selbstmord« attestierte, waren führende Nazis der Ansicht, Hitler selber habe sie in einem Anfall der Raserei umgebracht oder Heinrich Himmler habe sie erschossen, weil allein ihre Existenz die Zukunft der Partei bedrohe.

Es ist allgemein bekannt, daß Hitlers Verhältnis zu Eva Braun, einem eitlen und dümmlichen Mädchen, mehr oder weniger dem gleichen Schema folgte. Sie ertrug seine Tyrannei geduldig überall, nur nicht im Schlafzimmer, wo sie zur allmächtigen Herrin wurde und er zum kriechenden Sklaven.

Rauschning beschreibt, wie er eines Tages zugegen war, als eine Hellseherin in Hitlers Bekanntenkreis warnend zu ihm sagte: »Mein Führer, wählen Sie nicht die schwarze Magie! Heute stehen Ihnen noch beide offen, die weiße wie die schwarze. Aber wenn Sie sich einmal für die schwarze Magie entschieden haben, wird sie nie wieder aus Ihrem Schicksal verschwinden. Wählen Sie nicht die schnellen und leichten Erfolge. Ihnen steht die Macht offen über ein Reich reiner Geister. Lassen Sie sich nicht von Ihrem wahren Wege durch erdgebundene Wesen, die Ihnen die Schöpferkraft rauben, abbringen. «

Rauschning selber wußte nur allzu gut, daß Hitler sich Kräften hingegeben hatte, die ihn forttrugen – »Kräfte von dunkler und destruktiver Gewalt!« Und in dieser Beziehung war Rauschnings Einblick in Hitlers Seele allumfassend und bedeutsam.

»Indem er noch meinte, die freie Wahl des Entschlusses zu haben, hatte er sich längst einem Zauber ausgeliefert, den man wohl mit gutem Grunde, und nicht bloß im bildhaften Vergleich, als eine dämonische Magie bezeichnen konnte. Und statt eines Mannes, der sich im Höhersteigen von Stufe zu Stufe der Schlacken einer dunklen Vergangenheit entledigte und freier und klarer wurde, sah man ein Wesen, das mehr und mehr zum Besessenen wurde, mit jedem Schritt gebundener, knechtischer, ohnmächtiger, der Raub von Mächten, die sich seiner bemächtigten und ihn nicht mehr losließen ... Die Ursache, daß er seinen Weg in den Abgrund fortsetzte, lag in der Schwäche seines Willens.«

Obwohl Rauschning zugeben mußte, daß Hitler imstande war, starke magische Kräfte zu entfalten, wußte er selber so gut wie nichts von den schwarzen Künsten und hatte niemals dem heimlichen innersten Kreis angehört, in dem dergleichen praktiziert wurde. In einem seiner späteren Interviews mit Adolf Hitler hatte der Führer ihm erzählt, daß die nationalsozialistische Partei das Mittelalter zum Ende führen wolle. »Der Intellekt ist zum Selbstherrscher, zu einer Krankheit des Lebens geworden«, sagte Hitler. »Wir stehen am Anfang einer phantastischen Revolution in bezug auf die moralischen Ideen und die geistige Orientierung des Menschen. Ein neues Zeitalter der magischen Bedeutung der Welt zieht herauf, die nach Gesichtspunkten des Willens und nicht nach denen des Intellekts erfolgt.«

Bei einer anderen Gelegenheit diskutierte Hitler öffentlich die Freimaurerei und die Rituale der zeremoniellen Magie. Und obwohl Rauschning nicht die tiefere Bedeutung der Worte Hitlers fassen konnte, berichtete er darüber getreulich in seinem Tagebuch.

Offenbar glaubte Hitler, daß die herkömmliche Freimaurerei im großen und ganzen in »eine harmlose Vereinigung zur gegenseitigen Beförderung der eigenen Interessen« ausgeartet sei. »Aber eins ist das Gefährliche und ist auch dasjenige, was ich von den Freimaurern übernommen habe ... Sie haben eine Geheimlehre entwickelt, die keine einfach formulierte Lehre ist, sondern in Symbolen und geheimnisvollen Riten stufenweise höhere Einsichten gewährt. Der hierarchische Aufbau und die Erziehung durch Symbole und Riten, das heißt ohne den Verstand zu behelligen, sondern durch Befruchtung der Phantasie, durch magische Einwirkung von kultischen Symbolen: das ist das Gefährliche und Große und von mir Übernommene. Sehen Sie nicht, daß unsere Partei etwas ganz Ähnliches sein muß? Ein Orden, die hierarchische Ordnung eines weltlichen Priestertums.«

Rauschning ist sicherlich der einzige authentische Biograph Hitlers. Wenn man seine Bücher *Gespräche mit Hitler* und *Das Tier aus der Hölle* liest, ist man überrascht von der Ähnlichkeit zwischen seinen Beschreibungen von Hitler und der in den Manuskripten des mittelalterlichen Chronikschreibers Echempertus gegebenen Darstellung des Landulf von Capua. Vergleicht man die beiden Dokumente, deren Entstehung tausend Jahre auseinanderliegt, bemerkt man eine große Ähnlichkeit in Charakter, Lebenslauf und Ansichten des deutschen Führers mit denen des mittelalterlichen Klingsor, dessen Reinkarnation Hitler zu sein wähnte.

> »Hitler liebte es früher, sich mit der Reitpeitsche in der Hand sehen zu lassen. Das hat er aufgegeben. Aber die dahinter verborgenen Eigenschaften sind geblieben: Verachtung, Hochmut, Grausamkeit, Eitelkeit ...
>
> Hitler steckt voller Ressentiments. Bei einem Zufallswort, einer Ideenverbindung kommt es zum Ausbruch, wenn einer der vielen Punkte berührt wird, wo das Selbstgefühl und die Eitelkeit verletzt werden.
>
> Aber nicht bloß eitel und von einer mimosenhaften Empfindlichkeit ist der deutsche Führer, sondern er ist vor allem grausam und rachsüchtig. Ihm fehlt jedes Gefühl der Großmut. Der Haß aber ist ihm wie Wein, an dem er sich berauscht.
>
> Grausam, rachsüchtig und sentimental: eine bekannte Mischung. Er liebte seine Kanarienvögel und konnte weinen, wenn ihm einer einging. Aber er ließ Menschen, an denen er etwas zu rächen hatte, auf die grausamste Weise in den Tod gehen ...

Auch die Heldenverehrung ist bei Hitler zum Mittel entartet. Noch in der Verehrung ist dieser Mann so von sich selbst besessen, daß er nur sein eigenes Ich im andern verehrt. Und doch ist dieser so von seiner göttlichen Größe überzeugte Mann für jeden Beifall, für jede plumpe Schmeichelei dankbar ... Er ist immer von der Zustimmung seiner Umgebung abhängig. Hitlers Selbstgefühl ist im Kreise von Frauen hochgezüchtet worden. Ein absurder Gedanke, daß gerade dieser Mann immer von einem Kreise meist etwas reifer Frauen umgeben ist, ja, daß Frauen ihn eigentlich kreieren... .

Eine gründliche Kenntnis der Schwächen und Laster seiner Feinde sieht er als wichtigste Voraussetzung für Erfolg an ... Er glaubt, daß er sein Ziel nur durch systematische Korrumpierung der einflußreichen herrschenden Klassen erreichen kann. Es macht ihm nichts aus, wenn die Leute ihn einen blutdürstigen Tyrannen nennen, denn er behauptet, daß alles Herrschen im Grunde seines Wesens Tyrannei sei. Er betreibt seine Machtpolitik mit rücksichtsloser Kraft und sieht nicht ein, was so schlimm daran sein soll, wenn er selbst vor Betrug und Fälschung nicht zurückweicht. Er empfiehlt den vorsätzlichen Gebrauch der Macht in einer Zeit, in der immer noch Illusionen darüber bestehen, welche Kräfte die Geschichte formen.

Wir sind wach, sagt er, laßt andere schlafen!«

Auszüge aus Hermann Rauschning: Gespräche mit Hitler und Das Tier aus der Hölle

13. Kapitel
Der dämonische Meistersinger
Der Rattenfänger aus der Herberge

»Hitlers Gestikulieren und die Leidenschaftlichkeit seiner Rede, mit der er sich selbst bis an die Grenze der Hysterie aufpeitschte und schreiend seinen Zorn ausspie, erzielten bei seinen Zuhörern die gleiche Wirkung. Die Art, wie es ihm gelang, seine Zuhörer in Leidenschaft zu versetzen, ist häufig beschrieben worden. Die Männer stöhnten oder pfiffen, die Frauen brachen ungewollt in Schluchzen aus; mochten *sie* damit auch nur ihren Herzen Luft machen, so standen sie doch ganz im Banne der gesteigerten Gefühle von Haß und Verzückung und verloren jede Zurückhaltung ... Seine Macht, sein Publikum zu verzaubern, ist mit den okkulten Kunststücken eines afrikanischen Medizinmannes oder asiatischen Schamanen verglichen worden; andere haben sie mit der Empfindlichkeit eines Mediums und dem Magnetismus eines Hypnotiseurs verglichen.«
Alan Bullock: Hitler. Eine Studie über Tyrannei

Hanisch, einer der Kameraden aus dem Obdachlosenasyl in Wien hat erzählt, wie Hitler sich bereits damals, als er noch jung, arm und unbekannt war, an der Macht des gesprochenen Wortes berauschen konnte.

»Eines Abends«, berichtet Hanisch, »ging Adolf Hitler ins Kino, wo Kellermanns *Tunnel* gezeigt werden sollte. In diesem Film tritt ein Agitator auf, der die arbeitenden Massen mit seinen Reden anstachelt. Hitler geriet fast außer sich. Der Eindruck, den diese Szene auf ihn machte, war so stark, daß er noch mehrere Tage danach von nichts anderem sprach als von der Macht der Rhetorik.«

Schon als junger Mann hatte Hitler sich für die großen Redner der Geschichte begeistert. Gustl Kubizek berichtet, wie die Macht der Beredsamkeit, die so dramatisch in Wagners Oper *Rienzi* gepriesen wird, Hitler zu dem erregten Bekenntnis hingerissen habe, er glaube, daß auch er eines Tages die Massen durch die magische Macht des Wortes zu bannen vermöge.

Hitler läßt sich in *Mein Kampf* über die Wichtigkeit der rednerischen Gabe aus: »Die Macht aber, die die großen historischen Lawinen religiöser und politischer Art ins Rollen brachte, war seit urewig nur die Zauberkraft des gesprochenen Wortes. Die breite Masse eines Volkes vor allem unterliegt immer nur der

Gewalt der Rede. Alle großen Bewegungen aber sind Volksbewegungen, sind Vulkanausbrüche menschlicher Leidenschaften und seelischer Empfindungen, aufgerührt entweder durch die grausame Göttin der Not oder durch die Brandfackel des unter die Masse geschleuderten Wortes ...«

Und Hitler ist sogar nahe daran, etwas von seiner magischen Technik des Redens zu verraten, wenn er erzählt, wie man einen gefühlsmäßig in einer Volksversammlung verspürten Widerstand überwindet. Er sagt, daß dies nicht durch Argumente geschehen kann, sondern nur durch den Appell an ›verborgene Mächte‹. »Ein Redner muß immer der großen Masse in der Weise folgen, daß die lebendigen Reaktionen seiner Zuhörer ihm jeweils die Worte eingeben, die er braucht, damit er sie direkt wieder in die Herzen seiner Hörer zurückschicken kann.«

Otto Strasser, der selber ein glänzender Redner war, doch niemals zur inneren Nazihierarchie gehörte, verstand etwas von der magischen Kraft, die Hitlers Fähigkeit, seiner Zuhörerschaft die wildesten Leidenschaften zu suggerieren, zugrunde lag:

> »Hitler reagiert auf die Schwingungen des menschlichen Herzens mit der Präzision eines Seismographen oder Rundfunkempfängers, und er funktioniert wie ein Lautsprecher, der die geheimsten Wünsche, die unzulässigsten Instinkte, Leiden und Empörungen einer ganzen Nation verkündet.«[43]

Strasser hält wenig von Hitlers intellektuellen Argumenten, die er aus Büchern entnommen, jedoch nicht richtig verstanden hat. »Aber laß ihn nur seine Krücken fortwerfen und kühn hervortreten und sprechen, wie der Geist es ihm gerade eingibt, und er verwandelt sich sofort zu einem der größten Redner des Jahrhunderts ... Adolf Hitler tritt ein in ein Versammlungslokal. Er wittert die Stimmung. Eine Minute lang zögert er, tastet sich vor, saugt die Atmosphäre ein. Dann bricht es plötzlich aus ihm heraus. Seine Worte gehen wie Pfeile ins Ziel, er rührt an jede offene Wunde, befreit die Masse unbewußt, indem er ihre innersten Wünsche ausdrückt und genau das sagt, was sie hören will.«[43]

Professor Alan Bullock kommt der Wahrheit vielleicht weit näher, als er selber ahnt, wenn er schreibt: »Hitlers Macht, sein Publikum zu verzaubern, ist mit den Kunststücken eines afrikanischen Medizinmannes oder asiatischen Schamanen verglichen worden, andere haben sie mit der Empfindsamkeit eines Mediums und dem Magnetismus eines Hypnotiseurs verglichen.«

---

[43] *Otto Strasser:* Hitler und ich.

Doch kann äußere Beobachtung allein niemals die wahre Quelle der magischen Kräfte aufzeigen, mit denen Hitler dem deutschen Volk die brennende Fackel des Wortes ins Herz schleuderte und es ermunterte, sich der Rassenverfolgung anzuschließen.

Adolf Hitlers hellseherische Fähigkeiten, die auf der rituellen »Öffnung« seiner Visionszentren beruhten, waren atavistischer Natur. Das heißt, er konnte seine Vision nicht selber beherrschen oder lenken. Noch waren seine Wahrnehmungen unmittelbar mit den geistigen Realitäten verknüpft, die zur phänomenalen Welt der Dinge gehören. Die Aktivierung der Zentren in Hitlers astralem Organismus kam unfreiwillig zustande, wenn er sich selber in einen Zustand höchster Erregung gesteigert hatte. Vielleicht läßt sich seine Vision mit einer gewissen Berechtigung mit der tiefsten Art eines durch Meskalin oder LSD ausgelösten Rauschzustandes vergleichen, in dem ein Mensch sich in einem beweglichen Kontinuum ständig wechselnder Farben und Formen befindet, da jede vibrierende *Chakra* ihren besonderen Beitrag zum totalen transzendentalen Erlebnis leistet.

Wenn man dem wahren Weg zum Gral folgt, entwickeln sich diese Kräfte durch Meditationsübungen, in denen reine Gedanken und Gefühle die Visionsorgane keimen und wachsen lassen wie Sonne und Wasser den Samen einer Pflanze nähren. Die offensichtliche Parallele zwischen dem Genuß dieser Chakras und den Gesetzen des Wachstums in der Natur bis zur Entfaltung der Blüten veranlaßte die Alten, diese Organe clairvoyanten Sehens »Lotusblumen« zu nennen.

Diese schlummernden Eigenschaften werden durch die Entwicklung spezieller Fähigkeiten, den Erwerb bestimmter moralischer Qualitäten und die Beherrschung verborgener Funktionen der Seele erweckt. Jedes Zentrum wird in dem Grade aktiviert, wie eine gewisse Zahl von Forderungen erfüllt ist. Zum Beispiel führt der buddhistische »achtfache Weg« zum Erwerb von acht Eigenschaften, durch welche die achtblättrige Lotusblume, die mit der Schilddrüse in Verbindung steht, zum Wachstum gebracht und zur Vision aktiviert wird.

Jedes dieser Organe, das mit den sieben endokrinen Drüsen verbunden ist, ermöglicht verschiedene Arten der Vision. Zum Beispiel bewirkt die Chakra, die zur Thymusdrüse gehört, daß man sehen kann, wie die Gefühle und Stimmungen anderer Menschen sich verändern, wogegen das zehnblättrige Organ, das sich im Solarplexus befindet, uns die Talente und Fähigkeiten anderer erkennen läßt und die Kommunikation mit geistigen Wesen ermöglicht. Noch andere Zentren erschließen verborgene Gedanken und heimliche Motive und enthüllen die Absichten völlig fremder Personen, so daß man sie wie in einem offenen Buch lesen kann.

Wir haben kurz die anfechtbare und ganz und gar unzulässige Art beschrieben, in der Adolf Hitlers Zentren unter Anleitung Dietrich Eckarts und des innersten Kreises der Thulegruppe durch obszöne und sadistische Einweihungsrituale geöffnet wurden. Und es kann kein Zweifel darüber bestehen, daß diese schlummernden Kräfte während Hitlers beschwörender Redeanfälle geweckt wurden, so daß er, wie der Rattenfänger von Hameln, sein Publikum instinktiv beherrschte; ein orientalischer Shamane, der seine tödlichen Mantras hinausschrie, um die Zuhörer zu unbeherrschten Gefühlsausbrüchen zu verleiten.

Im Unterschied zu anderen zeitgenössischen Materialisten hatte Hitler die Gabe des Redens niemals nüchtern und phantasielos als eine unter vielen Arten menschlicher Ausdrucksmöglichkeit angesehen. Die Entfaltung seiner Rednergabe kann auch auf Eschenbachs *Parzival* zurückgeführt werden, den er überraschend gut in allen Einzelheiten kannte.

In diesem faszinierenden mittelalterlichen Epos, das selber ein tiefschürfendes Einweihungsdokument darstellt, gibt es eine wunderbare Beschreibung, wie das Wort auch als ein Schwert aufgefaßt werden kann, das aus dem Munde des Menschen fährt. Es wird auch als ein »Schwert des Wortes« beschrieben, das nun alt und stumpf geworden ist und seine Macht verloren hat. Nur wenn die ursprüngliche Quelle seiner Kraft gefunden wird, kann dieses »Schwert des Wortes« erneuert werden.

Von dieser heimlichen Quelle wird an einer bedeutsamen Textstelle des *Parzival* erzählt:

»Daz swert gestêt ganz einen slac,
am andern ez zevellet gar:
wilt duz dan wider bringen dar,
ez wirt ganz von des wazers trân.
du muost des urspringes hân,
underm velse, ê in beschin der tac.
der selbe brunne heizet Lac.
sint diu stücke niht verrêrt,
der se reht zein ander kêrt,
sô se der brunne machet naz,
ganz unde sterker baz
wirt im valz und ecke sîn
und vliesent niht diu mâl ir schîn.
daz swert bedarf wol segens wort:
ich führt diu habestu lâzen dort:
hâts aber dîn munt gelernet,

sô wehset unde kernet
immer saelden kraft bî dir ...«[44]

Der Minnesänger beschreibt später den Brunnen von Kunneware, der von einem Drachen bewacht wird, als den Ursprung der magischen Quelle: Oberhalb des Brunnens befand sich eine Kugel, auf der ein Drache saß.

In dieser wunderbaren Gralssymbolik stellt der Brunnen die sechs Geschlechtsdrüsen – die Gonaden – dar. Hier sitzt die Kugel (oder *Chakra*), das höchste geistige Organ, das die alten Völker durch ein vierarmiges Hakenkreuz kennzeichneten.

Der Drache, der den Brunnen bewacht, symbolisiert die ungebändigte Wildheit im Blut der Rasse, die primitivsten Sexualinstinkte, die überwunden und verwandelt werden müssen, bevor die Quelle ihre Kraft – die schaffende und heilende Kraft des Wortes – ausüben kann.

Hier am Brunnen von Kunneware muß der Mensch nicht nur seinen tiefverwurzelten Egoismus und seinen Rassenstolz überwinden, sondern auch die zerbrochenen Stücke des Schwertes zusammenfügen. Und zwar müssen diese Stücke so passen, daß jedes seinen richtigen Platz erhält und zusammen mit den anderen das Zeichen des Tierkreises Zodiakus bildet – eine Art geistigen Puzzles, in dem die feststehenden Konstellationen in richtiger Stellung und Reihenfolge erscheinen müssen. »Kein Stück darf verlorengehen.«

Der Gralsritter muß diese Aufgabe unter dem Fels ausführen, bevor der Tag anbricht. Das heißt, er soll sie in transzendenter Bewußtheit, ohne das Licht der erwachenden dreidimensionalen Sinneswelt, lösen.

Es ist angemessen, daß diese Textstelle fast unmittelbar auf Parzivals ersten erfolglosen Besuch der Gralsburg folgt, bei dem er es unterläßt, dem verwundeten Anfortas die mitleidige Frage zu stellen: Bruder, was tut dir wehe? Denn die magische Formel, die das zersplitterte Wortschwert wieder zusammenfügt, heißt LIEBE, Christi Liebe, das zum Fleisch gewordene Wort. Und nur durch eine solche Liebe, die alle Vorurteile der Rasse, Farbe, Nation, des Glaubens und Geschlechtes überwindet, kann der Geist des individuellen Menschen geboren werden.

---

[44] »Das Schwert nun bleibt stehts unversehrt beim ersten Schlag — beim zweiten Schlag aber zerspringt es. Bringst du es dann zu dem Brunnen, so wird es vom Strahl des Wassers wieder ganz. Aber du mußt das Wasser beim Austritt der Quelle nehmen, dicht unter den Felsen, bevor der Tag es bescheint. Der Brunnen heißt also Lac. Ist von den Schwertstücken nichts verloren gegangen und hält sie einer richtig aneinander, sobald sie das Wasser des Brunnens benetzt, so wird das Schwert wieder ganz, ja Fugen und Schneiden werden stärker und besser als zuvor, und die Gravierungen verlieren ihren Glanz nicht. Freilich bedarf das Schwert der Segensworte, und ich fürchte, die hast du dort zurückgelassen. Hast du sie aber auszusprechen gelernt, so wächst und keimt die Kraft des Glückes immer bei dir...«

Hitler, der mit der Erzählung und dem Hintergrund des *Parzival* gut vertraut war, wußte um die mittelalterliche Lehre von der Übereinstimmung zwischen Makrokosmos und Mikrokosmos, die den Menschen als verkleinertes Abbild des ganzen Kosmos auffaßt, und er erkannte, wie das schaffende Prinzip (des Wortes) im Universum der Menschheit eingegeben worden war und in der gewaltigen Gabe der menschlichen Rede zum Ausdruck kam.

Hitler wird also ohne Frage gewußt haben, daß das zersplitterte Wortschwert mit den darauf eingravierten Sternbildern der Mensch selber war. Aber er wollte nicht den Weg der christlichen Erneuerung beschreiten, durch den das Wort mehr und mehr zum Ausdruck moralischer Inspiration und heilender Liebesmacht würde. Er wollte die dem Wort innewohnenden magischen Kräfte für destruktive Zwecke nutzen, um Haß, Zwietracht und Feindschaft unter den Menschen auszusäen.

Hitler wollte die Menschen mit Hilfe der Kräfte des Nationalsozialismus an der Verwirklichung des menschlichen Geistes hindern. In seinen wahnwitzigen Reden, die für den, der Augen im Kopf hatte, öffentliche Schaustellungen astrologischer Magie waren, erweckte er die brutalen Instinkte und die primitive Grausamkeit im Blut der Rasse. Das einzige Motiv des luziferschen Geistes, der über Hitlers irregeleitete Seele wie über eine Marionette verfügte, war es, das deutsche Volk zu verführen, sein geistiges Erstgeburtsrecht zugunsten des verlockenden Gedankens der rassischen Überlegenheit aufzugeben.

> »Die Leute halten uns für Feinde des Geistes. Das sind wir auch. Aber in einer weitaus tieferen Bedeutung als die eingebildeten bürgerlichen Dummköpfe es sich je haben träumen lassen. Was geht mich die christliche Lehre an, wie unendlich bedeutungsvoll der individuelle Geist und das persönliche moralische Verantwortungsbewußtsein sind? Ich stelle ihr mit eiskaltem Verstand die erlösende Lehre von der Nichtigkeit und totalen Bedeutungslosigkeit des Individuums gegenüber und behaupte, daß dessen weitere Existenz allein im dahinschwindenden Blut seiner Rasse abgelesen werden kann ... Ich befreie den Menschen von der Forderung nach geistiger Freiheit und persönlicher Unabhängigkeit, die ohnehin nur wenige erfüllen können ... Deutsches Christentum ist ein Widerspruch in sich selber. Man ist entweder deutsch oder christlich. «
>
> (Auszug aus Hitlers Gesprächen mit seinen Gauleitern)

Mit genialer dramatischer Intuition schuf Richard Wagner aus der Klingsorfigur einen Zauberer der schwarzen Kunst, der den Schicksalsspeer als mächtigen phallischen Stab schwang. Und im Lichte der Wagnerschen Gralsoper verstehen wir, wie Adolf Hitler als Klingsor des zwanzigsten Jahrhunderts die historische Bühne betritt, um die Ströme seines magisch inspirierten Giftes über die Menschheit auszugießen und sie dadurch gegenüber der Bedeutung des individuellen Schicksals im historischen Prozeß blind zu machen.[45]

Wenn man Hitler mit Landulf II. von Capua vergleicht, stellt man überrascht fest, daß dieser Herzog von Terra di Labur nicht nur den Speer für seine eigenen teuflischen Zwecke begehrte, sondern auch die abgewandelte Swastika, das Hakenkreuz, zu seinem Wappen erkor.

Die Traditionen und Legenden um Klingsors Gestalt überdauern das neunte Jahrhundert. Denn der Name Klingsor taucht während des Sängerstreits auf der Wartburg im Jahre 1207 wieder auf. Ein gewisser Bischof Klingsor soll alle Minnesänger Europas in diesem Wettstreit übertroffen haben, selbst Wolfram von Eschenbach.

In dem Bericht über den Sängerstreit auf der Wartburg, der Wagner zu seiner Oper *Tannhäuser* inspirierte, wird angedeutet, daß der Bischof Klingsor sich mit teuflischen Mächten verbunden habe, die ihm gehorchten. Der Luzifergeist, die Quelle seiner verblüffenden Fähigkeiten, war als Nazim oder Nasion bekannt. Von Eschenbach, der aus den geläuterten Gefühlen eines reinen Herzens sang, konnte gegen dessen okkulte Weisheit und astrologische Zauberkünste nicht bestehen.

Kein Historiker hat diese Gestalt des Bischofs Klingsor bislang klar identifiziert, aber es wird angenommen, daß er der Graf von Acerra, Herr über Terra di Labur und Capua, gewesen sei.

Man weiß vom Grafen von Acerra, daß er ein böser Mensch und ein Eingeweihter der Magie gewesen ist. Es wurde gemunkelt, daß seine Schwester Sybilla, Königin von Sizilien, einem Sohn das Leben geschenkt habe, der während dämonischer Rituale empfangen worden sei. Als sie vor Kaiser Heinrich VI. floh und auf dem Bergschloß Kallath-el-Bellut Schutz suchte, wurde ihr schreckliches Geheimnis entdeckt. Ihr Sohn wurde kastriert, und der Graf von Acerra, der den unreinen Geist heraufbeschworen und gezeugt hatte, wurde zu einem schrecklichen Tode verurteilt. Obwohl man glaubte, er sei 1197 auf der Folterbank gestorben, waren etwa zur gleichen Zeit Gerüchte im Umlauf, die wissen wollten, daß er geflohen sei und Zuflucht in Ungarn gefunden habe.

---

[45] In einer Szene dieser Oper wirft Klingsor den Speer Parsifal zu, der ihn auffängt. Parsifal, der Vertreter des individuellen menschlichen Geistes, ist gefeit vor Klingsors magischen Kräften. In Parsifals Händen dient der Speer den Kräften des Heiligen Geistes.

Klingsor von Ungarn war, wie Landulf II. vier Jahrhunderte früher, die zentrale Figur eines Kreises von Eingeweihten, unter denen sich einige der führenden kirchlichen Persönlichkeiten der Zeit befanden. Es war der Kreis, von dem aus die Inquisition ihren Anfang nahm.

Bischof Klingsor hatte die Gabe des Hellsehens und sagte die Geburt der heiligen Elisabeth von Thüringen voraus, die als eine Art Schwesterseele des heiligen Franz von Assisi bekannt wurde. Durch ihren Beichtvater, Konrad von Marburg, brach der erste Sturm der Inquisition los. Die Ausrottung der Albigenser und Katharer fand ein Jahr nach dem Sängerkrieg auf der Wartburg statt. Sieben Jahre später (1215) wurden die Ketzergesetze auf dem Laterankonzil angenommen.

Zu Bischof Klingsors Lebenszeit kam die Fabel vom Rattenfänger in Mitteleuropa auf, und einige Historiker haben ihren Ursprung auf ihn zurückgeführt. Darin wird von einem Rattenfänger erzählt, den der Zorn auf die gesamte Einwohnerschaft der Stadt Hameln packte, die ihm seinen Lohn verweigerte, nachdem er deren Bürger von der Rattenplage befreit hatte. Um sich an ihr zu rächen, begann er auf seiner Flöte zu spielen, und alle Kinder der Gegend versammelten sich um ihn. Hypnotisiert von den Zauberklängen seiner Musik, folgten sie ihm über die Stadtmauern hinaus bis zu einer tiefen Höhle in den Bergen, wo sie spurlos und für immer verschwanden. Diese Fabel, die den Mord an unschuldigen Kindern beschreibt, will symbolisch zum Ausdruck bringen, daß verborgene Kräfte in der Geschichte walten, die die Menschen von ihrem wahren geistigen Ziel abzubringen versuchen. Zugleich enthält sie eine prophetische Anspielung auf die magische Beredsamkeit, mit der Adolf Hitler das deutsche Volk an der Erfüllung seines wahren Schicksals hindern würde, indem er es seiner Unabhängigkeit beraubte und es mit Hilfe verfälschter Rassenideologien der moralischen Schande preisgab.

Aus höchst bemerkenswerter Quelle haben wir erfahren, daß Adolf Hitler sich selber auch als eine Reinkarnation des Grafen von Acerra ansah. Nachdem er zur Macht gelangt war und das Dritte Reich gegründet hatte, sandte er Hermann Göring in besonderer Mission zu dem berühmten schwedischen Arzt und Schriftsteller Dr. Axel Munthe, der den Tempel des Kaisers Tiberius auf den Höhen von Capri mit Ausblick auf den Golf von Neapel wiederaufgebaut hatte.

Axel Munthe, der Autor des Vorkriegsbestsellers *Das Buch von San Michele*, begann den antiken Tempel des Tiberius zu restaurieren, obwohl er schon fast erblindet war, und sein Augenlicht erlosch, bevor er sein Werk vollenden konnte. So hat er nie die Schönheit des wiedererstandenen San Michele sehen können, an dem er so hart gearbeitet hatte.

Im August 1937, gelegentlich eines Besuches in Rom, wo Unterhandlungen mit dem italienischen Außenminister Graf Ciano stattfinden sollten, fuhr Göring heimlich in Zivilkleidung nach Neapel und nahm von dort den Dampfer nach Capri.

Munthe war bestürzt über den Besuch des Mannes, der die Gestapo geschaffen hatte, und zögerte, ihn einzulassen. Aber nachdem Göring versichert hatte, er käme im Auftrage Hitlers, um ihm ein Kaufangebot für San Michele zu unterbreiten, erklärte Munthe sich bereit, ihn zu empfangen. Der Schwede war überrascht von Görings beträchtlichem geschichtlichen und künstlerischen Wissen, und die beiden begannen stundenlang miteinander zu diskutieren.

Später im gleichen Jahr, bei einem kurzen Besuch in London, wo Dr. Munthe sich nach Ausbruch des Krieges niederließ, besuchte er seinen alten Freund Dr. Walter Johannes Stein in dessen Heim in Kensington und erzählte ihm in allen Einzelheiten von seiner eigenartigen Unterhaltung mit Hermann Göring.

Nachdem Göring festgestellt hatte, daß Munthe selber Okkultist war und über erweiterte Wahrnehmungsfähigkeiten verfügte, hatte er augenscheinlich offen darüber gesprochen, warum Adolf Hitler San Michele erwerben wollte, und wahrscheinlich auch erwähnt, daß er dort seine alten Tage zu verbringen wünsche.

Hitler, so sagte Göring, betrachtet sich nicht nur als Reinkarnation Landulfs II. und des Grafen Acerra, die beide Herren von Neapel und Capri waren (Terra di Labur), sondern er hält sich auch für den wiedergeborenen römischen Kaiser Tiberius, der sich einst auf die Insel zurückzog, um dort das letzte Jahr seines Lebens in einsamer Abgeschiedenheit zu verbringen.[46]

Im Verlaufe ihrer tagelangen Gespräche erklärte Göring stolz, daß seine Inkarnationen immer denen des Führers gefolgt seien. Er behauptete, Graf *Boese*[47] zu sein, der persönliche Freund und Vertraute Landulfs II. im neunten Jahrhundert.

Im dreizehnten Jahrhundert will er als Konrad von Marburg, der enge Vertraute Bischof Klingsors, des Zauberers auf der Wartburg, wiedergeboren sein. Goebbels wird im gleichen Zusammenhang als Reinkarnation Eckberts von Meran er-

[46] Adolf Hitler bot Munthe einen sehr hohen Preis für San Michele. Dr. Stein erzählte mir, daß Axel Munthe sich geweigert habe zu verkaufen, weil er glaubte, selber die Reinkarnation des Tiberius Caesar zu sein, und auf transzendentale Erinnerungen an dessen Leben verweisen konnte.

[47] Hermann Göring ließ sich einen völlig frei erfundenen Stammbaum aufstellen, der seine Ahnen auf Graf Boese zurückführte, einen Adligen aus königlich karolingischem Blut, und auf Konrad von Marburg, den Beichtvater Elisabeths von Thüringen. Dieser gefälschte Stammbaum wird von den meisten Biographen Görings erwähnt, aber keiner von ihnen hat den wirklichen Grund erraten, warum er ihn anfertigen ließ.

wähnt, das heißt jenes Bischofs von Bamberg, der im dreizehnten Jahrhundert den Grafen von Acerra am Hof des Königs Andreas von Ungarn einführte, unter dessen Gerichtsbarkeit der Sängerwettstreit auf der Wartburg stattfand.

Göring wurde während der Zeit, die er 1921 in Schweden verbrachte, ein aktives Mitglied der »Edelweißgesellschaft«. Diese, ein Ableger der »Golden Dawn«, erwartete das Erscheinen eines nordischen Messias. Seit er Hitler zum ersten Male sprechen gehört hatte, bestand für ihn kein Zweifel, daß er dem »Erlöser Deutschlands« zuhöre. »Hitlers Meinungen waren mir Wort für Wort aus der Seele gesprochen«, sagte er. »Als ich mich vorstellte, sagte Hitler, es sei eine bemerkenswerte Fügung des Schicksals, daß wir uns begegnet seien. Wir unterhielten uns sofort über die Dinge, die uns am Herzen lagen.«

Doch es war Goebbels, der, als er Hitler zuerst auf einer Parteiversammlung in Bamberg sprechen hörte, zum Propheten des Führers und neuen Meistersingers werden sollte. Der lahmende Student, Sohn eines Buchdruckers in Rheydt, hatte sich mit Erfolg um ein Stipendium der Albertus-Magnus-Gesellschaft beworben, mit dem er sein Universitätsstudium bezahlen konnte. Er studierte Geschichte und Literatur an fünf verschiedenen Universitäten. Als er im Sommer 1918 in Freiburg war, hatte er eine Studie über die Geschichte des Mittelalters und ihre Verknüpfung mit dem Mysterium des Heiligen Grals angefertigt. Während seiner Studienzeit begann er auch einen Roman, *Michael*, zu schreiben; es war eine Art Tagebuch, dessen Held gleichzeitig Soldat, Dichter, Liebhaber, Patriot und Revolutionär ist, ein junger Mann, der »das Leben mit allen Fasern seines Seins festhalten will«. Der Held bürdet die Verantwortung für die klägliche Lage des besiegten Deutschlands den Juden auf: »Sie haben unser Volk geschändet, unsere Ideale besudelt, die Kraft der Nation gelähmt, die Sitten angefault und die Moral verdorben ... Sie sind das Eitergeschwür am kranken Körper unseres Volkstums ... Ihr Intellekt hat unser Volk vergiftet.« Als der Held auf dem Grunde seiner Verzweiflung über das Schicksal des deutschen Volkes angelangt ist, wird er plötzlich durch das Erscheinen eines messianischen Redners von neuer Hoffnung beflügelt:

> »Ich sitze in einem Saal, in dem ich noch nicht war. Mitten unter Menschen, die mir fremd sind. Arme, verhärmte Menschen. Arbeiter, Soldaten, Offiziere, Studenten ... Ich merke kaum, wie plötzlich einer oben steht und zu reden beginnt. Stockend und schüchtern zuerst, als suchte er Worte für Dinge, die zu groß sind, als daß man sie in enge Formen presse.
>
> Da, mit einem Male beginnt der Fluß der Rede sich zu entfesseln. Ich werde gefangen, ich horche auf. Der da oben gewinnt Tempo. Wie ein Licht leuchtet es über ihm.

Ehre? Arbeit? Fahne? Was höre ich! Gibt es das noch in diesem Volk, von dem Gott seine segnende Hand gezogen?

Die Menschen beginnen zu glühen. Auf den zerfetzten, grauen Gesichtern leuchten Hoffnungsstrahlen. Da steht einer auf und hebt die geballte Faust hoch ... Daneben sitzt ein alter Offizier und weint wie ein Kind.

Mir wird heiß und kalt. Ich weiß nicht, was in mir vorgeht. Mir ist mit einem Mal, als hörte ich Kanonen donnern. Wie im Nebel sehe ich, daß ein paar Soldaten plötzlich aufstehen und Hurra schreien. Nicht einer nimmt Notiz davon.

Der da oben spricht ... Was in mir seit Jahren lebte, hier wird es Gestalt und nimmt greifbare Formen an.

Offenbarung! Offenbarung!

Mitten unter den Trümmern steht einer und reißt die Fahne hoch. Um mich herum sitzen mit einem Male keine fremden Menschen mehr. Das sind ja alles Brüder ...

Ich gehe, nein, ich werde getrieben bis an die Tribüne. Da stehe ich lange und schaue diesem Einen ins Gesicht.

Das ist kein Redner. Das ist ein Prophet!

Schweiß läuft ihm in Strömen von der Stirne. In diesem grauen, bleichen Gesicht wettern zwei glühende Augensterne. Die Fäuste ballen sich ihm. Wie das jüngste Gericht donnert Wort um Wort und Satz um Satz.

Ich weiß nicht mehr, was ich tue. Ich bin wie von Sinnen. Ich schreie Hurra! Keiner verwundert sich darüber.

Der da oben schaut mich einen Augenblick an. Diese blauen Augensterne treffen mich wie Flammenstrahlen. Das ist Befehl!

Von diesem Augenblick an bin ich wie neugeboren ... Ich weiß, wohin mein Weg geht. Der Weg der Reife ... Ich bin wie berauscht ... Ich weiß nur noch: Ich legte meine Hand in eine klopfende Männerhand. Das war ein Gelöbnis fürs Leben. Und meine Augen versanken in zwei großen, blauen Sternen.«

Auf diese Weise griff der junge Goebbels seiner vom Schicksal vorausbestimmten Begegnung mit Adolf Hitler, dem wiederauferstandenen dämonischen Meistersinger der Wartburg, vor.

Der Eindruck, den Adolf Hitler auf Goebbels machte, als sie sich in Bamberg zum ersten Male wirklich sahen, ist im Tagebuch des Propagandaministers nachzulesen, das vom Alliierten Nachrichtendienst nach dem Fall Berlins 1945 beschlagnahmt wurde:

»Ich danke dem Schicksal, daß es einen solchen Mann gibt! ... Er ist das schaffende Werkzeug des Schicksals und der Götter. Ich stehe tief ergriffen an seiner Seite ... So ist es ... Ich erkenne ihn bedingungslos als meinen Führer an ... Er ist so tief und mystisch. Er weiß die unendliche Wahrheit auszudrücken ... Er ist wie einer der Propheten des Altertums. Und im Himmel scheint eine große weiße Wolke die Form eines Hakenkreuzes anzunehmen. Ist dies ein Zeichen des Schicksals? Wieviel elementare Kraft geht doch von diesem Manne im Vergleich zu den Intellektuellen aus! Und obendrein diese überwältigende Persönlichkeit! ... Mit einem solchen Mann kann man die Welt erobern. Mit ihm fühle ich mich tief verbunden. Meine Zweifel schwinden ... Ich würde es nicht aushalten, an diesem Manne zweifeln zu müssen. Deutschland soll leben. *Heil Hitler!*«

DRITTER TEIL
Das Blut und die Asche

Hitler:

»Wagner hat unser ewig tragisches Menschenschicksal gekündet. Er war nicht bloß Musiker und Dichter; er war die größte Prophetengestalt, die das deutsche Volk besessen hat. Ich bin durch Zufall oder Schickung früh auf Wagner gestoßen und habe mit geradezu hysterischer Erregung gefunden, daß alles, was ich von diesem großen Geist las, meiner innersten, unbewußten, schlummernden Anschauung entsprach ...

Wir müssen übrigens den *Parsifal* ganz anders verstehen, als er so gemeinhin interpretiert wird. Hinter der abgeschmackten, christlich aufgeputzten äußeren Fabel mit ihrem Karfreitagszauber erscheint etwas ganz anderes als der eigentliche Gegenstand dieses tiefsinnigen Dramas.

Nicht die christlich-schopenhauersche Mitleidsreligion wird verherrlicht, sondern das reine, adlige Blut, das in seiner Reinheit zu hüten und zu verherrlichen sich die Brüderschaft der Wissenden zusammengefunden hat.

Da leidet der König Anfortas an dem unheilbaren Siechtum, dem verdorbenen Blut. Da wird der unwissende, aber reine Mensch in die Versuchung gestellt, sich in dem Zaubergarten Klingsors der Lust und dem Rausch der verdorbenen Zivilisation hinzugeben oder sich der Auslese von Rittern zu gesellen, die das Geheimnis des Lebens hüten, das reine Blut.

Wir alle leiden an dem Siechtum des gemischten, verdorbenen Blutes. Wie konnen wir uns reinigen und suhnen? Merken Sie, daß das Mitleid, durch das man wissend wird, nur dem innerlich Verdorbenen, dem Zwiespältigen gilt. Und daß dieses Mitleid nur eine Handlung kennt, den Kranken sterben zu lassen. Das ewige Leben, das der Gral verleiht, gilt nur den wirklich Reinen, Adligen!«

Hermann Rauschning:
Auszüge aus: Gespräche mit Hitler

14. Kapitel
Der Name auf dem Stein
Die Geschlechterfolge der Reinkarnation

»Ir jeht, ir sent iuch umben grâl:
ir tumber man, daz muoz ich klagn.
jane mac den grâl nieman bejagn,
wan der ze himel ist sô bekant
daz er zem grâle sî benant.
des muoz ich vorne grâle jehn:
ich weizz und hânz für wâr gesehn ...
Mir ist wol bekant,
ez wont manc werlîchiu hant
ze Munsalvaesche bîme grâl ...
ich wil iu künden umb ir nar.
si lebent von einem steine:
des geslähte ist vil reine.
hât ir des niht erkennet,
der wirt iu hie genennet
er heizet lapsit exillîs.
von des steines kraft der fênîs
verbrinnet, daz er zaschen wirt:
diu asche im aber leben birt.
sus rêrt der f fênîs mûze sîn
und gît dar nâch vil liehten schîn,
daz er schoene wirt als ê ...
selhe kraft dem menschen gît der stein,
daz im fleisch unde bein
jugent empfaeht al sunder twâl.
der stein ist ouch genant der grâl.
dar uf kumt hiute ein botschaft,
dar an doch lît sîn hôhste kraft.
Ez ist hiute der karfrîtac,
daz man für wâr dâ warten mac,
ein tûb von himel swinget:
ûf den stein diu bringet

ein kleine wîze oblât.
ûf dem steine si die lât ...
die aber zem grâle sint benant,
hoert wie die werdent bekant.
zende an des steines drum
von karacten ein epitafum
sagt sînen namen und sînen art,
swer dar tuon sol die saelden vart.
ez sî von meiden ode von knaben,
die schrift darf niemen danne schaben:
sô man den namen gelesen hât,
vor ir ougen si zergât.«[48]
(So sprach der Eremit Trevrizent zu Parzival.)
Wolfram von Eschenbach:
Parzival

Walter Johannes Stein zog mit einem Tornister voller Bücher in den Krieg. Er trat als einfacher Artillerist in das österreichische Heer ein und schied als Stabshauptmann wieder aus. Er verließ sein Heim als unkundiger Novize, der den Gral suchte, und kehrte aus dem Kriege als Eingeweihter zurück, der seinen Namen an der Kante des Steines eingraviert gefunden hatte.

---

[48] »Ihr sagt, Ihr sehntet Euch nach dem Gral! Ihr törichter Mann, das muß ich beklagen, denn den Gral kann nur erringen, der im Himmel so bekannt ist, daß er von ihm zum Grate bestimmt wird. Das muß ich Euch vom Gral berichten, denn ich weiß es und habe es wirklich erlebt ...
Wie mir bekannt ist, wohnen viele wehrhafte Ritter zu Munsalwäsche beim Gral ... Ich will Euch auch sagen, wovon die tapfere Schar sich nährt. Sie leben von einem Steine ganz reiner Art. Wenn Ihr darüber nicht Bescheid wißt, so will ich ihn Euch hier nennen. Er heißt *lapsit exillis*. Durch die Kraft des Steines verbrennt der Phönix zu Asche, die ihm ein neues Leben bringt. So mausert sich der Phönix und erstrahlt danach ebenso schön wie zuvor ... Der Stein verleiht dem Menschen solche Kraft, daß Fleisch und Bein seine Jugend bewahrt. Er hat auch den Namen Gral.
Auf ihn senkt sich heute eine Botschaft herab, auf der seine höchste Macht beruht. Heute ist der Karfreitag, der Tag, an dem man wahrlich schauen kann, wie eine Taube sich vom Himmel schwingt und eine kleine weiße Oblate zu dem Stein trägt ...
Nun hört noch, wie die bekannt werden, die zum Gral berufen sind! Eine Inschrift am äußersten Rande des Steines verkündet Namen und Geschlecht dessen, der sich auf die selige Reise dorthin machen soll, es sind Knaben und auch Mädchen. Die Schrift braucht niemand zu entfernen, denn sobald man den Namen gelesen hat, vergeht sie vor den Augen.«
Auf ihn senkt sich heute eine Botschaft herab, auf der seine höchste Macht beruht. Heute ist der Karfreitag, der Tag, an dem man wahrlich schauen kann, wie eine Taube sich vom Himmel schwingt und eine kleine weiße Oblate zu dem Stein trägt ...
Nun hört noch, wie die bekannt werden, die zum Gral berufen sind! Eine Inschrift am äußersten Rande des Steines verkündet Namen und Geschlecht dessen, der sich auf die selige Reise dorthin machen soll, es sind Knaben und auch Mädchen. Die Schrift braucht niemand zu entfernen, denn sobald man den Namen gelesen hat, vergeht sie vor den Augen.«

Obwohl er die ganze Zeit an den erbitterten Abwehrkämpfen gegen die Russen teilnahm und sogar wegen Tapferkeit dekoriert und in den Tagesbefehlen erwähnt wurde, fand er doch irgendwie Gelegenheit, seine Doktorarbeit zu schreiben. Es war eine Abhandlung über Zeit und Bewußtheit, die die physiologischen Prozesse des menschlichen Körpers als potentiellen Sitz von neun höheren Stadien der transzendentalen Wahrnehmung beschrieb. Als er 1914 an die Front geschickt wurde, hatte er noch keinen Zugang zu höherer Bewußtheit gefunden. Er stand dem gleichen Problem gegenüber, das fast alle, die sich mit Okkultismus befassen, bewältigen müssen: Wie kann man die schlummernden Kräfte der Seele erwecken, sie zu echten geistigen Visionen führen? Ihm war klar, daß eine derartige Vision nur durch Meditation zu erreichen war. Aber welcher Art war diese Meditation, und wie sollte er Zeit finden, sich ihr inmitten eines modernen Krieges hinzugeben?

Er kam zu dem Schluß, daß, weil er wünschte, sein Denken unabhängig vom Gehirn zu machen, auch der Inhalt seiner Meditationen übersinnlicher Natur sein müsse. Er wählte die alte Rosenkreuzermeditation mit dem schwarzen Kreuz und den sieben roten Rosen. Da die einzelnen Symbole niemals zusammen in der Sinnenwelt vorkamen, bedeutete eine solche Form der Meditation bereits einen Schritt auf dem Wege zum übersinnlichen Erlebnis. Außerdem schloß der ganze gedankliche Prozeß dieser besonderen Meditationsweise bereits die innere Bedeutung des Blutes ein, die ja das zentrale Thema der Gralssuche war.

Ganz gleich, ob sich seine Batterie auf dem Vormarsch oder Rückzug befand oder sich in einem mörderlichen Stellungsfeuer festgefahren hatte, zwang er sich dazu, dreimal täglich Zeit zu einem Augenblick konzentrierter Meditation zu finden. Schon das allein war eine bemerkenswerte Leistung.

Durch ständige Wiederholung der Meditation rief er aus den Tiefen seiner Seele weit stärkere Kräfte hervor, als er gewohnt war, im täglichen Denken zu gebrauchen. Nach und nach erkannte er während dieser Perioden fortgesetzter Meditation, daß seine Seele sich von seinem Körper freimachte, und daß es dabei ähnlich zuging wie vor dem Einschlafen. Aber anstatt in einen Zustand des Unbewußten hinüberzudämmern, erwachte er zur Bewußtheit auf einer höheren Daseinsebene.

Nach reichlich einem Jahre an der Front begannen seine beharrlichen Meditationen Früchte zu tragen und zu einer echten Clairvoyance der geistigen Welten aufzublühen. Er spürte Fähigkeiten in sich aufkeimen, die von Okkultisten imaginative Erkenntnis genannt wird.

In diesem Stadium seiner inneren Entwicklung erhielt er einen kurzen Heimaturlaub, um seine Mutter über den Verlust ihres ältesten Sohnes zu trösten. Fritz Stein, Walters Bruder, war nachträglich der höchste Orden für

Tapferkeit und Pflichterfüllung verliehen worden. Er fiel bei der Verteidigung einer Festung gegen einen russischen Angriff und sprengte sich selber mit dem Fort in die Luft, als der Feind die Verteidigung der Anlage durchbrach. Die beiden Brüder hatten sich sehr nahe gestanden, so daß Walter ebenfalls stark unter dem Verlust litt. Beide waren sie der Meinung gewesen, daß es sich lohne, für den österreich-ungarischen Vielvölkerstaat ins Feld zu ziehen, aber der Tod war natürlich ein hoher Preis.

Während seines Urlaubs entschloß sich Walter Johannes, der Hofburg einen kurzen Besuch abzustatten, um wieder einmal den Speer des Longinus zu betrachten, die alte Waffe, die mit der seltsamen Legende vom Weltenschicksal verknüpft war. Es war an einem schönen Spätsommertag, als er über den fast verlassenen Ring ging und die Stufen zur Weltlichen Schatzkammer erklomm.

Die Wächter, meist pensionierte Soldaten, die für den Kriegsdienst zu alt waren, grüßten den jungen Leutnant, als er durch den Rokokosaal ging. Er schritt vorbei an den ihm bereits vertrauten habsburgischen Regalien und Reichskleinodien und blieb erst vor der Glasvitrine stehen, in der die Speerspitze einsam auf einem roten Sammetkissen lag.

Es war mehr als zwei Jahre her, daß er mit Adolf Hilter an der gleichen Stelle gestanden hatte, doch der kam ihm in diesem Augenblick überhaupt nicht in den Sinn. Statt dessen dachte er daran, wie seine Kommilitonen an der Universität ihn wegen seines Glaubens an diese Legende vom Schicksalsspeer verspottet haben würden. Wenn er nur angedeutet hätte, daß sie auch auf Menschenschicksale Einfluß haben könnte, würden sie darüber wie über einen schlechten Witz gelacht haben. Deswegen hatte er niemals von seinen Nachforschungen über die Geschichte des Speers mit anderen als mit seiner Mutter und seinem Bruder Fritz gesprochen, der nun tot war.

Allein der Anblick des Speeres brachte ihm ins Bewußtsein, welch gespaltene Persönlichkeit er geworden war: Er hielt hartnäckig an zwei offensichtlich entgegengesetzten Standpunkten fest, ohne einen von ihnen aufgeben zu wollen.

Auf der einen Seite ließ er sich von der atomistischen Auffassung der modernen Physik und der neuen naturwissenschaftlichen Methode leiten, die darauf aus war, den Menschen nur in der Terminologie der physischen Welt zu erklären, in der er lebt. Sein ganzes wissenschaftliches Studium an der Universität hatte ihm ein Weltbild vermittelt, das frei von göttlichem Geist war, eine gottlose Welt der meßbaren Zahlen, in der der Mensch zu äußerster Bedeutungslosigkeit geschrumpft war und die Erde selber allenfalls einen Flecken kosmischen Staubs in einer sterbenden Galaxie ausmachte.

Auf der anderen Seite verhalf ihm seine neu gewonnene Clairvoyance zu einer Geisteshaltung, in der die Erkenntnis das Wissen ersetzte und für intellektuelle Spekulationen keinen Platz mehr ließ. Er nannte sich selber um diese Zeit »halb Skeptiker, halb Visionär«. Und doch konnte er keinerlei gedankliche Verbindung zwischen diesen einander widersprechenden Standpunkten herstellen, die ihm erklärt hätte, wie die Materie vom Geist erschaffen und von ihm aufrecht erhalten wurde.

Trotz dieses Dilemmas hegte er eine unerschütterliche innere Überzeugung, daß im Universum eine moralische Ordnung herrsche, und daß Urteil und Strafe der innerste Kern des geschichtlichen Prozesses und persönlichen Schicksals seien. Im Laufe der Zeit, als die Verlustlisten immer länger wurden, kam er mehr und mehr zu der Überzeugung, daß er den Krieg überleben würde, um irgendeine Art geistigen Auftrags zu erfüllen.

Während diese Gedanken ihm durch den Kopf gingen, hatte er auf den alten Speer gesehen, der so viele verschiedene Persönlichkeiten in der Geschichte des Christentums inspiriert hatte. Er ließ seinen Blick über die eigentümlich gestalteten Phalanxen gleiten, die man hinzugefügt hatte, um die Flügel einer Taube zu symbolisieren, über die goldenen Kreuze, die in das dunkle Metall eingelassen waren, den geschmiedeten Nagelkopf in der Mittelöffnung des Blattes und die lange, sich verjüngende Spitze.

War dies wirklich der Speer, mit dem der römische Zenturio aus Barmherzigkeit die Seite Jesu Christi durchbohrt hatte, fragte er sich selbst. Oder waren einige der bedeutendsten Persönlichkeiten der Weltgeschichte einem Irrtum erlegen?

Er hatte nicht mit der starken Wirkung gerechnet, die dieser Talisman des Blutes Jesu Christi auf seine erwachenden clairvoyanten Fähigkeiten ausüben würde. Ganz plötzlich wurde er seiner psychometrischen Eigenschaften gewahr. Von ihm schienen mystische Vibrationen auszugehen, die die Kraft hatten, mächtige Phantasien hervorzurufen. Bevor er sich aufraffen konnte, sie wieder abzuschütteln, war er tief in ein Erlebnis versunken, das seine Sinne überwältigte. Er wurde geradezu abrupt aus dem irdischen Raum-Zeit-Kontinuum gerissen und in ein höheres Bewußtheitsstadium geschleudert.

Die unmittelbare Umgebung in der Schatzkammer schmolz dahin, und er stürzte wie ein Gefangener auf einem magisch fliegenden Teppich unbekannten Zielen entgegen durch Zeit und Raum. Er befand sich plötzlich mitten in einer erstaunlichen Szene, die sich mit Gewalt seiner geistigen Phantasie bemächtigen wollte. Und mit seiner neu gewonnenen Erkenntnis wurde er Zeuge eines manichäischen Weltenkrieges zwischen den Geistern des Lichtes und der Dunkelheit.

Über sich in der Ferne konnte er eine mächtige Gestalt erkennen, die an der Spitze einer Engelschar stand, einen durchsichtigen Geist im weißen Gewand, das in hübschen, gleichsam lebendigen Falten herabfiel und die absolute Reinheit des Herzens symbolisierte. Voller Freude und Bewunderung bestaunte er die Majestät und geistige Kraft dieses überirdischen Wesens, dessen Gesicht das »Antlitz des Herrn« war.

Er wußte sofort, daß er vor dem Erzengel des Grals, dem Zeit-Geist, stand. Sein Helm funkelte und glänzte wie das heilige Feuer geschmolzenen Eisens in einem kosmischen Ofen. In seiner rechten Hand hielt er ein leuchtendes Schwert, das er in unergründlicher Absicht nach göttlichem Willen durch die Himmel schwang. Wenn die Klinge herabfuhr, schossen Blitzstrahlen daraus hervor, um Ansammlungen dämonischer Geister zu vernichten, die in die himmlischen Welten eindringen wollten, aus denen man sie hinausgeworfen hatte.

Als die Schlacht wie ein schreckliches kosmisches Ungewitter näher kam, fühlte auch er sich in Reichweite der reinigenden Auswirkungen dieses geistigen Weltgerichtes. Obwohl er an die Härte und ständige Anspannung eines Krieges zwischen Menschen mit all seinen Schrecknissen gewohnt war, hatte er nie etwas erlebt, das auch nur im entferntesten mit diesem entsetzlichen Getümmel verglichen werden konnte, in dem die bösen Geister durch die Unerbittlichkeit des Wächters an der Schwelle zum Makrokosmos in die Flammen der Trostlosigkeit zurückgestoßen wurden.

Und nun fühlte er sich versucht, voller Angst zusammen mit den grotesken Geschöpfen zu fliehen, die ihn auf allen Seiten umgaben und aussahen, als seien sie direkt den Gespenstergemälden eines Hieronymus Bosch oder den Höllenillustrationen Orcagnas entstiegen! Irgendwie brachte er jedoch den moralischen Mut auf, zu bleiben. Und mehr als dies, er wußte, daß er aus sich herausgehen und sich selber dem reinigenden Feuer darbieten mußte. Schneidender Schmerz und Angst stiegen in seiner Seele auf, als der Blitzstrahl ihn traf. Er hatte das Empfinden, er würde ausgehöhlt, als nun aller falscher Stolz und Materialismus in seiner Seele verbrannt wurden. Schließlich konnte er den Schmerz nicht länger ertragen und brach bewußtlos zusammen.

Genauso plötzlich, wie das transzendentale Erlebnis seine physischen Sinne überwältigt hatte, fand er sich nun völlig unvermittelt wieder zwischen die vier Wände der Schatzkammer zurückversetzt. Seine rechte Hand war ausgestreckt, als ob sie nach etwas greifen wolle. Die Faust war so fest geballt, daß die Fingernägel die Handfläche blutig gekratzt hatten. Wie lange er dort in Trance gestanden hatte, wußte er nicht. Es konnten Minuten gewesen sein, vielleicht auch nur Bruchteile von Sekunden. Niemand schien ihm besondere Beachtung zu schenken. Der Speer lag dort immer noch vor ihm auf dem Sammetkissen in der Glasvitrine. Die Sonne schien durch die hohen Fenster des Rokokosaales und spiegelte sich in den Habsburger Regalien. Der Kontrast zwischen der friedlichen Schatzkammer und dem erbitterten Ringen der Welten, das er soeben miterlebt hatte, spannte seine Sinne aufs äußerste an.

Als er über den Ring zurückging, fiel ihm ein, daß Michaeli war, der Tag des Erzengels Michael. Und er dachte an Michaels Worte in Goethes *Prolog im Himmel*, die seine eigene furchtbare Erfahrung nahezu vollkommen beschrieben.

Michael;
»Und Stürme brausen um die Wette,
Vom Meer aufs Land, vom Land aufs Meer,
Und bilden wütend eine Kette
Der tiefsten Wirkung rings umher.
Da flammt ein blitzendes Verheeren
Dem Pfade vor des Donnerschlags;
Doch deine Boten, Herr, verehren
Das sanfte Wandeln deines Tags.«

Und vielleicht war es eine ähnliche Vision, die die kriegerischen und mystischen Verse in der Offenbarung des Johannes inspiriert hatte: »Und es erhob sich ein Streit im Himmel: Michael und seine Engel stritten mit dem Drachen, und der Drachen stritt und seine Engel. Und siegten nicht; auch ward ihre Stelle nicht mehr gefunden im Himmel.« (Joh. Offenbarung 12, 7 und 8).

Es war erstaunlich, daß ein solches magisches Bildwerk sich in das Gewand einer menschlichen Vorstellung kleidete, obwohl es doch nur ein vorübergehendes Erlebnis war. Aber er wußte, daß die dabei beteiligten Wesen, sowohl die guten als auch die bösen, wirklich und in des Wortes wahrster Bedeutung existierten – wirklicher noch als das Straßenpflaster, auf dem er ging.

Der Anblick des Gralsengels war an sich schon eine Art geistiger Erinnerung gewesen. Er spürte in seinem Innersten, daß er diesem erhabenen Wesen bereits vor seinem jetzigen Erdenleben, sogar schon unzählige Male, auf Erden gedient hatte. Endlich wußte er nun, was es wirklich bedeutete, ein Gralsritter zu sein: Fortan würde er sich der Gralssuche widmen und danach streben, sich auf die vor ihm liegenden Aufgaben vorzubereiten. Wie ein mittelalterlicher Ritter des Heiligen Grals legte er ein feierliches Gelübde ab, diesem höchsten Geist zu dienen, und wenn es ihn das Leben kosten solle.

Während der Monate, die auf die erste Begegnung mit dem Zeit-Geist, dem Geist des Schicksalsspeeres, folgten, widmete er sich noch eifriger und entschlossener der täglichen Meditation und übte sich in der Fähigkeit, lebendige Bilder in sich zu erzeugen und mit Gedanken umzugehen, als seien sie Dinge. Die Belohnung für seine Bemühungen wurde ihm auf höchst überraschende Weise zuteil, als er an einem bitterkalten Dezembertage des Jahres 1916 als Feuerleitungsoffizier seiner Batterie in vorderster Linie lag.

Er befand sich inmitten eines konzentrierten Sperrfeuers, und die Granaten explodierten dicht um ihn herum. Der langerwartete Augenblick okkulter Erleuchtung kam, als eine Granate in den Schützengraben zu seiner Rechten fiel und dort liegen blieb, ohne zu explodieren.

In einem einzigen Augenblick sah er sein ganzes Leben als ununterbrochene Bilderfolge vor seinem geistigen Auge Revue passieren. Und er betrachtete dieses Panorama seines Lebens mit der Neutralität des unbeteiligten Zuschauers, der sich seines höheren Ichs bewußt ist. Doch die Begebenheiten seines Lebens wurden nicht etwa in beschleunigt ablaufendem, geordnetem Nacheinander gezeigt. Ganz im Gegenteil, die Bilderfolge bot sich vielmehr als ein riesiges, in sich verflochtenes Muster von Ursache und Wirkung dar, das er von einer höheren Bewußtheitsebene aus als Einheit auffaßte. Irgendwie war er aus der irdischen Zeitordnung, in der die Dinge in geordneter zeitlicher Aufeinanderfolge ablaufen, herausgefallen. Nun erlebte er sich als Wesen im Einklang mit der Zeit und nicht als Seele, die in ihr gefangen ist.

Die nächste Stufe auf dem Wege zum Gral verlangte, daß er lernte, alle Gedankenbilder aus seinem Bewußtsein auszulöschen. Er hatte das Stadium erreicht, wo er vor dem Rätsel der leeren Struktur stand, in dem die Seele versuchen muß, grenzenlose Fülle in einer vermeintlichen Leere zu suchen. Der Zeitpunkt war für ihn gekommen, in dem er seine Seele abwartend und leer bewahren mußte, ohne die Gefühle der Ehrerbietung und Demut aufzugeben, deren eine auf Gottes Gnade harrende Seele dringend bedarf.

In diesen Augenblicken stummer und bildloser Vertiefung wurde eine Vision der Geisterwelt geboren, die Welt der Hierarchien übersinnlicher Wesen. Und allmählich, Schritt für Schritt, erlangte Walter Johannes die Fähigkeit, sich seines Bewußtseins durch einen Willensakt zu entledigen, so daß er diese unsichtbare Welt betreten konnte, von der aus schaffende Wesen die Sinnenwelt gestalten und aufrechterhalten.

Während seiner ersten kurzen Ausflüge in den Makrokosmos wird dem Gralsaspiranten die Aufgabe gestellt, sich in der neuen Welt zu orientieren, und er muß lernen, die aufsteigende hierarchische Ordnung der himmlischen Geister zu erkennen. Dabei soll er nicht nur das Verständnis der Eigenarten und Fähigkeiten eines jeden Grades erlangen, sondern auch die unendlich vielen Wege unterscheiden lernen, auf denen sie sich der dreidimensionalen Welt mitteilen.

Vor allem war Walter Johannes erstaunt über die Art, in der diese hohen himmlischen Geister in ständig wechselnden Beziehungen zueinander standen. Gleich den Buchstaben des Alphabets schien ihre Gruppierung und häufig wechselnde innere Anordnung eine Symphonie des schöpferischen Wortes auszudrücken, eine neue Sprache des Geistes von unendlicher Tiefe und Vielfalt der Bedeutung. Mit einer gewissen Befriedigung erinnerte er sich, daß Wolfram von Eschenbach die Fähigkeit, diese wechselnden Beziehungen und Gruppierungen zu deuten, als das »Lernen des ABCs ohne Hilfe der schwarzen Magie« beschrieben hatte.[49]

Der Anblick der himmlischen Hierarchien, der zahllose Gralseingeweihte seit den Tagen des Joseph von Arimathia inspiriert hat, erweckt eine unsagbare Sehnsucht in der menschlichen Seele, sich über die von der Sinnenwelt gezogenen Schranken hinwegzusetzen. So versuchte auch Walter Johannes nun, mit den hohen Geistern, die den Zwecken der göttlichen Dreieinigkeit dienen, in direkte Verbindung zu treten.

Waren die Entwicklung der imaginativen Erkenntnis durch den Erwerb eines abstrakten, vom Gehirn unabhängigen Denkvermögens und die Fähigkeit der Inspiration durch die Reinigung des Gefühlslebens erreicht worden, so erforderte jetzt der letzte Schritt zur intuitiven Identifikation mit übersinnlichen Wesen eine Stärkung der moralischen Kräfte des Willens.

Während er das letzte Stück seiner Wanderung zum Gral zurücklegt, wird sich der Mensch der wirklichen Natur seines individuellen Geistes bewußt. Er entdeckt, daß das irdische Ich, das er früher als Mittelpunkt und Kern seines Wesens angesehen hat, nur ein Wiederschein des ewigen Ichs ist, das es überschattet.

Walter Johannes war nun nahe daran, seinen Namen rings um die Kante des Steines, der auch Gral genannt wird, lesen zu können. Denn der individuelle Geist wacht auch über die höhere Erinnerung an eine ganze Reihe von Leben, die die Seele früher auf Erden zugebracht hat.

»Die aber zem grâle sint benant,
hoert wie die werdent bekant.
zende an des steines drum
von karacten ein epitafum
sagt sînen namen und sînen art,

[49] Wenn die heutigen Astrologen versuchen, die Zukunft aus den Bewegungen und jeweiligen Stellungen der sichtbaren Planeten zu den Fixsternen vorauszusagen und diese als eine Art Alphabet mit innerer Bedeutung benutzen, glaubt man die letzten Ausstrahlungen einer erhabenen und uralten Weisheit zu spüren.

swer dar tuon sol di saelden vart.
ez sî von meiden ode von knaben,
die schrift darf niemen danne schaben:
sô man den namen gelesen hât,
vor ir ougen si zergât.«[50]
Parzival

Selbstverständlich denkt Wolfram von Eschenbach, wenn er »Namen« und »Art« sagt, an keinen genealogischen Stammbaum eines menschlichen Geschlechts, sondern er meint die aufeinander folgenden irdischen Inkarnationen, an die sich der Ich-Geist erinnert, bis die Seele reif genug ist, sie zu erkennen.

Das Zeichen des Heiligen Grals, wie wir kurz in einem früheren Kapitel erwähnt haben, das die alchimistischen Symbole des menschlichen Strebens nach dem Gral beschreibt, ist eine Taube, die von der Sonne aus in die unsichtbare Scheibe hineinfliegt, die der zunehmende Mond in seinen Armen hält. Und Stein, der nun selber über die Beziehungen zwischen Makrokosmos und Mikrokosmos Bescheid wußte, fand die gleiche Konfiguration beim Menschen. Die Taube stellt die geläuterten Gefühle des Herzens (Sonne) dar, die das kalte intellektuelle Denken des Gehirns (Mond) durchdringen wollen, um es auf diese Weise von einer seelenlosen dreidimensionalen Auffassung des Universums zu befreien.

Dieser Prozeß, der im Okkultismus als »Ätherisierung des Blutes« bekannt ist, kann durch Clairvoyance als ein ätherisches rosa Licht beobachtet werden, das vom Blut im Herzen des Menschen aufsteigt und einen alchimistischen Prozeß im Gehirn auslöst, besonders in der Zirbeldrüse, die dann zum Organ des höheren Gedächtnisses – zum dritten Auge – wird. Mit diesem dritten Auge erkennt dann die Seele ihren in den Stein geschriebenen Namen.

Jeder einzelne Buchstabe, der rings an der Kante des Steins zu lesen ist, wird von der aktivierten Zirbeldrüse als Zeichen eines früheren Erdenlebens aufgefaßt. Zusammen bilden diese Buchstaben sozusagen den gesamten geistigen Stammbaum der Seele und zeigen ihr Bestreben, die Entwicklung der Bewußtheit im historischen Werdegang von Leben zu Leben voranzutreiben. Nur wer seinen Namen längs der Kante des Steins gelesen hat, vermag das ewige Ich seiner geistigen Abstammung zu erkennen und zu verwirklichen.

---

[50] Nun hört noch, wie die bekannt werden, die zum Gral berufen sind! Eine Inschrift am äußersten Rande des Steines verkündet Namen und Geschlecht dessen, der sich auf die selige Reise dorthin machen soll, es sind Knaben und auch Mädchen. Die Schrift braucht niemand zu entfernen, denn sobald man den Namen gelesen hat, vergeht sie vor den Augen.«

Walter Johannes verstand nun, warum ein Mensch wie Adolf Hitler, der kein Gefühl für die Not und Sorge anderer hatte, sich niemals legitim auf die Suche nach dem Gral begeben durfte. Nur eine Seele, die zu einem opferwilligen Werkzeug der Liebe Gottes geworden war, konnte ohne schwarze Magie zum Verständnis ihres individuellen Geistes gelangen. Dies war in der Tat die wahre Auslegung des erhabenen Mottos der Gralsritter: *Durch Mitleid wissen.*

Die Biographie des Stammbaums, den Walter Johannes rings an der Kante des Steins entdeckte, reichte mehr als 5000 Jahre in die Vergangenheit hinein. Gesichter, teils weibliche, teils männliche, stiegen eines nach dem anderen aus der Geschichte der alten Welt vor ihm auf: aus Persien, Ägypten, Chaldäa, Palästina, Kreta, Griechenland und Rom. Vor seinem geistigen Auge erschienen die verschiedensten Gestalten aus den Jahrhunderten der früheren Kirchenväter, aus der Zeit des verfallenden Römerreiches, aus dem karolingischen Herrscherhause, dem mittelalterlichen England, dem Zeitalter der Scholastik und der großen Entdeckungen und so weiter bis hinein in die französische Revolution und die napoleonischen Kriege.

Alle zusammen stellten sie eine Reihe menschlicher Wesen dar, die wie in einem Gewebe von moralischer Ursache und Wirkung zusammengehalten schienen, als ob jeder einzelne sowohl den Grund für den inneren Charakter als auch für den äußeren Anlaß seines Wiedererscheinens auf Erden gelegt habe.

Er verfolgte die Reise seiner Seele durch die Jahrhunderte mit den Augen des Geistes. Es war eine Gnadengabe, die ihm nie wieder in dieser Form zuteil werden würde. Sobald sich eine Gestalt seinem inneren Auge gezeigt hatte, schmolz sie wieder hinweg. Auf einer anderen Bewußtseinsebene erinnerte er sich der Worte Wolfram von Eschenbachs: »Die Schrift braucht niemand zu entfernen, denn sobald man den Namen gelesen hat, vergeht sie vor den Augen.«

Das Gesicht jeder dieser einzelnen Persönlichkeiten hatte einen unauslöschlichen Eindruck in seiner Seele hinterlassen. Hätte er diese Gesichter als bunte Illustrationen eines Buches gesehen, würde er sie als bloße Gesichter aus der Vergangenheit abgetan haben. Als etwas Totes und Vergangenes. Aber nun erkannte er, daß all diese Gesichter seine eigenen Gesichter gewesen waren, Ausdrucksformen seiner eigenen Identität, in denen sich Freuden und Leiden, Liebe und Haß, Ehrgeiz und Streben, Sieg und Niederlage seines eigenen Lebens spiegelten.

15. Kapitel
Der Höcker des Kamels und das unergründliche Lächeln der Sphinx
Eine neue Technik der historischen Forschung

Die Geschichte war für Walter Johannes Stein zu einer sehr persönlichen Angelegenheit geworden. Er stellte fest, in welchem Grade die heutige Welt der wahren Bedeutung des geschichtlichen Prozesses verständnislos gegenüberstand. Geschichte war etwas, an dem die Lebenden selber in ihren früheren Leben auf Erden mitgewirkt hatten. Sie trugen die ganze Verantwortung dafür, was die Welt war, was sie ist, und was aus ihr wird.

Nach dem kurzen Blick auf seine eigene Stammtafel fragte er sich, wie es nur möglich war, die ganze Erfahrung seines früheren Daseins genauso klar und detailliert wiederzuerleben, wie er sein gegenwärtiges Dasein überschaute. Er brauchte nicht lange auf Antwort zu warten.

In den folgenden Wochen begann eine andere Art der Erinnerung in ihm zu entstehen. Auch sie zeigte sich in Form eines lebhaften Bildbewußtseins. Erinnerung auf Erinnerung an einen Adligen, der im achten und neunten Jahrhundert am fränkischen Hof gelebt hatte, strömte in seine Seele. Er wußte nie recht, wann das nächste Stück des Puzzles an seinen Platz passen würde. Und zu Anfang wußte er auch nicht, was den Prozeß in Gang brachte. Es schien so, als ob die Ereignisse seines jetzigen Lebens, sobald sie eintraten, eine Stimulanz enthielten, welche die Erinnerung an eine Person, die tausend Jahre früher gelebt hatte, wachriefen.

Obwohl er begann, das Leben dieses mittelalterlichen Ritters in lebendigen Bildern zu sehen, vollzog sich der ganze Prozeß etwa auf gleiche Weise wie bei der normalen Erinnerung, wenn das geistige Auge Bilder aus der Vergangenheit heraufbeschwört. Nur daß er diese höheren Erinnerungen nicht selber herbeirufen konnte, sondern warten mußte, bis sie sich von selber einstellten. Und sie zeigten sich auch nicht in chronologischer Reihenfolge. Das heißt, daß sie anscheinend keinem geordneten Zeitschema von der Geburt bis ins hohe Alter folgten, und auch außer acht zu lassen schienen, was wir das Gesetz von Ursache und Wirkung nennen. Zum Beispiel war die moralische Folgewirkung irgendeiner Handlung bereits bekannt, bevor diese selber zur Kenntnis genommen wurde. Vor allen Dingen aber lernte er, die Erlebnisse nicht spekulativ zu betrachten oder sie zu intellektualisieren, sondern er ließ sie an sich herankommen, ohne sein eigenes Ich einzumischen.

Als der Krieg vorüber war, wußte er fast genausoviel über seine frühere Inkarnation in der Zeit Karls des Großen wie über sein gegenwärtiges Leben im zwanzigsten Jahrhundert. Und doch stand vieles von dem, an das er sich jetzt erinnerte, im Widerspruch zur überlieferten Geschichte des neunten Jahrhunderts. Als er nach Wien heimkehrte und die alte Stadt nach Franz Josephs Tod im Mittelpunkt der Revolutionsstürme vorfand, stellte er sich selber eine allumfassende Aufgabe: Er wollte in Europas Archiven nach erhaltenen Schriften über die Geschichte des Mittelalters forschen, die ihm eine Bestätigung für all das geben konnten, was seine neugewonnenen Fähigkeiten ihm enthüllt hatten.

Er wußte, daß es ungeheuer schwierig sein würde, historische Beweise für seine Inkarnation im neunten Jahrhundert zu finden. Er hatte einen dunklen Verdacht, daß es damals und in späteren Jahrhunderten eine Verschwörung gegeben hatte, die darauf aus war, seinen früheren Namen und seine Taten aus allen historischen Dokumenten zu streichen.

Jenes Leben, das er nun in allen Einzelheiten in die Erinnerung zurückrufen konnte, gehörte einem gewissen Grafen Hugo von Tours (Hugo von Touron), der, wie er festgestellt hatte, einer der führenden Gralseingeweihten des frühen Mittelalters gewesen war, ein Mann, der vom Heiligen Stuhl sowohl gefürchtet als auch gehaßt wurde.

Stein war sehr überrascht, als er erfuhr, daß dieser Hugo der nächste Freund und Vertraute Karls des Großen gewesen war, dessen Ratschläge der fränkische Kaiser vor allen anderen zu schätzen gewußt hatte. Und doch hat Einhard, der bekannteste Biograph Karls des Großen, Hugo von Tours nicht eines Wortes gewürdigt. Auch seine späteren Biographien, die Rom gegenüber eine ähnliche Loyalität bekundeten, berichteten mit keiner Silbe über diesen Ritter und Gelehrten der karolingischen Ära.

Hugo von Tours war bei der Hochmesse im St. Petersdom am Weihnachtstage des Jahres 800 nach Christus in Rom zugegen gewesen, als Papst Leo III. Karl den Großen überredete, sich voll und ganz mit dem Heiligen Stuhl zu identifizieren. Es war ein sorgfältig geplanter und listig durchgeführter Versuch, Karl zum Ausgleich für den Titel »Caesar Augustus« in Abhängigkeit von Rom zu bringen.

Walter Johannes konnte sich deutlich erinnern, wie der Papst ohne vorherige Verabredung die Krone auf Karls Kopf drückte, während eine gut vorbereitete Volksmenge rief: »Dem göttlich gekrönten Kaiser Karolus Augustus ein langes und siegreiches Leben. «

Er konnte sich entsinnen, daß Karl der Große völlig überrascht war und zögernd mit einem Ausdruck des Mißbehagens stehen blieb. Bis zu diesem

Augenblick hatte Karls des Großen einziges Interesse in bezug auf die römische Kirche darin bestanden, daß er selber sich die ausschlaggebende Stimme bei der Papstwahl und in der Regierung Roms vorbehalten wollte. Er hatte gerade einen Krieg gegen die Lombarden beendet, um ihren Aufruhr niederzuschlagen und den Papst zurückzubringen, der aus seiner eigenen Hauptstadt vertrieben worden war.

Karl der Große hatte die volle Gralsweisheit durch seinen Großvater (mütterlicherseits) erlangt: Charibert, Graf von Laon, der dem Blut seiner Nachkommen clairvoyante Fähigkeiten vererbt hatte. Und wegen seines lebhaften Interesses für die Suche nach dem Gral hatte Karl der Große sich mit einer Schar von Gralseingeweihten umgeben. Hugo von Tours hatte Karl dem Großen einiges über die Hierarchien der himmlischen Geister und über die Rolle, die sie im Schicksal des Menschen spielen, beigebracht. Und durch clairvoyante Fähigkeiten hatte Karl der Große selber den Geist des Speers von Longinus erblickt, jenen Speer, der zum eigentlichen Talisman seines Schicksals wurde sowie zum Symbol seiner Macht über ein Imperium, das so mächtig und so ausgedehnt war, wie das des Kaisers Augustus vor tausend Jahren.

Dabei war Karl der Große keineswegs ein gelehrter Mann. Er verfügte zwar über eine gewisse angeborene Intelligenz und einen ausgesprochenen Sinn für Gerechtigkeit, aber er hatte nie lesen und schreiben gelernt – alle Versuche in dieser Richtung waren fehlgeschlagen. Und doch glückte es ihm irgendwie, Lateinisch und etwas Griechisch zu lernen. Weil er selber nur über eine mangelhafte Bildung verfügte, imponierten ihm gebildete Männer um so mehr, und er umgab sich vorzugsweise mit den gelehrtesten Männern seiner Zeit.

In seiner Hauptstadt Aachen und auf seinen fast pausenlosen Feldzügen gegen die plündernden Sachsen sowie in den Schulen, die seinen Hof ständig begleiteten, wirkten stets führende Vertreter der orthodoxen römischen Kirche und des Gralschristentums. Karl der Große sympathisierte mit beiden.

Besonderen Gefallen fand der König an Augustinus' *Vom Gottesstaat*, woraus ihm jeden Tag einzelne Abschnitte vorgelesen werden mußten. Dieser Augustinus von Hippo, der größte der frühen Kirchenväter, hatte das manichäische Christentum widerlegt, das in seinem System mancherlei Ähnlichkeit mit der Suche nach dem Gral aufwies.

Die Lage am karolingischen Hof entwickelte sich zu einer Art Machtkampf zwischen Fürsprechern eines Dogmenglaubens, dem der Intellekt nichts anhaben konnte, und denen, die einen Weg zur Vision geistiger Welten suchten, auf dem Sehen und Wissen in eins verschmolzen waren.

Doch Karl der Große war ein Mann mit Sinn für Geschichte, der vor allen Dingen an seine eigene Unentbehrlichkeit und vom Schicksal vorausbestimmte Größe glaubte. Und diese Eitelkeit war auch seine einzige große Schwäche. Papst Leo III. hatte durch seine Spione herausbekommen, daß dies die Achillesferse des Frankenkönigs war. Indem er die Krönung in der Hochmesse in der Peterskirche ohne vorherige Übereinkunft zu einem rituellen »göttlichen Akt« machte – was an sich schon eine Art machtvoller Magie war –, zog er Karl auf die Seite der römischen Kirche hinüber, von der er sich nie wieder befreien konnte. Dieser Augenblick bezeichnete die beginnende Verdunkelung des Gralschristentums, das im Laufe weniger Jahrzehnte aus der europäischen Geschichte verbannt werden sollte. Karl der Große war zunächst über den Streich des Papstes böse gewesen, wurde aber schließlich in allen religiösen Angelegenheiten zum Vasallen Roms. Der Papst betrachtete sich selber als Führer der Erneuerung des westlichen Römerreiches, eine Auffassung, die er auf Münzen, Inschriften und Siegeln unterstrich. Betrübt und aller Illusionen beraubt, wurde Hugo von Tours nach Byzanz geschickt, um den Kaiser des Ostens zu versöhnen und ihn zu überreden, die Krönung Karls des Großen zum Heiligen Römischen Kaiser des Westreiches anzuerkennen. Auf diese Weise ging die Macht des Christentums von Griechenland auf Rom über.

Hugo von Tours fiel in Ungnade, weil eine rivalisierende Clique am Hof den Kaiser davon überzeugen konnte, daß sein früherer Günstling ihm nach dem Leben trachtete.

Walter Johannes Stein konnte sich entsinnen, wie Hugo gefangengenommen, vor Gericht verhört und zum Tode verurteilt wurde. Er konnte sich auch lebhaft in die Erinnerung rufen, wie der Henker aus einem unerfindlichen Grund nicht imstande war, das Schwert zu erheben, um den Kopf des Delinquenten vom Leibe zu trennen. Und wie der rasende Kaiser herbeigestürzt war, um ihn mit seinem eigenen Schwert hinzurichten, aber ebenfalls nicht imstande war, das Urteil zu vollstrecken. Nach diesem wunderbaren Eingreifen einer höheren Macht, die Karl dem Erzengel des Grals zuschrieb, erkannte er, daß Gottes Hand einen unschuldigen Mann beschützt hatte. Der Kaiser bat seinen früheren Freund und Ratgeber um Vergebung und versprach ihm zum Zeichen seiner Gnade, daß er ihm jeden Wunsch erfüllen wolle. Hugo bat Karl dann um die kostbarste Reliquie der Christenheit, das *Praeputium Domini*, das bei der ersten Blutausgießung, bei Jesu Beschneidung, verwendet worden war.

Aber solche Vorkommnisse waren in bekannten historischen Werken nicht zu finden. Walter Johannes begann die Legenden des ganzen karolingischen Zeitalters zu studieren, denn er hoffte, daß die eine oder andere Spur dieser merkwürdigen Ereignisse während einer seiner früheren Inkarnationen erhalten geblieben war. Nach längerer Suche in Frankreich und Deutschland fand er, was er suchte, in einem wenig bekannten Dokument in den Archiven der Straßburger Bibliothek.

Die Legende, die von einem gewissen Peter Lyra geschrieben worden war, existierte in lateinischer und deutscher Sprache. Sie war erst 1672 niedergeschrieben, doch handelte es sich um die Abschrift eines viel älteren Manuskripts aus dem Jahre 1434, das jedoch 1870 bei einem Brand in Straßburg vernichtet worden war. Und selbst dieses Dokument war die Kopie eines noch älteren Schriftstückes aus dem frühen dreizehnten Jahrhundert, das heißt aus der Zeit, in der Wolfram von Eschenbach seinen *Parzival* in ganz Europa gesungen hatte.

Peter Lyras reizvolles Manuskript, das zwar in einigen Details historisch unkorrekt und übertrieben war, behandelte einen großen Teil des Lebens von Hugo von Tours, wie Walter Johannes es selbst in der Erinnerung erlebt hatte. Zum Beispiel war seine hohe Stellung am Hofe Karls des Großen klar und wahrheitsgetreu herausgearbeitet.

»Es war Karls Gewohnheit, nichts Wichtiges in Angriff zu nehmen, ohne vorher den Rat der hervorragendsten, klügsten und erfahrensten Männer einzuholen.

In militärischen Angelegenheiten versicherte er sich der Dienste der tapferen, furchtlosen und erprobten Helden Gerald, Roland, Theodorius und Rudolf. Sein königlicher Hof wurde von Echardus und Volradus geleitet. Die Stadt und ihre Angelegenheiten waren Eschinobaldus und Eginadus anvertraut. Alcuinius, Albinus und Clement standen dem König in wissenschaftlichen Fragen zur Seite, wenn wichtige Dinge entschieden werden mußten.

Um diese Zeit lebte im Königreich auch ein mächtiger und reicher Ritter namens Hugo. Er war mit einer frommen und zurückhaltenden, edelmütigen und in jeder Beziehung untadeligen Frau verheiratet, die Aba hieß. Ihr Herr und Gatte war ein herzensguter Mann, von edler Geburt, wohlbewandert in allen weltlichen Fragen, friedliebend daheim, kühn und tapfer bei kriegerischen Auseinandersetzungen, reich an Besitz, großzügig gegenüber den Armen, edelmütig im Umgang mit Fremden und freundlich und voller Güte zu seiner Familie. Er stand an erster Stelle in der Gunst des Königs. Dieser sprach auch mit keinem anderen und bat auch keinen außer Hugo um Rat. Er war der vertrauteste, höchste, edelste und beliebteste Diener des Königs. Vor allem wußte Seine Majestät sich absolut sicher, daß sein Vasall nicht nur die Wahrheit und Gerechtigkeit liebte, sondern außerdem intelligent, bescheiden, wohlmeinend und durch und durch ehrlich war.«

In der gleichen Chronik fand er auch die Geschichte der Männer, die sich verschworen hatten, um Hugo zu Fall zu bringen.

»Der Schatten gereicht dem Körper zum Nachteil, aber er ist auch der unzertrennliche Begleiter der Tugend. Mit neidischen Augen wacht er über die Gunst, die durch ritterliche Taten und Tugenden erworben wird. Sokrates hat wohl gesagt, daß für die Gottlosen nichts schwerer zu ertragen ist als das Glück der Gerechten. Sie sind in Wahrheit die Brut der Spinne, die aus den schönsten Blumen Gift saugt. Prinz Hugo mußte zu seinem großen Verdruß lernen, welcher Art diese böswilligen Männer waren, und einen hohen Preis dafür bezahlen. Seine fürstlichen Tugenden, die ihm so viel Liebe einbrachten, erfüllten seine Feinde mit der Galle bitteren Hasses und dem Gift zersetzenden Neides. Alldieweil fromme Männer ja nicht Seite an Seite mit bösen wohnen können, begannen einige der neidischen Hofleute darüber nachzusinnen, wie sie am besten Hugos Ruf untergraben konnten. Zu diesem Zweck hielten sie es vor allen Dingen für wichtig, Hugo in den Augen des Königs verhaßt zu machen und ihn der Gunst des Königs zu berauben – so sprachen sie zueinander. Wenn Hugo nicht vom Sattel der Gnade gestoßen wurde, würde er sich niemals in den Maschen des Unglücks verfangen. Denn einer, der durch die Gnade des Zepters und der Krone beschützt wird, ist allzu sicher. «

Das Manuskript erzählte die ganze Geschichte von den falschen Anklagen gegen Hugo, von seinem elendigen Aufenthalt im Gefängnis, und wie der König ihn des Verrats für schuldig befunden und ihn zum Tode verurteilt hatte. Und dann folgte ein Kapitel unter der Überschrift: »Wie und auf welche Weise Herzog Hugo durch Gottes besondere Hilfe vom Tode errettet wurde«

»... Unterdes hatte Herzog Hugo, der sich demütig in seinen Tod fügte, sein Gewand abgelegt und seinen Hals entblößt. Mit verbundenen Augen kniend, empfahl er sich Gott und beugte sein Haupt nieder, um den tödlichen Streich des Schwertes zu empfangen – in der festen Überzeugung, daß der Schlag unmittelbar erfolgen würde. Aber als der Scharfrichter von hinten an ihn herantrat und sein Schwert zum tödlichen Streiche erhob, ergriff ihn eine plötzliche unerwartete und nie zuvor verspürte Furcht, die so stark war, daß er sich nach allen Seiten umwandte und verwundert fragte: ›Was ist das? Was hat das zu bedeuten? Wer befiehlt hier? Muß ich mein Schwert wieder in die Scheide stecken? Soll ich, mit Schande bedeckt, mein Leben aufs Spiel setzen und wieder abtreten, ohne meine Tat vollendet zu haben? Aber ich weiß nicht, was es ist; ich fühle keine Stärke in mir, keine Kraft und Macht. Ich will zu allen Anwesenden sagen, daß ich nicht mehr kann; sie mögen mit mir tun, was sie wollen. Ich kann einfach nicht mehr.‹«

Nachdem das Manuskript geschildert hat, wie der Scharfrichter weiterhin zögerte, seinen Auftrag auszuführen und die Menge immer wütender wurde, fährt er fort, die Reaktion des Königs auf diese aufrührerische Situation zu beschreiben.

»Schließlich, als jeder begriff, daß alle aufmunternden Rufe an den Scharfrichter vergebens waren, und da sich angesichts des Wunders, das sich vor aller Augen zugetragen hatte, auch kein anderer traute, den Schlag auszuführen, überkam den König eine plötzliche Blässe. Aus Angst, sich vor seinem Volke lächerlich zu machen, und aus Furcht, daß dieser Vorfall Anlaß zu Aufruhr und Rebellion geben könne, wurde der König von großem Zorn ergriffen, dem er also Luft machte: ›Habe ich denn wirklich nur gelebt, um den Tag zu sehen, an dem auch der niedrigste meiner Untertanen sich weigert, meine Befehle gehorsam und unverzüglich auszuführen? Was? Soll ich in meinem eigenen Reiche, an meinem eigenen Hof, mitten unter meinen nächsten Ratgebern, die Gegenwart eines überführten Verräters dulden, der mich und meine Krone zu stürzen beabsichtigt? Das gedenke ich nicht zuzulassen. Das halte ich nicht aus. Hugo muß sterben, und wenn ich meine königlichen Hände mit seinem Blut beflecken müßte.‹«

Aber als der König sein Schwert zog, um Hugo den tödlichen Schlag zu versetzen, wurde sein Arm steif und unbeweglich, und die Sehnen verhärteten sich derart, daß er weder den Arm beugen noch das Schwert senken konnte.

»Als der König dies bemerkte, ging er mit sich zu Rate, änderte seinen Entschluß und entschied sich, es auf andere Weise zu versuchen. Er sprach: ›Nun erkenne ich, wie sehr ich geirrt habe. Ich erkenne die gerechte und mächtige Hand des Allerhöchsten, der allen unschuldig Verfolgten Zuflucht und Schutz gewährt. Komm her, mein geliebter Hugo, und laß mich dich umarmen, den Gott vor meiner Ungerechtigkeit bewahrt hat. Tritt näher, du treuer und edler Held und versöhne mich durch dein Gebet mit Gott, der mit Recht erzürnt ist, und bitte Ihn in Seiner Allmacht, meinem Arm dessen frühere Stärke zurückzugeben.‹«

Als Hugo von Tours befreit wurde und die Binde von seinen Augen genommen war, wurde der König auf wunderbare Weise wieder geheilt. Karl der Große bot seinem Freund alles an, was er sich wünschte, um das ihm zugefügte Unrecht wiedergutzumachen.

»Woraufhin großer Jubel am Hof ausbrach und sich in der ganzen Stadt verbreitete. Dies veranlaßte den König, einen neuen Pakt mit Hugo zu schließen und ihm nicht nur Ehre und Rang zu verleihen, sondern seine ganze königliche Gnade zukommen zu lassen.«

Unter der Überschrift »Von Herzog Hugos gewählter Reliquie und anderen erlesenen Gaben« beschrieb das Manuskript Lyras einen kostbaren Gegenstand, den Karl der Große vom Patriarchen Fortunatus bekommen hatte und in einer Silbertasche aufzubewahren pflegte.

»Soweit Hugo sich erinnerte, existierte ein solcher Schatz, und obwohl er wußte, daß der König sehr an ihm hing, fand er an nichts anderem Gefallen als an diesem teuren und erprobten Stück.

›Dies allein wünsche ich mir und bitte, daß Eure Königliche Majestät mir huldvoll die Gaben überlassen möge, die von Jerusalem gesandt worden sind, darunter ein Teil des Heiligen Körpers unseres Heilands und Erlösers, ein Stück des Heiligen Kreuzes und das Blut, das für uns vergossen wurde, denn nur dieses kann die Kränkungen tilgen und wiedergutmachen, die mir zugefügt wurden.‹

Diese Bitte rührte des Königs Herz. ›Mein liebster Hugo, du begehrst mehr, als wenn du mein ganzes Königreich gefordert hättest. Nichtsdestoweniger will ich, um mein Versprechen zu halten, Befehl geben, daß deine Bitte erfüllt wird, wenn ich auch einen schmerzlichen Verlust dadurch erleide. Das, was mein Trost und meine Freude gewesen sind, soll fortan dein sein.‹«

Der junge österreichische Wissenschaftler, der sein früheres Leben im karolingischen Zeitalter erforschte, konnte sich genau entsinnen, wie Hugo und sein Weib Aba die Reliquien in einer Kapelle in ihrer Burg aufbewahrt hatten und dabei überlegten, wohin die kostbaren Gegenstände geschickt werden sollten. Und er konnte sich erinnern, wie Hugo selber das Kreuz entworfen hatte, in dem diese Reliquien transportiert werden sollten.

»Als die Arbeit fertig war, legte Hugo das Praeputium Domini von der blutigen Beschneidung Unseres Herrn hinein; desgleichen einen Splitter des wahren Kreuzes und etwas von dem Heiligen Blut sowie mehrere andere kostbare Reliquien, um sie besser aufbewahren zu können.«

Gerade in dem Augenblick, als er daran dachte, wie Hugo von Tours einen geeigneten Platz für sein Kreuz gefunden hatte, waren dem jungen österreichischen Forscher Zweifel an seinen übersinnlichen Fähigkeiten gekommen. Denn Erinnerungsbilder in seiner Seele hatten ihm gezeigt, daß Hugo das Kreuz mit den Reliquien auf den Rücken eines Kamels gelegt hatte, damit das *Schicksal* das stumme Tier zu der Stätte geleiten solle, an der das *Praeputium Domini* als Zeichen der Keuschheit verehrt würde, die man von den Gralsrittern verlangte.

Er fand diese seltsamen Ereignisse bestätigt unter der Überschrift: »Wie das Heilige Kreuz auf ein Kamel gelegt wurde, und wie die Göttliche Vorsehung gebeten wurde, es auf seinem Wege zu begleiten.«

»Hugo erinnerte sich mit Genugtuung, daß die Philister die Arche Gottes, die sie mit dem Schwert erobert hatten, auf ein von Milchkühen gezogenes Gefährt gelegt hatten, das sie ohne Mitwirkung von Menschen an einen bestimmten Ort bringen sollte. Woraufhin er ebenfalls seinen Glauben der Göttlichen Vorsehung empfahl und Befehl gab, daß dieser Schatz, der Gott gewidmet sei, auf ein Kamel gelegt werden solle, doch dürfe dieses von keinem Kameltreiber begleitet werden, sondern solle allein von Gottes Gnade und Fürsorge geführt werden.

Auf daß das Heilige Kreuz vor Sturm, Regen und anderen Unbilden der Reise geschützt sei, wurde es in einen Kasten gelegt, während Bücher und Schriften in einer anderen geeigneten Kiste verstaut wurden. In der festen Hoffnung und Zuversicht, daß das Kamel seine Bürde zu einer Gott wohlgefälligen Stelle bringen möge, wurden die Gepäckstücke zu beiden Seiten des Tieres befestigt.

Aber um Neuigkeiten zu erfahren und um einige Zeugen dafür zu haben, daß die Hoffnungen in Erfüllung gingen, hielt Hugo es für zweckmäßig, fünf bewährte Ritter von hohem Rang und großer Tugend den Fußspuren des Kamels folgen zu lassen, bis sie die Stelle erreicht hätten, an der das reiterlose Tier seine Last ablegen würde ...«

Ehe das Kamel seinen Weg antrat, sprach Hugo von Tours zu ihm:

»Du, der du diese geheiligten Dinge trägst und dessen Fürsorge wir sie anvertraut haben, sieh dich vor bei jedem deiner Schritte, damit diese Schätze nicht geschändet werden, wenn du hinfällst oder sonstigen

Schaden irgendwelcher Art erleidest. Gehe, wohin Gott dich leitet und führet, ohne daß dir etwas Unvorhergesehenes zustoßen möge: Geh über Berg und Tal, durch Wald und Heide, durch Städte, Burgen und Dörfer und frage mit Hilfe der Glocken an deinem Hals, wo du ausruhen kannst und wo der Erbe wohnt, dem der geheiligte Schatz auf deinem Rücken überlassen werden soll.«

Zuletzt erteilte Hugo seine Befehle an die begleitenden Ritter:

»Und ihr, meine Zeugen, nehmt euch dieses Boten an, treibt ihn nicht zur Eile und lasset ihn nicht Hunger oder Durst erleiden, sondern sorget auf unsere Kosten dafür, daß es ihm an nichts mangele. Gehet hin im Namen des Herrn und merket euch genau den Weg, die Städte und Dörfer, durch die ihr gekommen seid, damit ihr mir genau Bericht erstatten könnt.«

Danach beschrieb das Manuskript den Weg des Kamels:

»Nachdem man Abschied von ihm genommen hatte, trat das Kamel mutig seine Reise an, als habe es ein besonderes Zeichen erhalten und als ob sein Pfad eigens geglättet und geebnet worden wäre.

Es nahm seinen Weg über Wiesen und Felder, kletterte über Berg und Tal, trabte munter durch Wald und Heide, und kam dann durch Burgund nach Frankreich hinein und von dort direkt in die Hauptstadt Paris. Überall ließ es seine Glöckchen erschallen, so daß alle Menschen an die Fenster stürzten, um die seltsame Prozession zu bestaunen und Gott zu preisen für das, was Er so wunderbar bewerkstelligt hatte ... Ein jeglicher betete, daß das Kamel, wo er es sah, seine Reise beendigen möge und daß gerade seinem Hause das Glück widerfahren möge, die kostbare Bürde zu empfangen.

Die Einwohner von Paris würden sich gefreut haben, wenn das Kamel bei ihnen angehalten hätte, um ihnen Schutz zu gewähren, zumal genügend hübsche Gebäude und Kirchen bereitstanden, um den heiligen Schatz aufzunehmen. Aber es war nicht Gottes Wille, daß also geschah, sondern das Kamel setzte seine Wanderung fort, ohne sich beirren zu lassen oder anzuhalten.«

Das Kamel beendete seine Reise erst im Elsaß und entledigte sich seiner Last in Niedermünster. Die Chronik beschreibt dies wie folgt:

»Der Ruf des Tieres hatte sich bereits so weit verbreitet, daß man vermutete, es würde alles nach Plan gehen, zumal das Kamel sich weder nach rechts noch nach links wandte, sondern seinen Fuß in den harten Felsen drückte, als sei er aus Wachs, so daß die dicht folgenden Gläubigen wähnten, daß dies die Stelle sei, an der der seltsame Gast anhalten würde.

Woraufhin sie ihm immer eifriger folgten und, als die Spuren sie in die Gegend von Niedermünster geführt hatten, bald klar das Kloster auf dem Hügel erkennen konnten.

Das fremdländische Tier, das bislang von der Göttlichen Vorsehung geleitet worden war, hielt beim Anblick des Klosters, dem es sich näherte, inne, als ob es das Gebäude bewundern wolle. Dann aber trabte es wieder weiter und erst, als es vor der Pforte des Klosters angelangt war, das edlen Frauen als Wohnsitz diente, stampfte es mit den Füßen auf den Boden und klopfte mit Hilfe eines am Tor hängenden Ringes an, um Einlaß zu erbitten. Nachdem ihm das Tor geöffnet worden war, trat es durch die Türen der Gerechtigkeit ein, übergab, was ihm anvertraut gewesen, und erbat einen Beweis, daß es seinen Auftrag erledigt hatte.«

Als Walter Stein Niedermünster besuchte, um seine Studien fortzusetzen, stellte er fest, daß die Stelle, an der das Kamel nach den überlieferten Vorstellungen stehengeblieben war, durch einen Abdruck seines Fußes gekennzeichnet war. Ein Historiker aus dieser Gegend, der selber nichts über den geschichtlichen Hintergrund der Wanderung des Tieres wußte, zeigte ihm den Abdruck des Kamelfußes auf einem leicht abfallenden Felsen innerhalb einer Einzäunung zwischen den Ruinen der Kapelle der St. Jakobsritter. (Er ist noch heutzutage in der Nähe der Straßenkurve zu sehen, wo einst das St. Jakobskloster gestanden hat, ehe es niedergebrannt wurde.)

Wenn Stein angefangen hatte, dieser phantastischen Reihe von Ereignissen nachzugehen, deren er sich aus einem früheren Erdenleben erinnerte, so geschah dies nicht allein aus Neugier, obwohl auch die eine wichtige Rolle dabei spielte. Es war auch nicht deswegen, weil er jetzt unbegrenzte Möglichkeiten für eine neue Technik geschichtlicher Forschung sah, mit der man durch transzendente Erinnerungen an frühere Erdenleben zu echten Resultaten gelangen konnte. Was ihn vor allen Dingen interessierte, war die Frage, wer der Besitzer des *Praeputium Domini* gewesen war. Nach alter Überlieferung war nämlich der Inhaber dieser höchst ungewöhnlichen und kostbaren Reliquie des ersten Blutausgießens der Führer der gesamten Gralsbewegung im neunten Jahrhundert.

Es erschien ihm von höchster Bedeutung, daß die Reliquie zum Kloster von Niedermünster gebracht worden war, das unter dem Schutz der heiligen Odilia stand. St. Odilia war nämlich die Schutzpatronin der Ritter, die den Heiligen Gral suchten, und Odilienberg war das eigentliche Herz des Gralsgebietes im Mittelalter.

Odilia war die Tochter von Eticho (manchmal auch Adalrich genannt), der das Herzogtum Elsaß im Jahre 666 ererbte. Als er entdeckte, daß seine Tochter blind geboren war, fragte er sich selber: »Wer hat gesündigt, die Eltern oder das Kind?« Weil am Hofe geflüstert wurde, daß er selber an der Blindheit des Kindes schuld sei, beschloß er, es umbringen zu lassen. Die Mutter entkam jedoch mit dem Kinde nach Regensburg. Erhard, der Bischof von Regensburg, wurde in einem Traum ermahnt, die Kleine aufzusuchen und zu taufen. Nach ihrer Taufe konnte sie plötzlich sehen. Bischof Erhard verglich das Wunder mit Christi Heilung des blindgeborenen Mannes. »Das Licht der Welt hat ihr die Gnade des Sehens verliehen«, sagte er, und nannte sie deshalb Odilia, Sol Dei, Sonne Gottes.

Nachdem Odilia ihr Sehvermögen erlangt hatte, wurde sie an ihres Vaters Hof in Adelrichsheim (Arlesheim) zurückgebracht, wo es ihr gut erging, bis sie ins heiratsfähige Alter kam und sich weigerte, nach ihres Vaters Befehl zu heiraten. Aus diesem Grunde versteckte sie sich in einer alten Eremitenherberge, die später zur Zuflucht Trevrizents, des Lehrers der Gralsweisheit, wurde.

Nachdem eine Versöhnung zwischen Vater und Tochter zustande gekommen war, gründete Odilia, die inzwischen zu einer reifen und frommen Frau herangewachsen war, christliche Klöster in der Hochburg und im Tal unterhalb von Niedermünster. Oben auf den Höhen meditierte sie und ließ sich von den Visionen der Offenbarung des St. Johannes inspirieren. Im Tale heilte sie die Kranken, die aus allen Teilen Europas zu ihr strömten. In beiden Zentren und in den umgebenden Klöstern verehrte und hütete man ehrfurchtsvoll die Mysterien des Heiligen Grals. Novizen wurden Stufe um Stufe (Graduale) auf die christliche Einweihung vorbereitet.

Walter Stein entdeckte eine Geschichte von der Hohenburg (oder Odilienberg) und eine kurze Biographie der heiligen Odilia in einem Werk von Dionysius Albrecht, das die wahre Bedeutung und Aufgabe der heiligen Odilia und ihrer Familie, die zur »Gralsfamilie« werden sollte, beschrieb:

> »Dieses Herzogsgeschlecht war so weit verbreitet wie einst das Geschlecht Jakobs: von der Mitte des Elsaß im Westen nach Frankreich, im Osten zu den römischen und österreichischen Ländern, im Süden nach Spanien

und im Norden bis nach Sachsen und Brandenburg. Wie einst Jakobs Sippe, getreu der Ordnung der Sterne, sich in alle Himmelsrichtungen ausbreitete, so auch die Nachkommen Odilias.«

Zu diesem Zeitpunkt seiner Forschung begann Walter Stein die bedeutungsvollen Passagen in Wolfram von Eschenbachs *Parzival* zu verstehen, in denen die Herkunft des Grals geschildert wird.

»Der erfahrene Meister Kyot aber begann in lateinischen Büchern danach zu suchen, wo es ein Volk gegeben habe, dem es gebührte, den Gral zu hüten und seine Reinheit zu bewahren. Er las die Chroniken der Länder von Britannien und anderer, von Frankreich und Irland. Zu Anschauwe[51] fand er endlich die Geschichte und las den wahren Bericht von Mazadan. Da stand alles genau von seinem Geschlecht geschrieben. «

In Albrechts Geschichte vom Odilienberg entdeckte er einen ausführlichen Stammbaum der Gralsfamilie, deren Blut starke hellseherische Fähigkeiten aufwies. Es erfreute ihn besonders, auch den Namen Hugo von Tours in diesem magischen Stammbaum eingetragen zu sehen. Er erkannte auch die Namen jener Menschen am Hofe Karls des Großen und seiner Nachfolger wieder, die nahe Freunde Hugos gewesen waren; lauter Männer und Frauen, die im Widerspruch zum dogmatischen Christentum Roms auf der Suche nach dem Gral ein frommes geistiges Leben geführt hatten.

Er wollte gern erfahren, ob die Angehörigen dieser mittelalterlichen Gralsfamilie auch im neunzehnten und zwanzigsten Jahrhundert wiedergeboren seien und ob sein Schicksal ihn wieder in engen Kontakt mit ihnen bringen würde. Obwohl er es zu diesem Zeitpunkt noch nicht wußte, sollte er schon bald vielen von ihnen wiederbegegnen und in gegenseitigem Erkennen mit ihnen vereint werden. Sie sollten der Kreis von Eingeweihten werden, den Hitler als seine größten Feinde bezeichnete, weil sie die wahren geistigen Gegner des nazistischen Regimes in Deutschland waren.

Wenn er der Nachkommenschaft Odilias in späteren Jahrhunderten nachspürte, stellte er fest, daß fast alle großen Dynastien Europas auf das Herzogsgeschlecht von Eticho im siebten Jahrhundert zurückgingen. Und er war überrascht von der Tatsache, daß sämtliche Besitzer des Schicksalsspeers, angefangen von

---

[51] Anschau, das fälschlicherweise fast immer mit Anjou in Verbindung gebracht wird, ist kein Land oder Ort im geographischen Sinn. Anschau ist das Reich der Offenbarung des Gralsengels, die Welt des *Zeit-Geistes*.

Karl dem Großen bis zu Kaiser Karl, dem letzten Habsburger, Gralsblut in ihren Adern hatten. Adolf Hitler sollte der einzige Besitzer des Speers werden, der sich nicht auf eine solche Herkunft berufen konnte.

Und nun wurde ihm auch vollends klar, warum Landulf II. von Capua und der ihn umgebende Kreis von schwarzen Adepten, der von Byzanz quer über Europa bis nach Spanien reichte, stets versucht hatten, die Mitglieder dieser begabten Familie in geistige Blindheit und moralischen Verderb zu stürzen. Und warum ihre Anstrengungen, die geistige Führung der europäischen Herrscherhäuser auszuschalten, von Rom unterstützt wurden.

Die lehrreichste Erinnerung, die er seinem früheren Leben als Hugo von Tours verdankte, betraf die Reise dieses fränkischen Edelmanns in den Orient, wo er Jerusalem besuchte und dann an Harun-al-Raschids Hof nach Bagdad weiterreiste. Hugo wurde auf dieser diplomatischen Reise von Bischof Haito von Basel begleitet. Eine frühere Reise dorthin war im Auftrage Chariberts von Laon, dem Großvater Karls des Großen, erfolgt. Um diese Zeit war Europa stark vom Islam bedrängt, und zwar besonders von Spanien und Südfrankreich aus. Dies war der Grund, daß Botschafter zu den persischen Kalifen ausgesandt wurden, die nach wie vor den größten Einfluß auf die arabische Welt hatten. Die Perser, die früher vom Islam besiegt worden waren, sich aber durch Weisheit und politisches Geschick wieder befreit hatten, waren die natürlichen Verbündeten der christlichen Welt.

Als Hugo nach Bagdad kam, hatte sich die allgemeine Lage sehr zum Nachteil verändert. Harun-al-Raschid hatte bei seiner Rückkehr von einem Besuch in Mekka sämtliche Mitglieder der vornehmen persischen Familie Barnicide ermordet, die bis dahin großen Einfluß auf die Geschicke des Landes gehabt hatte. Obwohl Al-Raschid Karl dem Großen Geschenke und schmeichelhafte Grüße gesandt hatte, lagen seine Sympathien ganz und gar bei den Mohammedanern, die von allen Seiten in Europa eindrangen.

Während seines langen Aufenthaltes in Kleinasien benutzte Hugo jede Gelegenheit, tiefer in die persische Religion einzudringen. Er entdeckte in Zarathustras Lehre eine Sternenweisheit, die die Inkarnation von Jesus Christus vorausgesagt hatte. In Bagdad erfuhr er auch etwas über den Manichäismus und seinen großen Propheten Mani, der wegen seiner christlichen Lehren grausam gemartert worden war – beides Lehren, die eine bemerkenswerte Ähnlichkeit mit dem Wege zum Heiligen Gral aufwiesen. Ferner studierte er dort die alchimistischen Werke von Aristoteles, die in arabischer Übersetzung vorlagen, zu der Zeit aber im Abendland noch nicht bekannt waren.

Als Hugo nach Europa zurückkehrte, war Karl der Große schon tot. Bei der Teilung des karolingischen Reiches unterstützte er Lothar, der mit seiner Tochter verheiratet war. Während einiger Jahre wohnte er im mittleren Königreich der Lombardei. Schließlich im hohen Alter – er wurde über hundert Jahre alt – zog er sich in die einsame Eremitage in Arlesheim zurück, wo er in der Weisheit des Heiligen Grals unterrichtete.

Erst nachdem Walter Stein diese Einsiedelei in Arlesheim entdeckt hatte, in der der betagte Hugo seine Gralsschüler in der geistigen Bedeutung des Blutes Jesu Christi und dem wirklichen Mysterium der Sakramente unterwiesen hatte, gewann er eine noch höhere Stufe transzendentaler Bewußtheit und Einblick in noch frühere Inkarnationen. Auf diese Weise konnte er auch die anderen Gesichter identifizieren, die ihm ursprünglich als Inschrift an der Kante des Steines (oder kostbaren Juwels) erschienen waren, der auch der Gral genannt wird.

Die zentrale Gestalt in dieser Kette von menschlichem Leben interessierte ihn am meisten. Es war ein bärtiger Rabbiner. Und nun wußte er, daß dieser Mann Joseph von Arimathia war. Und durch die Gnade Gottes erlebte er ein paar kurze Augenblicke im Leben dieser fast legendären Gestalt, die der erste irdische Wächter des Grals gewesen war.

Joseph eilte auf dem Wege von Jerusalem nach Golgatha, wo Jesus am gleichen Tage gekreuzigt worden war. Er trug ein von Pontius Pilatus unterschriebenes Dokument bei sich, das ihm das Recht gab, den Körper des Herrn zu bestatten. In seiner Hand hielt er die Jaspisschale, in der er das heilige Blut auffangen wollte. Es war die gleiche Schale, die Jesus Christus beim letzten Abendmahl, das im oberen Stockwerk von Josephs Haus ausgeteilt worden war, für Brot und Wein benutzt hatte.

Und als er nun näher an die Kreuzigungsstätte kam, mußte er mit ansehen, wie die Pharisäer die Körper der beiden Diebe verstümmelten, die zu beiden Seiten Jesu gekreuzigt waren. Ein römischer Zenturio gab seinem Pferd die Sporen, ritt auf das mittlere Kreuz zu und durchbohrte die Seite des Heilands mit einem Speer. Und aus der Wunde flossen Blut und Wasser. Und gleich war es so, als verdunkele sich die Sonne, denn die Welt fiel in totale Finsternis, und es erhob sich ein mächtiger Sturm. Da fiel er auf seine Knie nieder und betete vor dem Körper des Herrn, der mit heiligem Licht die Dunkelheit erhellte ...

16. Kapitel
Einmal in tausend Jahren

»Und wenn tausend Jahre vollendet sind, wird der Satan los werden aus seinem Gefängnis.«
Joh. Offenbarung 20,7.

Halb verhungert, in Handschellen auf sein Todesurteil wartend, saß ein junger deutscher Geographieprofessor namens Albrecht Haushofer in einer Zelle des Gefängnisses in der Lehrter Straße in Berlin und dachte über das Schicksal der deutschen Nation nach.

Albrecht Haushofer war als einer der Mitverschworenen verhaftet worden, die das mißlungene Attentat auf Adolf Hitler am 20. Juli 1944 in der Wolfsschanze, dem Hauptquartier in Ostpreußen, geplant hatten.

Tag für Tag in der letzten Hälfte des Jahres 1944 und im Frühjahr 1945, während er auf die Vollstreckung des Todesurteils wartete, drangen Neuigkeiten über das furchtbare Schicksal all jener Menschen in das Gefängnis, die auch nur indirekt etwas mit dem Bombenattentat zu tun hatten.

»Ich mache kurzen Prozeß mit den Verbrechern«, hatte Adolf Hitler in seinem unstillbaren Verlangen nach blutiger Rache getobt. »Keine langen Reden. Keine Militärgerichte. Blitzschnell muß ihnen der Prozeß gemacht werden ... Und innerhalb von zwei Stunden nach der Verkündung des Urteils sollen sie ohne Gnade hängen!«

Der erste dieser grausamen Prozesse vor dem Volksgerichtshof hatte einen Feldmarschall, drei Generale und vier jüngere Stabsoffiziere zum Galgen verurteilt. Sie alle waren persönliche Freunde von Haushofer. Am gleichen Abend besah sich Hitler einen Film von ihrer Hinrichtung und klatschte voller Genugtuung in die Hände, als die acht nackten Männer in Schlingen aus Klaviersaiten, die an Fleischerhaken hingen, langsam erdrosselt wurden.

Zwei Monate vor Kriegsende umfaßte die Todesliste etwa 4000 Personen, die im Verdacht standen, etwas mit dem Umsturzversuch gegen das nazistische Regime zu tun zu haben. Selbst Feldmarschall Rommel wurde nicht verschont. Er mußte nach Übereinkunft mit Hitler Selbstmord verüben, um so seiner Frau und seiner Familie zu ersparen, vor den Volksgerichtshof gestellt zu werden.

General Henning von Tresckow an der Ostfront, der das Haupt der Verschwörung gewesen war, faßte die Gefühle seiner Mitverschwörer zusammen, als er sagte: »Nun werden alle sich gegen uns wenden und uns beschimpfen. Aber meine

Überzeugung bleibt unerschütterlich – wir haben recht gehandelt. Hitler ist nicht nur der Erzfeind Deutschlands, er ist der Erzfeind der ganzen Welt. In wenigen Stunden werde ich vor Gott stehen und mich für meine Handlungen und meine Unterlassungen rechtfertigen. Ich danke Gott, daß ich mit reinem Gewissen verantworten kann, was ich im Kampf gegen Hitler getan habe.«

Das schlimmste war, daß das Massaker dem moralischen Widerstand gegen die Nazipartei das Rückgrat gebrochen hatte, der bislang von der Elite des Offizierskorps ausgegangen war. Führende Generale lieferten nun, um ihre eigene Haut zu retten, ihre Offizierskameraden zu Hunderten der Gestapo aus, die sie grausam folterte und durch ihre Totenkopfverbände abschlachten ließ.

Weil der Generalstab es versäumt hatte, den Drohungen des brutalen Ex-Gefreiten und seiner Hintermänner rechtzeitig entgegenzutreten, wurden die großen Traditionen der deutschen Armee nunmehr besudelt und entehrt. Alle Soldaten wurden gezwungen, fortan mit erhobenem Arm zu grüßen und dem Führer Adolf Hitler und dem Nationalsozialismus unabdingbare Treue zu schwören. Die letzte moralische Bastion im Dritten Reich war gefallen.

Was Albrecht Haushofer, der orientalische Philosophie studiert und ein Jahr bei den Lamas in Tibet gelebt hatte, am meisten verwunderte, war die Tatsache, daß eine so rohe und ihres Verstandes beraubte Person wie Hitler, ein bewußtes Werkzeug böser Mächte, wie durch ein Wunder unversehrt davonkommen sollte, obwohl doch ihr Überleben eine Verlängerung des Krieges und eine unvorstellbare Zerstörung ganz Deutschlands zur Folge haben mußte.

Mit plötzlicher Intuition wurde ihm jedoch klar, warum Adolf Hilter am Leben bleiben *mußte*, bis Deutschland endgültig von seinen Feinden besiegt war. Wie anders sollte jeder einzelne Deutsche sonst lernen, welchen Preis es kostete, den Wert der individuellen geistigen Freiheit zu mißachten und sich der Pflicht zu entziehen, eine gehörige Portion Verantwortung für seinen Nächsten zu übernehmen, wenn nicht jede Stadt, jedes Dorf in ganz Deutschland in Schutt und Asche gelegt und von fremden Truppen besetzt wurde? Nur auf diese Weise konnte der gesamten Bevölkerung nachhaltig eingeprägt werden, wohin es führt, wenn man ein dämonisches Regime in seiner Mitte duldet.

Er verstand jetzt klar, daß, wenn Deutschland allzu früh durch den Tod Hitlers befreit worden wäre, die Idee des heimtückischen »Dolchstoßes« wiederaufkommen und auf diese Weise der Boden für künftige tyrannische Diktaturen und weitere Welteroberungspläne vorbereitet würde. Und darüber hinaus begriff er, warum sein geliebtes Offizierskorps und der Generalstab in den Augen der Nation so weit herabgesetzt werden mußten; denn gerade vom Offizierskorps und Generalstab war diese gefährliche Dolchstoßlegende genährt worden, nachdem General Ludendorff sie zum ersten Male formuliert hatte.

Es war allgemein bekannt in Deutschland, daß Hitlers Leben durch einen an Wunder grenzenden Zufall gerettet worden war, als er durch die Bombenexplosion im OKW eigentlich hätte in Stücke zerrissen werden müssen.

Der mutige Anführer der Attentäter, Oberst Stauffenberg, hatte die Zeitbombe in einer prall gefüllten Aktenmappe direkt unter den Tisch gelegt, an dem Hitler stand. Einige Sekunden, bevor die Bombe explodierte, stand die Mappe den Beinen eines Offiziers in Hitlers Stab im Weg. Ohne sich bewußt zu werden, was er tat, schob er die Mappe mit dem Fuß hinter ein kräftiges Tischbein. Diese fast mechanisch vollzogene Handlung rettete Hitler vor augenblicklicher Vernichtung.

Adolf Hitler proklamierte öffentlich, daß sein Leben von der Vorsehung erhalten sei, damit er seine welthistorische Mission als Führer des deutschen Volkes zu Ende führen könne. Aber Albrecht Haushofer kannte nur zu gut die wirkliche Natur der bösen Mächte, die durch und um Hitler herum wirkten: denn sein eigener Vater, Professor Karl Haushofer, der Meistermagier der Nazipartei, hatte mitgewirkt, dem Führer das Wissen beizubringen, wie die bösen Mächte im geschichtlichen Prozeß arbeiteten. Sein Vater auch war es gewesen, der unklugerweise Hitler geraten hatte, den Speer des Schicksals aus der Wiener Hofburg zu entfernen und nach Nürnberg zu bringen, so daß seine bösen Kräfte fortan direkt aus dem Herzen der Nazibewegung strahlen konnten.

Zufolge der mit ihm verbundenen alten Legende galt das Leben eines bösen Menschen so lange als beschützt, wie er den Schicksalsspeer in Händen hielt. So war es zu erklären, daß die Kräfte der schwarzen Magie die Person des Führers vor seinen Widersachern bewahrten. Was aber Albrecht Haushofer verwunderte, war die Entdeckung, daß noch höhere und wohltätige Mächte sich also der bösen Kräfte bedienten, um ihre eigenen moralischen Ziele und Absichten zum Wohle der Menschheit durchzusetzen. In diesem Fall sollte die Verlängerung von Hitlers Leben durch die Mächte des Bösen gerade zu dem Maße an Zerstörung und Erniedrigung führen, das schließlich zur Rettung der ganzen Nation erforderlich war. Durch solche Überlegungen gewann Albrecht Haushofer einen tiefen Einblick, wie das Gesetz von Karma wirkt, wenn es das Schicksal eines ganzen Volkes gestaltet.

Albrecht, der ursprünglich überzeugter Nazi gewesen war, wandte sich erst enttäuscht ab, als er die wahre Natur und das Ausmaß der Hitlerschen Ambitionen erkannte. Es dauerte nicht lange, bis er überzeugt war, daß Deutschland in die Hände teuflischer Mächte geraten war. Seine Enttäuschung nahm tragische Ausmaße an, als er einsehen mußte, daß ausgerechnet sein eigener Vater das apokalyptische Untier auf die Menschheit losgelassen hatte.

In den letzten vier Jahren seines Lebens faßte er seine Gedanken in Sonetten zusammen, die vielleicht eines Tages einen würdigen Platz in der Geschichte der deutschen Literatur einnehmen werden. Sein letztes Sonett schrieb er in der Todeszelle. Es wurde in seiner Jacke gefunden, nachdem eine SS-Abteilung ihn mit ihren Maschinengewehren niedergeschossen hatte. Neben ihm starb Klaus Bonhöfer, ein Bruder Pastor Dietrich Bonhöfers, einer der sehr wenigen Geistlichen in Deutschland, die bereit waren, den äußersten Preis für ihre christliche Überzeugung zu zahlen.

Das Sonett, das die Überschrift *Der Vater* trägt, erinnert an eine alte orientalische Legende, die wiederum überraschende Ähnlichkeit mit einem Vers im *Offenbarungsbuch* hat: »Und wenn tausend Jahre vollendet sind, wird der Satan los werden aus seinem Gefängnis.« (20. Kap. V. 7)

Nach dieser orientalischen Legende, die Albrecht Haushofer in Tibet kennengelernt hatte, waren die Geister unheiliger Mächte in der Tiefe und Dunkelheit der Ozeane eingekerkert. Dort blieben sie durch die wohltätige Hand Gottes gefangen, bis sie *einmal in tausend Jahren* von einem Fischer gefunden wurden, der die Wahl hatte – so war es vom Schicksal bestimmt –, den fürchterlichen Feind freizulassen oder ihn wieder in die Tiefe zu werfen.

»Für meinen Vater war das Los gesprochen.
Es lag einmal in seines Willens Kraft,
den Dämon heimzustoßen in die Haft.

Mein Vater hat das Siegel aufgebrochen.
Den Hauch des Bösen hat er nicht gesehn.
Den Dämon ließ er in die Welt entwehn.«

17. Kapitel
Der Meistermagier
Karl Haushofers zwei Gesichter

Es ist verständlich, daß Albrecht Haushofer ungern glauben wollte, sein eigener Vater habe gewußt, daß der Geist Luzifers von Adolf Hitlers Seele Besitz ergriffen hatte. Doch es besteht kein Zweifel, daß Karl Haushofer nicht nur den Atem des apokalyptischen Untiers verspürt hat, das sich des wahnsinnigen Ex-Gefreiten bemächtigt hatte, sondern daß er ganz bewußt und in böser Absicht versuchte, Hitler zu lehren, wie er dessen Kräfte auf die Menschheit loslassen und versuchen konnte, die Welt zu erobern.

In späteren Jahren ist heftig darüber gestritten worden, ob Karl Haushofer überhaupt einen Einfluß auf Adolf Hilter gehabt habe. Zu einer solchen Diskussion konnte es nur kommen, weil schlecht unterrichtete Kreise total verkannten, daß dieser bemerkenswerte und geheimnisvolle Mann zwei völlig verschiedene Gesichter hatte.

Den energischen und unbestreitbar hochbegabten Professor der Geopolitik kennen alle, und diese Seite seines Lebens ist hinlänglich beschrieben worden. Aber Karl Haushofer sorgte auf alle nur denkbare Weise dafür, daß die andere Seite seiner Natur und seine Tätigkeit als Führer eines heimlichen Kreises von Eingeweihten und als Autorität auf allen Gebieten der »Geheimen Lehre« verborgen blieb. Und doch erkennt jeder, der nur über ein Minimum an echtem okkulten Wissen verfügt, aus jedem Wort, das er schrieb, und aus jeder seiner Handlungen auf dem politischen Schauplatz in München in den Jahren gleich nach dem Ende des Ersten Weltkrieges den Eingeweihten.

Wir wollen damit beginnen, seine Arbeit und seinen Hintergrund kurz von einem rein äußerlichen Standpunkt zu betrachten, um darin den esoterischen Strom des Satanismus aufzuspüren, mit dessen Hilfe er Deutschland zur Weltherrschaft führen wollte.

Karl Haushofer wurde im Jahre 1869 in Bayern geboren. Er wählte eine Karriere als Berufssoldat und wurde auf Grund seiner geistigen Gaben und peniblen Detailtreue ins Stabskorps übernommen. Hervorragende Vertrautheit mit orientalischen Verhältnissen führte dazu, daß er vom deutschen Nachrichtendienst mit einer Anzahl von Geheimaufträgen in Indien und Japan betraut wurde. Er studierte mehrere östliche Sprachen, einschließlich Japanisch, das er fließend zu sprechen lernte, während er als Militärattache an der deutschen Botschaft in Tokio tätig war. Er beherrschte auch Sanskrit und fertigte eigene Übersetzungen hinduistischer und buddhistischer Texte an, wurde zu einer Autorität auf dem Gebiet des orientalischen Mystizismus und bekannte sich kompromißlos als Anhänger Schopenhauers.

Er war schon fünfundvierzig Jahre alt, als er mit einer ausgezeichneten Abhandlung über politische Geographie seinen Doktor machte, nachdem ihm von der Universität ein gewisser Dispens hinsichtlich seiner Anwesenheitspflicht zugebilligt worden war. Er diente den ganzen Weltkrieg hindurch an der Westfront und erwarb sich dort den Ruf, einer der hervorragendsten jungen Generale Deutschlands zu sein.

Das Thema seiner Dissertation über Geopolitik war eine Weiterentwicklung von Ratsels Gedanken, daß der Verfall einer Nation immer nur die Folge ihrer sich vermindernden Raumansprüche sei. »Raum ist nicht nur das Werkzeug der Macht, es ist die Macht selber«, sagte er zu seiner ersten Studentengruppe, zu der auch Rudolf Heß und einige andere, später führende Nazis gehörten. »Ich beabsichtige, politische Geographie als Waffe zu benutzen, die Deutschland erwecken soll, seine ihm vom Schicksal bestimmte Größe zu erfüllen. Ich will die ganze Nation umerziehen, damit sie die Rolle der Geographie in der Geschichte begreift und jeder junge Deutsche nicht mehr provinziell, sondern nur noch in Kontinenten denkt.«

Das war starker Tobak für die Studenten einer besiegten Nation, die gerade eben erst gezwungen gewesen war, Teile ihres eigenen Gebietes und alle ihre Kolonien an die Sieger auszuliefern.

Ein magisches Wort war es, das zum ersten Mal in Haushofers erster Vorlesung vor einem gefüllten Auditorium der Münchener Universität ausgesprochen wurde – ein Wort, das neue Aggressionswellen eines Volkes auslösen sollte, welches glaubte, einen Dolchstoß in den Rücken bekommen zu haben: *Lebensraum!*

Haushofers Gedanken gingen erheblich weiter als die all seiner Vorgänger im Bereich der politischen Geographie. Er war nicht im geringsten an einer objektiven Analyse geographischer Tatsachen interessiert, sondern verknüpfte seine geographischen Ideen stets mit einer provozierenden Theorie aggressiver territorialer Expansion in globalem Maßstab. Seine Forderung nach *Lebenraum* für das deutsche Volk und seine Pläne, ihn zu beschaffen, waren nichts anderes als eine Rechtfertigung internationaler Räuberei großen Stils und nicht mehr und nicht weniger als ein Freibrief zur Eroberung der Welt.

Gleichzeitig umgab er die Geographie mit einem Schleier der Rassenmystik, die den Deutschen einen Vorwand liefern sollte, in jene Gebiete des asiatischen Hinterlandes zurückzukehren, aus denen, wie man annahm, die arische Rasse stammte. Auf diese raffinierte Weise spornte er das deutsche Volk zur Eroberung ganz Osteuropas und darüber hinaus jener riesigen asiatischen Gebiete an, die sich 4000 Kilometer von Westen nach Osten, von der Wolga bis zum Yangtsekiang, hinziehen und im Süden von den tibetanischen Gebirgen begrenzt werden. Haushofer war der Meinung, daß derjenige, der dieses Kernland vollständig beherrschte, seine wirtschaftlichen Möglichkeiten erweiterte und seine militärische Verteidigung organisierte, die uneingeschränkte Weltherrschaft besäße.

Seine Theorien verbreiteten sich mit der Geschwindigkeit eines Lauffeuers durch ganz Deutschland und gaben dem durch die militärische Niederlage gekränkten Ehrgefühl und falschen Stolz des deutschen Volkes gefährlichen Auftrieb. 1935 erhielten alle Kinder im Dritten Reich Unterricht in Geopolitik, und diese Aufstachelung des geopolitischen Bewußtseins der Deutschen war ein Propagandakunststück, das nicht einmal ein Goebbels übertreffen konnte.

»Jeder einzelne von uns ist auf irgendeine Weise Schauspieler auf der weltpolitischen Bühne«, verkündete Haushofer Millionen von eifrigen Hörern über den Rundfunk. »Auch am bescheidensten Platze, als loyaler Anhänger eines von Gott auserwählten Führers, helfen wir, die Zukunft unseres Volkes zu gestalten, und sei es nur, indem wir zur rechten Zeit und am rechten Ort das rechte Echo abgeben ... Seid nicht kleinlich, sondern denkt in großen Raumkategorien, in ganzen Kontinenten und Ozeanen, und bringt auf die Weise euren Kurs mit dem eures Führers in Übereinstimmung.«

Der frühere General, der dazu neigte, trockene Tatsachen patriotisch zu verbrämen, schrieb insgesamt vierzig Bücher und 400 Essays und gründete die *Zeitschrift für Geopolitik*. Als Folge seines Wirkens erschienen zwischen den beiden Weltkriegen insgesamt 3420 Werke über Geopolitik!

Es ist weithin bekannt, daß Rudolf Heß Adolf Hitler bei Karl Haushofer einführte und daß der Professor, dicke geopolitische Wälzer unter den Arm geklemmt, Adolf Hitler oft besuchte, als dieser 1923 nach dem Fehlschlagen des Münchener Putsches in der Landsberger Festung *Mein Kampf* schrieb.

> »Was Haushofer um diese Zeit zur psychologischen Entwicklung Hitlers beitrug, war eine Reihe von Argumenten, eine Abhandlung und eine Serie geographischer Fakten von großer politischer Bedeutung. In *Mein Kampf* klingen neue Töne an. Außer den alten Klischees finden wir häufige Anspielungen auf den *Lebensraum*, Diskussionen über ihn und die äußere Sicherheit, d. h. Gewinnung weiteren Lebensraums zur Vertiefung der Verteidigung, sowie Forderungen nach natürlichen Grenzen, einem Gleichgewicht zwischen Macht zu Lande und zu Wasser und der Einbeziehung der Geographie in die militärische Strategie. Der

Übergang vom demagogischen Wortschwall der ersten Kapitel in *Mein Kampf* zu den Elementarstudien der Geopolitik ist zu eklatant, um ein Zufall sein zu können, besonders wenn man bedenkt, welcherlei Lektüre Haushofer zugegebenermaßen bei seinen Besuchen von Hitler und Heß im Landsberger Gefängnis mit sich führte. Im vierzehnten Kapitel kann man fast Haushofers Gegenwart spüren, wenn es auch nach Hitlers Diktat von Heß aufgeschrieben wurde ...

Haushofer überreichte Hitler sozusagen aus seinem Forschungsarsenal ein Eroberungsschwert. Hitler zog es aus der Scheide, schärfte dessen Klinge und warf die Scheide fort ...

Die Geopolitik sollte nun helfen, eine Elite in Hitlerdeutschland heranzuziehen, und zwar auf ähnliche Weise, wie die Zwillingstheorien vom Klassenkampf und dialektischen Materialismus dazu beigetragen hatten, den Kommunismus in Rußland rational zu begründen. Die Wissenschaft wurde untergeschoben und verschaffte der Verschwörung Ansehen, die in einem Bierkeller Münchens begonnen hatte und sich zu einem Imperium entwickeln sollte, das größer als das Reich Dschingis-Khans war.«

Edmund A. Walsh:
Total Power

Nachdem Adolf Hitler 1933 zur Macht gelangte, war Professor Haushofer an der Vorarbeit für das Zustandekommen des Dreimächtepakts beteiligt. Wenn er auch nicht eigentlich selber die Übereinkommen traf, die Japans Mitarbeit bei den Plänen zur Welteroberung sicherstellte, so fanden doch sämtliche Konferenzen zwischen den japanischen Beauftragten und den nationalsozialistischen Staatsmännern in seinem Haus in der Nähe Münchens statt. Er nannte diese gemütlichen Sitzungen »Kulturelle Zusammenarbeit«. Er sah in Japan ein Brudervolk Deutschlands, das *Herrenvolk* des Ostens. Es war kein Zufall, daß Matsuoko, der japanische Außenminister, nach einer Aussprache mit Haushofer nach Tokio zurückkehrte und äußern konnte: »Einer Nation wird eine solche Chance zur Größe nur einmal in tausend Jahren geboten.« Diese Chance hieß *Pearl Harbour*, und es darf als sicher gelten, daß dieser sorgfältig geplante und gewissenlose Angriff ohne die geringste vorhergehende Kriegserklärung auf eine Idee Karl Haushofers zurückging.

Alle Überfälle der Nazis, einer nach dem anderen, folgten im großen und ganzen seinen Lehren, und Adolf Hitler bediente sich bei diesen Gelegenheiten der geopolitischen strategischen Methoden Haushofers, seiner Sprache, seiner Landkarten und seiner Argumente.

Berlin Friedenau 26 November 1927.

Sehr geehrter Dr. Stein!

1 Gern erfülle ich Ihren Wunsch eine Abschrift zu erhalten und in Ihrem Buche zu verwenden, von der Mitteilung die ich am 31. August 1917 von Dr. Rudolf Steiner über den Odilienberg im Elsass erhalten habe:

„Das Odilienkloster auf dem Odilienberg war ursprünglich eine heidnische Mysterienstätte, welche unter der heiligen Odilie zum Christentum gewendet werden sollte. – 150 Jahre vor Nikolaus I lebte auf dem Odilienberg der Allemannenherzog Etichs (Eticho I), er hatte eine Tochter Odilie die blind war, der Vater wollte sie deshalb töten, – sie war blind um erleuchtet zu werden bei der Taufe. Sie wurde <u>mehrmals</u> wunderbar gerettet, so flüchtete sie einmal vor den Nachstellungen des Vaters unter dem Schutze ihres später geborenen Bruders nach dem Berge der vis à vis unserem Dornacher Bau steht, auf der Rückflucht wurde sie wiederum wunderbarerweise gerettet und dann geschah die Umwandlung der alten Mysterienstätte in ein christliches Kloster. Von da aus ging jene christliche Strömung welche Papst Nikolaus besonders zu propagieren sich bemüht hat, diese Strömung sollte der byzantinischen vollständig entgegengesetzt sein; es war später ein fortwährender Schriftwechsel zwischen dem Odilienberg und dem Papst Nikolaus. Diese Strömung hat wollen vernichten der Herzog Eticho, er stand im Dienste der Merowinger. – Von diesem Kloster ging die christliche Substanz über das ganze Abendland, daher ist der Odilienberg mit dem Elsass der Mittelpunkt so vieler Kämpfe gewesen." –

Mit freundlichem Gruss Ihre sehr ergebene

⑫ Eliza von Moltke –
geb. Gräfin Moltke-Huitfeldt –

Arlesheim 27. 12. 27.

Sehr geehrter Dr. Stein!

Ich freue mich sehr in der Lage zu sein, Ihnen konkrete Antwort auf Ihre Frage geben zu können. Sie fragen, ob ich weiss welchen Berg Herr Dr. Steiner in seiner Mitteilung vom 31. August 1917 mit den Worten bezeichnet: „der Berg, der vis à vis unserem Dornacher Bau steht." – Ich kann auf diese Frage sehr genaue Antwort geben, da Dr. Steiner gelegentlich meiner ersten Anwesenheit in Dornach im Spätherbst 1917 mich zu einem Gang mit ihm nach der Ermitage aufforderte und dort an Ort und Stelle wo man vom Fenster aus den Dornacher Bau liegen sieht mir sagte: „Hier dieser Berg ist die Stelle zu der Odilie geflohen ist."

Mit freundlichem Gruss Ihre sehr ergebene –

⑬ Eliza von Moltke
geb. Gräfin Moltke-Huitfeldt –

14. Eine Illustration aus den Werken des Alchimisten und Okkultisten Basilius Valentinus. Das Bild zeigt Parzival, Gawäin und Feirifis, drei den Gral suchende Ritter, vor der Einsiedelei des Treverizent. Die Symbole auf dem den Berg hinanführenden Wege beziehen sich auf die Übungen und Proben, denen sich die Ritter unterziehen mußten, um Gralsgeweihte zu werden. Die Alchimie der Gralssuche wird ausführlich im Kapitel »Das ABC des Grals mit schwarzer Magie« beschrieben.

15. Dr. Rudolf Steiner, kurz nachdem er seinen Doktorgrad an der Wiener Universität erworben hatte.

16. Das erste von Steiner erbaute Goetheanum wurde in der Silvesternacht 1922/23 von den Nazis niedergebrannt.

17. Rudolf Steiner arbeitet an einer Skulptur, die Christus als den Vertreter der Menschlichkeit darstellt. Links ein Tonmodell zu der geplanten Holzschnitzarbeit, die 11 m hoch werden sollte. Die Skulptur zeigt Jesus in dem Augenblick, in dem er die Hierarchien der Bösen – Luzifer, Ahriman und die Azuras – besiegt.

Manche Leute haben Haushofer damit zu entschuldigen versucht, daß er nur gewisse neue Theorien innerhalb der politischen Geographie aufgestellt habe, die die Nazis dann auf eine für ihn unvorhersehbare Weise ausgenützt hätten. Aber es kann kein Zweifel bestehen, daß er sich nur allzu gut darüber im klaren war, welch fürchterliche Folgen jedes von ihm geschriebene Wort hatte, und nur zu gut wußte, daß die Verwirklichung seiner Pläne Ströme von Menschenblut kosten und großes Leid über die unterdrückten Minoritäten der – wie er sich ausdrückte – minderwertigen Rassen bringen würde, nachdem die deutsche Kriegsmaschine sie überrollt hatte. Haushofer war nämlich zugleich Mitglied der Akademie für deutsches Recht und hatte in dieser Eigenschaft maßgeblichen Anteil an der Ausarbeitung der tyrannischen Gesetzgebung, die den besiegten Völkern aufgezwungen wurde. Auf diese Weise leistete er die vorbereitende Arbeit für die Konzentrationslager, in denen die Massentötung sich zu einer staatlichen Industrie mit anfallenden Nebenprodukten entwickeln sollte. Aber als ob dieses Meritenverzeichnis nicht an sich schon umfangreich genug wäre, stand hinter der vornehmen, aufrechten Gestalt des deutschen Generals und der gelehrten Erscheinung des bayerischen Professors eine andere, weitaus finsterere Figur – der meisterliche Ränkeschmied der Magie, der nur darauf sann, das apokalyptische Untier auf die Menschheit loszulassen.

Wir haben beschrieben, wie es Dietrich Eckart geglückt war, die Zentren des Astralleibes von Adolf Hitler zu entwickeln und zu öffnen und es ihm dadurch zu ermöglichen, Einblick in den Makrokosmos zu gewinnen und mit den dunklen Mächten zu kommunizieren. Und wir haben auch gesehen, wie er seinem Schüler half, seine Erinnerungen an eine frühere Inkarnation als Landulf von Capua im neunten Jahrhundert zu definieren und zu nutzen. Jetzt war Karl Haushofer an der Reihe, Einweihungsgrade weit höheren Grades beizusteuern, die den »Zeitorganismus« (den ätherischen Leib) Hitlers erweitern und umwandeln sollten, so daß er die Entwicklung der Menschheit in einer phantastischen Zeitperspektive zu sehen vermochte.

Was er Hitler in dieser Beziehung tatsächlich enthüllte, war die *Heimliche Lehre*, von der er sein geopolitisches System geschickt abgeleitet hatte, um sie als Mittel benutzen zu können, das Rassenbewußtsein des deutschen Volkes in Bahnen zu lenken, die letzten Endes auf die Vorbereitung der Welteroberung hinausliefen.

Durch seine Auslegung der *Heimlichen Lehre* erweitere Haushofer Hitlers Zeitbewußtsein und legte ihm ein globales Panorama von der Entwicklung der Erde vor. Daraus war zu ersehen, wie die Hierarchien der bösen Mächte arbeiten und in jedem Stadium der wahren Entwicklung des menschlichen Bewußtseins entgegenwirken. Durch solche Belehrungen brachte Haushofer Hitler dazu, die wirklichen Motive der luziferischen Geister zu erkennen, die von ihm Besitz ergriffen hatten, damit er zum bewußten Werkzeug ihrer bösen Absichten im zwanzigsten Jahrhundert würde.

Und schließlich übernahm Haushofer auch noch die Rolle des Mephisto, als er Adolf Hitler in die okkulte Bedeutung des Blutes einweihte und auf die Rolle hinwies, die den okkulten Blutriten bei der Schaffung einer magischen Mutation innerhalb der arischen Rasse zukäme, einer Mutation, die ein neues Stadium in der Entwicklung der Menschheit einleiten würde, die Geburt des »Übermenschen«.

Während der ersten zwanzig Jahre dieses Jahrhunderts kam in intellektuellen Kreisen Deutschlands das Gefühl auf, daß die von Gott gelenkte menschliche Entwicklung aufgehört habe und daß der Mensch für ewig in der intellektuellen Sterilität der dreidimensionalen Bewußtheit gefangen bleiben würde, sofern er seine weitere Entwicklung nicht in eigene Hände nähme.

Aus der Verzweiflung, die auf die enttäuschte Abwendung vom dialektischen Materialismus des neunzehnten Jahrhunderts folgte, wurde die Gewißheit geboren, daß ein neues Zeitalter der Freiheit angebrochen sei, in dem es dem Menschen selber oblag, die Erlösung zu suchen und jedem Aspekt seines Lebens einen neuen Inhalt zu geben. Gleichzeitig glaubte man, daß ein solcher Sprung in der menschlichen Entwicklung nicht stattfinden könne, ohne daß ganz außergewöhnliche Wesen auf Erden erscheinen würden, die allen Gebieten der Wissenschaft, Kunst und Religion nachhaltige Impulse zur geistigen Wiedergeburt gäben. In dieser Atmosphäre prophetischer Bereitschaft wurde nun der Gedanke an den kommenden Messias geboren.

Die verschiedensten Prophetien wurden über die Natur des neuen Messias – oder eigentlich einer ganzen Reihe von Messiasgestalten – aufgestellt, die die Philosophie, Religion, Medizin, Dichtkunst, Malerei und Bildhauerei, kurz gesagt, alle menschlichen Tätigkeiten mit neuem Leben erfüllen sollten.

Unter den verschiedenen Gruppen von Intellektuellen, die der Ansicht waren, daß kein Gebiet des menschlichen Lebens ohne das Erscheinen eines persönlichen Heilands erweckt und erlöst werden könne, befand sich die pangermanische und rassisch orientierte Bruderschaft. Diese hatte den Begriff des »Übermenschen« von Friedrich Nietzsche in den Vordergrund gestellt, des sichtbar gewordenen Gott-Menschen, der die arische Rasse bei der Eroberung der Welt anführen und eine Ordnung für mindestens tausend Jahre schaffen würde.

Nur vor dem Hintergrund dieser Messiaserwartungen können wir die wirkliche Bedeutung des sonderbaren Wettbewerbs ermessen, der im Jahre 1920 an der Münchener Universität veranstaltet wurde. Ein deutscher, in Brasilien lebender Millionär setzte einen hohen Preis aus für denjenigen Studenten, der die beste Abhandlung schrieb über das Thema: »Wie muß der Mann beschaffen sein, der Deutschland wieder zu seiner früheren Macht und Größe zurückführt?«

Der Gewinner dieses Preisausschreibens war ein gewisser Rudolf Heß. Sein vielgepriesener Aufsatz zeichnete das Bild des kommenden Messias, der eine bemerkenswerte Ähnlichkeit mit dem Antichrist der *Protokolle von Zion* aufwies. Er war auch in jeder Zeile von den Gedankengängen Karl Haushofers geprägt, der Heß im geopolitischen Seminar der Universität unterrichtet hatte.

Rudolf Heß hatte seinem Lehrer ausführlich über Adolf Hitler erzählt, doch schien dieser anfänglich merkwürdig wenig von dem demagogischen Führer der Nazibewegung zu halten. Der ehemalige General wollte einfach nicht glauben, daß der Gefreite mit dem Chaplinbart und dem fremdartigen Benehmen jemals der Erlöser des deutschen Volkes werden könne. Erst als Haushofer dem Prozeß beiwohnte, der 1923 nach dem ergebnislosen Münchener Putsch geführt wurde, begann er Hitlers wirkliches Format und Führereigenschaften zu erkennen.

Er saß auf einem reservierten Platz des in der alten Infanterieschule in der Blutenbergstraße tagenden Gerichts und war wie hypnotisiert von der Beredsamkeit und Kühnheit dieses damals noch unbekannten Revolutionärs, dessen bloße Anwesenheit den berühmten General Ludendorff, der neben ihm auf der Anklagebank saß, in den Schatten zu stellen schien.

> »Den Mann, der zum Diktator geboren wird, braucht keiner zu zwingen«, rief Adolf Hitler den versammelten Korrespondenten der Weltpresse zu. »Er will es aus sich heraus. Ihn treibt keiner, sondern er treibt sich selbst ... Der Mann, der sich berufen fühlt, ein Volk zu lenken, hat nicht das Recht zu sagen: ›Falls ihr mich wünscht oder dazu auffordert, will ich mit euch zusammenarbeiten.‹ Nein, es ist einfach seine Pflicht, hervorzutreten.«

Von Tag zu Tag, wenn Hitler sich verteidigte und mit geschickten Ausfällen seine Richter und Ankläger in die Enge trieb, stieg er höher in der Achtung des Professors, der ihm mit dem ihm eigenen distanzierten Interesse zusah. Am letzten Tag des Prozesses war Haushofer restlos überzeugt, daß er den Worten jenes Mannes lausche, der dereinst Deutschland zur Welteroberung führen würde.

> »Die Armee, die wir herangebildet haben, wächst von Tag zu Tag«, schrie Hitler ... »Ich hege die stolze Hoffnung, daß diese ungestümen Kompanien zu Bataillonen, die Bataillone zu Regimentern, die Regimenter zu Divisionen werden, daß die alte Kokarde aus dem Schmutz herausgeholt

wird, daß die alten Fahnen wieder flattern, und es zur Versöhnung kommt beim ewigen letzten Gottesgericht, zu dem anzutreten wir bereit sind.«

Die Schlußworte, die Hitler seinen Richtern ins Gesicht schleuderte, bevor das Urteil verkündet wurde, waren besonders eindrucksvoll und bezeichnend:

»Denn nicht Sie, meine Herren, sprechen das Urteil über uns. Das Urteil spricht das ewige Gericht der Geschichte, das Stellung nehmen wird zu der Anklage, die gegen uns erhoben ist! Ihr Urteil, das Sie fällen werden, kenne ich. Aber jenes Gericht wird uns nicht fragen: Habt ihr Hochverrat begangen oder nicht? Jenes Gericht wird uns, den Quartiermeister der alten Armee und seine Offiziere und Soldaten als Deutsche richten, die das Beste gewollt haben für ihr Volk und Vaterland, die kämpfen und sterben wollten. Mögen Sie uns tausendmal schuldig sprechen, die Göttin des ewigen Gerichts der Geschichte wird lächelnd den Antrag des Staatsanwaltes und das Urteil des Gerichtes zerreißen. Denn sie spricht uns frei.«

Adolf Hitler wurde auf die Festung Landsberg geschickt, um eine fünfjährige Gefängnisstrafe zu verbüßen. Er bekam dort Gesellschaft von Rudolf Heß, der sich nachträglich selbst gemeldet und seinen Anteil an den Plänen zum Umsturz der bayerischen Regierung gestanden hatte. Hitler wurde nicht etwa wie ein Gefangener, sondern wie ein Gast behandelt. Ihm wurde ein großes Zimmer mit prächtiger Aussicht über den Lech zugewiesen, auf eine Landschaft, in der tausend Jahre früher Otto der Große seine Armeen gemustert hatte, bevor er mit dem Speer des Longinus als Talisman auszog, um die plündernden Ungarn in die Flucht zu schlagen.

Obwohl alles, was Adolf Hitler tat, auf der Festung genauestens überwacht wurde, und auch seine Gäste sich eine sorgfältige Kontrolle ihrer Lebensumstände gefallen lassen mußten, hatte offenbar niemand etwas gegen die augenscheinlich so unschuldigen Besuche eines Geologieprofessors der Münchener Universität einzuwenden. So konnte es geschehen, daß Karl Haushofer im Sommer 1924 in Gegenwart von Rudolf Heß den »Gefangenen« Adolf Hitler in *Die Heimliche Lehre* einweihte, eine Handlung, die weitreichende und verhängnisvolle Folgen für die ganze Menschheit haben sollte.

Es würde den Rahmen dieses Buches sprengen, wenn wir mehr als ein paar kurze Details der *Heimlichen Lehr*e andeuten würden, und wir müssen uns darauf beschränken, eine grobe Skizze jener Aspekte zu geben, die ein besonderes Licht auf die teuflische Natur des Okkultismus der nationalsozialistischen Partei werfen.

18. Kapitel
Die Heimliche Lehre
Der Ursprung der arischen Rasse in Atlantis

»Es waren auch zu den Zeiten Tyrannen auf Erden; denn da die Kinder Gottes die Töchter der Menschen beschliefen, und ihnen Kinder zeugten, wurden daraus Gewaltige in der Welt, und berühmte Leute.«
1. Mose 6,4

Als *Die Heimliche Lehre* zum ersten Mal vor etwa 10000 Jahren unter den Eingeweihten im alten Tibet aufkam, wurde sie nicht verstandesmäßig gelehrt oder von Generation zu Generation weitergegeben. Erst wenn die Zentren im Astralleib eines Novizen zur Entfaltung gebracht worden waren und sein ätherischer Organismus sich voll entwickelt hatte, konnte ihm *Die Heimliche Lehre* erschlossen werden.

Als letzte Vorbereitung für diesen Augenblick der Offenbarung mußte der Kandidat Schritt für Schritt in die kosmische Schrift eingeführt werden, das heißt, er mußte den gleichen Prozeß vollziehen, den die späteren Traditionen des Grals »das Lernen des ABCs ohne die Kunst der schwarzen Magie« nannten.

Wenn das dritte Auge voll geöffnet war, so daß es in der Akashischen Chronik lesen konnte (*akasha* bedeutet in der indischen Philosophie den Äther, der sowohl materielle als auch immaterielle Wesen mit einem gemeinsamen Medium umgibt), wurde der Eingeweihte zum lebenden Zeugen der gesamten Welt- und Menschheitsentwicklung. Indem er sich durch gewaltige Zeiträume in die Vergangenheit zurückversetzte, wurde ihm der geistige Ursprung der Erde und des Menschengeschlechtes offenbar, so daß er dem Schicksal der Menschheit durch ständig wechselnde Lebensbedingungen und Entwicklungszyklen zu folgen vermochte.[52]

---

[52] Der tibetanische Eingeweihte, der die Kosmische Chronik »las«, erkannte, daß der Mensch *nicht* aus niedrigen Tiergattungen entstanden war, die sich ihrerseits aus elementaren organisch-physischen Prozessen entwickelt hatten. Er sah die gesamte Entwicklung der Menschheit als eine Art doppelten Prozeß. Auf der einen Seite sah er die physikalisch-materielle Welt in ihrer Entwicklung zu Lebensbedingungen, die es dem Menschen gestatteten, sich als physisches Wesen in ihr niederzulassen, und andererseits erkannte er, daß der seelische und geistige Organismus des Menschen von Geistern geschaffen war, die ihn auf den Abstieg vom Makrokosmos zum Mikrokosmos, das heißt auf ein irdisches Dasein, vorbereiten wollten. Wenn ein solcher Tibetaner der Vorzeit heutzutage lebte und eine derartige Auffassung von der Entwicklung der Menschheit beschreiben wollte, müßte er sich sowohl der Darwinschen physikalischen Terminologie als auch der Mythologie des ersten Mosebuches bedienen. Nur durch Vermengung dieser offenbar entgegengesetzten Begriffe würde er einen Schimmer der Wirklichkeit enthüllen können, die in der *Heimlichen Lehre* enthalten ist.

Die Teile der *Heimlichen Lehre*, die Haushofer an Hitler weitergab, betrafen vorwiegend den Ursprung der verschiedenen Menschenrassen in jenem Zeitabschnitt der Vorgeschichte, den die okkulte Wissenschaft Atlantis nennt. Sie versteht darunter eine Zivilisation, die viele Jahrtausende lang auf einem verschwundenen Kontinent existiert haben soll, der jetzt auf dem Grunde des Atlantischen Ozeans begraben liegt.

Viele der triftigen Beschreibungen über die Lebensbedingungen im alten Atlantis, die Haushofer an Hitler weitergab, müssen Menschen, die ganz und gar in den sterilen und versteinerten Begriffen des modernen Materialismus aufgehen, phantastisch und unglaubwürdig erscheinen.

Etwas von der erstaunlichen Umwelt und den ungewöhnlichen Verhältnissen in bezug auf Form, Fähigkeit und Bewußtheit und die magischen Kräfte und Eigenschaften, die auf Atlantis herrschten, lebt in der abenteuerlichen Mythologie der nordischen Völker weiter.

Die Atlanter waren nicht die wilden und primitiven Wesen, als die sie fälschlicherweise von modernen Wissenschaftlern und heutigen Anthropologen hingestellt werden. Einige der vielen und höchst verschiedenartigen Zivilisationen in Atlantis erreichten Stadien sozialer und technischer Perfektion, in denen Wissenschaft, Erziehung und schöne Künste mit liebevoller Hingabe gepflegt wurden. Atlantische Wissenschaftler entdeckten Mittel, Lebenskräfte aus Samen zu ziehen und diese Kräfte für weitläufige kommerzielle Unternehmungen in der ganzen Welt nutzbar zu machen. Die Transportmittel bestanden nicht nur aus enormen, von Motoren angetriebenen Schiffen, sondern auch Flugzeuge mit verschiedenen raffinierten Steuersystemen wurden verwendet.

Wenn der moderne Mensch sich mit den Lebensbedingungen und Umweltverhältnissen in Atlantis auseinandersetzt, fällt ihm schwer zu begreifen, daß die Natur der Elemente und die Art ihrer Zusammenetzung zu jener Zeit völlig anders war. Man kann mit gutem Grund sagen, daß das Wasser zu jenem Zeitpunkt der Erdenentwicklung viel »dünner« war als heutzutage und die Luft dementsprechend weitaus »dicker«.

Nach heutigen Begriffen würde uns Atlantis wie in schwere Nebel gehüllt vorkommen. Aber die Atlanter fühlten sich dadurch in keiner Weise behindert, weil sie ihre Erfahrungen aus der Welt der Phänomene nicht direkt durch ihre Sinnesorgane bezogen. Sie lebten in einer Art intensiver Bildbewußtheit, in der farbenreiche Vorstellungen die Ereignisse der Sinnenwelt genau widerspiegelten.

Der erhebliche Unterschied zwischen den heutigen Menschen und den einstigen Atlantern ist eine Folge der enormen Veränderungen, die seit damals im menschlichen Bewußtsein stattgefunden haben.

Während der moderne Mensch sich seiner Umwelt am deutlichsten bewußt ist, wenn er »wacht«, erlischt das Bewußtsein seiner selbst im Schlaf vollkommen. Der Atlantier dagegen erfuhr eine Herabsetzung seines Bewußtseins während des Tages, solange er in der Welt der Phänomene arbeitete. Nachts aber schärfte sich sein Bewußtsein, so daß er die himmlischen Hierarchien des Makrokosmos erblicken konnte, mit denen er in magischer Verbindung stand.

Das Atlantiszeitalter umfaßte sieben Epochen, in denen sich nacheinander sieben menschliche Unterrassen entwickelten. Jede von ihnen blieb so lange bestehen, bis die nächste sich voll entwickelt hatte. Gemäß der *Heimlichen Lehre* hießen diese atlantischen Unterrassen Rmoahalier, Tlavatlier, Toltecen, Turanier, *Arier*, Akkadier und Mongolen.

Adolf Hitler hatte das eine oder andere über Atlantis von den Mitgliedern der Thulegesellschaft erfahren, aber es waren hauptsächlich nur verfälschte Vorstellungen, die aus einer intellektuellen Analyse nordischer und teutonischer Folklore entwickelt worden waren. So war er fasziniert von allem, was er nun von Haushofer über die ganz und gar magischen Fähigkeiten und Kräfte der alten Atlanter erfuhr.

Die Quelle der magischen Kräfte der Rmoahalier, Tlavatlier und Toltecen war ein vollentwickelter ätherischer Organismus, der weit über die Grenzen des physischen Körpers hinausreichte. Ihre Sprache zum Beispiel war intim mit den Naturkräften verbunden. Ihre Worte konnten nicht nur das Wachstum der Pflanzen beschleunigen und wilde Tiere zähmen, sondern auch Kranke in kürzester Zeit auf wunderbare Weise heilen oder fürchterliche Zerstörungskräfte in Kriegszeiten auslösen.

Was Karl Haushofer über die Führer der Atlantiszeit aussagte, sollte einen sehr entscheidenden Einfluß darauf ausüben, wie Hitler später seine eigene Rolle als Führer des deutschen Volkes auffaßte. Denn die Führer der atlantischen Unterrassen unterstanden nicht den Gesetzen, nach denen normale menschliche Wesen sich entwickelten. Sie gehörten zwar in gewisser Beziehung zu ihresgleichen, aber weil ihre physischen Körper damals weicher und plastischer waren, sozusagen geschmeidiger und formbarer, konnten höher stehende Geisteswesen leichter in Menschengestalt schlüpfen. Sie hatten seelische und geistige Eigenschaften übermenschlicher Natur, sie erschienen ihren Zeitgenossen als Übermenschen. Man könnte sie ein Zwischending zwischen Gott und Mensch, eine Art Gott-Menschen nennen. Alle geringeren Sterblichen verehrten sie hoch, ordneten sich dankbar ihrer Führung unter und gehorchten ihren Befehlen bedingungslos.

Solch ein Übermensch unterrichtete die Leute in Wissenschaft, Kunst, Gesetzeskunde und Religion und brachte ihnen bei, wie man Werkzeug herstellte und ein Handwerk betrieb.

Diese Übermenschen waren auch mit den Gesetzen vertraut, die die Entstehung neuer Rassen beeinflußten. An ihren Orakeln wählten sie besondere Schüler aus, die in Übungszentren geschickt wurden, wo sie eine Zeitlang isoliert leben mußten. Dort lehrte man sie diejenigen Eigenschaften zu entwickeln, die zur Züchtung neuer Rassen erforderlich waren. Derartige genauestens geplante Mutationen, die die Entstehung und Reihenfolge der Unterrassen während der gesamten atlantischen Epoche regelten, bildeten das genaue Gegenteil anderer Mutationstypen von gänzlich verschiedener Art.

Die Größe, Form und Plastizität des Körpers während dieser vorhistorischen Epoche beruhte mehr auf den tatsächlich vorhandenen seelischen Eigenschaften als auf erblichen Faktoren. Wo magische Kräfte dazu mißbraucht worden waren, der egoistischen Befriedigung von Instinkten, Leidenschaften und Wünschen zu dienen, entstanden menschliche Figuren, die durchweg abscheulich und grotesk in ihrer Form und Größe waren. Daß solche »Selbstmutanten« existiert haben, wissen wir aus der Beschreibung von Riesen in vielen nordischen Mythologien, besonders aus der Edda, die Dietrich Eckart und die Thulegesellschaft studiert hatten.

Die ganze Tendenz in der Entwicklung der Bewußtheit während der ersten Hälfte der Atlantisepoche lief auf eine Verfeinerung der Erinnerungskräfte hinaus. Weil die Fähigkeit, in Begriffen zu denken, noch nicht existierte, konnte persönliche Erfahrung allein durch die Erinnerung erworben werden. Wenn ein Bild sich vor der Seele eines Atlanters der Frühzeit auftat, fielen ihm eine Menge ähnlicher Vorstellungen ein, die er bereits erlebt hatte. Auf diese Weise wurde allerhand Weisheit gespeichert, auf die das persönliche Urteilsvermögen zurückgreifen konnte.

So führte die Erinnerungsfähigkeit allmählich zur Bildung einer gesellschaftlichen Struktur auf diesem untergegangenen Kontinent. Gruppen von Menschen wählten einen Mann zu ihrem Führer, der einen großen Vorrat an Erinnerungen erworben hatte. Rassenidentität war im Grunde genommen ein Aspekt der gemeinsamen Erinnerung.

Es bedeutete einen weiteren Schritt vorwärts, als die Erinnerung in Form einer Art »Bluterinnerung« durch die Generationen weitergegeben werden konnte. Menschen erinnerten sich der Taten ihrer Ahnen nicht minder deutlich, als sie ihr eigenes Leben überschauten. Herrscher vererbten ihre Erfahrungen auf Söhne und Enkel. Ahnenkulte wurden nach ähnlichen Richtlinien entwickelt, wie sie viele Jahrtausende später im alten China entstanden. Dynastien von Königen schufen riesige Königreiche und Imperien, und die ununterbrochene Herrschaftsfolge vermehrte den Schatz der königlichen Erinnerungen und erhöhte die Urteilskraft.

Dennoch war es genau dieses Erinnerungsvermögen, das zu einem unheilvollen Personenkult führte, der den persönlichen Ehrgeiz aufs äußerste anstachelte. Je größer die persönliche Macht eines Herrschers wurde, desto mehr war er bestrebt, sie auszunutzen. Und weil die Atlanter die Lebenskräfte der Natur magisch im Griff hatten, führte deren Mißbrauch zu katastrophalen Folgen. Die Kräfte des Wachstums und der Fortpflanzung stehen, wenn sie aus dem Zusammenhang ihrer natürlichen Funktionen gerissen werden und unabhängig von ihnen zur Anwendung gelangen, in einer magischen Beziehung zu den in der Luft und im Wasser befindlichen Kräften. Viele der mächtigsten turanischen Könige waren von den Orakeln in die Funktionen der den Elementen innewohnenden Geister eingeweiht worden. Jetzt begingen sie Verrat an ihrem Wissen. Durch den egoistischen Mißbrauch der Orakellehren, die den heiligen Fruchtbarkeitskulturen zugrunde lagen, entstanden die schrecklichsten Katastrophen. Rituale der schwarzen Magie, die selbst eine widernatürliche Anwendung der Fortpflanzungskräfte nicht scheuten, entfesselten mächtige unheilvolle Kräfte, die schließlich dazu führten, daß der ganze Kontinent in furchtbaren Naturkatastrophen unterging.

In diesem kritischen Zeitpunkt der Geschichte von Atlantis wurde eine neue Rasse gegründet, die den geistigen Kern der Menschheit vor der Vernichtung schützen und ihren rechtmäßigen Fortschritt während der folgenden Jahrtausende bis in die erste Hälfte unseres eigenen nachatlantischen Zeitalters garantieren sollte.

Die destruktiven Mächte, die den magischen Eigenschaften der degenerierten Völker von Atlantis innewohnten, konnten nur durch eine neue und noch höhere Fähigkeit bezwungen werden, durch *die Fähigkeit des Denkens*.

Die Kraft des Denkens ist sogar der magischen Erinnerung an die Vergangenheit überlegen. Durch Denken hat der Mensch gelernt, seine Erfahrungen miteinander zu vergleichen und zu improvisieren. Aus dem Denken ergab sich die Fähigkeit, moralisch zu urteilen und so die sonst unersättlichen Kräfte der Instinkte, Triebe und Begierden zu bremsen und in vernünftige Bahnen zu lenken. Allein dadurch, daß der Mensch denken lernte, konnte er auf die innere Stimme des Gewissens lauschen und der egoistischen Befriedigung perverser Lüste, mit denen die Atlanter ihren Kontinent allmählich zugrunde richteten, ein Ende bereiten.

Unter solch unerfreulichen und dringlichen Aspekten vollzog sich die Geburt der »Herrenrasse« in Atlantis. Aber diese neue *arische Rasse* war nicht nur ein Resultat der Veredlung früherer atlantischer Unterrassen. Der gesamte menschliche Entwicklungsprozeß machte einen Sprung nach vorn, um diese neue Kernrasse den veränderten Umweltbedingungen nach der Vernichtung des atlantischen Kontinents anzupassen.

Das alte Bildbewußtsein, das die ungesehenen Realitäten der physischen Welt in farbigen Bildfolgen widergespiegelt hatte, wurde durch die Fähigkeit ersetzt, die phänomenale Welt direkt sinnlich wahrzunehmen.

Der ätherische Organismus dieses neuen Ariertyps schrumpfte zusammen, um den Wandel zur persönlichen Intelligenz und direkten Wahrnehmung der Sinnenwelt zu ermöglichen. Aber diese Fähigkeiten des Denkens und der sinnlichen Wahrnehmung wurden mit dem totalen Verlust aller magischen Kräfte über die Natur und über die Lebenskräfte im menschlichen Organismus bezahlt. Sogar die äußere Gestalt des Menschen veränderte sich radikal. Die plastischen, geschmeidig weichen, knorpeligen Körper der Tlavatlier, Toltecen und Turanier wurden durch den um ein festes Skelett gebauten Körper des modernen Menschen ersetzt.

Die Aufzucht der neuen Rasse erfolgte unter harten klimatischen Bedingungen in den Berggegenden im Norden des Kontinents. Nur ganz allmählich und im Verlaufe vieler Generationen wurde ein Körper herangezüchtet, der fest genug war, um den schädlichen Einflüssen der Seelenkräfte zu widerstehen, die die früheren Rassen von Atlantis ins Verderben geführt hatten. Die damit einherschreitende, allmähliche Schrumpfung des ätherischen Organismus beraubte die neue Nachkommenschaft aller magischen Kräfte über die Natur. Zum Ausgleich dafür begann aber jener Teil des Ätherleibes, der sich mit dem physischen Körper vereinigte, das physische Gehirn in ein wichtiges Gedankeninstrument umzuwandeln. Je weiter dieser Prozeß fortschritt, desto deutlicher spürten die neuen Generationen das »Ich« oder »Ego« in ihrem physischen Körper, und damit erlebte der Mensch zum ersten Mal seine individuelle Bewußtheit.

Alle, die zu Kriegern und Führern auserlesen waren, kamen in Trainingslager in den Bergen, wo sie unerbittlich und in strengster Disziplin geschult wurden. Hier lernten sie, daß alles, was ihnen auf Erden vor Augen trat, von unsichtbaren Geistern im Makrokosmos gelenkt wurde und daß sie sich diesen Kräften vorbehaltlos widmen und zur Verfügung stellen sollten. Ihre Erziehung, die in den Händen der hybriden Gott-Menschen oder Übermenschen lag, förderte sie so weit, daß sie mit ihren Gedanken die Grundsätze erfassen konnten, nach denen die arische Rasse weiterentwickelt werden sollte. Vor allem anderen, so war ihnen beigebracht worden, sollten sie die Reinheit ihres Blutes respektieren und wahren. Ihr moralischer Wille war verstärkt und erprobt worden, so daß sie allen egoistischen Verlangen und Begierden widerstehen konnten. Auf diese Weise wurden die besten Eigenschaften in den erlesensten Exemplaren der Rasse enwickelt, und die Veredlung der arischen Völker schritt dadurch immer weiter fort.

Die Herrscher der degenerierenden Rassen im Süden des Kontinents erkannten die Gefahr einer höheren Entwicklung der neuen arischen Rasse und erklärten ihr den Krieg. Aus dem Nebel, der den Fuß der Berge umgab, rückten den arischen Verteidigern Horden plündernder Krieger entgegen. Viele von ihnen waren riesengroß, hatten ein groteskes Aussehen und waren mit furchtbaren magischen Kräften ausgerüstet, die ihnen übermenschliche Stärke verliehen. Ihnen gegenüber setzten die Arier ihre neugewonnene Intelligenz ein, und die Fähigkeit zur Improvisation war wertvoller als alle von den Angreifern eingesetzte Magie. Ein Echo dieser grausamen, vorhistorischen Kämpfe zwischen den ersten sich ihrer selbst bewußten menschlichen Wesen und den ungeheuerlichen und magischen Geschöpfen einer vergangenen Epoche ist uns durch Mythen überliefert worden, die uns erzählen, wie die Riesen überlistet wurden.

Der größte Unterschied zwischen den Ariern und den früheren Unterrassen des verschwundenen Kontinents lag in der Natur ihrer Bewußtheit. Die meisten Vertreter der neuen Rasse waren völlig von jeglicher Form direkten geistigen Sehens abgeschnitten. Nachts versanken sie in die Leere des Schlafes, und am Tage waren sie blind für das Wirken des Geistes in der Natur. Die frühere magische Fähigkeit der Erinnerung verkümmerte, und jede neue Generation, die heranwuchs, wurde mehr und mehr von allem Wissen über den geistigen Ursprung des Menschen isoliert. Auf mancherlei Weise hatten diese Arier eine gewisse Ähnlichkeit mit uns heutigen Menschen, obwohl sie nicht wie wir in einer dreidimensionalen Bewußtheit gefangen waren, denn sie erlebten ihre Gedanken als etwas, das ihnen von göttlichen Mächten verliehen war. Die individuelle Fähigkeit, Gedanken in intellektueller Weise zu lenken und zu kombinieren, war damals nicht vorhanden. Die Gedanken schienen den Menschen eher von höheren Wesen eingegeben zu werden, die sie führen und in ihrem Willen beeinflussen wollten.

Um die geistige Blindheit des arischen Volkes auszugleichen, die durch die totale Beschränkung auf die Sinnenwelt entstanden war, wurde die Elite der Rasse auf eine Einweihung am »Sonnenorakel« vorbereitet. Nach einer weiteren und noch härteren Schulung in Selbstdisziplin und Gehorsam reiften die Zentren in den Astralleibern der wenigen Auserwählten und wurden geöffnet, so daß sie die geistigen Hierarchien sehen konnten. Mit dem Symbol des »Sonnenrades« oder dem »vierarmigen Hakenkreuz« übernahmen die neuen Eingeweihten die Führung ihrer Rasse und wurden zu Mittelsmännern zwischen den Massen des Volkes und den unsichtbaren höheren Mächten. Sie lehrten eine neue Religion, die versuchte, alle Aspekte des Lebens mit der göttlichen universellen Weltordnung in Einklang zu bringen.

Die arischen Völker wurden von dem großen Manu, dem letzten der Göttersöhne oder Übermenschen, aus Atlantis herausgeführt. Die Wanderung ging quer durch Europa und Asien zur Wüste Gobi und von dort zur Bergkette des Himalaja nach Tibet. Dort oben, auf dem Dach der Welt, wurde ein Sonnenorakel gegründet, das die sieben Zivilisationen während der postatlantischen Ära regieren und lenken sollte. Eingeweihte, die man an diesem Orakel ausgebildet hatte, wurden als Reinkarnation Führer der vielen verschiedenen Völker, die die Sintflut ebenfalls überlebt hatten und nun in verschiedenen Teilen Europas, Asiens und Amerikas wohnten. Die große Mehrheit der wertvollsten arischen Völker ließ sich in Indien nieder.

Es ist nicht schwer, sich vorzustellen, welche Wirkung diese Enthüllungen aus der *Heimlichen Lehre* auf Hitlers empfängliches und dem Teufel verschworenes Gemüt haben mußte. Wir werden später noch beschreiben, wie die rassistischen Lehren, die ihm Haushofer in der Landsberger Festung vermittelt hatte, zu einem Teil des Ausbildungsprogramms für die SS-Abteilungen der Ordensburgen wurden, von denen der Typ des neuen nazistischen Übermenschen seinen Ausgang nehmen sollte.

19. Kapitel
Der kritische Wendepunkt der Zeit
Werkzeuge für Luzifers Scharen

»Ich will einen Orden gründen«, vertraute Adolf Hitler Rauschning an. Er meinte damit seine Pläne, die »Burgen« zu gründen, auf denen die zweite Phase der Heranzüchtung einer neuen Rasse stattfinden sollte. »Dort soll das endgültige Resultat der menschlichen Mutationen, der Mensch-Gott, entstehen.«

Karl Haushofer hatte nicht nur die Ursprünge der arischen Rasse in Atlantis studiert und sich darüber informiert, wie sie gestaltet wurde, damit sie eine weltgeschichtliche Aufgabe vollenden konnte. Er hatte auch die gesamte biologische Mystik im Rassismus der nationalsozialistischen Partei beigesteuert und war unmittelbar verantwortlich für die Idee der Ausleseverfahren und der in den Burgen betriebenen Spezialschulung, mit der eine neue Rasse von Übermenschen herangebildet werden sollte.

Nachdem er Adolf Hitler auf der Festung Landsberg in *Die Heimliche Lehre* eingeweiht hatte, wurde Haushofer die führende Persönlichkeit in einer heimlichen Gesellschaft, die in Berlin gegründet wurde und sich »Vril« oder die »Leuchtende Loge« nannte. Zu diesem exklusiven satanischen Kreis hatte nur Zutritt, wer einen bestimmten höheren Grad der Einweihung in *Die Heimliche Lehre* nachweisen konnte.

Die Leuchtende Loge sammelte ihre Mitglieder nicht nur aus den führenden okkulten Bewegungen Europas, sondern zog auch Eingeweihte aus allen Gegenden der Welt an sich, so aus Tibet, Japan, Indien, Kaschmir, Turkestan und Ceylon. In der Hauptniederlassung der Gesellschaft in Berlin saßen tibetische Lamas, japanische Buddhisten und Angehörige anderer orientalischer Sekten Schulter an Schulter zusammen mit früheren Studenten von Gurdjieff, Mitgliedern verschiedener obskurer Rosenkreuzerorden, früheren Angehörigen der Pariser Loge der »Golden Dawn« und zweifelhafte Personen von Aleister Crowleys »Ordo Templi Orientis«.

Das einzige Ziel dieser Loge war, weitere Forschungen nach dem Ursprung der arischen Rasse zu betreiben und herauszufinden, wie die magischen Fähigkeiten, die im arischen Blut schlummerten, so reaktiviert werden könnten, daß sie zum Werkzeug übermenschlicher Kräfte würden. Überraschenderweise war eines der Werke, das für die führenden Männer der Loge zu einer schier unerschöpflichen Inspirationsquelle wurde, von einem Engländer namens Bulwer-Lytton geschrieben. Dieser, ein übersinnlicher Freimaurer und Mitglied der englischen Rosenkreuzergesellschaft, gab außer seinem Roman *Die letzten Tage von Pompeji*, der ihn berühmt machte, viele andere, weniger bekannte Bücher heraus. In einem dieser weniger bekannten Werke, das den Titel *The Coming Race* (Die kommende Rasse) trug, deutete er viele der Wahrheiten, die er durch die Einweihung in die *Heimliche Lehre* erfahren hatte, in verschleierter Form an. Lytton, ein rechtschaffener Mann und verdienstvoller Gelehrter, hatte reges Interesse für die in der Offenbarung des St. Johannes enthaltenen Prophezeiungen über Gut und Böse. Er konnte nicht ahnen, daß sein Buch, in dem er den Aufstieg einer neuen Rasse mit hohen geistigen Fähigkeiten und übermenschlichen Kräften ankündigte, eine kleine Gruppe von Nazis im bösen Sinne dazu inspirieren würde, eine Herrenrasse zu gründen, die die Welt versklaven wollte.

Die ersten Nachrichten über »Vril« sickerten in die westliche Welt, als Willi Ley, der Raketenexperte, 1933 aus Deutschland floh. Nach Leys Aussagen glaubten die Schüler Haushofers, daß sie nahe daran seien, einem Geheimnis auf die Spur zu kommen, das sie in die Lage versetzte, eine Mutation in der arischen Rasse hervorzubringen. Unter anderem erzählte er Einzelheiten über ihre seltsamen Meditationen und die Art der Übungen, denen sie sich unterwarfen, um übermenschliche Fähigkeiten der Konzentration und des clairvoyanten Sehens zu entfalten.

Ley, der ein begeisterter Naturwissenschaftler und Ingenieur war, hielt die ganze Geschichte für völlig harmlos und sogar ein klein wenig lächerlich. Er konnte unmöglich voraussehen, daß die »Leuchtende Loge« eines Tages vom Reichsführer SS übernommen und dem Okkulten Büro der Nazis, der Organisation *Ahnenerbe*, angegliedert werden würde; geschweige denn, daß sie als Modell für die neuen Ordensburgen dienen und schließlich gar zu Experimenten mit dem Knochenmark und den abgeschlagenen Schädeln jüdisch-marxistischer Kommissare führen sollte.

Vril ist der alte indische Name für die enormen Energiequellen, die im Menschen erschlossen werden können, wenn sein ätherischer Leib oder sein Zeitorganismus erweitert wird. Leys Berichte, daß die Eingeweihten des Vril zahllose Stunden in stiller Betrachtung von Samen, Blättern, Blumen, ja, entzwei geschnittenen Äpfeln, verharrten, trafen voll und ganz zu! Tatsächlich studierten die Mitglieder der Loge die Gesetze der pflanzlichen Metamorphose, die in Europa von Goethe aufgestellt wurden. Goethe war der erste Europäer, der durch eine solche Betrachtung eine teilweise Erweiterung der ätherischen Organismen erlangte, worin auch die Erklärung für sein Genie und seine einzigartigen übersinnlichen Gaben liegt.

Es gibt mancherlei Beweise, daß Goethe zukünftige Begebenheiten voraussagen und große Unwetter, Vulkanausbrüche und Erdbeben spüren konnte, die sich Tausende von Kilometern entfernt ereigneten. Karl Haushofers erstaunlich ähnliche Begabung, die Zukunft voraussagen zu können, ist ebenfalls verhältnismäßig gut bekannt. Als General des Ersten Weltkrieges war er in der Lage, die Daten und die genauen Zeiten der feindlichen Angriffe sowie das Ausmaß der Verluste in bevorstehenden Schlachten vorauszusagen. Bei zahlreichen Gelegenheiten verlegte er sein Stabsquartier, weil er genau vorhersehen konnte, welche Plätze der Feind beschießen und wo die einzelnen Granaten einschlagen würden.

Haushofer hatte diese ungewöhnlichen Gaben als Mitglied der Gesellschaft »Grüner Drachen« in Japan erworben, in der die Herrschaft über den Zeitorganismus und die Beherrschung der Lebenskräfte im menschlichen Körper das zentrale Ziel der aufsteigenden Einweihungsgrade ist. Eine der schwersten Prüfungen bei dieser Art von Einweihungsriten der Gesellschaft »Grüner Drachen« fordert, daß der Prüfling in der Lage ist, die Lebenskräfte der Pflanzen in ähnlicher Weise zu kontrollieren und zu lenken, wie es die früheren atlantischen Völker vermocht hatten. Der Suchende muß den Keimungsprozeß in einem Samenkorn aktivieren und dessen Wachstum magisch bis zur Reife beeinflussen können, so daß die Blüte innerhalb weniger Minuten erscheint. Solche Fähigkeiten setzen nicht nur voraus, daß man die Geister der Elemente beherrscht, sondern, sie erfordern außerdem, daß die zehnarmige *Chakra*, die im Astralleib liegt und den Unterleib in der Gegend des physischen Nabels durchdringt, voll entwickelt und aktiviert ist. Nur zwei andere Europäer haben die Erlaubnis bekommen, diesem japanischen Orden beizutreten, der strengere Schweigegelübde und noch größeren Gehorsam auferlegt als ähnliche Geheimorganisationen in der westlichen Welt.

Die Eingeweihten des »Vril« wußten nur allzu gut, daß es völlig unmöglich war, die von ihnen angestrebte Mutation der arischen Rasse nur mit Hilfe der materialistischen Wissenschaft des zwanzigsten Jahrhunderts zu erreichen, die davon ausgeht, daß alle Rassenunterschiede allein durch langanhaltende Milieubeeinflussung zustande gekommen sind. Aber die zeitgenössische Wissenschaft war in ihren Augen ein jüdisch-marxistisch-liberaler Mischmasch, eine Verschwörung mittelmäßiger Geister, die nichts als Verachtung verdiente. Sie hatten sie durch eine nordisch-nationalistische Wissenschaft ersetzt, eine magische Weltanschauung, die auf der Kosmologie der *Heimlichen Lehre* aufgebaut war. Nur die gewählten Eingeweihten hatten Erlaubnis, die Hintergründe dieser Kosmologie zu erfahren. Für den allgemeinen Gebrauch wurde sie als eine Zwillingswissenschaft der Geopolitik ausgegeben und kam in einer Propagandapackung heraus, die den Namen *Welteislehre* trug.[53]

Die Kosmologie, die hinter der populären Darstellung der Welteislehre versteckt liegt, ist vor neuntausend Jahren im alten Tibet entstanden. Sie ist ein Echo auf das verborgene Wissen der großen Eingeweihten, das in geschriebener Form erst Tausende von Jahren später in den Schriften der *Veden*, in den *Upanischaden* und in der Philosophie der *Sankhya* zugänglich war.

Man stellte sich das Universum als einen riesigen Organismus vor, der sowohl Makrokosmos wie Mikrokosmos umfaßte, und daß der Gang der Ereignisse auf Erden seinen Ursprung und seinen Antrieb in den geistig gesteuerten Bewegungen der Sonne und der Planeten hatte, die vor dem Hintergrund der kosmischen Emanation der Fixsterne erfolgten.

Diese geistige Astronomie, in der der periodische Rhythmus der Himmelskörper zu veränderten Bedingungen auf Erden führt, findet man auch in vielen anderen westlichen und östlichen Systemen. Ihren raffiniertesten Ausdruck hat sie vielleicht bei Dionysios Areopagitas und in den Werken des Plotinos gefunden, wie denn ja auch das Denken der ganzen neu-platonischen Schule eines der geistvollsten und intellektuell tiefschürfendsten philosophischen Systeme darstellt, die es je gegeben hat.

Ein integrierender Bestandteil dieser Kosmologie war der Gedanke, daß die Erde selber ein bewußter, lebender Organismus sei, eine Art gigantische Widerspiegelung des Menschen selber, so daß alle Aspekte der physischen und seelisch-geistigen Konstitution des Menschen ihr genaues Gegenstück im Erdorganismus hätten.

So wie man dem Menschen einen ätherischen Leib zuschrieb, stellte man sich auch unseren Planeten als riesigen ätherischen Organismus vor. Und der gesamte Prozeß der geistigen und physischen Entwicklung der Menschheit stand

[53] Der Verkünder der *Welteislehre*, der Lehre vom ewigen Eis, war Hanns Hörbiger, der bereits 70 Jahre alt war, als Hitler an die Macht kam. Er sah aus wie ein Prophet aus dem Alten Testament – mit flatterndem weißen Haar und einem langen weißen Bart – und lieferte den Nationalsozialisten eine Kosmologie, die im direkten Gegensatz zur abendländischen Mathematik und Astronomie stand. Die Welteislehre wuchs sich zu einer ungeheuer populären Bewegung aus. Hörbiger behauptete, er habe seine neue Auffassung von der Wissenschaft und Weltentwicklung im Zustand höherer Bewußtheit erworben. Hitler nannte ihn den »deutschen Kopernikus«. Seine Theorie basierte auf dem ständigen Kampf zwischen dem Eis und dem Feuer und zwischen den Mächten der Abstoßung und Anziehung in der kosmischen Entwicklung. Die Nazis akzeptierten Hörbigers Ideen, weil sie die Schriften Nietzsches und die Visionen Wagners über den Ursprung der arischen Rasse zu bestätigen schienen. Noch nach der Niederlage des Nazismus hatten Hörbigers Theorien eine halbe Million Anhänger.

mit dem roßen Ein- und Ausatmungsrhythmus des Zeitorganismus der Erde in Verbindung, der sowohl eine entsprechende Zusammenziehung wie Ausweitung im lebenden Körper des sich entwickelnden Menschen bewirkte.

Die Mitglieder des »Vril« glaubten, daß der kritische Punkt in der Zusammenziehung des Zeitorganismus der Erde genau mit der Entstehung der arischen Rasse und dem Verfall aller magischen Kräfte auf dem atlantischen Kontinent zusammenfiel. Und sie meinten, daß der entscheidende Wendepunkt, an dem der ätherische Organismus des Planeten sich wieder auszuweiten begänne, im zwanzigsten Jahrhundert erreicht sein würde. Aus diesem Grunde nahmen sie an, daß der Magie ein neues Erwachen beschert sein würde.

Horst Wessel, der Mitglied des »Vril« und einer der Hauptvertreter der *Welteislehre* war, verlegte diesen kritischen Wendepunkt rückschauend auf das Jahr 1909, genau dreißig Jahre nach dem Ende der dunklen Zeit des Kali Yugas. Es war das Jahr, in dem Adolf Hitler zum ersten Male vor dem Speer des Longinus in der Wiener Hofburg gestanden hatte![54]

Die Theorien und Schlußfolgerungen der Vrilgesellschaft wurden Hitler zugänglich gemacht, der sich lebhaft für alle Einzelheiten interessierte, die zu der besonderen biologischen Mystik beitragen konnten, die in seinem primitiven und verschrobenen Hirn im Entstehen begriffen war.[55]

Adolf Hitler glaubte, daß das zwanzigste Jahrhundert zum »kritischen Wendepunkt« in der Entwicklung der Menschheit werden würde. Er stellte sich vor, daß die magischen Kräfte ganz plötzlich wiederkehren würden. Und er verglich sogar diesen erwarteten Übergang mit dem Eintritt der Pubertät in der Jugend, wenn schlummernde Kräfte beunruhigend schnell erwachen und den entscheidenden Übergang von der Kindheit zum Mannesalter anzeigen.

---

[54] Horst Wessel, ein von Hitler protegierter SA-Führer, wurde von den Kommunisten erschossen, als er für die Nazis in Berlin Propaganda machte. Zu seinem Gedenken wurde ein Lied komponiert, das zur nationalsozialistischen Hymne wurde. Horst Wessel hatte in seinen Reden offen vorausgesagt, daß den arischen Völkern im Laufe des zwanzigsten Jahrhunderts übermenschliche Kräfte erwachsen würden.

[55] Wir wissen von mehreren Seiten, daß Adolf Hitler fasziniert war von dem Gedanken an ätherisch formende Kräfte im Kosmos, auf Erden und im Menschen. Dies kam auf höchst sensationelle Weise zum Ausdruck, als er beschloß, die Versuche mit den V2-Raketen in Peenemünde zu stoppen. – General Walter Dornberger, der für die Versuche mit den ersten Raketen dieses Typs zuständig war, berichtet in seinen Memoiren, daß Hitler fürchtete, die Raketen könnten die ätherischen Kräfte rings um die Erde beeinträchtigen. Hitler hatte offenbar einen Traum gehabt und später im Trancezustand erfahren, daß eine furchtbare Rache über die Menschheit hereinbrechen werde, wenn die Aktivität dieser gestaltenden kosmischen Schichten gestört würde.
Obwohl man damals meinte, daß die V2 Deutschland sogar vor einer Niederlage bewahren könne, wurden die Versuche mit ihr für mehr als zwei Monate eingestellt, bis es gelang, Hitler davon zu überzeugen, daß diese Geschosse auf ihrem Wege durch die Stratosphäre nach London keinerlei Schaden anrichteten.

Wir haben schon erwähnt, daß Hitler wähnte, er selber stünde auf der Schwelle zu solch magischen Kräften. Dabei waren die Fähigkeiten, die er durch seine Einweihung erworben hatte, nur ein Vorgeschmack dessen, was in naher Zukunft zu erwarten war, wenn die gewaltigen unsichtbaren Kräfte der ätherischen Welt dem Menschen leichter zugänglich würden.

Nach seiner Meinung würde der neue Menschentypus, der schon bald auf Erden zu erwarten war, imstande sein, vorwärts und rückwärts durch die Zeit zu reisen und Ereignisse in ferner Vergangenheit genauso überblicken können wie Schicksale von Menschen, die sich erst in Jahrtausenden erfüllen werden. »Was wir heute Geschichte nennen«, sagte er, »wird ganz und gar abgeschafft werden.«

Aber Hitler sah nicht nur voraus, daß geistige Fähigkeiten geboren würden, er ging sogar so weit, daß er tatsächliche physiologische Veränderungen bei den allernächsten Generationen voraussagte, so zum Beispiel die Öffnung der Fontanelle und das sichtbare Hervortreten des »Zyklopenauges«.

»Hitler sprach stets von seinem Zyklopenauge«, sagte Rauschning, der mehrere Male Hitlers Ansichten über den kommenden Übermenschen anhörte. »Bestimmte Menschen können ihre Zirbeldrüse schon so aktivieren, daß sie einen begrenzten Einblick in die Geheimnisse der Zeit gewährt«, erzählte Hitler ihm mit deutlicher Anspielung auf seine eigenen Erlebnisse früherer Inkarnationen. »Aber der neue Menschentyp wird physisch für ein solches Schauen in der gleichen Weise ausgerüstet sein, wie wir heutzutage mit unseren leiblichen Augen sehen. Dies wird eine natürliche, uns mühelos in den Schoß fallende Gabe sein.«

Hitler war ein ganzes Stück vorangekommen, seit er in seinen armseligen Wiener Tagen zum ersten Male Friedrich Nietzsches *Übermensch* gelesen hatte. Es wäre interessant zu erfahren, was Nietzsche selber zu Adolf Hitlers Ansichten über das Thema seines berühmtesten Werkes sagen würde. Wenn man all das zusammenlegt, was Hitler vom kommenden Übermenschen zu erzählen wußte, ergibt sich ein phantastisches Bild.

Den neuen Menschen würde eine unerschrockene Haltung, eine riesige Statur, ein stattlicher Körperbau und übermenschliche Kraft auszeichnen. Seine intuitiven Kräfte würden rein intellektuelle Fähigkeiten weitaus überschreiten, und seine magische Phantasie, eine Art übermenschlicher Bildbewußtheit, würde die an die Sinne gebundene Kombination intellektueller und abstrakter Gedanken überflüssig machen.

Dieser Übermensch, der in so kurzer Zeit in unserer Mitte zu erwarten wäre, würde über transzendentale Fähigkeiten verfügen, einschließlich einer magischen Redegabe, der kein geringerer Sterblicher sich zu entziehen vermöchte. Alle Geister zwischen Himmel und Erde würden seinen Befehlen gehorchen. Selbst das Wetter und die chemischen Kombinationen der Elemente wären von seinen akustischen Kräften abhängig. Solche Übermenschen würden zur Elite der Menschheit werden, zu Herren all dessen, was sie ringsum erblickten. Nichts würde ihrer geistigen Sicht verborgen bleiben, und keine Macht auf Erden vermöchte ihnen Widerstand zu leisten. »Sie werden die Söhne Gottes sein«, sagte Hitler.

Und wodurch würden diese gewaltigen Kräfte des neuen Menschen entstehen? Durch die Natur und die Qualität des Blutes! Nur das arische Blut würde für die neu erschlossenen Quellen schöpferischer kosmischer Mächte empfänglich sein!

Völker, die von den Überbleibseln anderer Rassen stammten, die den Untergang von Atlantis überlebt hatten, würden der kommenden Mutation nicht teilhaftig werden. Und die jüdische Rasse, die zu einer Zeit entstanden war, als die schöpferisch-ätherische Kraft einen Tiefpunkt erreicht hatte, würde von all solcher übermenschlicher Entwicklung ausgeschlossen bleiben.

»Sie imitieren die Menschen nur, aber sie gehören nicht zur gleichen Art«, sagte Professor Karl Haushofer. »Die Juden stehen uns ebenso fern wie die Tiere den Menschen«, ergänzte Heinrich Himmler. »Ich sehe die Juden nicht einmal als Tiere an, sie sind weiter von den Tieren entfernt als diese von uns«, behauptete Adolf Hitler. »Deswegen ist es auch kein Verbrechen, sie auszurotten; denn sie gehören nun einmal nicht zur Menschheit.«

Adolf Hitler gab die Einstellung der Vrilanhänger wieder, wenn er zum Ausdruck brachte, daß die Arier die einzig wahre Rasse darstellten und daß nur sie an dem großen heroischen Abenteuer teilhaben könnten, das der Menschheit einen plötzlichen magischen Vorwärtssprung in ihrer Entwicklung erlaubte.

So behauptete es das nationalsozialistische Glaubensbekenntnis, und Adolf Hitler wurde sein Prophet. Bei vielen Gelegenheiten sprach er über seine Berufung als Verkünder der neuen Übermenschenrasse: »Die Schöpfung ist noch nicht beendet. Die Menschen müssen noch viele weitere Stufen der Metamorphose durchschreiten. Der nachatlantische Mensch zeigt bereits Verfallserscheinungen und ist kaum imstande zu überleben ... Alle schöpferischen Kräfte werden auf eine neue Art konzentriert werden. Die beiden Menschentypen, der alte und der neue, werden sich rasch in verschiedenen Richtungen entwickeln. Einer wird von der Erdoberfläche verschwinden, der andere wird gedeihen ... Dies zu gewährleisten, ist das wirkliche Motiv der nationalsozialistischen Bewegung!«

»Ich will einen Orden gründen«, vertraute Adolf Hitler Gauleiter Rauschning an, kurz bevor dieser zum Feind überging. Er äußerte sich bei dieser Gelegenheit über seine Pläne, Ordensburgen zu errichten, in denen die nächste Phase der Heranzüchtung einer neuen Rasse betrieben werden sollte. »Von dort soll die endgültige menschliche Mutation – der MENSCH-GOTT – seinen Ausgang nehmen! Dieses wunderbare Wesen wird vom ganzen Universum angebetet werden!«

Aber Hitler verfolgte in bezug auf die biologische Mutation letztlich nicht das Ziel, den Weg für den hybriden Gott-Menschen vorzubereiten, der in der *Genesis* erwähnt wird und einst im untergegangenen Atlantis über die Erde wanderte. Solche Geist-Wesen, die über dem Menschen standen, aber den himmlischen Hierarchien unterstellt waren, konnten menschliche Gestalt annehmen, weil die größere Plastizität der menschlichen Konstitution dies damals erlaubte. Aber diese göttlichen Boten sollten nur als Mittler zwischen zwei Welten wirken, weil der Mensch damals noch nicht reif genug war, sein Schicksal in eigene Hände zu nehmen.

Das harte Training und die unbarmherzige und unmenschliche Disziplin, die den unglücklichen Kindern in den Ordensburgen aufgezwungen wurden, sollte ihre Seelen in selbstlose Gefäße verwandeln, in denen sich dämonische Geister von hohem Rang niederlassen konnten. Denn Hitlers Gott-Menschen wären nichts anderes gewesen als die Legionen Luzifers, die Heerscharen des Antigeistes, der sich mit dem Schicksalsspeer verbunden hatte. Ein Glück für die Welt, daß die deutschen Heere im Kampf geschlagen wurden und daß das Naziregime von der Erdoberfläche verschwand! Denn wer vermag zu sagen, ob nicht in den nächsten hundert Jahren solche Mutationsexperimente bis zu einem bestimmten Grade doch zum Erfolg geführt hätten?

20. Kapitel
Agarthi und Schamballah
Die bösen Zwillinge

Wenn man die Geschichte des Erdplaneten mit Hilfe der Kosmischen Chronik zurückverfolgt, ersieht man aus der *Heimlichen Lehre*, wie die Erde und die Menschheit sich zufolge der ununterbrochenen Einwirkung der Geist-Wesen aus dem geistigen Makrokosmos entwickelt haben. Gemäß dieser Lehre hat das innere Leben der Menschen von Anfang an unter der Führung dieser Hierarchien von Geist-Wesen gestanden, doch sind einige dieser Hierarchien dem göttlichen Plan der menschlichen Entwicklung gegenüber feindlich eingestellt.

Das Bewußtsein der ersten Menschen wäre ein untrügliches Spiegelbild der Welt gewesen und geblieben, wenn diese Aussicht nicht von einer Hierarchie sich bekämpfender Geister zunichte gemacht worden wäre, die in der Seele des Menschen eine Art Widerspruch dagegen zu erwecken versuchten. Diese Geister, die erste Hierarchie der Dreieinigkeit des Bösen, gemeinhin Luzifer genannt, versuchten dem Menschen das Bewußtsein zu rauben, lediglich ein Spiegel zu sein. Die luziferschen Gegner der himmlischen Hierarchien wollten im Menschen, bevor er die nötige Reife erlangt hatte, eine freie Entschlußkraft im Rahmen seiner Bewußtheit entwickeln, damit er nicht länger von der Führung durch den Makrokosmos abhängig wäre.

Luzifers Eingreifen leitete einen Prozeß ein, durch den die Menschen Herren über ihre eigenen Wahrnehmungen wurden und eigene Entscheidungen treffen konnten. Damit erhielt der Mensch aber auch die Möglichkeit, Böses zu tun oder sich zu irren. Das menschliche »Ich« oder Ego geriet in Abhängigkeit von gewissen niedrigen Elementen der Seele. Höhere geistige Einflüsse waren fortan nicht mehr in der Lage, die Begierden und Leidenschaften, denen die Menschheit nun ausgesetzt war, in die richtigen Bahnen zu lenken und unter Kontrolle zu halten. Auf diese Weise wurde der einzelne nun zu stark mit der physischen Existenz und den materiellen Prozessen des irdischen Lebens konfrontiert.

Diese Periode in der Entwicklung der Menschheit, die sich noch vor der Atlantiszeit abspielte, wird in der *Bibel* im symbolischen Bild der »Austreibung aus dem Paradies« beschrieben, in dem der Mensch durch die Versuchung der Schlange auf die Seite des Bösen gezogen wurde.

Im Kraftfeld der Erde, in das der Mensch nunmehr geriet, wirkten andere dämonische Geister. Diese Geister, die ausschließlich zur materiellen Welt gehören, in die Luzifer die Menschen einführte, hießen »ahrimanische

Geister« oder mit einem Wort »Ahriman«. Sie stellen die zweite Hierarchie der Dreieinigkeit des Bösen dar und suchen dem Menschen den Blick in den Makrokosmos zu verwehren und ihn auf die dreidimensionale Welt des Maßes, der Zahl und des Gewichtes zu begrenzen. Ahriman will die Menschen täuschen, daß die sinnenhafte, wahrnehmbare physische Existenz die einzige vorhandene Wirklichkeit wäre. Wenn Ahriman nicht eingegriffen hätte, wären die geistigen Kräfte, die den Naturkräften zugrunde liegen, niemals dem Blick des menschlichen Auges verborgen geblieben.

Luzifer und Ahriman sind die beiden großen Widersacher in der Weiterentwicklung der Menschheit. Luzifer führt den Menschen in geistige Unabhängigkeit von den himmlischen Hierarchien und verleitet ihn sozusagen, sich selber zum Gott zu machen. Ahriman dagegen strebt danach, ein rein materielles Reich auf Erden zu errichten, das völlig von der geistigen Wirklichkeit isoliert ist, und er versucht, den Menschen so tief in dieses Reich zu verstricken, daß er seinen geistigen Ursprung und Schicksalsauftrag völlig vergißt.

Die Hierarchien des Bösen waren schuld daran, daß das Seelenleben der meisten Atlantisbewohner so degenerierte, wie wir es bereits beschrieben haben. Luzifer weckte den Begehr nach Macht, falschem Stolz und Egoismus und löste dadurch einen Mißbrauch der magischen Kräfte aus. Ahriman dagegen nutzte die perversen sexuellen Begierden der Bevölkerung, um schwarze magische Riten zu verbreiten, die schließlich zur totalen Vernichtung des ganzen Kontinents führten.

Nicht einmal die Disziplin und das Training, die mit der Bildung der arischen Rasse Hand in Hand gingen, reichten aus, den schädlichen Einfluß der bösen Kräfte abzuwehren. Zwei verschiedene Gruppen der arischen Völker, die von abtrünnigen Eingeweihten der Orakel angeführt wurden, verschrieben sich der Anbetung des Bösen und errichteten ihre eigenen Gemeinschaften in den Bergen, die einstmals in den Fluten des Atlantischen Ozeans in der Nähe von Island versunken sind. Aus ihren blutrünstigen und grausamen Kulten ist die Thulelegende hervorgegangen. Diese Eingeweihten des Bösen überlebten gleichfalls die Katastrophe, die in der *Bibel* als die Sintflut beschrieben wird. Sie wanderten ebenfalls ostwärts quer durch Europa nach Asien und ließen sich in Tibet in zwei riesigen Höhlen unterhalb des Bergheiligtums des »Sonnenorakels« nieder, von wo aus die höheren Eingeweihten fortan die Kulturen des nachatlantischen Zeitalters kraft ihrer Weisheit dirigierten.

Während das »Sonnenorakel« nach ungefähr fünftausend Jahren in Vergessenheit geriet, gediehen die Höhlengemeinden, die im Dienste der bösen Hierarchien standen, bis in unsere Zeit hinein. Ein plötzliches Ende brach über diese dämonischen Mysterienzentren herein, als Rotchina im Jahre 1959 Tibet eroberte und Maos Soldaten alle noch lebenden Eingeweihten niedermetzelten.

Viele Gerüchte und Berichte über die dämonische Tätigkeit dieser Höhlenadepten sind im ersten Jahrzehnt des zwanzigsten Jahrhunderts in das Abendland gedrungen. Die Literatur der Thulegruppe erzählt von diesen beiden heimlichen Orden, von denen der eine dem »Linkswege« und der andere dem »Rechtswege« folgte. Das Luziferorakel wurde »Agarthi« genannt und für ein Meditationszentrum gehalten, das »die Mächte« unterstützte. Das Ahrimanorakel wurde »Schamballah« genannt und galt als ein Zentrum, in dem Rituale durchgeführt wurden, mit denen die den Elementen innewohnenden Kräfte unter Kontrolle gehalten werden sollten. Die Eingeweihten von Agarthi beschäftigten sich vornehmlich mit Astralprojektion und versuchten, alle Zivilisationen der Welt mit falschen Führern zu versorgen. Schamballahs Adepten dagegen versuchten die Illusion des Materialismus aufrechtzuerhalten und jedwede menschliche Tätigkeit im Abgrund enden zu lassen.

Es war im hohen Grade auf die Initiative Professor Karl Haushofers und anderer Mitglieder der Vrilgesellschaft in Berlin und München zurückzuführen, daß Forschungsgruppen nach Tibet entsandt wurden. Die deutschen Expeditionen, die sich zwischen 1926 und 1942 jährlich auf den Weg machten, versuchten Kontakte mit den Höhlengemeinschaften anzuknüpfen und sie zu überreden, die luziferischen und ahrimanischen Mächte in den Dienst des Nationalsozialismus zu stellen und die geplante Mutation zu unterstützen, welche die Geburt der neuen Rasse von Übermenschen anzeigen sollte.

Drei Jahre nach dem ersten Kontakt mit den Eingeweihten von Agarthi und Schamballah wurde eine tibetische Gemeinde mit Zweigniederlassungen in Berlin, München und Nürnberg in Deutschland gegründet. Aber nur die Adepten Agarthis, die Luzifer dienten, waren bereit, die Sache der Nazis zu unterstützen. Schamballahs Eingeweihte, die den Materialismus und das Maschinenzeitalter fördern wollten, verweigerten ganz einfach die Zusammenarbeit. Durch ihren Dienst für Ahriman waren sie bereits mit der abendländischen Welt in Verbindung getreten und arbeiteten mit bestimmten Logen in England und Amerika zusammen!

Agarthis Eingeweihte waren in Deutschland als »Gesellschaft der Grünen Männer« bekannt, und es wurden strenge Vorkehrungen getroffen, ihre wirkliche Bedeutung geheimzuhalten. Ihnen schlossen sich sieben Mitglieder der Gesellschaft »Grüner Drachen« aus Japan an, mit denen sie bereits seit Hunderten von Jahren in Astralverbindung gestanden hatten.

Adolf Hitler führte regelmäßige Gespräche mit dem tibetischen Führer in der deutschen Hauptstadt, einem Manne mit erprobten hellseherischen

Fähigkeiten, der in die Zukunft schauen konnte. Es waren Gerüchte im Umlauf, daß er den genauen Tag vorausgesagt habe, an dem Hitler Reichskanzler werden und der Zweite Weltkrieg beginnen würde.

Diese tibetische Gruppe, die auf direkte Anregung von Professor Karl Haushofer aufgebaut worden war, verkündete eine Lehre, für die sich Reichsführer SS Heinrich Himmler begeisterte. Himmler errichtete eine okkulte Schule in der Berliner Niederlassung, und viele der führenden Mitglieder der Totenkopf-SS, des Sicherheitsdienstes und der Gestapo wurden zu Kursen in Meditation, Transzendentalismus und Magie abkommandiert.

In diesem Institut ließ Himmler sich auch dazu überreden, das nationalsozialistische Okkulte Büro *Ahnenerbe* zu gründen. Ahnenerbe bezog alle Mitglieder von Crowleys ominösem Tempelorden sowie der Vril- und Thulegesellschaft in den schwarzen Orden der SS ein. Zu dessen Aufgaben gehörte es, Forschungen über die Ausbreitung der germanischen Rasse, ihre allgemeinen Merkmale und Leistungen sowie die von der indogermanischen Rasse ererbten Eigenschaften zu betreiben.

Der Chef dieser Forschungsabteilung war ein naher Freund Karl Haushofers, ein gewisser Professor Wirrst, Experte in orientalischer Philosophie, der an der Universität München Sanskrit lehrte und Vorlesungen über die heiligen Texte hielt. Viele der führenden Wissenschaftler Deutschlands wurden gezwungen, sich der Organisation *Ahnenerbe* anzuschließen, die neunundvierzig Abteilungen umfaßte. So stark war der Einfluß Agarthis im nazistischen Deutschland.

Vor dem okkulten Hintergrund, den wir aufgezeigt haben, ist unschwer zu verstehen, daß Karl Haushofers geopolitische Lehre und seine Forderung nach *Lebensraum* lediglich eine Fassade waren, hinter der sich ausschließlich dämonische Absichten verbargen. Die Suche nach den wirklichen Ursprüngen der arischen Rasse interessierte ihn wenig. Sein einziges Ziel war die Eroberung der Welt im Dienste der luziferischen Mächte. Die Niederlage der deutschen Wehrmacht bei Stalingrad setzte diesen Träumen ein Ende und bedeutete zugleich einen Totalverlust des von den Nazis in die Magie Agarthis gesetzten Vertrauens.

Während der letzten Monate des Krieges wurden die tibetischen Lamas vollkommen von den Nazis vernachlässigt. Es war ihnen ja nicht geglückt, die Mächte Luzifers für die nazistische Sache zu aktivieren. Um ihnen seine persönliche Geringschätzung zu zeigen, ordnete Hitler an, daß sie mit den gleichen Hungerrationen auskommen sollten wie die Insassen der Konzentrationslager. Als die Russen ihre Unterkünfte in den Vororten von Berlin belegten, sahen sie die nackten Leichen der Lamas in langen geraden Reihen vor sich liegen. Sie hatten die orientalische Form des Selbstmordes gewählt, um nicht den Kommunisten in die Hände zu fallen und weitere Unbill zu erleiden.

Die langjährige Verbindung der Nazis mit den tibetischen Höhlenorakeln blieb aufmerksamen Beobachtern in der westlichen Welt nicht verborgen. Männer wie Lord Tweedsmuir, der allerdings besser unter dem Namen des Romanciers John Buchan bekannt ist, warnte die zeitgenössischen Politiker vor dem Aufkommen einer satanischen Religion in Deutschland und vor einer Kultur, die aus einer Verschmelzung deutscher Technologie mit orientalischer Mystik und Magie hervorgehen würde. Unnötig zu sagen, daß niemand von diesen Warnungen Notiz nahm. Selbst vor dem Nürnberger Gerichtshof, der nach dem Zweiten Weltkrieg 25000000 Tote und die ungeheuerlichen Greuel in den KZ ahnden sollte, war nur ein peinlich berührtes Kichern zu vernehmen, als ehemalige Mitglieder des *Ahnenerbes* auf der Anklagebank saßen und von Agarthi und Schamballah sprachen.

Die Vertreter der westlichen Welt weigerten sich ganz einfach zuzugeben, welcher Art ihre besiegten Feinde in Wirklichkeit waren. Ihr merkwürdiger Glaube, ihre unmenschlichen Taten und schrecklichen Verbrechen konnten nur in psychoanalytischer Terminologie als Verirrungen des menschlichen Geistes erklärt werden. Die westliche Wissenschaft, die eine Atombombe hervorgebracht hatte, leugnete die Existenz des Bösen und sprach von Verhaltensschwierigkeiten und relativen Moralbegriffen. Die Religion des Abendlandes, die ihren Gott auf einen einfachen Zimmermann aus Nazareth reduziert hatte, konnte keinen Sinn darin finden, daß Menschen den kosmischen Antichrist anbeteten und durch magische Opferriten Einblick in übersinnliche Welten gewannen. Diejenigen, die etwas wußten, schwiegen. Die Führer der okkulten Logen und geheimen Gesellschaften, die irgendwie mit der westlichen Machtpolitik zu tun hatten, konnten ja nichts gewinnen, wenn sie die teuflische Natur des Nationalsozialismus bloßstellten. Eine ernsthafte öffentliche Untersuchung der okkulten Riten und übersinnlichen Erkenntnisse hätte geistige Tatbestände enthüllen können, die unter allen Umständen vor den breiten Massen geheimgehalten werden sollten.

Die alliierten Sicherheitsoffiziere, die die Gefangenen in Nürnberg beaufsichtigten, waren tatsächlich so blind und unwissend, daß sie nicht einmal die dämonische Natur der »letzten Riten« begriffen, die einige der Verurteilten erhielten, ehe sie gehängt wurden.

SS-Oberst von Sievers, der Chef der Organisation *Ahnenerbe*, der mit Recht wegen seines Anteils an den scheußlichen Verbrechen gegen die Menschlichkeit verurteilt wurde, ging ohne Reue zum Galgen. Sein letzter Besucher in der Todeszelle war ein gewisser Friedrich Heilscher gewesen, eine der mystischsten Gestalten des zwanzigsten Jahrhunderts. Er war nämlich der erste gewesen, der auf die Idee gekommen war, eine Gesellschaft zum »Studium des Erbes der Vorfahren« ins Leben zu rufen.

Heilscher, ein Eingeweihter noch höheren Ranges als Haushofer und diesem im Wissen über die *Heimliche Lehre* weitaus überlegen, trat niemals in die Nazipartei ein. Als Mitglied eines weltumspannenden Kults von höherer Ordnung betrachteten viele führende Nazis ihn als ihren geistigen Lehrer und Beichtvater. Von Sievers, Heydrich und Kaltenbrunner waren ihm ergeben. Heinrich Himmler sprach flüsternd voller Ehrerbietung von ihm und hielt ihn für eine der wichtigsten Personen in Deutschland, die gleich nach Adolf Hitler selber kam.

Als Haushofer bei den Nazis in Ungnade fiel, suchte der Führer in allen okkulten Fragen Rat bei Friedrich Heilscher, insbesondere was das Milieu, die Ausbildung und die panreligiösen Riten in den Ordensburgen betraf, von denen aus die luziferische Rasse ja ihren Siegeszug antreten sollte. Heilscher war es auch, der das »Ritual der erstickenden Luft« entwickelt hatte, bei dem auserwählte Mitglieder der SS den teuflischen Mächten unverbrüchliche Treue gelobten. Wenn die Nazis den Krieg gewonnen hätten, wäre Heilscher vielleicht der oberste Priester einer neuen Weltreligion geworden, die das Kreuz durch das Hakenkreuz ersetzt hätte.

Direkt vor den Augen der Wachen vor den Todeszellen, die vor allem darauf achten sollten, daß den Verurteilten kein Gift zugesteckt wurde, das ihnen den Galgen ersparte, kniete Wolfram von Sievers ehrfürchtig nieder, während Heilscher die Worte einer schwarzen Messe anstimmte, eine letzte Hymne an die Mächte des Bösen, die seine Seele auf der anderen Seite des Grabes erwarteten. Dem Ursprung dieser schwarzen Messe wollen wir nun unsere Aufmerksamkeit zuwenden.

21. Kapitel
Der Speer als Symbol für den kosmischen Christus
Hitlers größter Gegner

»Fort ist meine Bosheit, vergangen all mein Übel,
Von mir genommen meine Sünd' und Pein.
Ich wandre auf dem Pfade, den ich kenne,
zum Eiland der Gerechten.
Ich komme ins Land des himmlischen Horizontes;
Ich trete ein durchs heilige Portal.
O Götter, die Ihr kamt, mich zu empfangen,
Reicht mir die Hände!
Ich bin ein Gott geworden, bin der Euren einer.
Der Sonne Auge habe ich geheilt
Seit es verletzet ward
Am Tag des Kampfes zwischen den zwei Gegnern.«
Das ägyptische Totenbuch

Oft begegnet man der irrigen Meinung, daß die bösen Mächte Christi Göttlichkeit selber nicht anerkennen. Das genaue Gegenteil ist der Fall. Goethe, dem dies völlig klar war, stellte das wahre Verhältnis zwischen Gut und Böse im Prolog zum Faust dar, in dem er eine dramatische Begegnung und Diskussion zwischen dem Herrn und dem Teufel stattfinden läßt.

Goethes Mephisto, der eine Mischung von Luzifer und Ahriman ist, weil der Dichter nicht zwischen diesen beiden Typen des Bösen unterscheiden konnte, gesteht widerstrebend zu, ein dienendes Mitglied in Gottes Gefolge zu sein, das jedoch die besondere Aufgabe habe, die Menschen zu verlocken, sich der göttlichen Weltordnung zu widersetzen.

Mephistopheles:
»Da du, o Herr, dich einmal wieder nah'st
Und fragst, wie alles sich bei uns befinde,
Und du mich sonst gewöhnlich gerne sah'st,
So siehst du mich auch unter dem Gesinde.«

In diesem Sinne bestand der innerste Kern der Nazis aus ausgesprochenen Satanisten. Diese Menschen, die sich dem Dienst des Bösen verschrieben hatten, standen weit entfernt von den lauen kirchlichen Gemeinden, die sich kaum selber überzeugen können, daß es jenseits der materiellen Existenz noch etwas anderes gibt.

Adolf Hitler erkannte die Göttlichkeit von Christus mit der gleichen inneren Gewißheit an wie Franz von Assisi oder andere mittelalterliche Heilige. Aber Hitler haßte Christus und empfand nur Spott und Verachtung für alle christlichen Bestrebungen und Ideale. Und diese Hingabe an das Böse erklärt, warum der Speer des Longinus solch einzigartige Anziehungskraft auf ihn ausübte. In seinen Augen war der Speer ein apokalyptisches Symbol für einen manichäischen Krieg der Welten, eine mächtige kosmische Auseinandersetzung zwischen den Hierarchien des Lichtes und der Dunkelheit, die sich auf Erden im Ringen der guten und bösen Mächte um das Schicksal der Menschheit widerspiegelte.

Die Nazipartei verachtete mit Recht die christlichen Kirchen sowohl die römisch-katholischen als auch die protestantischen wegen ihrer Behauptung, das Christentum sei allen anderen Religionen überlegen, weil es frei von jeglicher Mythologie wäre. Man meinte sehr richtig, daß die strenge und nüchterne Theologie der heutigen Pfarrer, die von einer pathetischen Mischung aus kartesianischem Intellekt und abergläubischem Dogmenglauben beherrscht würde, ganz einfach außerstande sei zu verstehen, daß das Gralschristentum und die Offenbarung der eigentliche Höhepunkt und die Erfüllung aller Mythologie sind.

Das kosmische Christentum des Grals und die *Offenbarung des Johannes* haben eines mit der nazistischen Anbetung des Antichrist gemeinsam. Beide begeben sich in mythologische Bereiche – wie ein göttlicher und ein überholter dämonischer Romantizismus – und stehen nun unter dem gleichen »offenen Himmel« der Apokalypse, vor dem der Vorhang fortgezogen ist und rein intellektuelle Betrachtungen keine Macht und Gültigkeit mehr haben.

Für den Gralssucher, der fromm und ergeben seine Seele auf den Augenblick der Gnade vorbereitet hat, zerreißt der christliche Zeit-Geist den Vorhang auf legitime Weise »von oben nach unten«. Schwarze Adepten wie Eckart, Haushofer und Heilscher dagegen mußten den Schleier mit Hilfe von Drogen, Mantras, Ritualen und anderen schwarzen Künsten von unten nach oben durchreißen. Doch die guten wie die bösen Adepten mußten durch den gleichen Vorhang der Sinnenwelt hindurch, um in die gleichen höheren Zeit- und Bewußtheitsdimensionen zu gelangen, wo sie die gleiche Kosmische Chronik lesen und der gleichen übersinnlichen Welten teilhaftig werden konnten.

Ohne jegliches Wissen über die Hintergründe des Okkultismus ist es unmöglich zu verstehen, warum die führenden Nazis glaubten, daß ihre wahren Gegner den heimlichen Gruppen angehörten, die in die Mysterien des Heiligen Grals eingeweiht waren. Und man fragt sich, warum die SS und Gestapo so weit gingen, daß sie Menschen verfolgten und folterten, die keinerlei politische Bedeutung zu haben schienen und auf den ersten Blick keine Gefahr für den Nationalsozialismus darstellten.

Ohne ein gewisses Maß an okkultem Einblick erscheint es in der Tat unglaublich, daß Adolf Hitler, der zu uneingeschränkter Macht in Deutschland aufstieg und fast die Welt erobert hätte, einen nahezu unbekannten österreichischen Philosophen namens Rudolf Steiner als seinen schlimmsten Feind ansah.

Doch wenn man die Geschichte unseres Jahrhunderts in ihrer wahren Perspektive als Geschichte der Entwicklung der menschlichen Bewußtheit betrachtet, wird man erkennen, daß der luziferische Geist, der sich der Seele Hitlers bemächtigt hatte, mittels einer Rassentheorie versuchte, die Menschen vom inneren Erkennen des individuellen Menschengeistes abzulenken. Es wird auch anerkannt werden, daß Dr. Steiner der Prophet des kosmischen Christus unserer Zeit war, der als einziger die ewige Bedeutung des geistigen Ich verkündete, das in den Seelen der heutigen Menschen ans Licht der Welt drängte.

Schon in den ersten Jahren des Nationalsozialismus wetterte Adolf Hitler auf politischen Versammlungen gegen Dr. Steiner und nannte ihn einen Kriegsverbrecher, der direkt für das Mißlingen des Schlieffenplans und die daraus folgende Niederlage im Ersten Weltkrieg verantwortlich sei. Rudolf Steiner war ein persönlicher Freund des Generals Helmuth von Moltke gewesen, und Hitler beschuldigte ihn, durch schwarze Magie das seelische Gleichgewicht des Oberkommandierenden in jenen kritischen Tagen beeinträchtigt zu haben, als die deutschen Truppen 1914 durch Belgien nach Frankreich vorstießen.

Hitlers persönliche Beweggründe für den Wunsch, Steiner aus dem Wege zu räumen, waren höchst finsterer Art. Dietrich Eckart hatte Rudolf Steiner als Führer eines umfassenden Kreises von Gralseingeweihten erkannt, die die teuflische Natur der Thulegruppe entdeckt hatten und ihre Zusammenkünfte und Einweihungsrituale von der Astralebene aus beobachteten. Eckart war überzeugt, daß nichts vor Steiners durchdringenden okkulten Fähigkeiten verborgen bleiben konnte. Und weil Steiner Deutschland offen vor den heimlichen Absichten der Nazipartei warnte, stand er an erster Stelle einer Liste von Leuten, die so bald wie möglich von den Thulemördern beseitigt werden sollten.

Es war geplant, Steiner in einem Eisenbahnwagen auf dem Münchener Bahnhof zu ermorden, und zwar sollten beide Läufe einer abgesägten Schrotflinte aus nächster Nähe in sein Gesicht abgefeuert werden.[56]

Rudolf Steiner erschien pünktlich auf dem Bahnhof, um den Mittagszug nach Basel zu besteigen. Er bestätigte später, daß er sich im klaren darüber gewesen sei, daß an jenem Vormittag ein Attentat auf ihn verübt werden sollte, doch er habe sich geweigert, seine Reise aufzugeben, weil nur seine eigenen okkulten Fähigkeiten ihn vor dem Mordplan gewarnt hätten. Nach seiner ethischen Überzeugung wäre es schwarze Magie gewesen, wenn er versucht haben würde, kommenden Ereignissen durch okkulte Mittel zu entgehen. Aus diesem Grunde traf er keinerlei Sicherheitsvorkehrungen.

Er hätte an diesem Frühjahrsmorgen des Jahres 1922 zweifellos einen raschen und blutigen Tod erlitten, falls nicht Walter Johannes Stein und einige Freunde rechtzeitig eingetroffen wären. Stein hatte sich um Informationen aus der Thulegruppe bemüht und die Einzelheiten des Mordplans ausgekundschaftet. Rudolf Steiner fühlte sich nun jedoch moralisch berechtigt, das Feld so schnell wie möglich zu räumen, und seine Freunde umgaben ihn von allen Seiten, als er eilends den Bahnhof verließ. Am selben Abend wurde er über die Grenze in die Schweiz gebracht und setzte nie wieder seinen Fuß auf Münchener Boden.

In diesem Zeitabschnitt war Dr. Steiner voll damit beschäftigt, sein Goetheanum zu vollenden, ein Gebäude, das sowohl in seiner Architektur als auch in seiner inneren künstlerischen Gestaltung die Grundsätze der goetheschen Weltauffassung vertrat und die mannigfachen Beziehungen zwischen Makrokosmos und Mikrokosmos zum Ausdruck bringen sollte. Steiner betrachtete es als zentralen Bau einer Art »Freien Universität« für okkulte Wissenschaftslehre, in der Studenten die moralische, künstlerische, wissenschaftliche und geistige Vorbereitung zur Einweihung in die tiefsten Mysterien des esoterischen Christentums empfangen konnten.

---

[56] In den ersten vier Jahren nach der Gründung der nationalsozialistischen Partei geschahen nicht weniger als 397 politische Morde in Deutschland, die zum größten Teil vom inneren Kreis der Thulegruppe ausgeführt wurden. Die Thulisten folgten den Bräuchen der alten mittelalterlichen Bünde, wenn sie ihre Mordtaten planten und in die Tat umsetzten. Nach Art der Femegerichte wurde unter einer Anzahl bereitwilliger Kandidaten das Los gezogen, wer das Opfer umbringen solle. Keiner dieser von der Thulegruppe begangenen Morde brachte den Tätern mehr als eine nur kurze Gefängnisstrafe ein. Ernst Pöhner, der Münchener Polizeichef, und Wilhelm Frick, sein Stellvertreter, die beide eifrige Thuleanhänger waren, rieten Hitler und Eckart, sich offiziell von den Mordtaten zu distanzieren.

Walter Johannes Stein hatte das Goetheanum im Frühjahr 1919 gesehen, als er vom Eingang der Gralseremitage in Arlesheim bei Basel zu den Bergen hinüberschaute. In der Ferne, auf einem Hügel zu Füßen des Juras, sah er ein ungewöhnliches, aber eigenartig imponierendes Gebäude liegen, dessen beide Kuppeln im hellen Sonnenlicht glitzerten. Im kleinen Dörfchen Dornach, das sich in das Tal zu Füßen dieses Gralstempels aus dem zwanzigsten Jahrhundert schmiegte, traf er eine internationale Gesellschaft, die sich hier eingefunden hatte, um Rudolf Steiners erstaunliche Lehre vom geistigen Ursprung und künftigen Schicksal der Menschheit zu studieren. Unter diesen Menschen, die sich aus siebzehn verschiedenen Nationen zusammensetzten, befanden sich führende Männer und Frauen aus den verschiedensten Gesellschaftsschichten, darunter zahlreiche Akademiker, Fachleute und Industrielle. Er war erfreut, unter ihnen einen kleinen Kern von Menschen anzutreffen, die, gleich ihm selber, bereits ein großes Stück des Weges zum Gral zurückgelegt hatten. Aber er brauchte nicht lange, um festzustellen, daß sein eigenes reifendes okkultes Wissen, das auch die Erinnerung an frühere Inkarnationen und eine direkte Vision des Übersinnlichen einschloß, äußerst gering war im Vergleich zu Rudolf Steiners perfekter Handhabung der geistigen Gegebenheiten.

Rudolf Steiner war ein achtzehnjähriger Student der Naturwissenschaft an der Wiener Universität, als er 1879 zum ersten Mal den Speer des Longinus in der Schatzkammer der Wiener Hofburg sah. Die von ihm angestellten Forschungen über die Geschichte und Bedeutung seiner Legende lagen zeitlich also genau dreißig Jahre früher als Hitlers Bemühungen um diesen Talisman der Macht.

Der Anblick des Speeres veranlaßte Rudolf Steiner, genau den entgegengesetzten Weg einzuschlagen wie alle anderen Persönlichkeiten, die ihn jemals im Lauf der Jahrhunderte angeschaut und etwas von seinen legendären Kräften gewußt hatten. Während der Speer andere immer wieder zu dem Versuch inspiriert hatte, nach Mitteln Ausschau zu halten, die einen Blick ins Übersinnliche gestatteten, ließ er in ihm den Wunsch entstehen, sich seiner eigenen hellseherischen Fähigkeiten zu entledigen.

Der Zusammenhang des Speers mit einer ganzen Kette von Anwärtern, die dem Zeit-Geist zweitausend Jahre lang gedient oder sich ihm widersetzt hatten, rief in dem jungen Steiner eine Vision hervor, in der er das mächtige himmlische Wesen erblickte, das den ständig wechselnden Aufgaben der Menschheit immer neue Ziele zuweist.

Der Anblick des Zeit-Geistes gab ihm ein unmittelbares Gefühl der Ehrfurcht, Demut und schmerzlicher Selbsterkenntnis ein. Offenbar wurde er sich deutlich des Zwiespaltes in seiner eigenen Seele bewußt. Er sah, wie seine Persönlichkeit auf der einen Seite vom Intellekt beherrscht wurde, der aus Gedanken tote Schatten der Wirklichkeit webte und ihn auf das Wissen verwies, das die Sinne ihm vermitteln konnten, während die andere Seite seiner Seele mit einer Art geistiger Sicht direkt ins Übersinnliche blickte, die ihm keinen Aufschluß darüber gab, wie die Welt des Geistes und die natürlichen Reiche dieser Erde zusammenhingen.

Er erkannte, wie die Zersplitterung seiner Seele sich auf universeller Ebene im tragischen Dualismus zwischen Wissenschaft und Religion widerspiegelte, der gerade in der Gegenwart so viel Unheil anrichtete. Die Naturwissenschaft sah die materielle Welt als einzige Wirklichkeit an und betrachtete den ganzen Schöpfungs- und Entwicklungsprozeß unter rein physikalischen Gesichtspunkten. Die Religion, die sich insgeheim von der Wissenschaft in Mißkredit gebracht sah, war auf einen unerschütterlichen Dogmenglauben zurückgefallen und hatte für das letzte Stündlein einen hypothetischen dreidimensionalen Himmel versprochen, der alle Gläubigen nach dem Tode aufnehmen sollte. Beide verschwiegen, daß es einen Makrokosmos gab, von dem aus schaffende Kräfte die Welt der Natur gestalteten, informierten und aufrechterhielten.

Bei seinem ersten Besuch in der Schatzkammer, den er dem Speer abstattete, fühlte Rudolf Steiner, daß es seine persönliche Bestimmung war, eine Brücke zwischen der Welt des Geistes und dem Reich der Natur zu finden.

Obwohl er bereits begonnen hatte, den historischen Prozeß als Geschichte der Bewußtheitsentwicklung auszulegen, wurde ihm erst jetzt richtig klar, wie geschwind und radikal sich die menschliche Bewußtheit in den letzten dreitausend Jahren geändert hatte. Und er entdeckte, daß die westliche Philosophie im Laufe der Zeit mehr und mehr der Bewußtheitseinengung Vorschub geleistet hatte, so daß jegliches Wissen um den Makrokosmos verlorengegangen war.

Er fand den Schlüssel zu dieser Entwicklung der menschlichen Bewußtheit in der sich langsam verändernden menschlichen Einstellung zur Natur und zur Gültigkeit der Gedanken, und nicht zuletzt in dem größeren Wert, der dem sinnesmäßig Wahrgenommenen beigemessen wurde.

Es erschien Steiner sehr bedeutungsvoll, daß die griechischen Philosophen Ideen, die sich aus dem Denken ergeben hatten, für wirklicher gehalten hatten als die Welt der Dinge selber. Und er versuchte zu ergründen, warum der echte Glaube, daß man durch Denken zur Wahrheit gelangen könne, nach und nach im Mittelalter verblaßt war.

Schließlich erkannte er den Grund für den wachsenden Skeptizismus gegenüber dem geistigen Wert des Denkens: Die römische Kirche hatte im Zeitalter des Grals im neunten Jahrhundert den individuellen menschlichen Geist in der früheren Dreieinigkeit des Menschen gestrichen. Von diesem Zeitpunkt an wurde das Denken, weil der Geist mehr zu einer Art schattenhaften Daseins in der Seele herabgewürdigt war, nicht mehr als ein Weg betrachtet, der zur Wahrheit führte. Der Menschheit blieb keine andere Wahl, als die Sinneseindrücke ihrer Umgebung für die einzige bestehende Wirklichkeit zu halten.

Er sah es deswegen als natürliche Folge an, daß die wirkliche Natur des antiken Denkens und der von ihr entwickelten Kunst vollkommen falsch aufgefaßt wurde, als die klassische Renaissance im fünfzehnten Jahrhundert einsetzte. Die griechische Kultur lebte zwar wieder auf, aber sie erweckte keine Sehnsucht nach geistigem Wissen, sondern bestärkte die Menschen nur in ihrem Eifer, hinter die Geheimnisse der physischen Welt zu kommen. Und in diesem Kampf um die Beherrschung der Natur siegte der entgeistigte Intellekt mit seiner effektiven Methode, die ganz und gar auf dem Zeugnis der Sinne beruhte. Das Samenkorn, aus dem das materialistische Zeitalter geboren werden sollte, war gelegt, und während das Pflänzlein wuchs, wurde die Kluft zwischen Materie und Geist immer größer. Es war die gleiche Kluft, die Rudolf Steiner so deutlich in seiner Seele verspürte.

Aber er fühlte auch, daß es ein Teil des göttlichen Entwicklungsplanes war, daß die Menschen völlig von der Welt des Geistigen (dem Makrokosmos) abgeschnitten wurden und ganz und gar in der Isolation dreidimensionaler Erlebnisse in einer augenscheinlich von Gott verlassenen Welt leben sollten. Er begriff, daß die Menschen nur so – isoliert vom göttlichen Prinzip – die *Selbsterkenntnis* und *Freiheit* entwickeln konnten, welche die Vorbedingung für das Erscheinen der *Liebe* auf Erden sind.

Auf Grund dieser Überlegungen begann Steiner seine eigenen clairvoyanten Gaben eher als hinderlich denn als hilfreich anzusehen. In gewisser Weise verzögerten nämlich solche Fähigkeiten die Möglichkeit, in der Sinnenwelt zu vollster Selbsterkenntnis zu gelangen. Er war um diese Zeit zu der Einsicht gekommen, daß seine eigene Geist-Vision, die ihm seit seiner frühesten Kindheit zu Gebote stand, durch irgendeine Laune des Blutes vererbt worden war. Er erkannte in dieser Gabe eine letzte atavistische Spur der alten germanischen Stämme, die einst durch das vierarmige Hakenkreuz symbolisiert worden war!

Während er vor dem Schicksalsspeer in der Hofburg verweilte, wurde ihm klar, daß er mit einem Bein in der modernen Zeit und mit dem anderen in der Welt der alten germanischen Helden Baldur und Siegfried stand! Er beschloß einen Weg zu suchen, der ihn von seinem geistigen Sehvermögen befreite und genauso blind machte wie seine Mitmenschen. So also geschah es, daß Steiner sich selbst der Fähigkeiten beraubte, die später zum liebevoll gehegten Besitz Hitlers werden sollten.

Es verging lange Zeit, bis Steiners ererbte Fähigkeiten vollends verschwanden, so daß er den Schicksalsspeer betrachten konnte, ohne daß die geringste Spur einer atavistischen Vision in ihm wachgerufen wurde. Der kräftigste Auslöser geistiger Fähigkeiten, den es je gegeben hat, übte keine Wirkung mehr auf ihn aus. Nun endlich war er völlig auf die Bühne hinausgetreten, die er »das fertige Werk der Götter« nannte, und hatte sich in die totale Gefangenschaft der materiellen Existenz begeben, die die mittelalterlichen Alchimisten als »Mülltonne der Bewußtheit« bezeichnet hatten.

Obwohl er nun nicht mehr an der Welt der Geist-Wesen teilhaben konnte, die ihn seit seinen Kindheitstagen ständig begleitet hatten, wußte Rudolf Steiner, daß sein eigenes Ich ein Geist war, der in der jetzt unsichtbaren Geisterwelt lebte, und dieses Wissen bewahrte ihn davor, in den Strudel des Materialismus hinabgezogen zu werden, weil er ja nun seine ganze Aufmerksamkeit darauf richtete, eine Brücke zwischen der Welt des Geistes und der Natur zu bauen.

Es schien ihm so, als existiere diese Brücke in den Menschen selber und daß man sie nur überschreiten könne, wenn man eine Form der höheren Bewußtheit erlangt hatte. Er spürte auch eine innere Gewißheit, daß der gleiche Weg wissenschaftlicher Erkenntnis, der den Menschen in die scheinbare Sackgasse des Materialismus geführt hatte, auch den Wiederaufstieg zu einer weit umfassenderen Vision des Makrokosmos ermöglichte. Er dachte darüber nach, wie das Denken als Mittel wissenschaftlicher Untersuchung auf ein so hohes Bewußtheitsniveau gehoben werden könnte, daß es die Grenzen der sinnenhaften Existenz sprengte und zu einem objektiven und rationellen Verständis des geistigen Hintergrundes der physischen Welt gelangte.

Obwohl wir uns die Aufgabe gestellt hatten, darzulegen, wie der Speer des Longinus einen kritischen Wendepunkt im Leben Rudolf Steiners herbeiführte, würde es den Rahmen dieses Buches überschreiten, wenn wir im einzelnen beschreiben würden, wie er die Brücke zwischen Geist und Natur baute. Es möge genügen zu sagen, daß er sich zweier einander offenbar widersprechender Methoden bediente, die er später miteinander verschmolz und *Geistige Wissenschaft* nannte. Die eine Methode war philosophischer Natur und führte ihn zu tiefgehenden Studien über den Denkvorgang an sich. Näheres darüber ist in seinem Werk *Praktische Ausbildung des Denkens* nachzulesen.[57]

Der andere Weg führte ihn zu einem lebenslänglichen Studium der wissenschaftlichen Schriften Goethes und zur Weiterentwicklung der in dessen Weltanschauung enthaltenen Gedanken.

Im Alter von 23 Jahren erhielt Steiner den Auftrag, Goethes wissenschaftliche Schriften in einer deutschen Klassikerausgabe zu publizieren und mit

---

[57] *The Philosophy of Spiritual Activity* ist als Taschenbuch bei der *Anthroposophical Publishing Company* in New York erschienen.

einem Kommentar zu versehen. Sein Ruf als Gelehrter brachte ihm eine Stellung am Goethe-Archiv in Weimar ein, wo er die persönlichen Tagebücher und unveröffentlichten Manuskripte des Dichters sichten konnte, um sie für eine neue Ausgabe seiner Werke zu verwerten. Auf diese Weise konnte Steiner vierzehn Jahre lang seinen Unterhalt durch den täglichen Umgang mit einer Materie bestreiten, die für seine innere Entwicklung und für seinen Ruf als Wissenschaftler von gleicher Wichtigkeit war.

Goethe war der Auffassung, daß die Natur zwei verschiedene und deutliche Grenzbereiche aufweise, von denen eines in eine submaterielle Welt führe, in der kein Plan zur intelligenten Ausgestaltung des Universums erkennbar sei, wogegen im anderen die Natur selber zum Gefäß für den Geist würde, welcher plante, informierte und aufrechterhielt. Steiners Interesse für Goethe wurde erst durch dessen Theorie von der »Metamorphose« erweckt, das heißt die Umwandlung einer niedrigeren körperlichen Form in eine höhere durch Einwirkung übersinnlicher Kräfte. Indem er den Gesetzen der Metamorphose im Lebenszyklus der Pflanzen nachging, gelangte Goethe zur Idee der archetypischen Pflanze. Und er hoffte, durch die Auffindung der gleichen Gesetze der Metamorphose in den höheren Bereichen der Natur für alle Lebewesen archetypische Urformen nachweisen zu können.

Goethe kam auf seinem Wege zu diesen hohen Zielen nicht viel weiter, als daß er die Urpflanze als Idee betrachtete. Aber als Rudolf Steiner mit der Entwicklung »der außersinnlichen Phantasie« in die Fußspuren des Dichters trat, faßte er die Urpflanze nicht nur als Idee auf, sondern sah sie auch direkt vermittels einer ganz neuen Form von geistiger Vision: mit imaginativer Erkenntnis.

Steiner hatte oft in seiner Jugend darüber nachgedacht, ob Gedanken – universelle Ideen – das Gewand waren, in das sich die Wirklichkeiten der Geisterwelt in der allgemeinen Bewußtheit kleideten. Diese Theorie wurde ihm nun bestätigt. Für ihn war die Archetyp-Pflanze keine Idee mehr, sondern ein Geist-Wesen, das aktive Ur-Ich des gesamten Pflanzenreiches auf Erden.

Auf diese Weise begann Steiners Wiedereintritt in den Makrokosmos mit einer erweiterten Bewußtheit, die auch naturwissenschaftliche Lehren und rationelles Denken einschloß. Nicht nur die geistigen Wirklichkeiten, die hinter der Pflanzenwelt verborgen lagen, sondern auch die des Mineralreiches und der tierischen und menschlichen Welt wurden enthüllt.[58]

---

[58] Dr. Steiner hat in seiner Selbstbiographie *Mein Lebensgang* beschrieben, wie er zu einer clairvoyanten Wahrnehmung der Archetypen gelangt ist. Weitere Einzelheiten sind seinen Büchern *Goethes Weltanschauung* und *Grundlinien einer Erkenntnistheorie der Goetheschen Weltanschauung* zu entnehmen.

Während der Zeit, die Rudolf Steiner damit verbrachte, Goethes naturwissenschaftliche Schriften herauszugeben, entwickelte er insgeheim seine eigenen Fähigkeiten in ständig steigendem Maße. Auf diese Weise verschaffte er sich ein umfangreiches Wissen über den geistigen Hintergrund des Universums, der Erde und des Menschen. Erst mit vierundvierzig Jahren begann er seine Methode zur Erlangung geistiger Erkenntnisse zu veröffentlichen. Während der folgenden fünfundzwanzig Jahre hielt er 6000 öffentliche Vorlesungen und schrieb etwa fünfzig Bücher, die einen Weg aufzeigten, auf dem der Geist des Menschen zum Geist des Universums gelangen kann. Er hob hervor, daß er den übersinnlichen Realitäten immer als Wissenschaftler näherzukommen versuche, und seine Methode, solche Realitäten zu untersuchen, nannte er *Geistige Wissenschaft*.[59]

Das einzigartige an Rudolf Steiners Methode zur Erkenntnis geistiger Realitäten liegt darin, daß er die traditionellen Einweihungsprozeduren, die bislang von allen okkulten Systemen des Ostens und des Westens verwendet wurden, einfach umkehrte.

Zum Beispiel verlangte sowohl die westliche als auch die östliche Einweihungspraxis, daß die *Chakras* im Astralleib von unten nach oben entwickelt wurden – das heißt, der ganze Prozeß sollte mit der Öffnung der vierarmigen Lotusblume beginnen, die mit den Geschlechtsdrüsen in Verbindung steht. Aus diesem Grunde mußte sich bei dieser traditionellen Methode ein Novize ganz vom Leben zurückziehen und in ein *Ashram* oder ein Kloster begeben, in dem er von allen weltlichen Anfechtungen, in Sonderheit vor geschlechtlichen Begierden, bewahrt blieb.

Steiner, dessen Einweihungsmethode vom Denken ausging, ergriff die Schlange sozusagen beim Kopf und entwickelte die Zentren vom Gehirn aus

---

[59] »Er stellte fest, daß es heute nicht mehr genügt, die Tatsachen der Geisteswirklichkeit zu offenbaren, indem man die großen geistigen Lehren der Vergangenheit wiederholt, sondern daß nun die Zeit gekommen ist, in der der Mensch beginnen muß, in bewußter Klarheit das Erkennen der übersinnlichen Welt durch die Entwicklung seiner eigenen latent vorhandenen Fähigkeiten der geistigen Wahrnehmung zu entfalten.
So erklärte er, daß die Entwicklung des logischen Denkens und des wissenschaftlichen Beobachtungsgeistes in den letzten drei Jahrhunderten in der menschlichen Evolution notwendig gewesen sei, damit der Mensch auf einer höheren Stufe den geistigen Hintergrund des Universums wiederfinden könne. Er warf nur der Naturwissenschaft vor, daß sie sich auf die wissenschaftliche Beobachtung der Phänomene der Sinnes-Wahrnehmung beschränkt hatte und zur Bildung ihres Weltbildes die atomistische Basis der Materie wählte. Anstatt die wesentlicheren Formen der physischen Objekte in ihrer Beziehung zu ihrer Umwelt und ihrer besonderen Metamorphose als Schlüssel zur letzten Erkenntnis zu betrachten, nahm sie Zuflucht zu theoretischen Weltbildern, die durch direkte Beobachtung nicht nachzuprüfen waren. Er forderte als Prinzip die Rechtfertigung der geistigen Erkenntnis auf dem wissenschaftlichen Gedankenweg.«
A. P. Shepherd: Ein Wissenschaftler des Unsichtbaren

abwärts. Seine besondere Methode kann am besten als »gesunde Art zu leben« beschrieben werden, die in voller Übereinstimmung mit christlichen Idealen und Grundsätzen steht. Steiner selber war fähig, diesen Weg zu beschreiten, obwohl er sich gleichzeitig den tausenderlei Dingen widmen mußte, die im Alltagsturnus zu bewältigen waren. Er hob hervor, daß jedermann den Weg zur Erlangung des Heiligen Grals beschreiten könne, wenn er imstande wäre, täglich nur zehn Minuten in »sinnenfreier« Meditation zu verharren. Zugleich aber wies er darauf hin, daß man für jeden Schritt, der einen der Wahrnehmung übersinnlicher Erscheinungen näherbringen solle, eine fünffache Kraft zur Stärkung seines moralischen Charakters aufbieten müsse.

Rudolf Steiners Weg zur Einweihung umfaßt drei Stadien: Vorbereitung, Erleuchtung und Einweihung. Er steigt auch in drei Phasen geistiger Wahrnehmung auf: Imagination, Inspiration und Intuition. Die Imagination erschließt die Vision des geistigen Hintergrundes der physischen Welt, wogegen die Inspiration den Makrokosmos enthüllt und das Verständnis der dortigen Gegebenheiten und der geistigen Hierarchien vermittelt, die ihn bevölkern. Die Intuition schließlich befähigt den Menschen, selbst ein vollwertiger Bewohner des Makrokosmos zu werden, darin zu handeln und mit allen Graden geistiger Wesen zu kommunizieren. Wie diese Eigenschaften entwickelt werden, haben wir in Kapitel 14 »Der Name auf dem Stein« beschrieben.

Die dritte Stufe der geistigen Wahrnehmung erschließt die gleiche intuitive Erkenntnis wie die Kosmische Chronik, die einen Überblick über die gesamte Geschichte der Menschheit gibt.

Wir haben erzählt, wie Adolf Hitler unter dem Einfluß von Drogen das erste Mal eine Teilvision dieses sich abspulenden Zeitbandes erlebte und wie Haushofer durch seine Einweihung in der Gesellschaft »Grüner Drachen« das Rätsel von Atlantis lösen konnte. Rudolf Steiner beschreibt die Akashische Chronik in einem seiner grundlegenden Werke, *Die Geheimwissenschaft im Umriß*, wie folgt:

> »Die Tatsachen auch urferner Vergangenheiten sind für die okkulte Forschung nicht verschwunden. Wenn ein Wesen zu einem körperlichen Dasein gelangt, so vergeht mit seinem körperlichen Tode das Stoffliche. Nicht in der gleichen Art »verschwinden« die geistigen Kräfte, welche dieses Körperhafte aus sich herausgetrieben haben. Sie lassen ihre Spuren, ihre genauen Abbilder, in der geistigen Grundlage der Welt zurück. Und wer durch die sichtbare Welt hindurch die Wahrnehmung zu dem Unsichtbaren zu erheben vermag, der gelangt endlich dazu, etwas vor sich zu haben, was man mit einem gewaltigen geistigen Panorama

vergleichen könnte, in dem alle vergangenen Vorgänge der Welt verzeichnet sind. Diese unvergänglichen Spuren alles Geistigen nennt man in der *Okkulten Wissenschaft* die Akasha-Chronik.«

In diesem Zusammenhang wollen wir ganz kurz darauf eingehen, was Rudolf Steiner im Hinblick auf diese nie versiegende Quelle über Christi Inkarnation zu sagen hatte, die er als den entscheidenden Wendepunkt in der Entwicklung der menschlichen Bewußtheit ansah.

Steiners Christologie und all seine sich auf Christus beziehenden Lehren waren unmittelbar darauf zurückzuführen, daß er unter dem geistigen Einfluß der Kosmischen Chronik vor dem Kreuz von Golgatha gestanden hatte – ein Ereignis, das ihm nicht minder lebendig und deutlich vor Augen blieb wie der geschichtliche Vorgang der Kreuzigung selber.

»Die Entwicklung meiner Seele«, schrieb Steiner in seiner Autobiographie, »beruhte auf der Tatsache, daß ich, tief durchdrungen von einem feierlichen Wissen, vor dem Mysterium von Golgatha gestanden habe.«

Sein ganzes Leben hindurch war er nicht bereit gewesen, irgend etwas nur auf der Grundlage des »Glaubens an die Offenbarung« hinzunehmen. Deshalb hatte er auch offen eine feindliche Haltung gegenüber dem orthodoxen Christentum der Kirchen eingenommen. Als er die Stufe der intuitiven Wahrnehmung auf seinem Wege zur Selbsteinweihung erreicht hatte, war er äußerst verwundert festzustellen, daß die Akashische Chronik die Echtheit des Neuen Testaments bestätigte.

Er hielt ganze Serien von Vorlesungen über die Evangelien, wobei er direkt aus der Kosmischen Chronik las und auf ruhige, würdige und unpersönliche Weise Szenen und Ereignisse aus Jesu Leben erklärte, die sich in diesem Augenblick vor seinem geistigen Auge zutrugen.[60] Weil er keine traditionellen Bedenken zu überwinden hatte, auch keiner Kirche den Vorzug gab und die Evangelien niemals genauer studiert hatte, betrat er dieses Feld der für die Sinne unsichtbaren Wirklichkeit ohne Vorurteile und mit der wissenschaftlichen Objektivität eines geübten Beobachters.

Unter diesen Vorlesungszyklen über die Evangelien, die vielleicht der wichtigste Beitrag zum Verständnis des Christentums in der heutigen Zeit

---

60 »Wenn Rudolf Steiner von den Erscheinungen und Geschehnissen der übersinnlichen Welt sprach, war es, als wäre er darin wie bei sich zu Hause ... Er beschrieb nicht, er *schaute* die Dinge und Szenen und ließ sie schauen, wobei einem die kosmischen Erscheinungen wie wirkliche Dinge des physischen Plans vorkamen. Wenn man ihn hörte, konnte man nicht an seiner geistigen Schau zweifeln, die so klar war wie ein physisches Schauen, nur weit ausgedehnter ...«
(Auszüge aus Unterhaltungen mit Edouard Schuré, dem französischen Dramatiker und Experten auf dem Gebiet der alten Mysterien anläßlich einer 1906 von Steiner in Paris gehaltenen Vortragsserie.)

sind, befindet sich eine Reihe, die unter dem Titel *Das Fünfte Evangelium* herausgegeben worden ist. Diesen Titel wählte Steiner um anzudeuten, daß die Akashische Chronik eines Tages selber zum neuen Evangelium der gesamten Menschheit werden wird.

Mit diesen Vorträgen füllt Steiner eine Lücke aus, die seltsamerweise in allen vier Evangelien besteht, und zwar verrät er gewisse Einzelheiten aus Jesu Leben zwischen seinem zwölften und dreißigsten Jahr, das heißt von der Tempelszene an, als der Jüngling eine ernste Diskussion über die hebräischen Schriften führte, bis zu dem Augenblick, da er durch Johannes den Täufer im Jordan getauft wurde und der kosmische Christus sich in ihm inkarnierte.

Wir erfahren aus Steiners Mund die Einzelheiten der Reisen Jesu durch die Welt, die Anlaß zu so vielen unbestätigten Legenden gaben, und wir sehen, wie der junge Nazarener von Land zu Land fährt, um die Religionen und Einweihungskulte der einzelnen Völker kennenzulernen.

Es scheint so, als ob Jesus von Nazareth mit durchdringendem hellseherischen Blick erkannt hat, wie Luzifers und Ahrimans böse Geister einen langsamen Verfall der geistigen Fähigkeiten und die gradweise Schrumpfung des Bewußtseins bis zur totalen Begrenzung auf die Sinnenwelt zuwege gebracht hatten, ein Prozeß, der während der großen Zivilisationen, die auf die Abwanderung von Atlantis folgten, stattfand.

Wohin er auch kam – in Indien, Persien, Ägypten, Babylonien, Chaldäa und Griechenland –, sah er, daß die Mysterienkulte dieser alten Zivilisationen, durch die Brahmanen, Hohepriester, Pharaonen, Propheten und Sibyllen einst die Weisungen der himmlischen Hierarchien empfangen hatten, in Verfall geraten waren.

Luzifers und Ahrimans zweifacher verderblicher Einfluß hatte die Menschen der Fähigkeit beraubt, durch die sie sich früher als geistige Wesen in einem geistigen Universum gefühlt hatten. Luzifer war in das Blut der Menschheit eingedrungen, um grenzenlosen Egoismus und ein allgemeines Gefühl der Selbstgefälligkeit zu schaffen, und Ahriman hatte die Verbindung des Menschen mit dem Makrokosmos unterbrochen und ihn blind gemacht gegenüber dem Wirken geistiger Kräfte in der Natur. Der Mensch, der für die Welt des Geistes verloren war, sah nunmehr die physische Welt als allein existent an und trat infolgedessen nach seinem Tode blind in den Makrokosmos. Und da eine menschliche Seele, die sich in der Geisterwelt in der Gewalt Ahrimans befunden hat, auf Erden nur als noch größerer Egoist wiedergeboren werden kann, wurde eine Kettenreaktion ausgelöst, die der Menschheit keinerlei Hoffnung auf Erlösung ließ.

Die allmähliche Fortsetzung dieses tragischen Prozesses betraf nicht nur die Menschen allein. Der ganze Erdorganismus und all seine Reiche waren in gleicher Weise in diesen Abstieg zur Isolierung vom Geistigen verstrickt und versanken immer tiefer in Materialismus und Tod. Es schien Jesus von Nazareth, daß das ganze Dasein auf Erden in die Hände böser Mächte geraten war und daß die gesamte Menschheit und Natur in das ewige Dunkel des Abgrunds gerissen werden würde.

Rudolf Steiner beschreibt, wie Jesus von Nazareth die Triumphhymne der bösen Mächte hörte, wo immer er auf Erden pilgerte, und daß diese Hymne des Dunkels am lautesten in jenen Tempeln und Heiligtümern erschallte, in denen einst die Mysterien des Geistes gehegt und gepflegt wurden:

»Aum, Amen!
Es walten die Übel,
Zeugen sich lösender Ichheit,
Von andern erschulte Selbstheitsschuld,
Erlebt im täglichen Brote,
In dem nicht waltet des Himmels Wille,
Da der Mensch sich schied von Eurem Reich
Und vergaß Eure Namen,
Ihr Väter in den Himmeln.«[61]

Vielleicht ist diese Triumphhymne der bösen Mächte leichter verständlich, wenn sie weniger poetisch dargeboten wird. Es war, als ob die Hierarchien Luzifers und Ahrimans die Menschen verspotten wollten, indem sie sagten: Das Böse gibt den Ausschlag. Der Mensch wird durch falschen Stolz und unersättliche Wünsche in Versuchung geführt. Ein grenzenloser Egoismus verwickelt ihn in Feindschaft und Schuld gegenüber seinen Nachbarn und zwingt ihn zu einem bitteren Kampf um Macht und materiellen Vorteil (das tägliche Brot). Der Wille des Vaters verhallt ungehört, das Reich des Himmels ist von der Erde abgeschnitten, und selbst der Name des Geistes gilt nicht mehr als heilig.

In dieser Form erkennt man leichter die Hymne des Bösen als Umkehrung des Vaterunsers, das Christus die Menschen lehrte, um ihnen die Versicherung ihrer Erlösung von dem Übel und der Wiederherstellung ihrer wahren geistigen Identität zu geben.

Viele Jahrhunderte lang hatte ein Aberglaube behauptet, daß durch Aufsagen des Vaterunsers von hinten eine Art schwarze Messe gehalten würde. Doch niemand kannte die wirkliche Bedeutung eines solchen seltsamen Rituals. Die Nazis bildeten eine Ausnahme. Die Hymne des Bösen wurde sowohl

---

[61] Aus dem *Fünften Evangelium*, veröffentlicht durch die Nachlaßverwaltung, Dornach, Schweiz.

bei der »Zeremonie der erstickenden Luft«, die dem Kern der SS unverbrüchliche Treuegelübde auf Luzifer abverlangte, als auch bei der schwarzen Messe, die mit Adolf Hitlers »potenziertem« Blut gefeiert wurde, als eine Art Anbetungsakt dargeboten.

Steiner offenbart in Jesus die Vereinigung zweier menschlicher Ströme: die Verschmelzung der sündenfreien Natur der Seele vor dem Sündenfall mit der vollsten irdischen Weisheit, die in der jahrtausendelangen Entwicklung danach durch Inkarnation gewonnen wurde. Und er meinte, daß diese mystische Union zwischen himmlischer Unschuld und irdischer Weisheit das Gefäß des Heiligen Grals darstellte.

Für Steiner fand der Eintritt Christi in den physisch-historischen Prozeß statt, als dieser von Johannes dem Täufer getauft wurde. In jenem Augenblick strömte Gottes heilige Liebe in den Kelch des Grals, und es kam zur ersten Vereinigung »der Herrlichkeit der Ewigkeit mit dem Meisterstück der Zeit«.

Die Kosmische Chronik enthüllt, daß die Verschmelzung der göttlichen und der menschlichen Natur während der drei Jahre, die Jesu auf Erden weilte, stufenweise voranschritt; die Wunder und Ereignisse, die in den Evangelien beschrieben werden, beweisen, wie Christus sich immer mehr mit den Elementen der Erde vereint hatte und die Seele und den Körper von Jesus immer tiefer durchdrang.

Das Schlußstadium dieser fortschreitenden Leidensgeschichte setzte ein, als Christus sich selbst dem befreienden Tode des physischen Sterbens überantwortete, und die letzte Phase der Inkarnation erfüllte sich am Kreuz mit den Worten »Mein Gott, warum hast du mich verlassen?«.

Der Geist des Universums hatte sich in einer heiligen Handlung völlig mit dem Körper des gefallenen Menschen identifiziert, dessen Bewußtsein an die Grenzen eines sterblichen Gehirns gefesselt war. Der Gott der Liebe hatte sich damit in die äußerste Isolierung der dreidimensionalen Bewußtheit begeben. Er mußte den Tod besiegen und das absterbende irdische Dasein neu beleben, um die Menschen zur Erfüllung eines kosmischen Schicksals zu bringen und sie in vollberechtigte makrokosmische Wesen zurückzuverwandeln.

Aus Platzgründen müssen wir uns darauf beschränken, nur einen einzigen Aspekt aus Christi Leben zu beleuchten: die Weise, in der das Christentum im Laufe der Geschichte die *geheimen* Einweihungskulte aller früheren Kulturen zur Erfüllung brachte. Wenn wir uns an dieses besondere Thema halten, werden wir bis zu einem gewissen Grad erklären können, welche Bedeutung dem Vergießen des Blutes auf Golgatha zukam, und auf welche Weise der Speer des Longinus zum magischen Schicksalsspeer wurde.

Die vielen und verschiedenen Rituale der vorchristlichen Einweihung hatten ein gemeinsames Ziel. Sie wollten eine zeitweilige Loslösung von der physischen Bewußtheit zuwege bringen, um Zugang zu höheren Dimensionen der Zeit und Bewußtheit zu eröffnen, in der der Reichtum der Geist-Welten voll in Erscheinung trat.

Durch Einhaltung einer asketischen Lebensweise und Selbstdisziplin sowie durch Meditation nach verschiedenen Systemen wurden die Zentren im Astralleib zur Reife und Öffnung gebracht, und der ätherische Leib wurde teilweise über den physischen hinausgehoben, so daß die geplante Reise in den geistigen Kosmos sich dem Gedächtnis des Betroffenen einprägen konnte.

Während des eigentlichen Einweihungsvorganges, wenn der Astralleib des Kandidaten ausgeweitet und durch eine Welt von Geist-Wesen geleitet wurde, hatte sein »Ich« keinerlei Anteil an dem, was geschah. Das heißt, daß die alten Formen der Einweihung nur den Astralleib betrafen und der Kandidat selber keine Ahnung hatte, was vorging. Das Bewußtsein seiner selbst war auf hypnotischem Wege ausgelöscht, so daß er in einen Zustand tiefer Trance verfiel, bevor die eigentliche geistige Einweihung begann. Erst wenn das Ritual vorüber war, erwachte der Kandidat zu einer ich-bewußten Wahrnehmung, in der er sich der geistigen Erlebnisse, durch die sein Astralleib in den Makrokosmos gelangt war, *erinnerte*.

Die Einweihungsmethoden wurden mit der Zeit immer raffinierter und gefährlicher, bis sie ihren höchsten Ausdruck im »Tempelschlaf« der alten Ägypter fanden. Hier erlitt der Kandidat eine Art rituellen Todes. In Grabgewänder gekleidet und in ein Grab gelegt, wurde sein »Ich« in einen Zustand versetzt, in dem es in bezug auf seine körperlichen Bedürfnisse wie auf eines Messers Schneide zwischen Leben und Tod balancierte.

Am Schluß der ganzen gefährlichen Prozedur trat der Hierophant (der Hohepriester) vor und rief den eben noch Begrabenen zu einer Art ritueller Auferstehung. Die neu eingeweihte Seele hatte eine Art mystischen Todes erlitten, so daß alle körperlichen Prozesse einschließlich des Stoffwechsels ausgesetzt hatten. Nun war sie wieder zum Leben erwacht und hatte ein *Erinnerungswissen* an ihr ewiges Ich, das sie jenseits des Sonnenschleiers astral erblickt hatte. Dem Kandidaten schien es, als sei er neu geboren. Nicht ohne Grund wurden die Eingeweihten in Ägypten oft »Zweimal Geborene« genannt.

Schließlich kam das Stadium der menschlichen Entwicklung, in dem der ätherische Leib sich so tief in den physischen Körper versenkte, daß man solche Methoden als zu riskant ansah. Das war der Zeitpunkt, in dem man Drogen anzuwenden begann, u. a. den sogenannten »Heiligen Pilz«, mit dem man eine Art synthetische Einweihung erreichen wollte. In den Stadien höherer Bewußtheit, die durch Drogen ausgelöst wurden, konnte der geistig Suchende sogar die Sphäre der Akashischen Chronik betreten und Vergangenheit und Zukunft in einem einzigen zeitlichen Zusammenhang betrachten. *Die Rollen des Toten Meeres* zeugen von den drogenbeeinflußten Visionen der essenischen Eingeweihten, die sich, wie auch die ägyptischen Heilkundigen, solcher Mittel bedienten. In einer Welt, die sich anschickte, für immer dem Lichte des Geistes zu entsagen, mußte jedes Mittel, einen Einblick in die geistige Wirklichkeit[62] zu gewinnen, moralisch gerechtfertigt erscheinen.

Das letzte der groben Einweihungsrituale, das höchst gefährlich und dabei keineswegs immer erfolgreich war, bestand darin, daß der Suchende vollkommen in Wasser getaucht wurde und oft dem Ertrinken nahe war. Diese Methode bewirkte eine teilweise Lösung des ätherischen Körpers vom physischen Leib und führte zu einer Art Erlebnis des höheren Ichs. Der Kandidat sah sein Leben wie in einem großen Panorama vor sich und erlebte während einiger kurzer Augenblicke die Existenz des individuellen Menschengeistes. Solch eine geistig-rituelle Taufe nahm Johannes der Täufer mit geschickter Hand vor, als Christus zur Inkarnation herniederstieg.

Daß Christus die Jakobsleiter der geistigen Welt herabgestiegen ist, wurde von den führenden Eingeweihten aller alten Mysterientempel bezeugt. Die Ankunft des Sonnengottes war von Propheten und Sibyllen, von den Mythologien aller Rassen und durch die Weisen aller Völker vorausgesagt worden. Aber als Christus eine irdische Gestalt annahm und unter den Menschen umherwanderte, wurde er nicht als der langerwartete Messias erkannt. Das größte geistige Ereignis in der Entwicklung der Menschheit ging fast unbemerkt vorüber.

---

[62] John Allegro hat in seinem Buch *The Sacred Mushroom and the Cross* beschrieben, wie die Essener mit Hilfe von Amanita muscaria höhere Bewußtheitsebenen erlangt haben. Er behauptet, daß die in den Evangelien beschriebenen Ereignisse niemals auf der Erde stattgefunden hätten, sondern nur in Stadien transzendentaler Bewußtheit erlebt worden seien, die der mächtige Heilige Pilz bewirkt habe. Eine ähnliche falsche Auffassung vertrat eine ketzerische Sekte im dritten Jahrhundert, die sich Doketisten nannte. Allegros Irrtum ist darauf zurückzuführen, daß ihm jegliches Verständnis für höhere Zeitdimensionen abgeht. Die Tatsache, daß die Ereignisse des Lebens Christi schon in vorchristlicher Zeit von Essenern, die unter Drogeneinwirkung standen, vorausgesehen wurden, kann gewiß nicht als Beweis dafür gelten, daß Jesus Christus nie auf Erden gelebt habe. Im Gegenteil sollte die Tatsache, daß diese Begebenheiten clairvoyant in der Kosmischen Chronik vorausgesagt wurden, die ja über Vergangenheit, Gegenwart und Zukunft in ununterbrochenem Zusammenhang berichtet, als ein Zeichen dafür gewertet werden, daß die Inkarnation später stattgefunden hat.

»Wer, glaubt Ihr, bin ich?« fragte Christus seine Jünger, nachdem er zwei ereignisreiche Jahre in ihrer Mitte zugebracht hatte. Sie antworteten, einige hielten ihn für den wiedererstandenen Elias, ein Beweis dafür, daß sie an die Inkarnation glaubten. Andere, sagten sie, hätten gemeint, er sei der von den Toten auferstandene Johannes der Täufer. Dies zeigt, daß man damals auch mit der Möglichkeit einer »Inkorporation« rechnete. Nur Petrus erkannte ihn in einem Augenblick verdichteter Intuition als Gottes in Ewigkeit gezeugten Sohn.

Christi Lehren und Wunderheilungen waren ihrem Charakter nach sowohl eine Verkündung als auch eine öffentliche Anwendung der Lehren und Gebräuche, die bis dahin in den heimlichen Mysterienzentren bewahrt worden waren. Aber die Tatsache, daß das ganze Leben Jesu Christi die öffentliche Erfüllung der Einweihungskulte des Altertums war, wurde erst sichtbar, als er Lazarus von den Toten auferweckte.

Lazarus, Maria Magdalenas und Marthas Bruder, war nach dem alten Verfahren eingeweiht worden, das jahrhundertelang von den hebräischen Propheten im Zeichen des Jona praktiziert wurde.

Der Einweihungsprozeß war völlig mißglückt. Während Lazarus' Astralleib in die Geisterwelt entschwebte, war sein Ego durch den tatsächlichen physischen Tod ausgelöscht worden. Als der Augenblick kam, in dem er aus dem Grabe hervorsteigen sollte, wurde festgestellt, daß er nicht nur tot war, sondern daß sein Körper sich bereits in Auflösung befand.

Das Johannes-Evangelium macht mit großer Deutlichkeit klar, daß Lazarus im »Tempelschlaf« der Einweihung lag. Jesus Christus sagt: »Lazarus, unser Freund, schläft, aber ich gehe hin, daß ich ihn aufwecke.«

> »Da sprachen seine Jünger: Herr, schläft er, so wird es besser mit ihm. Jesus aber sagte vor seinem Tode; die meinten aber, er redete vom leiblichen Schlaf!
>
> Da sagte es ihnen Jesus frei heraus: Lazarus ist gestorben. Und ich bin froh um euretwillen, daß ich nicht da gewesen bin, auf daß ihr glaubet; aber laßt uns zu ihm ziehen ...
>
> Etliche aber unter ihnen (den zuschauenden Juden) sprachen: Konnte, der dem Blinden die Augen aufgetan hat, nicht verschaffen, daß auch dieser nicht stürbe?
>
> Jesus aber ergrimmte abermals in ihm selbst und kam zum Grabe. Es war aber eine Kluft, und ein Stein darauf gelegt.
>
> Jesus sprach: Hebet den Stein ab. Spricht zu ihm Martha, die Schwester des Verstorbenen: Herr, er stinket schon, denn er ist vier Tage gelegen.

Jesus spricht zu ihr: Habe ich dir nicht gesagt, so du glauben würdest, du solltest die Herrlichkeit Gottes sehen?

Da hoben sie den Stein ab, da der Verstorbene lag. Jesus aber hob seine Augen empor und sprach: Vater, ich danke dir, daß du mich erhöret hast.

Doch ich weiß, daß du mich allezeit hörest; sondern um des Volkes willen, das umher stehet, sage ich es, daß sie glauben, du habest mich gesandt.

Da er das gesagt hatte, rief er mit lauter Stimme: Lazarus, komm heraus!

Und der Verstorbene kam heraus, gebunden mit Grabtüchern, an Füßen und Händen, und sein Gesicht verhüllet mit einem Schweißtuch. Jesus spricht zu ihnen: Löset ihn auf und laßt ihn gehen.«

Lazarus war der allerletzte, der sich der traditionellen Einweihungsform der Propheten des Alten Testaments unterzog. Er war auch die erste menschliche Seele, die die neue Form der Einweihung, die Christus der Menschheit bescherte, an sich erfuhr: die Einweihung des Ich. Versuchen wir, soweit menschliche Vernunft es zuläßt, zu begreifen, wie dieser bedeutungsvolle Übergang zustande kam.

Das »Ich« des Lazarus, sein irdisches sterbliches »Ego«, war in seinem physischen Körper eingeschläfert worden, während sein aktivierter Astralleib sich in den Kosmos ausgedehnt hatte. Wäre die Einweihung normal verlaufen, würde Lazarus erwacht sein und hätte sich dieser Astralvisionen von Geist-Wesen in den himmlischen Sphären des Makrokosmos erinnert. Er würde sich auch erinnert haben, daß er mit dem Volks-Geist vereinigt gewesen war, der im Blut der jüdischen Rasse lebt. Das heißt, Lazarus hätte einen Einweihungsgrad erreicht, der ihn berechtigen würde, sich »Lazarus, der Israeliter« zu nennen, und so den Rang zu bekleiden, der ihn zum echten Zeugen und Propheten Jehovas gemacht hätte.

Aber eines konnte die alte Form der Einweihung nicht bewerkstelligen, nämlich die dauerhafte Vereinigung zwischen der menschlichen Seele und ihrem höheren Ich. Sie konnte nur eine Art Erinnerung an das Vorhandensein des ewigen Ich erzeugen, jedoch die Seele nicht in dem Maße verändern, daß sie zum lebendigen und zuverlässigen Instrument des individuellen menschlichen Geistes wurde. Luzifers und Ahrimans Eingreifen in die menschliche Entwicklung hatte dem menschlichen Geist die Möglichkeit genommen, in der Seele des Menschen eine dauerhafte Zuflucht zu finden, solange dieser auf Erden lebte. Erst nach dem Tode waren Seele und Geist miteinander vereint.

Und so war es auch bei Lazarus, als seine Einweihung mißglückte und er über die Schwelle des Todes schritt. In diesem Augenblick wurde er mit seinem höheren Ich vereinigt, und von diesem erhabenen und geheiligten Standpunkt aus sah er sein ganzes irdisches Leben wie einen Teppich vor sich ausgebreitet.

Aber es war genau das höhere Ich, der individuelle menschliche Geist, auf den Christus in diesem Zusammenhang als »Vater« hinwies. In der Tat läßt sich der ganze Sinn der Inkarnation Christi mit seinen Worten ausdrücken: »Ich bin der Weg, die Wahrheit und das Leben. Keiner kommt zum Vater, denn durch mich.« Und auch mit folgenden Worten: »Ich und der Vater bin eines.«

Die Stimme, die Lazarus aus dem Grabe rief, war die Stimme seines eigenen höheren Ichs. Die Kraft, die ihm sein Leben zurückgab, seinen Körper wiederbelebte und heilte, war die gleiche Kraft, die von seinem ewigen Wesen ausging. Denn das intuitive Erleben des Christ-Wesens entsprach genau dem Erlebnis seines eigenen individuellen Geistes.

Als Jesus Christus den Platz des Hierophanten, des Einweihungsmeisters, einnahm und Lazarus aufweckte, stand er dort als Erlöser der Menschheit, als Vertreter des ewigen Ichs auf Erden, der vergeblich versucht hatte, in der Seele jedes einzelnen Menschen geboren zu werden.

In voller Übereinstimmung mit den Mysterientraditionen des Altertums war die Selbst-Bewußtheit des Lazarus durch Hypnose ausgelöscht worden. Aber der ursprüngliche Hierophant hatte ihn nicht ins Leben zurückrufen können. Statt dessen wurde Lazarus durch die Macht der unendlichen Liebe, das makrokosmische Ego Christi, erweckt. Für Lazarus bekam diese alte Tradition einen neuen Inhalt. Er war mit dem intuitiven Wissen wiedergeboren worden, daß die menschliche Seele in Christus ein lebendiges Werkzeug des Geistes werden konnte.

Lazarus war das erste menschliche Wesen, das durch Christus die Wiedererlangung seines eigenen höheren Ichs erfuhr. Ein Erlebnis, das Paulus später, nachdem Christus durch seinen Tod und seine Auferstehung in Golgatha eine ähnliche Tat für die ganze Menschheit vollbracht hatte, in die Worte kleidete: »Ich lebe. Aber nicht ich, sondern Christus lebt in mir.«

Rudolf Steiner enthüllt in seinen Vorträgen über das Johannes-Evangelium, daß es nicht nur Lazarus war, der zum Körper zurückkehrte, als Christus ihn von den Toten erweckte. Seine diesbezüglichen Forschungen in der Akashischen Chronik brachten eine erstaunliche Tatsache zum Vorschein: Johannes der Täufer, der neunzehn Monate vorher auf Befehl des Herodes Antipas geköpft worden war, stand ebenfalls im gleichen Augenblick von den Toten auf. Und Steiner beschreibt, wie

Lazarus und Johannes zusammen in einem Körper lebten, sich in ihren Beweggründen und Zielen einig waren, aber auf verschiedenen seelischen Ebenen wandelten.

Und Steiner durchleuchtet dieses erhabene Mysterium noch weiter, indem er aufdeckt, daß der vom Grabe auferstandene Johannes der Täufer ein und dieselbe Person ist wie Johannes, der das Evangelium und die Offenbarung schrieb. Dies wird auch im Evangelium selber angedeutet, wenn Johannes umschrieben wird mit »Er, den der Herr liebte«. Natürlich ließ der Gott der Liebe allen Menschen seine Liebe gleichmäßig zuteil werden. Der Ausdruck entspricht nur der alten Einweihungstradition, bei der der Hierophant den Kandidaten, den er von den Toten auferweckte, den »Geliebten« nannte.

Die Inkarnation Christi im Körper und Blut des menschlichen Jesu war das Niederfahren des Sonnengeistes in den Kelch des Mondes, ein Bild, das zum Symbol des Heiligen Grals im Mittelalter wurde.

Christus kam, die Ich-Bewußtheit der Juden und späterhin der gesamten Menschheit über die begrenzte und mit Vorurteilen beladene Loyalität zu Familie, Stamm und Rasse zu erheben. Aber um den menschlichen Egoimus umzuwandeln und allen Menschen universelle Liebe zu bringen, mußte erst die Natur des Blutes selber geändert werden, denn das Blut ist der Träger der völkischen und rassischen Identität. Und Christus konnte diese Tat für die Menschheit nur vollenden, wenn er die Elemente belebte und zu Erdgeistern werden ließ. Christus sagte ja auch zu Petrus (dessen armäischer Name Kephas »Stein« bedeutet), daß er auf diesem Felsen – nämlich der Erde – seine Kirche bauen wolle.

Moses, der die Juden aus der ägyptischen Gefangenschaft führte, war der erste gewesen, der den Widerschein des herabsteigenden Jesus gewahrt hatte, als er sich ihm indirekt in Donnern und Blitzen und im »brennenden Busch« zeigte. Diese allmähliche Durchdringung und Beseelung der Elemente setzte während des ganzen Lebens Christi auf Erden fort.

Ein weiteres Stadium in diesem mächtigen, unsichtbaren Prozeß, in dem sich der Sonnen-Geist mit dem Reich der Natur vermählte, wurde mit dem heiligen Abendmahl erreicht, wenn Christus seinen Jüngern die Sakramente des Brotes und des Weines austeilte und sagte: »Nehmt hin und esset; es ist mein Leib. Trinket alle hieraus, denn es ist das Blut des neuen Verbundes.« Die letzte Tat, durch die der göttlich-menschliche Christus Jesus sich im Körper unseres Planeten inkarnierte, geschah bei der Vergießung des heiligen Blutes zu Golgatha, als der römische Zenturio Christi Leib mit einer Lanze durchbohrte.[63]

Der Tod am Kreuz und die Auferstehung aus dem Grabe war die öffentliche Erfüllung der alten Einweihungsform vor dem Forum der Weltgeschichte; das geheime Einweihungsritual wurde nun auf die sichtbare Ebene des historischen Geschehens übertragen.

Luzifers und Ahrimans Niederlage am Kreuz bewahrte das Erdenleben der Menschheit vor dem Abgrund und weihte es zu einem heiligen Pfad, der zur Geisteswelt zurückführte. Es war eine Tat der unendlichen Liebe, die die Gewähr dafür bot, daß der Mensch allmählich sein ewiges Ich zurückgewinnen und sein geistiges Schicksal vollenden konnte. Der Gott der Liebe hatte sich für die Seele der Menschen geopfert, damit sie zum lebendigen Gefäß des individuellen menschlichen Geistes würde: Vater, in Deine Hände befehle ich meinen Geist.

Die Gegenstände, die bei diesem außergewöhnlich ergreifenden Ritual zu Golgatha Verwendung fanden, wurden im Mittelalter zu geschätzten Reliquien. Doch die religiöse Hingabe, mit der diese Reliquien aufbewahrt wurden, beruhte weder auf falscher Sentimentalität noch unangebrachtem Materialismus.

Man glaubte mit Recht, daß die einzelnen Gegenstände und Kleidungsstücke, die bei diesen alten Einweihungsriten benutzt worden waren, mit heiligen

---

[63] »Als die Erdentwicklung begann, wurde das menschliche Ich physisch an das Blut gehängt. Das Blut ist der äußere Ausdruck des menschlichen Ich. Die Menschen würden ihr Ich immer stärker und stärker gemacht haben und ohne die Erscheinung des Christus in eine Entwicklung des Egoismus hineingekommen sein. Davor wurden sie bewahrt durch das Ereignis von Golgatha. Was mußte fließen? Dasjenige, was das überschüssige Substantielle des Ich ist, das Blut mußte ausfließen. Was damit begonnen hat, als auf dem Ölberge die Schweißtropfen von dem Erlöser wie Blutstropfen herunterrannen, das mußte fortgesetzt werden, indem aus den Wunden des Christus Jesus auf Golgatha das Blut floß. Was damals als Blut geflossen ist, das ist das Zeichen für das, was als das überschüssige des Egoismus in der Menschennatur hingeopfert werden mußte. Daher müssen wir tiefer eindringen in die spirituelle Bedeutung des Opfers auf Golgatha. Was auf Golgatha geschah, das ist nicht für den Chemiker – als den Menschen mit dem nur äußeren intellektuellen Blick – durchsichtig. Wenn jemand das Blut, das auf Golgatha geflossen ist, chemisch untersucht haben würde, so würde er dasselbe an Stoffen gefunden haben, was er in dem Blute von anderen Menschen finden würde. Wer aber dieses Blut mit den Mitteln der okkulten Forschung untersucht, der findet, daß es in der Tat ein anderes Blut ist. Durch das überschüssige Blut der Menschheit hätten die Menschen in Egoismus verkommen müssen, wenn nicht die unendliche Liebe gekommen wäre und dieses Blut hätte fließen können. Die unendliche Liebe ist beigemischt dem Blute, das auf Golgatha geflossen ist; und der okkulte Forscher findet diese unendliche Liebe, wie sie das Blut auf Golgatha ganz durchdringt. Und weil der Schreiber des Lukas-Evangeliums insbesondere schildern wollte, wie die unendliche Liebe durch den Christus auf die Welt gekommen ist, die den Egoismus allmählich herauszutreiben hat, so bleibt er in dieser Rolle.«
Rudolf Steiner: Das Lukas-Evangelium, 1909

Kräften »geladen« seien und betrachtete sie aus diesem Grunde als Talisman für weiße Magie. Und aus diesem Grunde, wenn auch in weitaus heiligerem Sinne, wurden der Speer, die Nägel, der Kelch, die Dornenkrone, das Kleid, das Leichentuch und dergleichen bei allen Christen in hohen Ehren gehalten, bis mit dem Anbruch der Renaissance im fünfzehnten Jahrhundert die Zeit des Rationalismus einsetzte.

Jeder Reliquie wurden einzigartige Kräfte zugeschrieben. Das Kreuz wurde verehrt, weil es das Böse abwenden konnte. Die Dornenkrone erweckte tiefe Demut bei allen, die sie erblickten. Das Gewand verhieß dem Kranken Gesundheit und neues Leben und rief bei allen, die sich für den kontemplativen Weg des Mönchslebens entschlossen hatten, eine geistige Vison des Lebens Christi auf Erden hervor. Die Jaspisschale[64], aus der Christus die Sakramente des Brotes und des Weines austeilte und in der Joseph von Arimathia ein wenig von dem Heiligen Blut auffing, wurde als Heiliger Kelch bekannt; sie symbolisierte einen christlichen Weg zur Abtötung des Egoismus und der Wiedergeburt des Geistes in Christus. Und in der gleichen Weise sollte auch der Speer des Longinus eine einzigartige Bedeutung für die Entwicklung der menschlichen Bewußtheit im Verlauf der Geschichte erlangen; eine Bedeutung, die den Glauben entstehen ließ, daß seine Kräfte den Lauf der Weltgeschichte beeinflussen könnten.

Im Prolog zu diesem Buch haben wir bereits beschrieben, wie der römische Zenturio Gaius Cassius, der Vertreter von Pontius Pilatus bei der Kreuzigung, den Körper Jesu Christi vor der Verstümmelung durch die pharisäischen Soldaten bewahrte. Und wie er, als er den Körper von Jesus Christus mit einem Speer durchbohrte, um zu beweisen, daß der Tod eingetreten war, auch die Weissagung des Jessaja erfüllte: »Ihr sollt ihm kein Bein zerbrechen« und die Prophezeiung des Heskiel: »Sie werden sehen, in welchen sie gestochen haben. «

Aber die Tat des Longinus hat eine noch größere Bedeutung. Um ihre Auswirkungen ganz zu verstehen, müssen wir uns vor Augen halten, was wirklich in diesem Augenblick geschah, als er den Speer zwischen der vier-

---

[64] Die Jaspisschale war in einem großen Silberkelch enthalten, der angeblich von der mystischen Gestalt des Melchisedek an Abraham, den Stammvater der jüdischen Rasse, überreicht worden war. Sie gelangte später in die Hände Josephs von Arimathia, in dessen Haus das heilige Abendmahl stattfand.

ten und fünften Rippe in Jesu rechte Seite warf und den Körper bis ins Herz durchbohrte.[65]

Das aus der Wunde zu Boden strömende Blut war das Mittel, durch das der Geist der Sonne zur Inkarnation im Körper der Erde selber gelangte. Der Speerwurf des Longinus bewirkte so die Geburt des kosmischen Christus als Erdgeist.

Das Geist-Wesen, das im Heiligen Blut enthalten war, strömte aus dieser Wunde wie ein heiliges Spurenelement zur Erde, eine Art kreisenden homöopathischen Balsams, durch den das makrokosmische Ich des Christus-Wesens die astrale Sphäre neu beleben und das ätherische Reich des Erdorganismus durchdringen konnte.

Das Christus-Licht, das Paulus geistiges Auge blendete, als er sich auf dem Weg nach Damaskus befand, war die neue Sonnen-Äther-Aura der Erde, der erste Glanz von der Erde, der das Versprechen in sich trug, der ganzen absterbenden irdischen Existenz neues Leben zu geben und sie wieder in das Reich des von der Sonne beherrschten Makrokosmos einzugliedern.

Falls der Zeit-Geist Longinus nicht inspiriert hätte, seinen Speer in diesem Augenblick in die Seite des Heilands zu werfen, wäre das Heilige Blut nie geflossen. Das große Wunder, sagt das Johannes-Evangelium, war, daß das Blut aus einem leblosen Körper hervortrat: »Sondern der Kriegsknechte einer öffnete seine Seite mit einem Speer, und alsobald ging Blut und Wasser heraus. Und der das gesehen hat, der hat es bezeuget, und sein Zeugnis ist wahr; und derselbe weiß, daß er die Wahrheit saget, auf daß auch ihr glaubet.«

Gaius Cassius Longinus vollführte die rechte Tat auf die richtige Weise am geeigneten Platz und im entscheidenen Augenblick. Und in diesem Augenblick lag die ganze künftige Entwicklung der Erde und Menschheit einzig und allein in seinen Händen.

Und auf diese Weise entstand eine Legende um den Speer des Longinus, daß jeder, der ihn in seinen Besitz brächte, das Schicksal der Welt in Händen halte. Denn, wer auch immer den Speer im Laufe der folgenden Jahrhunderte in der Geschichte des Christentums beanspruchte, konnte zu einer weltgeschichtlich bedeutsamen Gestalt werden, wenn er die rechtmäßigen Ziele, die der Zeit-Geist je nach dem Entwicklungsstand der menschlichen Bewußtheit

---

[65] Gemäß der Mythologie des Alten Testaments wurde der Körper der Frau aus der fünften Rippe des Mannes erschaffen. In der Entwicklung des menschlichen Embryos nehmen die Geschlechtsorgane erst Form an, nachdem sich die vierte Rippe gebildet hat, aber bevor die fünfte entsteht. Diese Symbolik gelangte auch bei der Kreuzigung zum Ausdruck, weil das Blut, das aus der Speerwunde drängte, zwischen der vierten und fünften Rippe herausfloß, ein Zeichen dafür, daß Christus über die Einteilung der Menschen in zwei Geschlechter erhaben war.

vorschrieb, auf rechte Weise zu verwirklichen bestrebt war. Oder er konnte ein Werkzeug des Antigeistes der Zeit werden und versuchen, diese Ziele zu verfälschen, um so die Menschheit zur Anbetung falscher Götter zu verführen und sie in den Abgrund des Materialismus zu stürzen.

Der Speer des Phineas, der das ganze Alte Testament hindurch Symbol jener einzigartigen Kräfte ist, die dem Blut der jüdischen Rasse innewohnen, spielte auch im Ritual der Kreuzigung eine entscheidende Rolle. Auf diesem Speer wurde nämlich der mit Essig getränkte Schwamm zum Munde des sterbenden Christus hinaufgereicht, zum Zeichen dafür, daß das jüdische Blut zu Galle geworden war und keine Bedeutung mehr für die Entwicklung der Menschheit hatte, da es zu Nutz und Frommen der gesamten Menschheit durch das Blut des neuen Verbundes ersetzt worden war. Denn es gibt tatsächlich ein Prinzip in der Entwicklung des menschlichen Bewußtseins: Was einst der mächtigste Träger des Guten gewesen ist, wird, wenn es verbraucht ist und seine Rolle ausgespielt hat, zum Werkzeug des Tragischen und Bösen. Die Beibehaltung alter Stammessitten und Rituale und strenger rassischer Vorurteile angesichts neuer und universeller Impulse, die die ganze Menschheit einbeziehen wollten, konnte über die jüdische Rasse nur die schrecklichsten Leiden bringen, die ein einzelnes Volk jemals auf Erden auszustehen hatte.

Rudolf Steiner ließ seine Auffassung vom kosmischen Christentum sogar in der Architektur seines Goetheanums zu Dornach in der Schweiz zum Ausdruck kommen. Das Innere des mit zwei Kuppeln versehenen Baus war ein Meisterwerk der Holzschnitzkunst. Dynamische Mittel der Gestaltung und Formgebung bezogen alle Teile des Gebäudes in das zentrale Thema der Apokalypse ein: Große Holzsäulen illustrierten in geschnitzten Serien Goethes Auffassung vom Gesetz der Metamorphose durch die sieben Siegel der Offenbarung, und die ersten psychedelischen Malereien des Jahrhunderts erschienen als Fresken auf den Kuppeln oder im bunten Glasschmuck der Fenster.

Es war Dietrich Eckarts letzter Wunsch, als er im Sterben lag, daß dieses Gebäude, das ursprünglich in München errichtet und »Johannesbau« genannt werden sollte, bis auf den Grund niedergebrannt würde und Dr. Steiner und sein engster Kreis von Adepten in den Flammen umkämen. Es wurde Silvester 1922 angezündet, als Dr. Steiner eine Abendvorlesung für 800 Personen hielt. Der Brandstifter war ein deutsch-schweizerischer Uhrmacher, der ein fanatischer Nazi und eifriges Mitglied einer anerkannten Kirche war. Die Goldmünzen, mit denen er für seine Tat bezahlt worden war, fand man am nächsten Morgen auf seiner verkohlten Leiche. Dr. Steiner und seine Freunde entkamen dem Feuertode nur, weil der Brandstifter nicht so schnell arbeitete wie geplant.

Der wichtigste Grund für die Niederbrennung des Goetheanums war die Absicht, eine große Holzschnitzarbeit zu zerstören, die die Dreieinigkeit des Bösen darstellte. Dr. Steiner hatte mehrere Jahre dazu gebraucht, diese etwa zehn Meter hohe Schnitzerei aus Rüsternholz fertigzustellen, die Jesus Christus als Vertreter der Menschheit beim Sieg über Luzifer und Ahriman darstellte. Sowohl in öffentlichen als auch in privaten Vorträgen hatte er auf den dämonischen Geist hingewiesen, der Hitler beseelte und die Weltanschauung der Nazis inspirierte. Die Holzfigur zeigte Luzifer in einer charakteristischen Pose. Hitler tobte vor Wut, und Eckart überredete ihn zu dem Versuch, sie zu zerstören. Diese Skulptur, die zur Zeit der Brandstiftung noch nicht ganz vollendet war, befand sich damals noch in Steiners Atelier im Keller des Gebäudes und entging auf diese Weise den Flammen. Es ist nun das wichtigste Stück im neuen Goetheanum, das Steiner entwarf und in Beton errichten ließ, bevor er im März 1925 die Augen schloß. Mehr als eine Million Menschen, darunter sehr viele Deutsche, sind seitdem nach Dornach gereist, um es zu sehen.

22. Kapitel
Der Doppelgänger
Heinrich Himmler, der Anti-Mensch

»Himmler ist mit einer elektrischen Leitung verglichen worden, die von außerhalb mit Strom versorgt wurde. Der Strom kam von Hitler. Er selber hatte keinen.

Fast alle Mitglieder seines Stabes erleichterten ihr Gewissen dadurch, daß sie die moralische und offizielle Verantwortung für ihre Handlungen innerhalb der SS Heinrich Himmler zuschoben. Sie dienten ihm treu und brauchten ihn als Führer und Sündenbock gegenüber Gott, der Geschichte und Deutschlands Feinden. Ohne ihn konnten sie nicht durchführen, was sie vorhatten.

Noch im Tode erfüllt Heinrich Himmler eine ähnliche Funktion ... Das deutsche Gewissen ist rein, denn all das Böse, Gemeine, Kriminelle und Schreckliche, das in Deutschland und den besetzten Ländern zwischen 1933 und 1945 geschah, geht auf Himmlers Schuldkonto.«

Willi Frischauer:
Himmler: the Evil Genius of the Third Reich (Himmler: der böse Genius des Dritten Reiches)

Es gibt in jedem menschlichen Wesen eine Art »Anti-Menschen«, den das Wörterbuch als »Gegenstück« oder »Schattenbild« definiert. Viele Philosophen und Dichter haben ihre persönlichen Erfahrungen mit diesem Schattenbild beschrieben, das die Okkultisten »Doppelgänger« nennen.

Goethe hat zum Beispiel erzählt, daß er einmal in sein Arbeitszimmer in Weimar getreten sei und jemanden im Stuhl hinter dem Schreibtisch habe sitzen sehen, der ihm aufs Haar geglichen und ihn frech angesehen habe.

Er unterdrückte ein momentanes Gefühl der Unruhe über dieses ungewöhnliche Erlebnis und starrte mehrere Sekunden lang in die Augen und das überlegen lächelnde Gesicht dieses nur wenige Augenblicke sichtbaren Gegenstücks seiner selbst, das er seinen Doppelgänger nannte. Es war das erste von mehreren solcher Erlebnisse, die dem Dichter eine Erklärung gaben, warum dieses unbarmherzige und unmenschliche Schattenwesen in der menschlichen Seele existierte.

Die Begegnung mit ihrem Doppelgänger ist für Leute, die sich mit Okkultismus beschäftigen, nichts Ungewöhnliches. Sie ist eines der vielen Erlebnisse auf der Suche nach dem Heiligen Gral, das sowohl eine innere moralische Kraft als auch die Fähigkeit erzeugt, das seelische Gleichgewicht zu erlangen, das erforderlich ist, um den geistigen Wirklichkeiten in die Augen zu sehen, die den meisten Menschen verborgen bleiben.

Wie Mephisto selber, hat auch der Doppelgänger seinen rechtmäßigen Platz im Gefolge des Herrn. Seine Aufgabe ist es, die menschliche Seele in eine gefühlsmäßige Opposition zum Guten, Schönen und Wahren zu bringen. Nur dadurch, daß wir uns sozusagen gegen ihn auflehnen, ihm fest und entschlossen widerstehen, können wir Menschen den richtigen moralischen Weg finden. Die beständige Spannung, die das ganze Leben lang zwischen der menschlichen Seele und dem Doppelgänger anhält, ist ein heimlicher Ansporn, der Stimme des Gewissens zu gehorchen.

Wenn auch die meisten Menschen sich nicht bewußt sind, wie der Doppelgänger in ihnen arbeitet, ist es keineswegs schwer, seine Wirkung im großen auf allen Gebieten des heutigen menschlichen Lebens festzustellen. Der Zweck des Doppelgängers ist es, alle menschliche Tätigkeit zu entmenschlichen, ja, er ist der Anti-Mensch selber.

Der Doppelgänger existiert nicht nur als Schatten Ahrimans im Einzelindividuum. Es gibt Mitglieder dieser Subhierarchie von Doppelgängern von weit größerer Macht, die als Anti-Geister ganzer Völker, Nationen und Rassen auftreten. Und schließlich gibt es auch noch den Welt-Doppelgänger, den Anti-Geist der Menschheit, der seine historische Rolle als Diener Luzifers spielt und der richtigen Entwicklung der menschlichen Bewußtheit entgegenarbeitet.

Wir haben ziemlich ausführlich geschildert, wie es kam, daß die luziferische Hierarchie von Adolf Hitlers Seele Besitz ergreifen konnte. Wir müssen in dieses Bild noch den Welt-Doppelgänger einbeziehen: den globalen Anti-Menschen im ich-losen Körper des Reichsführer SS Heinrich Himmler, der wohl schrecklichsten Verkörperung von Terror und Inquisition in der gesamten Geschichte der Menschheit.

Viele hervorragende Sachkenner haben darauf hingewiesen, daß Heinrich Himmler wieder und wieder der späteren Politik Adolf Hitlers in mystischer Weise vorgegriffen hat. Aber es hat keinen großen Sinn, schier endlos darüber zu streiten, ob Hitler oder Himmler der böse Genius des Dritten Reiches gewesen ist. Denn der luziferische Geist, der sich der Seele Hitlers bemächtigt hatte, stand in wortloser Kommunikation mit dem Doppelgänger, der von Heinrich Himmlers Körper Besitz ergriffen hatte. Okkulte Erkenntnisse verraten nämlich, daß hinter den irdischen Erscheinungen dieser beiden irregeführten Männer Luzifer und der Geist des Anti-Menschen als gemeinsame geistige Kraft wirkten, indem der Luzifer-Geist den Doppelgänger wie unter unsichtbaren Strom setzte und auf diese Weise den Arm des Terrors von außen dirigierte, bis schließlich jeglicher innerer Widerstand der Bevölkerung gegen den Nationalsozialismus zerbrach.

Diese heimliche innere Beziehung zwischen Hitler und Himmler war eine Art Gegenbild zu dem rechten Verhältnis, das zwischen dem Ego und dem ahrimanischen Doppelgänger in allen Menschenseelen herrscht.

Der Doppelgänger wird erst dann aktiv, wenn wir der Kindheit entwachsen und in das reifere Lebensalter eintreten. Normalerweise machen sich die Auswirkungen des Doppelgängers im zwölften Lebensjahr bemerkbar. Wir versuchen dann unbewußt, uns dem Einfluß außermenschlicher Gefühle zu widersetzen, um persönliche moralische Entscheidungen treffen zu können.

Dieser anti-menschliche Angriff des Doppelgängers auf die Seele verstärkt sich, wenn wir älter werden, und das Bewußtsein, um moralischer Ziele willen dem Bösen widerstehen zu müssen, läßt uns unser ganzes Leben lang nicht los. Aber der Doppelgänger, ein Schattenwesen der Furcht und Dunkelheit, hat Angst vor dem Tode, denn er scheut die Begegnung mit dem Licht der Geisterwelt aus dem Jenseits. Darum verläßt der Doppelgänger die menschliche Seele genau drei Tage vor dem Tode. Feinfühlige Seelen spüren den Augenblick, in dem der Doppelgänger sich auf und davon macht und sie die drei letzten Tage ihres Erdenlebens in Frieden und Harmonie verbringen dürfen. Tausende von Beispielen könnten aus beiden Weltkriegen angeführt werden, in denen Männer mit wachem Gewissen und ästhetischem Sinn intuitiv das Nahen des Todes spürten, wenn der Doppelgänger sie verlassen hatte.

Die ständig fortschreitende und ein ganzes Leben anhaltende Entwicklung, während der das menschliche Ego sein Double in Schach halten muß, um dessen schonungslosen und unmenschlichen Einfluß zu überwinden, spiegelte sich auf weltgeschichtlicher Ebene in dem immer enger werdenden Verhältnis zwischen Adolf Hitler und Heinrich Himmler wie in einem Zerrbild wider. Denn während Hitler Schritt für Schritt seine Seele auslieferte und Luzifers Werkzeug wurde, versuchte der Welt-Doppelgänger in Himmler das moralische Bewußtsein des deutschen Volkes einzuschläfern und das Gewissen der Nation durch fürchterliche Progrome, Terror und Inquisition zu ersticken.

In diesem Zusammenhang gesehen, erscheint es höchst bedeutungsvoll, daß Heinrich Himmler im Oktober 1900 geboren wurde, als Adolf Hitler in sein zwölftes Lebensjahr trat. Und nicht minder bedeutsam ist es, daß Heinrich Himmler genau zwölf Jahre alt wurde, als sein künftiger Führer vor dem Schicksalsspeer in der Schatzkammer der Wiener Hofburg zum ersten Male die dämonische Macht Luzifers an sich selbst erfuhr. Am auffälligsten aber zeigte sich diese Beziehung zwischen Luzifer und dem Welt-Doppelgänger drei Tage vor Adolf Hitlers Tod.

Als endlich (im April 1945) der Augenblick im unterirdischen Bunker in Berlin gekommen war, in dem Hitler die geistigen Folgen seiner Taten erkennen mußte, hatte Heinrich Himmler Angst, seinem Führer durch die Pforte des Todes zu folgen. Einige Wochen, bevor der deutsche Widerstand in Berlin zu erlahmen begann, hatte Himmler sich nicht genug tun können an prahlerischen Versprechungen, sein Leben an der Spitze einer SS-Division zu opfern, mit der er die die Hauptstadt umzingelnden russischen Truppen blutig zusammenschlagen wollte. Dabei hatte er sich heimlich mit Plänen herumgetragen, über einen schwedischen Mittler, nämlich den Grafen Folke Bernadotte, einen Separatfrieden mit den Engländern und Amerikanern auszuhandeln.

Walther Schellenberg, der Himmler zu diesem Zeitpunkt zur Seite stand, hat ausgesagt, daß der einzige Grund, der den »Reichsführer« gehindert habe, solche Verhandlungen einzuleiten, dessen persönlicher Treueeid auf Hitler gewesen sei.

Genau *drei Tage*, bevor Hitler sich im Bunker das Leben nahm, faßte Himmler plötzlich den Entschluß, diese Friedensverhandlungen hinter dem Rücken seines Führers aufzunehmen. Binnen weniger Stunden wurde sein Angebot eines Separatfriedens mit den westlichen Alliierten vom schwedischen Rundfunk ausgestrahlt. Es war ein Verrat, den Hitler nicht verzeihen konnte, und seine letzte Tat war, ein politisches Testament zu diktieren, in dem er Heinrich Himmler aus der Partei ausstieß und zum Tode verurteilte. »Vor meinem Tode schließe ich den früheren Reichsführer SS und den Minister für Inneres Heinrich Himmler aus der Partei und allen Ämtern aus. «

Im gleichen Augenblick, in dem er sich entschloß, den zum Tode verurteilten Hitler zu verraten, wurde Himmler plötzlich wieder eine kraftlose und unbedeutende Gestalt. Der elektrische Strom war abgestellt. Der Welt-Doppelgänger, die Quelle all seiner Kraft, hatte ihn verlassen. Von diesem Augenblick an besaß Himmler nicht einmal mehr genügend Initiative, seine nach wie vor loyalen und gut ausgerüsteten Truppen um sich zu scharen und seine Vorrangstellung gegenüber anderen, die ihm die Führung streitig machen wollten, mit Waffengewalt zu verteidigen, oder gar mit Hilfe seines riesigen heimlichen Polizeiapparates mit falschen Papieren und Geld aus dem Lande zu fliehen.

Statt dessen ließ er sich bei einer Routinekontrolle von einer Handvoll englischer Soldaten in der Nähe von Bremervörde verhaften. Er war gut verkleidet und befand sich in Begleitung von zwei zuverlässigen SS-Adjutanten, die leicht die gelangweilten und keinen Verdacht schöpfenden Posten hätten entwaffnen können. Aber Himmler wurde von Panik ergriffen und platzte mit seiner wahren Identität heraus. Als er bei einer Durchsuchung seiner Kleidungsstücke und sonstigen Habe in Feldmarschall Montgomerys Hauptquartier in Lüneburg nackend dastand, zerdrückte er eine Zyankalikapsel zwischen den Zähnen und starb innerhalb weniger Minuten. Er wurde von einem englischen Unteroffizier begraben, der im Zivilberuf Müllkehrer war. Eingehüllt in ein Tarnnetz und mit Stacheldraht verschnürt, wurde seine Leiche in den Wäldern bei Lüneburg verscharrt. Niemand außer dem Müllkutscher weiß, wo. Das Gefäß des Doppelgängers, des Mannes, der nie richtig selber existiert hatte, wurde als Abfall in ein unbekanntes Grab geworfen.

Der tief eingewurzelte und weit verbreitete Mythos des »Dolchstoßes in den Rücken« hatte dem Welt-Doppelgänger ermöglicht, auf der historischen Bühne Deutschlands im zwanzigsten Jahrhundert aufzutreten. Dieser Mythos, der so laut von Adolf Hitler verkündet wurde, überzeugte die Massen, daß die deutschen Armeen unbesiegt und unbezwingbar seien und daß der Waffenstillstand, der den Ersten Weltkrieg beendete, dem deutschen Volk durch inneren Verrat aufgezwungen worden war.

Und im Schatten dieser verbreiteten und gefährlichen Illusion stieg der globale Anti-Mensch bald zur Macht auf, bis man ihn nicht länger mehr anhalten konnte. Denn das Ungeheuer, das von Heinrich Himmler, dem wohl unerwartetsten Tyrannen der Welt, Besitz ergriff, verschaffte sich unter dem Vorwand, die Interessen der deutschen Nation zu schützen und sie vor nicht existierenden Feinden bewahren zu wollen, die absolute Herrschaft über Leben und Tod des deutschen Volkes!

Das Werkzeug für die Massenversklavung und Massenvernichtung unschuldiger Menschen mußte ein Individuum ohne eigenes Ich sein, ein seelenloser Roboter, der weder der Liebe noch irgendeines anderen menschlichen Gefühls fähig war. Und das war genau das, was Heinrich Himmler war: ein Anti-Mensch in einem menschlichen Körper. Denn in Himmler gab es keine bewußte eigene Seele, von der finstere Mächte Besitz ergreifen konnten, sondern nur einen Körper und ein Gehirn, das besetzt und zu unmenschlichen Zwecken mißbraucht werden konnte.

Himmlers Vater, Professor Gerhard Himmler, war mehrere Jahre lang Privatlehrer des Prinzen Heinrich von Bayern gewesen, den er in der ehrwürdigen Familiengeschichte der Wittelsbacher unterwiesen hatte. Und der junge Heinrich Himmler, der auf den Namen dieses römisch-katholischen Prinzen getauft und dessen Patenkind wurde, wuchs in einer kultivierten Atmosphäre heran, in der er von Kindheit auf mit deutscher Mythologie und den Geschichten großer Helden und Könige sowie anderer fürstlicher Geistesnahrung gespeist wurde.

Später, am Landshuter Gymnasium, an dem sein Vater Direktor wurde, setzte Heinrich Himmler seine Lehrer durch sein nüchternes Datengedächtnis für Ereignisse und Jahreszahlen in der europäischen Geschichte in Erstaunen. Diese Gabe, Informationen zu speichern und sie bei Bedarf wie ein Computer ausspucken zu können, war das eigentliche Talent, das Heinrich Himmler zur Macht führen sollte. Seine Fähigkeit, Geschichte auswendig zu lernen, war auch eine Vorbereitung auf die Weltanschauung Adolf Hitlers, die ja ebenfalls einem ungewöhnlichen Sinn für Geschichte entsprang.

Himmler ließ jede menschliche Wärme, jede persönliche Ausstrahlung und allen Sinn für Humor vermissen, so daß seine Schulkameraden kaum Notiz von ihm nahmen. Ihre Haltung ihm gegenüber bestand aus einer Mischung von Verachtung und Furcht, denn er kam schnell in den Ruf eines Spaßverderbers und notorischen Denunzianten.

Familiäre Verbindungen zum bayerischen Fürstenhaus waren der richtige soziale Hintergrund für eine Offizierslaufbahn im Ersten Weltkrieg, aber die Feindseligkeiten nahmen einige Wochen früher ein Ende, als Fähnrich Himmler für alt genug befunden wurde, an der Westfront zu kämpfen. Nach wic vor entschlossen, Berufssoldat zu werden, bewarb er sich nach dem Kriege um eine feste Anstellung bei der Reichswehr, einer Elitetruppe von nur hunderttausend ausgewählten Soldaten. Zu seinem Erstaunen wurde er jedoch abgewiesen mit der Begründung, er sei sowohl körperlich als auch psychologisch nicht geeignet. Daraufhin besuchte er die technische Hochschule in München und legte dort ein landwirtschaftliches Examen ab. Anschließend bekleidete er eine untergeordnete Stellung als Vertreter einer Kunstdüngerfabrik. Alles in allem war er ein mürrischer und enttäuschter junger Mann, der sich keinen allzu großen Zukunftshoffnungen hingeben konnte.

Noch während seiner Studentenzeit in München begann er sich für Politik zu interessieren. Die nazistische Rassenideologie mit ihrer Brutalität gegenüber den Juden hatte es ihm mächtig angetan, und er versuchte, sich der Hitler-SA anzuschließen, jener Organisation von Braunhemden, die in großen Scharen auf den Parteiversammlungen auftraten, um Unruhestifter zu terrorisieren und lokale kommunistische Gruppen zu sprengen. Aber auch die abgebrühten Antikommunisten, die Rekruten für die SA anwarben – samt und sonders erprobte Veteranen des Schützengrabenkrieges –, wiesen voller Verachtung seine wiederholten Eintrittsgesuche ab. Der schmächtige junge Mann mit der piepsigen Stimme und den eigentümlich starrenden

Augen, die hinter den dicken randlosen Brillengläsern noch größer wirkten, war genau der Typ von Mann, den sie nicht wünschten. Schließlich fand er einen Platz in einer der vielen bedeutungslosen Frontorganisationen, der sogenannten »Reichskriegsflagge«.

Es war ein aufregender Tag, an dem er seine Uniform wieder anziehen konnte, als Hauptmann Ernst Röhm die »Reichskriegsflagge« 1923 zur Unterstützung des Hitlerputsches in München anforderte.

Nachdem der laienhaft inszenierte Putsch durch ein paar wohlgezielte Salven der bewaffneten Polizei niedergeschlagen war, blieb Himmler hartnäckig auf dem ihm zugewiesenen Platz als revolutionärer Posten vor dem Kriegsministerium stehen. Bald erschien die Polizei, um die Feldwache auszuheben und ihre Mitglieder festzunehmen. Aber niemand schien es für der Mühe wert zu halten, den linkischen Exfähnrich zu verhaften oder ihm wenigstens die Pistole abzuverlangen! Schließlich spazierte der junge Mann mit dem blassen und etwas gedunsenen Gesicht unbehelligt durch die Straßen von München, um mit dem nächsten Zug nach Hause zu fahren.

Aber das Schicksal spann in aller Heimlichkeit den Plan für den meteorhaften Aufstieg dieses ich-losen Sonderlings, dem es nicht einmal mit einer geladenen Pistole gelungen war, die Aufmerksamkeit auf sich zu lenken. Der mißglückte Putsch in München hatte zur Folge, daß die SA, die so hochmütig seine Dienste abgelehnt hatte, verboten und zeitweilig aufgelöst wurde. Und nun sollte er eine Hintertür finden, durch die er direkt ins Herz jener neuen und infamen Organisation schlüpfen konnte, die eigens zur Umgehung des SA-Verbotes gegründet worden war. Kaum aus der Landsberger Festung entlassen, gründete Adolf Hitler nämlich sofort die Schutzstaffeln. Diese neue Organisation, deren Mitglieder schwarze Reithosen, Jacken und Hemden trugen, wurde die Leibwache Adolf Hitlers und anderer Parteiführer, wenn sie politische Versammlungen in Gegenden abhielten, die dem Nationalsozialismus feindlich gegenüberstanden.

Inzwischen war Himmler von der Kunstdüngerfirma, bei der er beschäftigt gewesen war, gekündigt worden, und als er einen neuen Job suchte, bewarb er sich um die Stellung eines Sekretärs bei Gregor Strasser, dem örtlichen Vorsitzenden der Nazipartei in Landshut. Himmler bekam den Platz aus einem einzigen Grund. Strasser übersah den offensichtlichen Mangel an Persönlichkeit, die unentschlossene Haltung und stotternde Stimme Heinrich Himmlers vollständig, als er entdeckte, daß dieser ein Examen in Chemie abgelegt hatte. Denn Strasser war selber Chemiker gewesen, bevor er sich der Politik zugewandt hatte. Himmler gehörte nunmehr der Kanzlei Strassers an, und seine Stellung wurde noch einflußreicher, als sein Chef die Kontrolle über die gesamte Propaganda und Öffentlichkeitsarbeit der Partei übernahm.

Das nächste Glied in der unglaublichen Kette von Zufällen, die Himmler zu einer Machtposition verhelfen sollten, war, daß Adolf Hitler einen Weg gefunden hatte, die freiwilligen Mitglieder der neu gebildeten SS nutzbringend zu beschäftigen. Da Hitler einen erheblichen finanziellen Anteil am *Völkischen Beobachter* hatte, wurden die Mitglieder der SS als Anzeigenvertreter eingesetzt.

Und so kam es, daß die ersten Mitglieder der meistgefürchteten Organisation des nationalsozialistischen Deutschlands ihren Unterhalt zunächst als Anzeigenwerber verdienten und sich dabei zugleich als Extrareporter betätigten, die Neuigkeiten und Informationen über die örtlichen Kommunisten und andere Parteifeinde sammelten. Himmler, in seiner Eigenschaft als Sekretär Gregor Strassers, sichtete und ordnete das Material, das die SS-Informanten der Zeitung lieferten. Auf diese Weise stieg Himmler sehr rasch zu der bedeutenden Stellung eines stellvertretenden Propagandachefs der NSDAP auf.

Willi Frischauer, der ein Buch über Heinrich Himmler geschrieben hat, brauchte viele Monate, um Einzelheiten über Himmlers Leben in dieser Zeit herauszubekommen. Seine Schilderung der Ereignisse, die zu einer Begegnung zwischen Hitler und Himmler führten, und der näheren Umstände, wie sich das Verhältnis zwischen den beiden später entwickelte, gibt verblüffenden Aufschluß über die verborgene Verbindung zwischen Luzifer und dem Welt-Doppelgänger. Frischauer war kein Okkultist, und es lag nicht in seiner Absicht, ein solches okkultes Verhältnis zu beschreiben. Es ist einfach so, daß sein Werk sich auf so sorgfältige Forschungen stützt, daß die bloße Aneinanderreihung der in seiner Biographie erwähnten Tatsachen deutliche Spuren der Existenz des Anti-Menschen hinter Himmlers äußerer Fassade aufweist.

»Der junge Parteifunktionär (Himmler) saß an einem mit Zeitungsausschnitten bedeckten kleinen Schreibtisch in einem Raum, in dem zahlreiche Regale mit Parteiakten und Korrespondenz herumstanden. Ein gerahmtes Bild von Adolf Hitler schmückte die Wand gegenüber seinem Arbeitsplatz: ›Ich sehe auf zu Ihnen, *mein Führer,* ich sehe buchstäblich zu Ihnen auf!‹ pflegte Himmler einschmeichelnd zu sagen, wenn er auf respektvolle Weise zu scherzen versuchte. Hans Erhard, einer der Männer, die Himmler um diese Zeit kannten, erzählte mir, daß er Himmler dort nicht nur habe sitzen und das Bild betrachten sehen, sondern daß dieser auch mit dem Porträt gesprochen habe, wie um sich in einer Art Probe auf die erste Begegnung mit dem Führer vorzubereiten.

Als der Tag bald darauf kam, hatte Himmler keine Gelegenheit, mit Hitler zu sprechen. Der Führer sah direkt durch ihn hindurch und fragte

nicht einmal nach seinem Namen. Es ist charakteristisch für Himmlers damals so verschwommene Persönlichkeit, daß es mir nicht gelungen ist, ein genaues Datum oder eine Gelegenheit festzustellen, bei der die beiden miteinander in Kontakt gekommen waren. Himmler war eines Tages plötzlich da – das war alles. Unbemerkt wuchs er in die Gruppe der Naziführer hinein, die ihn zunächst kaum beachteten, dann aber als jemanden akzeptierten, an dessen Gegenwart sie sich gewöhnt hatten. Sein hervorragendster Zug um jene Zeit war eine geradezu hündische Unterwürfigkeit gegenüber den Vorgesetzten, eine deutliche Abneigung, eigenen Meinungen Ausdruck zu geben und der unermüdliche Fleiß, mit dem er Ausschnitte und Notizen aller Art zusammentrug. Himmler ist seitdem oft als wandernde Kartei bezeichnet worden ...«
Willi Frischauer: Himmler – the Evil Genius of the Third Reich

Es kann als sicher vorausgesetzt werden, daß Hitler zu diesem Zeitpunkt nichts von der heimlichen Verbindung zwischen dem Geist, der seine eigenen Schritte lenkte, und dem Welt-Doppelgänger in Himmler wußte; geschweige denn, daß er überhaupt ahnte, daß Himmler von diesem Geist besessen war. Aber für einen Menschen mit okkultem Wissen unterliegt es ebensowenig keinem Zweifel, daß der luziferische Geist, der mit Hitlers Unterbewußtsein wie mit einer Schachfigur umsprang, den kosmischen Anti-Menschen in Himmler nicht nur erkannte, sondern ihn auch zum Leben erweckte und für sein unmenschliches Ziel, die teuflischen Absichten des Nationalsozialismus zu verwirklichen, ausnutzte.

In diesem Zusammenhang ist es interessant zu sehen, wie Hitler um diese Zeit, nämlich 1925, Himmler mit allen Zeichen äußerer Verachtung behandelte. Er stellte fest, wie eifrig Himmler nach weiteren Beförderungen schielte und wie fasziniert er von neuen Titeln und Ämtern war, und wenn diese noch so sinnlos erscheinen mochten. Deswegen belohnte er ihn mit einem Titel, der von allen führenden Nazis als der größte Witz in der Geschichte der Partei angesehen wurde. Selbst der düstere Rudolf Heß soll sich vor Lachen ausgeschüttet haben, als er davon erfuhr.

Inzwischen war nämlich das Verbot der SA von der Regierung aufgehoben worden, und eine lebhafte Werbekampagne führte dem alten Kern von Braunhemden, die nun wieder in ihren Uniformen aus der Zeit vor dem Putsch durch die Münchener Straßen stolzierten, Zehntausende von neuen Rekruten zu.

Die SS schien damit ihren Sinn verloren zu haben, und Adolf Hitler war überzeugt, daß diese kleine Truppe von zweihundert Mann in ihren schwarzen Uniformen bald ganz und gar verschwinden würde. Er ernannte also den ehrgeizigen kleinen Kontoristen mit ironischem Zeremoniell zum Chef der SS. Und er vertraute die sogenannte »Blutfahne« des mißglückten Novemberputsches, das Symbol des größten Fiaskos der Partei, Himmlers Händen zur Aufbewahrung an.

Der einzige, der diese Ernennung nicht als umwerfend komisch betrachtete, war Himmler selber, der überhaupt nicht merkte, daß man ihn auf den Arm genommen hatte. Er betrachtete seine neue Stellung als einen persönlichen Triumph, eine großzügige Anerkennung seiner Tüchtigkeit und als Sprungbrett zu noch höheren Ämtern. Unglücklicherweise für Millionen unschuldiger Menschen – abgesehen von den Führern der SA – sollten die späteren Ereignisse Himmler in seiner scheinbar so wahnwitzigen Einschätzung seines neuen Titels Recht geben.

Adolf Hitler selber konnte nicht voraussehen – aber der böse Genius, der von seiner Seele Besitz ergriffen hatte, konnte es um so besser –, daß eines Tages die SA sich als ein lästiger Hemmschuh erweisen würde, wenn er seinen Anspruch auf die unbestrittene Führung des Dritten Reiches geltend machen wollte. Und daß es sich als notwendig erweisen würde, eine zweite Truppe von entschlossenen und einsatzbereiten Männern aufzustellen, die mit den Führern der Braunhemden kurzen Prozeß machten.

Wie dem auch sei, war Adolf Hitler verwundert über die unerklärliche Veränderung, die so plötzlich mit dem ehrgeizigen Schreiberling vor sich gegangen war. Er stellte voller Überraschung fest, daß Himmler seine SS ausgezeichnet und nach einem Ausleseverfahren durchorganisiert hatte, das den höchsten nazistischen Rassenidealen entsprach. Nur aus diesem Grunde behielt Hitler seine persönliche Schutztruppe, die Leibstandarte Adolf Hitler, und bevollmächtigte Himmler, seine SS auf eine Stärke von etwa 30 000 Mann zu vergrößern.

Jedenfalls war es nicht die bewährte Taktik des Teilens und Herrschens, die Hitler dazu bewog, die SS zu einer Art Gegengewicht zur immer größer werdenden Macht der SA werden zu lassen. Was waren schließlich schon armselige 30 000 SS-Leute gegen die Macht der SA mit ihren etwa drei Millionen Mann?

Noch 1933, als er durch politische Raffinesse an die Macht gelangt war, wußte Hitler nicht, daß er eines Tages gezwungen sein würde, Hauptmann Röhm und den ganzen Stab der SA umzubringen, um die Braunhemden, die zu einer Gefahr für die eigene Stellung als Führer der Nazipartei zu werden drohten, aus dem Wege zu räumen. Selbst nachdem Hitler Kanzler geworden war und Titel und Ämter an die gesamte Nazihierarchie austeilte, erhielt Himmler mit der Ernennung zum Münchener Polizeipräsidenten nur eine minimale Anerkennung für seine Dienste, und seine SS-Formationen blieben weiterhin nominell dem Kommando der SA unterstellt.

Ausgerechnet das Oberkommando der deutschen Wehrmacht, das einst mit Hilfe Ludendorffs die »Dolchstoßlegende« erfunden hatte, zwang Hitler schließlich, sich gegen die »alten Kämpfer« in der SA zu wenden. Durch seine Forderung nach Auflösung der SA trug er, wenn auch unwissentlich, dazu bei, daß Himmler plötzlich und fast wie durch ein Wunder auf den Zenith seiner Macht gelangte und nächst Hitler der mächtigste Mann im Staate wurde.

Während der deutsche Generalstab der Festigung des Naziregimes gelassen zuschaute, war er sich mit Hitler bald handelseins geworden. Zum Ausgleich dafür, daß man die Nazis gewähren ließ, ohne sich mit Waffengewalt in die innenpolitische Situation einzumischen, hatte man sich so manches Zugeständnis ausbedungen. Die Generale hatten Hitler sogar veranlaßt, im Reichstag ein Gesetz zu erlassen (Heeresgesetz Nr. 20), nach dem alles Reichswehrpersonal – Offiziere und niedrigere Ränge – der Gerichtsbarkeit der Zivilgerichte entzogen werden sollte. Und sie hatten den greisen Präsidenten von Hindenburg dazu gebracht, sich das Recht vorzubehalten, in jeder Regierung einen Verteidigungsminister nach eigener Wahl zu ernennen. Auf diese Weise hatte die Wehrmacht, als Hitler Kanzler wurde, eine vollkommen unabhängige Position gewonnen, die nicht von der Nazipartei kontrolliert werden konnte.

Hauptmann Ernst Röhm, der Führer der SA und einer der engsten persönlichen Freunde Adolf Hitlers, hatte nur wenig Respekt vor den Generalen und den steifen Traditionen des Offizierskorps. Er unterstrich, daß seine eigenen bewaffneten Freiwilligen der Reichswehr zahlenmäßig dreißigfach überlegen seien. Er war sicher, daß er seinen Führer dazu bringen konnte, das deutsche Heer aufzulösen und abzuschaffen und die drei Millionen starke SA zum Kern der militärischen Verteidigung der Nation zu machen.

Aber mit solchen Hoffnungen irrte sich Röhm gewaltig, denn Adolf Hitler glaubte mittlerweile an seine eigene, ständig wiederholte Lüge von der völligen Unbesiegbarkeit des deutschen Heeres. Er sah die Reichswehr als unentbehrlich für die Erfüllung seiner Welteroberungsträume an. Er glaubte, ohne deren traditionelle Disziplin, ihren Kampfgeist und technischen Sachverstand, ohne ihr Training und militärisches Geschick nichts ausrichten zu können. Falls er einmal zwischen der Reichswehr und der SA zu wählen hätte, würde er seine alten Kameraden, die ihm einst zur Macht verholfen hatten, über die Klinge springen lassen.

Eine Zeitlang bemühte sich Hitler um einen Kompromiß, indem er versuchte, die Elite der SA in die Wehrmacht einzugliedern. Aber auf einen solchen Kompromiß wollten die deutschen Generale unter keinen Umständen eingehen.

Das Offizierkorps sah die SA mit Recht als einen rüpelhaften und undisziplinierten Haufen von Leuten an, die in den Straßen ein Gewaltregiment geführt hatten, das in der Geschichte der Nation ohne Beispiel dastand. Niemand konnte die brutalen Überfälle, bei denen sogar unschuldige Menschen aus privaten Rachegelüsten unter dem Deckmantel politischer Aktivität ermordet worden waren, vergessen. Und darüber hinaus bemängelten die Generale das Fehlen jeglicher moralischer Eigenschaften bei Hauptmann Röhm und seinen Kameraden im Stab der SA, die, wie z. B. Heines, im ganzen Land wegen ihrer verschwenderischen Lebensführung und homosexuellen Ausschweifungen berüchtigt waren. Doch war es nicht diese Kritik an seinen alten Mitstreitern, die Hitler zu seiner schließlichen Entscheidung bewog.

Was Adolf Hitler letzten Endes davon überzeugte, daß Röhm und seine SA zu einer Gefahr werden konnten, war die offene Drohung einer Gegenrevolution. Die Masse der SA empfand, daß sie bei der Verteilung von Titeln und Posten schmählich übergangen worden war, als Hitler zur Macht gelangte. Nun wollten sie schnellstens die Ränge, das Prestige, den Sold und die sonstigen Vorteile der Berufsarmee übernehmen und scheuten kein Blutvergießen, um dieses Ziel zu erreichen.

Hauptmann Röhm war angesichts dieser Aufruhrstimmung in seiner Organisation wohl oder übel gezwungen, öffentlich zu erklären, daß er die Nöte seiner Leute verstünde. »Jeder, der glaubt, daß die Aufgaben der Sturmabteilung bereits erfüllt sind«, rief er Tausenden von SA-Männern auf dem Tempelhofer Feld in Berlin zu, »wird sich an den Gedanken gewöhnen müssen, daß wir hier sind und auch hier zu bleiben beabsichtigen, komme was da kommen mag.« In einer anderen Rede, in der er bedauerte, daß Hitlers Revolution nicht weit genug gegangen sei, schrie er: »Wir müssen damit anfangen, den Schweinestall auszumisten und einige dreckige Schweine aus ihren Trögen zu treiben.«

Dies war das Zeichen für Adolf Hitler, Heinrich Himmler zu einer Stellung zu befördern, in der er als offizieller staatlicher Henker das Blutbad anrichten konnte, das 4000 leitende Mitglieder der Sturmabteilung, den Kern der Mitkämpfer aus der Zeit vor der Machtergreifung, zur Schlachtbank führen sollte. In der Tat, wo und wann in Deutschlands Geschichte hat es je eine solch sensationelle Serie von Beförderungen und Machtbereicherungen gegeben, als sie um diese Zeit Heinrich Himmler zuteil wurden? Der Welt-Doppelgänger befand sich auf dem Wege zu den Zinnen uneingeschränkter Macht, mit der er das Leben der Männer, Frauen und Kinder Deutschlands und später ganz Europas in Händen hielt.

»Von Oktober 1933 an begann die deutsche Presse mit monotoner Regelmäßigkeit von Himmlers Aufstieg zu berichten: 27. Oktober: Himmler wird Chef der politischen Polizei in Mecklenburg und Lübeck; 20. Dezember:

Himmler Chef der politischen Polizei in Baden; 21. Dezember: Chef der politischen Polizei in Hessen und Anhalt; 24. Dezember: Chef der politischen Polizei in Bremen. Die Schlagzeilen verkündeten es laut, aber das deutsche Volk, das inzwischen begonnen hatte, die Methoden Himmlers kennenzulernen, zitterte. Ernst Röhm und die SA machten sich auf das Schlimmste gefaßt. Weitere Ernennungen folgten Schlag auf Schlag: Thüringen, Sachsen, Hamburg, Württemberg. In wenigen Monaten wurde Himmler Chef der politischen Polizei in sämtlichen Ländern des Deutschen Reiches mit Ausnahme von Preußen, wo Göring sich an seinem Posten festklammerte.«
Willi Frischauer: Himmler – the Evil Genius of the Third Reich

Himmler übernahm die Führung der Gestapo von Göring und organisierte sie auf Reichsebene, und während Spione vom Sicherheitsdienst (dem politischen Nachrichtendienst der SS) täglich überwachten, was Hauptmann Röhm und seine Kollegen trieben, schwankte Hitler immer noch unschlüssig hin und her, ob er die Leute, die ihm zur Macht verholfen hatten, tatsächlich töten lassen sollte.

In diesem Augenblick traf ein bedeutungsvolles Ereignis ein, das den Gang der Geschehnisse beschleunigte. Vierzehn Jahre früher – bald nach Abschluß des Waffenstillstandes – hatte General McClean, ein Freimaurer von hohem Range, eines Tages mit Ludendorff zu Mittag gespeist, und dieser hatte zum Ausdruck gebracht, daß seiner Meinung nach das deutsche Heer nie auf dem Schlachtfeld hätte besiegt werden können. »Wollen Sie damit sagen, daß dem deutschen Heer ein Dolchstoß in den Rücken versetzt wurde?« fragte der englische General. »Ja, ja, so ist es. Das war genau, was ich meinte. Man hat uns einen Dolch in den Rücken gestoßen!« antwortete Ludendorff freudig erregt, einen so passenden Ausdruck für den Mythos, den er unter die Leute bringen wollte, gefunden zu haben.

Und nun – während der Krise des Jahres 1934 – kam Anthony Eden, der englische Außenminister, der die Tradition der konservativen Partei fortsetzte, Freimaurerei mit machtpolitischen Fragen zu vermengen, zu Beratungen mit Adolf Hitler nach Berlin. Er war mit der besonderen Aufgabe nach Deutschland geschickt worden, durchzusetzen, daß die nominelle Stärke der SA um zwei Drittel herabgesetzt würde. Wir wollen hiermit keineswegs andeuten, daß eine Art von freimaurerischer Verschwörung stattgefunden habe, sondern ganz einfach zu zeigen versuchen, wie das Gesetz des Karma auch auf internationaler Ebene wirksam wurde, um den Welt-Doppelgänger in Heinrich Himmler an die Macht zu bringen.

Indem Hitler auf Edens Forderung einging, die SA zu reduzieren, sah er eine Gelegenheit, internationales Vertrauen zu gewinnen, unter dessen Deckmantel er aufrüsten und die Reichswehr vergrößern konnte. General Blomberg, der Stabschef des Heeres, wählte mystischerweise genau den Augenblick des Besuches von Eden, um eine Lösung herbeizuzwingen. »Vermindern Sie die Spannung im Lande, oder Präsident Hindenburg wird den Ausnahmezustand erklären und alle Macht dem Heere geben«, sagte er zu Hitler. Der Würfel war gefallen.

Als ein unbekannter Attentäter auf den Besitzungen Görings in der Schorfheide bei Berlin einen Schuß auf Hitler abzufeuern versuchte, wurde allgemein angenommen, daß es sich um ein SA-Komplott handele, das Hitler zu ermorden trachtete.

Himmler, der zwischen Hitler und dem unsichtbaren Schützen gestanden hatte, wurde am Arm verletzt. »Wie dankbar ich dem Schicksal bin«, rief Himmler ekstatisch. »Es hat mir erlaubt, das Leben meines Führers zu retten!« Von diesem Augenblick an sprach Himmler immer von sich selbst als Adolf Hitlers »Blutsbruder«. Die Bereinigung der Röhmaffäre folgte fast unmittelbar danach.

Die »Leibstandarte Adolf Hitler« unter dem Befehl von Sepp Dietrich begleitete den Führer nach Bayern, um Ernst Röhm und seine nächste Umgebung zu liquidieren. Himmler verblieb in Berlin und richtete sich in den Lichterfelder Kasernen ein Exekutionshauptquartier ein, wo er persönlich die Tötung der zahlreichen verhafteten SA-Führer und anderer Revolutionäre überwachen konnte.

Der Mann ohne Gewissen ging hinter seinen Exekutionskommandos hin und her. Unter denen, die kaltblütig erschossen wurden, befand sich auch Gregor Strasser, sein früherer Chef in Münchener Tagen. Als die Stapel der Toten immer höher wurden und die Gewehrläufe so heiß waren, daß man sie kaum noch anrühren konnte, notierte der Anti-Mensch die Namen jener Schwankenden und Schwächlinge unter seinen Schwarzhemden, die dem kaltblütigen Morden offenbar wenig Geschmack abgewinnen konnten.

Jeder abgefeuerte Schuß war ein weiterer Pflasterstein auf Himmlers Weg zur totalen Macht, und das Blutbad bildete gewissermaßen den Auftakt zu der kurzen, aber grausamen Geschichte des Schwarzen Ordens. Die Zeit des Doppelgängers hatte begonnen.[66]

---

[66] Der am deutlichsten hervortretende Zug des Doppelgängers ist eine schier unbegrenzte Fähigkeit, zu fälschen und zu betrügen, die Dinge in einem harmlosen Licht erscheinen zu lassen und gemeinnützige Gründe und moralische Rechtfertigung für üble Machenschaften zu erfinden.
Das ganze Naziregime war auf solchen Praktiken aufgebaut. Hitler selber erreichte zum Beispiel seine persönliche Macht durch ein falsches Gesetz, das sogenannte »Ermächtigungsgesetz«, durch das der Führer völlig unabhängig vom Präsidenten und Reichtag wurde. Der tatsächliche Name dieses Gesetzes, das Hitler nach dem Reichstagsbrand durchsetzen konnte – dem Brand, der beweisen sollte, daß es gefährliche Staatsgegner gab – lautete: »Gesetz zur Behebung der Not von Volk und Reich«. Auf diese Weise wurde die Macht aller anderen politischen Parteien, staatlichen Einrichtungen und Gewerkschaften über Nacht ausgeschaltet. Die Anwendung dieses Gesetzes auf privater Ebene konnte jeden beliebigen »Volksgenossen« seiner Freiheit berauben.

Mit einem »Schutzhaftbefehl« konnten Heinrich Himmler, seine zivilgekleideten Agenten in der Gestapo und seine Günstlinge in den gefürchteten schwarzen Uniformen verhaften, wen immer sie wollten. Dazu bedurfte es keiner weiteren Formalitäten, als daß der Name des Betreffenden in ein vorgedrucktes Formular geschrieben wurde, wonach der Beschuldigte »gemäß § 1 des Gesetzes zur Behebung der Not von Volk und Reich umgehend in Schutzhaft genommen werden sollte«. Und dann führte die Reise für Millionen von Menschen auf Nimmerwiedersehen in die Konzentrationslager, wo sie der Brutalität, Tortur und Massenvernichtung preisgegeben waren.

Im Lichte der späteren Ereignisse fällt es nicht weiter schwer, in Himmlers lauten und dreisten Erklärungen über die moralische Berechtigung der Schutzhaft und in der Art, wie er die wirklich in den Lagern herrschenden Zustände verschleierte, den Ur-Doppelgänger zu erkennen.

»Schutzhaft ist eine Vorsichtsmaßnahme«, verkündete Himmler in einer öffentlichen Rede in München im selben Jahre, in dem er persönlich das Dachauer KZ eingerichtet hatte. Bei dieser Gelegenheit versuchte er die vielen Greuelgeschichten, die im Ausland kursierten, zu entkräften. »Wenn ich derartige Maßnahmen in verhältnismäßig großem Umfang getroffen habe, so bin ich an vielen Stellen mißverstanden worden. Sie müssen verstehen, daß eine berechtigte Erregung, Verärgerung und Feindseligkeit gegenüber denen, die sich uns in den Weg gestellt haben, herrschte. Nur dadurch, daß ich in einigen Fällen die Schutzhaft angeordnet habe, war ich in der Lage, den für diese Unruhe verantwortlichen Personenkreis zu retten. Allein auf diesem Wege konnte ich für ihre Gesundheit und Leben garantieren.«

»Darf ich hier gleich zum Ausdruck bringen« – sagte er bei einer anderen Gelegenheit mit seiner typischen hohen Stimme zu den versammelten Vertretern der Auslandspresse –: »Für uns sind die Juden genau solche Bürger wie die nichtjüdischen Volksgenossen. Ihr Leben und ihr Eigentum wird gleichermaßen respektiert. Wenn Juden in Schutzhaft genommen werden, muß das in diesem Sinne verstanden werden.«[67]

Durch Himmlers »Fürsorgemaßnahmen« wurden Millionen von Männern, Frauen und Kindern zu willenlosen Sklaven gemacht, die entweder verhungerten oder sich in einer Art staatlicher Industrie mit auffallenden »Nebenprodukten« zu Tode arbeiteten. Der Anti-Mensch, der im Körper und Hirn des Reichsführers wohnte, bewies unglaubliche Meisterschaft in der Verfälschungstechnik, die in fürchterlichsten Scheußlichkeiten kulminierte.

[67] Auszüge aus deutschen Zeitungen 1933-34, Übersetzung aus *Willi Frischauer*: Himmler – the Evil Genius of the Third Reich

So zum Beispiel wurden Gaskammern als harmlos aussehende Badehäuser getarnt und ahnungslose Sklavenarbeiter, die mit der Ausfüllung eines komplizierten, aber völlig sinnlosen Formulars beschäftigt waren, heimlich mit Radiumstrahlen sterilisiert.

Das archetypische Beispiel für den bösen Einfluß des Ur-Doppelgängers auf die Entwicklung der Menschheit[68] lieferte die Kreuzigung Jesu, als Kaiphas, der jüdische Hohepriester und Vorsitzende des Sanhedrin, dem Führer der Tempelwache Befehl gab, Jesu Christi Gebeine zu zerbrechen. Der moralische Vorwand für diesen Befehl war, daß nach jüdischem Gesetz kein Mensch an einem Sabbat hingerichtet werden durfte. Das wirkliche Motiv aber war, wie im Prolog dieses Buches beschrieben, daß der Leib Christi verstümmelt werden sollte, damit die Massen nicht glauben konnten, er sei der Messias; denn in der heiligen Schrift stand geschrieben: »Ihr sollt ihm kein Bein zerbrechen.« Jedoch der römische Zenturio Gaius Cassius, der sich auf Golgatha aufhielt, vereitelte diesen teuflischen Plan mit seiner kriegerischen, aber mitleidigen Tat.

Wenn wir den Anschlag des Ur-Doppelgängers auf Jesus Christus und die rechtzeitige, entschlossene und weltgeschichtliche Tat des römischen Zenturios, die ihn vereitelte, recht betrachten, überrascht es keineswegs zu sehen, daß der gleiche scheußliche Anti-Mensch, der in Himmler wohnte, auch mit dem Speer des Longinus im zwanzigsten Jahrhundert zu tun hatte. Heinrich Himmler war fasziniert vom Schicksalsspeer und vertiefte sich wie durch einen geheimen Zwang in dessen Geschichte im Laufe der Jahrhunderte. In der Tat: die beiden großen zentralen Interessengebiete des Reichsführer SS waren der Speer von Longinus und die okkulte Bedeutung des Blutes!

Während Hitler, seit er den Speer zum ersten Mal in der Hofburg gesehen hatte, dreißig Jahre lang geduldig darauf wartete, ihn in seinen Besitz zu bringen, griff Himmler den Ereignissen voraus und ließ sich bereits 1935 eine genaue Nachbildung des Talismans anfertigen; drei Jahre bevor sein Führer Österreich eroberte und die Schatzkammer der Habsburger Dynastie ausplünderte.

Eine tausend Jahre alte germanische Weissagung enthielt nämlich eine Drohung, die Heinrich Himmler angespornt hatte, sich eine Kopie des Speeres zu bestellen, der für das Weltenschicksal von so großer Bedeutung war. Diese Prophezeiung von den Lippen eines sächsischen Wahrsagers zur Zeit der Regierung Heinrichs des Vogelers im zehnten Jahrhundert sollte

---

[68] Der Doppelgänger ist durch zweitausend Jahre des Christentums hindurch tätig gewesen. Und natürlich sind die Taten der Subhierarchie des Doppelgängers im zwanzigsten Jahrhundert nicht auf die Machenschaften der Nazis beschränkt geblieben. In Tageszeitungen und Fernsehen kann man auch heutzutage unzählige Beispiele für das Wirken des Anti-Menschen in allen Teilen der Welt finden.

auf den Buchstaben genau in Erfüllung gehen. Sie kündete von »einem gigantischen Ansturm, der aus dem Osten kommen und das deutsche Volk zugrunde richten würde, wenn man ihm nicht in der Gegend von Birkenwald in Westfalen Einhalt gebieten könne«.

Himmler, der Mann mit dem kartographischen Gedächtnis, das jede Einzelheit aus der deutschen Geschichte und dem deutschen Legendenschatz registriert hatte, deutete diese Voraussage in der Weise, daß Deutschland von slawischen und gelben Horden aus Rußland und Sibirien besiegt und überschwemmt werden würde, wenn ihm nicht ein disziplinierter und opferbereiter Orden im Stil des alten deutschen Ritterordens entgegenträte.

Jeder Schuljunge in Deutschland kennt bis auf den heutigen Tag die Heldentaten der deutschen Ritter. Sie kamen aus vielen Ländern und hatten ihren ritterlichen Mut unter den verschiedensten Herrschern und Fahnen bewiesen. Aber wenn sie in die Bereiche der würdigen Marienburg kamen, übergaben sie ihre persönlichen Schilde, in die die Wappenzeichen von mindestens vier ritterlichen und aristokratischen Vorfahren eingraviert waren. Ihr einziges Wahrzeichen wurde fortan das Kreuz. Sie wollten nichts anderes sein als selbstlose Mitglieder des Ordens und wünschten keine andere Ehre, als im Kampf zu fallen und ewiges Leben zu gewinnen.

Einige Jahre lang hatte Himmler geplant, die SS in einen derartigen Ritterorden zu verwandeln. Aber nichts lag ihm dabei ferner als ein Kampf für das christliche Kreuz. Er dachte an einen Orden, der auf dem arischen Blut basierte, in dem jedes Mitglied nachweisen mußte, daß das Blut in seinen Adern unbefleckt von »Rassenschande« war und mindestens fünf Generationen lang keinerlei Vermischung mit nichtarischem Blut stattgefunden hatte. Dazu stellte er sich eine Burg in Westfalen vor, die zu einem würdigen Sammelpunkt für SS-Führer und zum Ruhesitz für besonders verdiente Mitglieder der Schutzstaffeln werden sollte. In dieser Burg sollte auch der neue Orden der SS-Kämpfer entstehen, der sich dem angekündigten Ansturm aus dem Osten in den Weg stellen würde. Und auf dieser Burg sollte auch die Nachbildung des Speeres aufbewahrt werden, dem Kräfte zur Eroberung der Welt nachgesagt wurden.

Auf die Ruinen einer alten, aber nicht namentlich bekannten mittelalterlichen Burg bei Paderborn legte Heinrich Himmler feierlich den Grundstein zur später so berüchtigten Wewelsburg. Das Projekt, das 13 Millionen Mark kostete, wurde in weniger als einem Jahr errichtet, und die härteste Arbeit wurde von Zwangsarbeitern aus einem nahe gelegenen KZ unter den Peitschenhieben ihrer Bewacher geleistet.

»Als der Bau fertig war, erschien er wie die einzigartige Nachbildung einer mittelalterlichen Burg, in der zugleich alle Vorstellungen Himmlers verwirklich waren. Jeder Raum war in einem anderen Stil möbliert – es gab nicht einmal zwei gleichartige Schreibtische. Die geschicktesten Handwerker aller Branchen wurden aufgeboten, hübsche Wandteppiche, solide Eichenmöbel, schmiedeeiserne Türgriffe und Armleuchter herzustellen. Kostbare Teppiche wurden herbeigeschafft, und die hohen Fenster wurden von schweren Brokatgardinen eingerahmt. Türen wurden geschnitzt und mit edlen Metallen und Steinen verziert. Die Burg war im altgermanischen Stil auf einem dreieckigen Fundament errichtet, und ihre Türme erhoben sich hoch über den umgebenden Wald.«[69]

In der Hauptsache war ein Architekt namens Bartels verantwortlich für die bauliche Gestaltung der Wewelsburg, aber Himmler gab ihr sein unverkennbares Gepräge, indem er den Schicksalsspeer zum durchgehenden Thema der Anordnung und symbolischen Ausschmückung der Räume machte. Himmler wollte nämlich, daß jeder Raum bis ins Detail so gestaltet werden sollte, daß er dem persönlichen Lebensstil, den Traditionen, dem Glauben und den besonderen Taten der einzelnen Herrscher entspräche, die zwischen dem neunten und neunzehnten Jahrhundert Besitzer des Speeres gewesen waren. So sollten alle Stilrichtungen von der Zeit Karls des Großen bis zum Zusammenbruch des alten deutschen Reiches 1806 vertreten sein, jenem Jahre, in dem die ehrwürdige Waffe heimlich aus Nürnberg geschmuggelt und nach Wien gebracht wurde, damit sie nicht in die Hände Napoleon Bonapartes fiele.

So gab es ein Friedrich-Barbarossa-Zimmer, das immer verschlossen und für Adolf Hitler reserviert war, wenn er jemals den Wunsch äußern sollte, die geheiligte Stätte seiner SS-Elite zu besuchen. Ferner waren dort Zimmer im Stil Ottos des Großen, Heinrichs des Löwen, Friedrichs von Hohenstaufen, Philipps von Schwaben, Konrads IV. – um nur einige der berühmten Könige und Kaiser zu nennen, die ihre Hoffnungen auf den Speer des Longinus und die mit ihm verbundenen Schicksalskräfte gesetzt hatten.

Jedes Zimmer war mit echten Möbeln und Ausrüstungsgegenständen wie Schwert, Schild und Rüstung ausgestattet, ja, darin wurden sogar persönliche Kleidungsstücke und Schmuck aufbewahrt, die den einzelnen Speerinhabern gehört hatten. An den Wänden neben den Hofregalien der einzelnen Herrscher hingen Gemälde und Gobelins. Himmler schickte seine

---

[69] *Willi Frischauer:* Himmler – the Evil Genius of the Third Reich

Beauftragten durch ganz Deutschland und quer durch Europa, um Museen und private Sammlungen zu durchsuchen und die gefundenen Objekte – um jeden Preis – nach der Wewelsburg zu bringen.

Wenn die höheren SS-Offiziere mehrere Male im Jahre in der Wewelsburg zusammenkamen, um Konferenzen und dergleichen abzuhalten, wurde jedem Offizier jeweils ein anderer Raum zugewiesen, so daß sie allmählich alle mit den Räumlichkeiten und der Geschichte der alten Waffe vertraut wurden, auf die der Reichsführer solch großen Wert legte.

Heinrich Himmler wohnte immer im selben Zimmer, und in seiner Abwesenheit durfte niemand darin schlafen. Dieser Raum sollte das Gedenken an den berühmten Heinrich I., zuweilen auch »der Vogeler« genannt, wachhalten, jenen ersten der großen sächsischen Könige, dessen Reinkarnation der unheimliche *Reichsheini* zu sein wähnte! Und in diesem Zimmer, der Erinnerungsstätte an den großen Kriegerkönig, der die plündernden Madjaren zurückgeschlagen hatte, wurde auch die Kopie des Schicksalsspeeres aufbewahrt. Dort lag sie auf einem verblichenen roten Sammetkissen in einem altmodisch wirkenden Lederetui auf Himmlers Schreibtisch, ein vorläufiger Talisman der Macht bis zu jenem Tage, an dem Hitler Österreich besetzte und das Original ins Vaterland zurückholte. Himmler nahm nämlich irrtümlicherweise an, daß der Speer dann der SS als Symbol für den neuen heiligen Orden übergeben werden würde.

Es ist unmöglich, Himmlers Persönlichkeit in Verbindung mit einer Reinkarnation zu sehen, denn es gab kein wirkliches »Ego« in ihm. Man stellt sich überhaupt die Frage, wie er seine eigene Person sah. Aber es ist eine müßige Frage. Er muß verschiedene Stufen synthetischen Ich-Bewußtseins durchgemacht haben. Sein Familiengefühl zum Beispiel war sehr ausgeprägt; er weinte wie ein Kind, als seine Mutter starb, und war einige Zeit lang untröstlich. Nach dem Kriege klammerte er sich an das Bewußtsein der Zugehörigkeit zur Offiziersklasse. Schließlich gab es in ihm noch eine Rassenidentität, ein völlig unrealistisches Luftschloß, auf dem vieles von seiner Persönlichkeit als Reichsführer SS beruhte und in dessen Zauberbann er fürchterliche Verbrechen gegen die Menschheit verübte.

Eines ist ganz sicher: Es gab niemals und zu keiner Zeit ein menschliches »Ich« in Himmler, das von einem individuellen menschlichen Geist überschattet werden konnte – einem Geist, der frühere irdische Erscheinungsformen, die wir an anderer Stelle den »geistigen Stammbaum« der Reinkarnation genannt haben, in sich einschloß.

Hatte Himmler selber jemals eine Ahnung, wenn auch unausgesprochen, welcher Art der Geist war, der in ihm und durch ihn wirkte? Verspürte er auch nur für den Bruchteil eines Augenblicks, daß er das Werkzeug des Doppelgängers der Menschheit, des universellen Anti-Menschen war? Die Antwort muß natürlich »nein« lauten: es gab kein Ego in ihm, das es hätte spüren können.

Aber es gibt einen Beweis dafür, daß Himmler die Existenz eines solchen Wesens kannte und sogar wußte, wie es sich dem geistig Sehenden darstellte. Unter seinen Lieblingsbüchern und sonstigen Habseligkeiten in seinem Arbeitszimmer, in das er sich nach dem Ende des Krieges verkrochen hatte, wurde nämlich, bevor er Selbstmord beging, ein Bild gefunden.

Es war die Kopie eines Gemäldes, die Rudolf Steiner in das Muster eines der Fenster des von den Nazis verbrannten Goetheanums eingarbeitet hatte. Das Bild zeigt einen schlangenartigen Körper mit einem gehörnten Kopf und riesigen schlaff herabhängenden Ohren. Das Gesicht hat einen düsteren, leeren Ausdruck, der etwas an Himmlers eigenes unmenschliches, leicht mongoloides Aussehen erinnert.

Was Himmler empfand, wenn er dieses Bild ansah, weiß keiner. Nach Aussage bestimmter Leute soll er geäußert haben, daß es den »Geist der Rassenschande« darstelle. Sicher ist, daß er es nie als Porträt seiner selbst aufgefaßt hat. Die Adjutanten, die Himmler nahestanden und einige dieser Rätsel lösen konnten, sind entweder tot oder schweigen.

Was schließlich Himmler veranlaßte, sich ausgerechnet als Inkarnation Heinrichs des Vogelers zu betrachten, ist nicht bekannt. Die geschichtlichen Leitbilder, deren Denken Himmler täglich bei der Führung der Gestapo und des Sicherheitsdienstes in die Tat umsetzte, waren samt und sonders finstere Gestalten: Männer wie Ignatius Loyola, der Gründer des Jesuitenordens, Torquemada, der erste Inquisitor, und Fouché, der Organisator eines gut funktionierenden Spitzelsystems. Aber Heinrich I. paßte gut zur Vorstellung einer tausendjährigen Pause zwischen den Inkarnationen und zu seinem Wunsch, sich selber mit einem der historischen Inhaber des Speers zu identifizieren und derjenige zu sein, der nach der alten Prophetie Deutschland vor den aus dem Osten anstürmenden Horden errettet.

23. Kapitel
Hitler greift nach dem Speer des Longinus

Die Glocke in der königlichen Kapelle der habsburgischen Kaiser läutete, um die Annexion Österreichs und dessen Einverleibung in das Dritte Reich feierlich zu verkünden. Der Ring war mit Menschen überfüllt, und die ganze Ringstraße entlang drängten sich auf beiden Seiten die Massen, um den deutschen Führer in Wien, der Hauptstadt seines Heimatlandes, willkommen zu heißen.

Ausgesuchte Truppen aus Keitels 8. Armeekorps und die Panzer der berühmten Panzerdivision Guderians, die zwei Tage vorher über die Grenze nach Österreich gerollt waren, hatten nun vor der großen Tribüne Aufstellung genommen und standen unmittelbar vor der alten Hofburg. Alle harrten nun der Ankunft jenes Mannes, »der einst in dieser Stadt vagabundiert, inzwischen aber die Macht an sich gerissen hatte, die einmal die Hohenzollernkönige innehatten, und der nun auch die der habsburgischen Kaiser übernahm«.[70]

Adolf Hitler passierte die Grenze und fuhr durch fahnengeschmückte Ortschaften nach Linz, wo er einst gewohnt hatte und zur Schule gegangen war. In Linz wartete er darauf, daß der Reichsführer SS Heinrich Himmler ihm bestätigen sollte, daß sein sorgfältig ausgedachter Plan, den Speer des Longinus sicherzustellen, geglückt sei und daß nunmehr ausgesuchte Sturmtruppen ihn in der Schatzkammer der Hofburg bewachten.

Seine Furcht, daß ihm dieser Talisman von welthistorischer Bedeutung in letzter Minute noch weggeschnappt würde, wie es Napoleon ergangen war, hatte sich jetzt etwas gelegt. Dennoch hatte er Angst vor einem Attentat, wie Friedrich Staps es einst vor dem habsburgischen Sommerpalast auf den französischen Kaiser verüben wollte, und verschob seinen Einzug in Wien um einen weiteren Tag, so daß noch zusätzliche Maßnahmen zu seinem Schutz getroffen werden konnten. Während die Wogen der Begeisterung über Hitlers unerwartete Proklamation des totalen Anschlusses immer höher schlugen, fahndete die SS nach Tausenden von bekannten und potentiellen Nazigegnern. Hitler fuhr derweilen nach Leonding, um einen Kranz am Grabe seiner Eltern niederzulegen.

---

[70] *William L. Shirer:* Aufstieg und Fall des Dritten Reiches

Es ist nicht schwer sich vorzustellen, welche Gefühle der Bitterkeit und des Grolls in Hitlers Herz aufstiegen, wenn er an die Armut und Einsamkeit seiner Mutter, die als Witwe in Linz gestorben war, und an die eigenen Hungerjahre dachte, die er nach ihrem Tode wie ein Ausgestoßener in Wien verbracht hatte.

»Seien Sie überzeugt, daß diese Stadt in meinen Augen eine Perle ist – ich will ihr eine Einfassung geben, die ihrer würdig ist«, sagte Hitler kurze Zeit später zum Bürgermeister von Wien. Aber nichts konnte der Wahrheit ferner liegen als dies.[71] Er war entschlossen, die alte Kaiserstadt auf den Status einer Provinzstadt herabzudrücken und Österreich selbst zu einem unbedeutenden deutschen Satellitenstaat zu machen. Das Volk, das »ihn abgelehnt und zu einem elenden Hungerleben in der Gosse verurteilt hatte«, mußte nun den Preis für seinen Irrtum bezahlen.

Als Hitler die Ringstraße entlang zum Ring und von dort auf den Heldenplatz zur Tribüne vor der Hofburg gefahren wurde, steigerte sich der tumultartige Jubel der Menschenmenge fast zum Delirium. Wie sollten auch Wiens Bewohner wissen, daß der ekstatische Siegesausdruck in Hitlers Gesicht zugleich ekstatische Rache verhieß!

Der blasphemische Geist Friedrich Nietzsches dürfte sich vor Freude überschlagen haben, als Adolf Hitler seinen neuen und gutgläubigen Untertanen über den Rundfunk die größte Lüge seines Lebens verkündete: »Ich fühlte, wie die Vorsehung mich rief. In drei Tagen hat sie der Herr geschlagen (Miklas, Schuschnigg und die anderen, die es gewagt hatten, ihm Widerstand zu leisten). Und mir wurde am Tage des Verrats die Gnade zuteil, mein Heimatland mit dem Reich vereinigen zu dürfen. Ich möchte Ihm Dank sagen, daß Er mich in meine Heimat zurückkehren ließ, um sie nunmehr in das Deutsche Reich zu überführen. Morgen wird jeder Deutsche die Wichtigkeit dieser Stunde erkennen und sich in Demut vor dem Allmächtigen verneigen, der in wenigen Wochen solch ein Wunder über uns gebracht hat.«[72]

---

[71] Hitler schüttete Kübel des Hasses über die Bevölkerung von Wien aus. »Wien hätte niemals in das Großdeutsche Reich aufgenommen werden dürfen«, sagte Hitler, der Wien niemals geliebt hatte. Er verabscheute seine Bevölkerung.
Zeugenaussage Baldur von Schirachs, des Gauleiters von Wien, vor dem Nürnberger Gerichtshof.

[72] »Der allgegenwärtige Papen, der von Berlin nach Wien geflogen war, um an den Festlichkeiten teilzunehmen, traf Hitler auf der Tribüne gegenüber der Hofburg in einem Zustand an, den man, wie Papen später schrieb, nicht anders als ekstatisch beschreiben konnte.
Aber unter der Ekstase mußte – ohne daß der oberflächliche von Papen es merkte – das Feuer der Rache in Hitler gebrannt haben. Der Haß gegen die Stadt und das Volk, das ihn in seiner Jugend abgewiesen hatte und daß er von ganzem Herzen verabscheute. Dies kann teilweise die Ursache gewesen sein, daß sein Aufenthalt in Wien nur kurz war.«
William L. Shirer: Aufstieg und Fall des Dritten Reiches

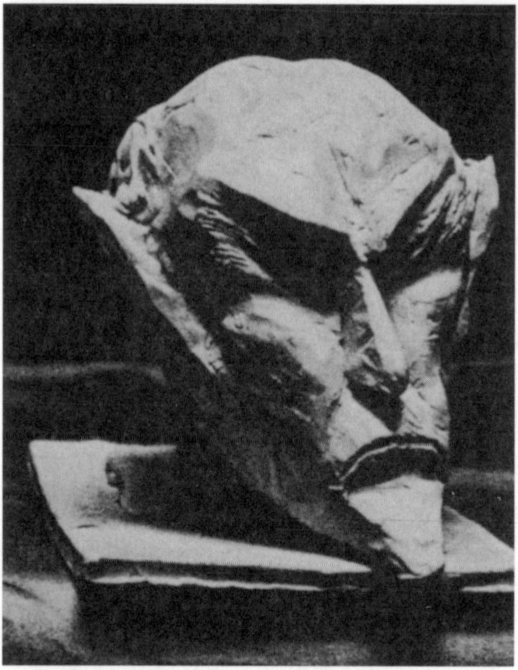

18. Ahrimans Kopf, in Holz geschnitzt von Rudolf Steiner, der voraussagte, daß der Antichrist in der zweiten Hälfte des 20. Jahrhunderts in Amerika geboren werden würde.

19. Luzifer, der Geist des falschen Stolzes, und – über ihm – der Anti-Geist der Zeit.

20. Houston Stewart Chamberlain. Der Engländer, der mit dem Eisernen Kreuz ausgezeichnet wurde und Hitler zum deutschen Messias erklärte.

21. Dietrich Eckart behauptete, Hitlers okkulte Sichtzentren »geöffnet« zu haben.

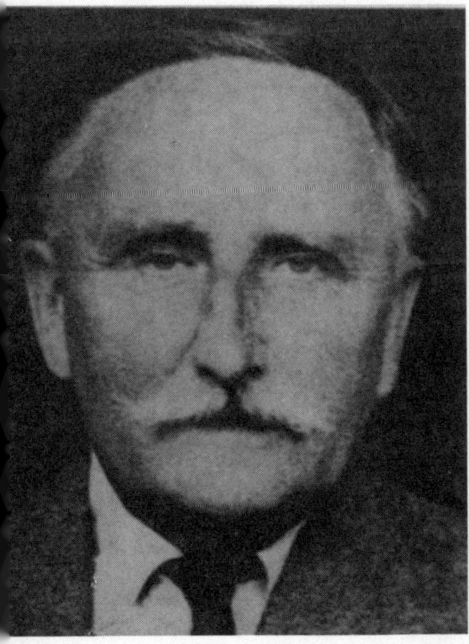

22. Professor Karl Haushofer, der Hitler inspirierte, die Welt zu erobern.

23. General Helmuth von Moltke, der Oberbefehlshaber, der den Heiligen Gral suchte und sich für eine Reinkarnation des Papstes Nikolaus I. aus dem 9. Jahrhundert hielt.

24. General Erich Ludendorff, Deutschlands militärischer Diktator im Ersten Weltkrieg, der Hitler 1918 bei seinem Münchener Putsch unterstützte.

25. Die Gruppe von Nazis, die den Speer des Schicksals unterhalb der Nürnberger Burg vergruben, wo er am 30. April 1945, dem gleichen Tage, an dem Hitler sich in seinem Berliner Bunker erschoß, wiedergefunden wurde.
Von links: Karl Holz, ein Unbekannter im Hintergrund, Julius Streicher, Willi Liebel, Hans von Obernitz und Dr. Benno Martin.

Nachdem er die angetretenen Reihen der österreichischen SS gemustert und seine Erlaubnis zur Gründung eines neuen SS-Regiments »Der Führer« erteilt hatte, schlug Adolf Hitler die Einladung zu einer großen Rundfahrt durch die Stadt ab, in der er einst in einer Herberge sein Leben gefristet hatte. Er verließ den Ring und begab sich direkt ins Hotel Imperial, wo die luxuriöseste Suite der Stadt seiner wartete. Es sollte ein Empfang mit anschließendem Essen stattfinden, aber Hitler sagte ab, denn er hegte immer noch Befürchtungen, daß ein Attentat auf ihn verübt werden könne, und blieb im Schutz seines engsten Gefolges.

Es war lange nach Mitternacht, als er das Hotel Imperial in der Begleitung Heinrich Himmlers verließ, um den langersehnten Besuch in der Weltlichen Schatzkammer zu machen und den Speer des Schicksals endlich in seinen persönlichen Besitz zu bringen.

In der Hofburg warteten Wolfram von Sievers, der Chef des Okkulten Büros der Nazis, Major Walter Buch, der Rechtssachkundige der Nazis und Chef der USCHLA, sowie Ernst Kaltenbrunner als Führer der österreichischen SS. Alle drei hatten, zusammen mit Reinhardt Heydrichs Sicherheitsdienst, ihre besondere Rolle bei der Sicherstellung des Speers gespielt.

Von Sievers, der Himmler gegenüber die Verantwortung für eine wissenschaftliche Erforschung der geschichtlichen Vorgänge um die Heilige Lanze trug, war bereits einige Tage vor dem Anschluß nach Wien gekommen, um Vorsorge zu treffen, daß der Talisman der Macht nicht aus der Stadt entfernt wurde. Vom gesamten Personal der Hofburg, ob Direktor, Archivar oder einfacher Wächter, waren vertrauliche Berichte angefertigt worden.

Als die deutschen Truppen über die Grenze nach Österreich einzumarschieren begannen, hatte Präsident Miklas Befehl gegeben, die Innenstadt hermetisch abzusperren und alle Regierungsgebäude einschließlich der Hofburg mit Polizei zu besetzen. Als die Polizei vor der Hofburg eintraf, waren dort jedoch bereits dichte Reihen von schwarzgekleideten und voll bewaffneten SS-Leuten aufmarschiert, die fest entschlossen schienen, keinerlei Einmischung zu dulden. Die Schlüssel zur Schatzkammer waren den Nazis von ungetreuen Beamten ausgehändigt worden. Ernst Kaltenbrunner war persönlich auf dem Schauplatz erschienen und gab den Befehl, sich auf keinen Fall den Anordnungen der Polizei zu fügen und notfalls das Feuer zu eröffnen. Wie wohl in jener Nacht in jeder Stadt und jedem Dorf in ganz Österreich, lenkte die Polizei den Nazis gegenüber ein, denn diese standen ja offensichtlich im Begriff, die totale Macht zu übernehmen.

Major Walter Buch, der Schwiegervater Martin Bormanns und Chef des Obersten Parteigerichtes, war zur Stelle, um die legale Übernahme der

Reichskleinodien zu überwachen, jener kostbaren Wahrzeichen des alten deutschen Kaiserreiches, unter denen sich auch die Heilige Lanze befand. Ihm war die Aufgabe zugeteilt worden, den Speer des Longinus über die deutsche Grenze nach Nürnberg zurückzubringen. Aber Walter Buch, ein Okkultist, der für die Zerschlagung der Freimaurerei im Dritten Reich verantwortlich war, hatte nicht nur ein dienstliches Interesse an der Ausführung seines Auftrages: Er war nämlich eingeweiht worden in Hitlers Geheimnisse und Visionen, die diesen welthistorisch so bedeutsamen Talisman betrafen.

Hitler betrat die Schatzkammer zusammen mit Heinrich Himmler, während Kaltenbrunner, von Sievers und Walter Buch draußen mit Hitlers Adjutanten und seinem persönlichen Leibwächter warteten. Kurz danach kam Himmler über die schmale Treppe, die zur Schatzkammer führte, zu den anderen zurück und ließ den deutschen Führer allein. Es ist nicht das geringste darüber bekannt, was sich während der reichlichen Stunde ereignete, die Hitler allein vor dem Talisman zubrachte, von dem er nun endlich Besitz ergreifen wollte.

Obwohl der Speer des Longinus, wie wir geschildert haben, Hitlers ganzes Leben beeinflußt hatte und den Schlüssel zu seinem jähen Aufstieg zur Macht darstellte, war mehr als ein Vierteljahrhundert vergangen, seit er ihn zuletzt gesehen hatte, und fast dreißig Jahre, seit er ihn zum ersten Male bestaunt und von seiner einzigartigen Legende gehört hatte.

Was immer auch Hitler bei dieser Gelegenheit vor seinem geistigen Auge gesehen haben mag, müssen die Augenblicke, die der deutsche Führer dort vor der alten Waffe stand, als die kritischsten Momente des zwanzigsten Jahrhunderts angesehen werden, bevor 1945 die Amerikaner sich des Speeres in Nürnberg bemächtigten und durch den Abwurf von Atombomben über Hiroshima und Nagasaki ein neues Zeitalter einleiteten.

Die Regierungen Englands, Frankreichs, der UdSSR und der Tschechoslowakei hatten keinen Finger gerührt, Adolf Hitler an der Annexion Österreichs zu hindern, weil sie diesen Schritt für eine natürliche und unvermeidliche Vereinigung zweier deutscher Völker hielten, die das gleiche Erbe, dieselbe Sprache und Kultur teilten.

Nur Winston Churchills einsame Stimme warnte die Welt, daß Hitlers Einzug in Wien eine entscheidende Veränderung des europäischen Gleichgewichts zur Folge hätte, durch die ein neuer Weltkrieg ausgelöst würde. Winston Churchill, der durch Walter Stein gründliche Informationen über Adolf Hitlers lebhaftes Interesse an der mit der Reichslanze in der Hofburg verknüpften welthistorischen Legende erhalten hatte, gab sich keinerlei Täuschungen über die Welteroberungspläne des Naziführers hin.

In Churchills Augen »brachte der Besitz von Wien, das seit Jahrhunderten als Tor zum Südosten Europas galt, die deutsche Wehrmacht an die ungarische Grenze und damit an die Schwelle des Balkans«.[73]

Hitler hatte dem Dritten Reich einen Bevölkerungszuschuß von sieben bis acht Millionen verschafft. Er hatte nunmehr eine gemeinsame Grenze mit Italien als Stütze der Berlin-Rom-Achse bekommen. Seine Armeen schlossen die Tschechoslowakei von drei Seiten ein, und Churchill behauptete mit Recht, daß die Liquidation des tschechischen Staates der nächste Schritt sein würde. Mehr als dies: Hitler hatte durch sein nervenaufreibendes politisches Vabanquespiel herausbekommen, daß England, Frankreich und Rußland einen bewaffneten Konflikt fürchteten und daß all ihre offensichtlich so wohlüberlegten Pläne, seinen territorialen Ehrgeiz zu zügeln, nichts als leere Drohungen waren.

Diese Nacht sollte als »Nacht des Terrors« oder »Nacht der Rache« in die Wiener Geschichte eingehen. Auf Hitlers persönlichen Befehl aus dem Hotel Imperial wurde zu einem fürchterlichen Progrom gegen die zahlreiche, wohlhabende und einflußreiche jüdische Bevölkerung aufgerufen, und im Laufe der nächsten Tage wurden 70000 Juden verhaftet. Auf den Straßen spielten sich derart sadistische und brutale Szenen ab, daß viele Juden sogar nach Deutschland flüchteten, um dort Schutz zu suchen. Am nördlichen Ufer der Donau wurde ein neues KZ eingerichtet, das unter dem Namen Mauthausen schaurige Berühmtheit erlangen sollte. Hier waren die offiziellen Exekutionslisten noch länger als in irgendeinem anderen Lager innerhalb der Grenzen des Reiches. Reinhardt Heydrich ließ nicht lange auf sich warten und zog einen lebhaften Handel auf: »ein Büro für jüdische Emigration«. Später, unter der Leitung von Adolf Eichmann, wurden dem Büro neue Aufgaben zugewiesen. Statt Ausreisegenehmigungen an reiche Juden zu verkaufen und dafür ihren irdischen Besitz zu kassieren, organisierte es nunmehr Massendeportationen in die Gaskammern der Todeslager. In den Nürnberger Prozessen wurde zugegeben, daß die Entscheidung, die Pläne für die »Endlösung« zu verwirklichen, in der Nacht getroffen wurde, die auf Hitlers triumphalen Einzug in Wien folgte.

Es war die Nacht der Entscheidung. Die Zeit war gekommen, in der man auf Heuchelei und politische List verzichten konnte. Von nun an würde Hitler offen zuschlagen, um sein äußerstes Ziel – die Eroberung der Welt – zu erreichen.

Diesmal gab es im Unterschied zu seinen früheren Besuchen in der Schatzkammer keine Wächter oder sonstige Bedienstete, die einen ungepflegten

---

[73] *Alan Bullock:* Hitler. Eine Studie über Tyrannei

Landstreicher mißtrauisch beobachteten. Der Nachfolger der habsburgischen Kaiser konnte widerspruchslos die alte Waffe von ihrem verblichenen roten Sammetkissen aus der schützenden Glasvitrine nehmen. Wahrscheinlich hielt er den Talisman der Macht eine Weile in seiner Hand und strich über das kalte, dunkel angelaufene Metall der Eisenspitze, die einst Jesus Christus bei der Kreuzigung durchbohrt hatte.

Es war sicherlich eine Szene, die selbst der geniale Darsteller des Bizarren, Charly Chaplin, niemals zu spielen gewagt hätte!

Dabei war das Geschehen rein äußerlich so komisch und so unwahrscheinlich, daß es kaum zu glauben ist! Und doch stand es derart im Zeichen der bösen Mächte, daß es die größte Katastrophe, die die Welt je erlebt hatte, auslösen sollte. Ein Ereignis, das die ersten Funken des gnadenlosen »Willens zur Macht« aufsprühen ließ, der bald als verheerender Feuersturm über Europas Ruinen dahinbrausen würde. Ein unsichtbarer Bund mit den Mächten des Bösen, der zu einem satanischen Terrorregiment und kaltblütigem Abschlachten führen würde, dessen primitive Grausamkeit und Bestialität alles übertraf, was die Menschheit jemals an Tyrannei und Unterdrückung erlebt hatte.

EPILOG

Nach dem Anschluß, als Adolf Hitler den Speer des Longinus als persönlichen Besitz betrachtete, verblieb die alte Waffe zunächst in Wien, wo sie in der Weltlichen Schatzkammer durch eine Gruppe ausgesuchter SS-Leute unter dem direkten Befehl Dr. Ernst Kaltenbrunners, des SS-Führers von Österreich, bewacht wurde.

Hitler war entschlossen, die Überführung seines Machttalismans und der Reichskleinodien nach Deutschland mit einer Aura der Gesetzmäßigkeit zu umgeben. In einem sich in die Länge ziehenden, ziemlich abgeschmackten Verfahren wurde ein besonderes Gesetz erlassen, das Deutschlands historischen Anspruch auf die Schätze und Reliquien proklamierte, die mehr als hundert Jahre in der Habsburger Schatzkammer gelegen hatten.

Hitler sprach öffentlich von einem besonderen Dekret Kaiser Sigismunds, der im fünfzehnten Jahrhundert erklärt habe, es sei »Gottes Wille«, daß die Heilige Lanze nebst Krone, Zepter und Reichsapfel niemals den Boden des Vaterlandes verlassen solle. Eigens von Hitler beauftragte Historiker erforschten nun die Geschichte von dem Augenblick an, als die napoleonischen Heere sich im Jahre 1796 der Stadt Nürnberg näherten und die Schätze via Regensburg nach Wien gebracht wurden. Ein gewisser Baron von Hügel, kaiserlicher Gesandter im Reichstag zu Regensburg, habe sich in diesem Zusammenhang als verräterischer Schurke erwiesen. Deutsche Zeitungen beschrieben, wie die Regalien des Heiligen Römischen Reiches in seinen Gewahrsam gelangt waren und wie er sein Versprechen gebrochen hatte, sie so bald wie möglich nach Nürnberg zurückzuschicken. Und sie berichteten weiter, wie der durchtriebene Baron 1806 bei der Auflösung des Heiligen Römischen Reiches die kostbaren deutschen Insignien für eine Geldsumme an die Habsburger ausgeliefert hatte; ein Diebstahl, der erst drei Jahre nach Napoleons endgültiger Niederlage in Waterloo aufgedeckt wurde. Die Habsburger Kaiser hatten sich höhnisch geweigert, den Speer und die Kronjuwelen an die Stadt Nürnberg zurückzugeben, »indem sie an diesem Rechtsbruch allein auf Grund ihrer größeren Macht festhielten«.

Goebbels' Propagandaministerium bereitete die österreichische Bevölkerung auf diesen am hellichten Tage stattfindenden Raub ihres historischen Erbgutes mit einer genau berechneten, anhaltenden Kampagne über die historische Berechtigung dieser Rückführung nach Nürnberg vor. Das Ministerium veröffentlichte sogar eine Anzahl Bilder, auf denen zu sehen war, wie die deutschen Kaiser in Aachen gekrönt wurden, bevor sie sich nach Rom begaben, und wie sie auf beiden Schultern mit dem Speer des Longinus berührt wurden zum Zeichen dafür, daß sie zu Recht den Titel eines Heiligen Römischen Kaisers trugen. Nur Heinrich Himmler, den solche Rückblicke auf die deutsche Geschichte sonst immer faszinierten, konnte nicht verstehen, daß sein Führer so viel Umstände machte. Nach seiner Meinung sollte der Speer schleunigst nach Wewelsburg ins SS-Heiligtum geschickt und im Schrein Heinrich des Voglers aufbewahrt werden.

Inzwischen hatte Hitler selbst die Stelle ausgesucht, an der der Schicksalsspeer in Deutschland verbleiben sollte. Dreißig Jahre früher, als er in jungen Jahren diesen historischen Machttalisman zum ersten Mal erblickt hatte, war er auf unerklärliche Weise an die mystischen Zeilen in Wagners Oper *Die Meistersinger* erinnert worden:

»Und doch s'will halt nicht gehen.
Ich fühl's und kann's nicht verstehen.
Kann's nicht behalten – doch auch nicht vergessen.
Und fass' ich es ganz – kann ich's nicht messen.«

Und nun behauptete er, ihm sei in einem Trancezustand offenbart worden, daß der Schicksalsspeer, die treibende Kraft seines schwindelerregenden Aufstiegs zur Macht, im alten Saal der St. Katharinenkirche in Nürnberg aufbewahrt werden solle, dort, wo einst im Mittelalter der berühmte Wettstreit der Sänger im Angesicht dieses legendären Speers der Offenbarung stattgefunden hatte. Nun wurde die St. Katharinenkirche, die ursprünglich im dreizehnten Jahrhundert als Klosterkirche gebaut worden war, in ein nazistisches Kriegsmuseum umgewandelt, in dem alle Beute aus den siegreichen Kämpfen um die Weltherrschaft zusammengetragen und ausgestellt werden sollte.

Abgesehen von der auf Inspiration beruhenden Wahl des Saales der Meistersinger, erschien ihm Nürnberg selber, das allgemein als das »Mekka« der Nazibewegung galt, als ideale Stadt, um dieses Symbol der Macht zu beherbergen. Nicht nur daß Nürnberg die historische Festung war, in der der Speer über fünfhundert Jahre gelegen hatte, es war auch die Stätte der alljährlichen großen Parteitage. Auf diesen überwältigenden Propagandakundgebungen, die Hitler »Feste des Blutes« nannte, hatte er seine leidenschaftlichsten Reden an das deutsche Volk gehalten. Wie ein vom Dämon besessener Meistersinger stachelte er mit seiner magischen, von Klingsor ererbten Rednergabe die in der durch Fackeln erhellten Arena versammelten Nazis immer wieder zu fanatischen und hysterischen Ausbrüchen an.

Oberbürgermeister Willi Liebel, der Hauptarrangeur dieser Parteitreffen, wurde nun zum neuen Bewacher des Speers ausersehen. Am 13. Oktober, genau ein halbes Jahr nach dem Anschluß, wurde der Speer zusammen mit den anderen habsburgischen Regalien auf einen von der SS bewachten Panzerzug geladen und von Wien über die Grenze nach Nürnberg gebracht. Ernst Kaltenbrunner, der später den ermordeten Reinhard Heydrich als Chef des politischen Nachrichtendienstes ersetzen sollte, behielt den Speer während des Transports im Wagenabteil unentwegt im Auge. Ein nationaler Feiertag wurde in ganz Deutschland ausgerufen, um die endgültige Heimkehr der kostbaren Insignien der alten deutschen Kaiser ins Vaterland gebührend feiern zu können.

Leute aus ganz Deutschland strömten in der alten Stadt zusammen, die sich mit Fahnen, Hakenkreuzen und Blumengirlanden geschmückt hatte. Sie wollten die Ankunft des SS-Zuges erleben, der die Schätze in die Heimat zurückbrachte. Truppen säumten den Weg vom Bahnhof zur St. Katharinenkirche, und Panzerautos beförderten die kaiserlichen Regalien das letzte Stück des Weges in den Saal der Meistersinger. Willi Liebel, umgeben von prominenten Naziführern, wartete am Eingang zur Kirche, daß Kaltenbrunner ihm die Schätze im Namen aller loyalen Bewohner der »Ostmark« überreichen solle. Und das waren gemäß der zehn Tage nach dem Anschluß veranstalteten Volksabstimmung nicht weniger als 99,8 Prozent der Bevölkerung.

Alles war vorbereitet, daß die deutschen Insignien sofort in der St. Katharinenkirche ausgestellt werden konnten. Tag für Tag warteten in den folgenden Wochen lange Schlangen draußen vor der Kirche, um auch einen Blick auf die Schätze zu erhaschen – die Krone aus dem zehnten Jahrhundert, die einst von bedeutenden Männern wie Otto dem Großen, Friedrich von Hohenstaufen und Barbarossa getragen worden war, sowie den kaiserlichen Reichsapfel, das Zepter, das Schwert und den juwelenbesetzten Schmuck. Darüber hinaus gab es noch zahlreiche weitere Gegenstände, die der bayerischen Bevölkerung, die es irgendwie fertiggebracht hatte, fanatische Nationalsozialisten zu werden und trotzdem treue römische Katholiken zu bleiben, zur Freude gereichten. So gab es z. B. »eine Monstranz mit einem Stück des Tuches vom heiligen Abendmahl«, »einen Zipfel des Lendenschurzes unseres Heilands«, »einen Splitter des wahren Kreuzes«, »ein goldenes Kästchen mit drei Gliedern aus den Ketten der Apostel Petrus, Paulus und Johannes« und sogar einen »Zahn Johannes des Täufers«.

Unter dem ersten Schub von Besuchern, die in den Meistersingersaal hineingelassen wurden, befanden sich viele Mitglieder des ursprünglichen Kerns der Thulegesellschaft, die nunmehr in Himmlers Okkultes Büro eingegliedert waren. Sie gehörten zu den wenigen, die im Bilde waren, daß der einzig bedeutungsvolle Gegenstand in der bunten Sammlung germanischer Antiquitäten und religiöser Reliquien die Heilige Lanze war. Für Professor Karl Haushofer, der als Ehrengast an der offiziellen Eröffnung der Ausstellung teilnahm, war dies ein Tag des Triumphes. Er, der zu Adolf Hitlers Welteroberungsplänen den Antrieb gegeben hatte, wußte, daß die Ankunft des Schicksalsspeers in Deutschland das Signal zum Ausbruch von Feindseligkeiten war. Nach weniger als einem Jahr befand sich die Welt im Kriege. Der Schicksalsspeer als zentrales Stück der Reichskleinodien und Reichsheiligtümer wurde von den Besuchern der Katharinenkirche ausgiebig bewundert. Derweilen überrannten die siegreichen deutschen Truppen Polen in einem Blitzfeldzug und bereiteten auch der französischen Armee eine unerwartete Niederlage, der die Engländer nur mit knapper Not bei Dünkirchen entgingen. Aber Adolf Hilters Optimismus, daß es nicht nötig sei, einen sicheren, den ganzen Krieg überdauernden Aufbewahrungsort für seinen Talisman zu finden, sollte sich als höchst unangebracht erweisen, denn im weiteren Verlauf des Krieges drangen die Bomber der RAF tiefer und tiefer in das Reichsgebiet ein und legten die großen Städte in Schutt und Asche.

Mit der Industrialisierung Nürnbergs war begonnen worden, nachdem die Nazis zur Macht gekommen waren, und seitdem bot die alte Stadt eine ganze Reihe wichtiger militärischer Ziele, darunter die MAN-Fabriken, die Maschinenteile für Panzerwagen und U-Boote herstellten, und den großen Komplex der zu Siemens-Schuckert gehörigen elektrischen Werke, die nahe dem großen Rangierbahnhof lagen. Schon der erste RAF-Angriff richtete umfassende Schäden im Gebiet um die St. Katharinenkirche an, und ein Stück des Kirchendaches wurde abgerissen. Daraufhin wurde der Speer zusammen mit den anderen Schätzen schleunigst in ein tiefes Kellergewölbe unterhalb des Bankhauses Kohn in der Königstraße verlagert.

Nach Stalingrads Fall, als ganz Deutschland trauerte und die Naziführung zum ersten Male über die Möglichkeit nachdachte, daß der Krieg verloren werden könne, gab Hitler Befehl, seinen Machttalisman in ein sicheres Versteck in der Umgebung Nürnbergs zu bringen. Heinrich Himmler und Kaltenbrunner fuhren deswegen extra nach Nürnberg, um die verschiedenen Alternativen zu erörtern, die Willi Liebel vorgeschlagen hatte.

Himmlers Vorliebe für geschichtliche Reminiszenzen gab den Ausschlag, einen Gang in einem ganzen Netz von Tunneln zu öffnen, die im Mittelalter in mehreren hundert Metern Tiefe unter der Festung ausgehoben worden waren. In einem dieser Tunnel, dreihundert Meter unter der Burg, waren die

Reichskleinodien 1796 schon einmal versteckt gewesen, bevor die historische Lanze heimlich nach Regensburg gebracht worden war, um sie dem Zugriff Napoleons zu entziehen. Nun also befahl Heinrich Himmler, den Tunnel zu öffnen und zu erweitern sowie ein Gewölbe mit Klimaanlage zu bauen, in dem die alten deutschen Regalien versteckt werden könnten. Dabei sollten keine Kosten gespart werden.

Nur bewährte Nazis, auf deren absolute Verschwiegenheit man sich verlassen konnte, wurden für diese Arbeiten eingesetzt. Der Eingang zu dem alten Tunnel lag hinter einem der Giebelhäuser aus dem siebzehnten Jahrhundert in der Oberen Schmiedgasse. Die nur schmale Straße mit ihren zahlreichen malerischen Gebäuden grenzt auf der einen Seite an die hohe Böschung, auf der die alte Burg liegt. Der Tunnel wurde ausgeräumt und erweitert und etwa dreißig Meter in den Felsen hineingetrieben. Dann wurde an seinem äußersten Ende ein Bunker mit Klimaanlage gebaut. Massive, in Beton eingebettete Stahltüren schützten den Eingang zum Gewölbe, in dem die Schätze verwahrt werden sollten.

Oberbürgermeister Willi Liebel suchte zwei zuverlässige Leute aus, die die Leitung der Arbeiten übernehmen sollten: Stadtrat Heinz Schmeißner, einen Baufachmann der Stadtverwaltung, und Dr. Konrad Freis, der für die Luftschutzmaßnahmen in diesem Gebiet zuständig war. Die Anwesenheit dieser Männer in der Schmiedgasse würde wahrscheinlich keinen besonderen Verdacht erregen. Als die Arbeit beendet war, bekam Dr. Freis den Schlüssel zu den Gewölbetüren, und Heinz Schmeißner wurde die komplizierte fünfziffrige Codezahl anvertraut. Keiner von beiden konnte das Gewölbe allein öffnen. Nur Willi Liebel selber verfügte sowohl über den Schlüssel als auch den Code.

Die Reichskleinodien und Reichsheiligtümer wurden in der Nacht aus dem tiefen Gewölbe unter dem Bankhaus Kohn in der Königstraße 26 im Zentrum der Stadt abgeholt und auf einen Lastwagen verladen. Willi Liebel befahl dem Fahrer, einen weiten und komplizierten Umweg zur Oberen Schmiedgasse zu fahren, so daß nicht einmal die Bankdirektoren etwas anderes glauben konnten, als daß die alten Schätze aus der Stadt gebracht worden seien. Das Lastauto wurde durch die harmlos aussehenden Garagentüren des Giebelhauses gefahren, das nun den Tunneleingang tarnte. Eine falsche Hinterwand in der Garage glitt lautlos zur Seite, und das Auto fuhr durch den geheimen Gang vor die großen Eisentüren im Gewölbe, das dreihundert Meter unter der alten Festung aus dem elften Jahrhundert lag. Die Heilige Lanze ruhte nun in einem Versteck, das die Feinde Deutschlands nie herausbekommen würden!

Aber nun griff das Schicksal ein, damit die alte Legende vom Speer des Longinus sich erneut bewahrheiten solle. Ein massierter Luftangriff am 13. Oktober 1944, bei dem nachts RAF-Maschinen und den ganzen Tag über amerikanische Geschwader von »Fliegenden Festungen« pausenlos ihre Bomben abwarfen, verursachte eine grauenhafte Zerstörung des Mekkas der Nazis. Nürnberg wurde ein einziger rauchender Ruinenhaufen. Bomben, die ihr Ziel verfehlten, verwandelten die Obere Schmiedgasse in ein brennendes Chaos von Schutt und Gesteinsbrocken. Der Tarneingang zu Adolf Hitlers heimlichem Gewölbe stand nun allen Augen sichtbar da. Die äußeren Garagentüren waren weggesprengt, und von der verschiebbaren Geheimwand waren nur noch verbogene Metallteile übriggeblieben. Bald verbreiteten sich die Neuigkeiten von einem heimlichen Tunnel, der zu einem Bunker mit riesigen Eisentüren führe, in der Stadt und kamen sogar den Fremdarbeitern sowie den britischen und amerikanischen Kriegsgefangenen zu Ohren. Willi Liebel veranlaßte sogleich, das weithin sichtbare Eingangsloch zum Tunnel schleunigst zu tarnen, aber obwohl die Arbeit schnell und wirksam ausgeführt wurde, kam ein Befehl von Heinrich Himmler, ein anderes Versteck ausfindig zu machen.

Und nun kam es zu jenem höchst ungewöhnlichen und geradezu komischen Mißverständnis, das auf mystische Weise dazu beitrug, den Schicksalsspeer einem neuen Besitzer in die Hand zu spielen.

Weder Heinz Schmeißner noch Konrad Freis hatten, obwohl sie beide bewährte und leitende Beamte in der Verwaltung einer der Nazistädte des Deutschen Reiches waren, eine Ahnung, was es mit dem Speer des Longinus eigentlich auf sich hatte. Sie kannten auch nicht die wichtige Rolle, die er in den Anfängen des Nationalsozialismus und bei Hitlers Aufstieg zur Macht gespielt hatte. Und als Willi Liebel die Gegenstände aufzählte, die an einem anderen Ort versteckt werden sollten, führte er die Heilige Lanze unter ihrem offiziellen Namen »Mauritiuslanze« auf. Zufälligerweise hieß aber eines der sechs wichtigsten Reichskleinodien »Mauritiusschwert«, und so kam es, daß das Schwert statt der wichtigsten Reliquie, der Lanze, versteckt wurde.

Ein Rohrleger namens Baum erhielt den Auftrag, heimlich einige Kupferbehälter anzufertigen, in denen die kaiserliche Krone, das Zepter, der Reichsapfel und das Schwert des Mauritius verstaut werden sollten. Diese Gegenstände wurden in Glaswolle verpackt, in den Behältern versiegelt und bei Nacht in das Kellergeschoß einer Vorschule am Panierplatz gebracht, die an der Einfahrt zur Oberen Schmiedgasse liegt. Die Schule war ebenfalls in den Festungshügel eingebaut und wurde als Luftschutzkeller benutzt, weil ihr tiefes Kellergeschoß einen ausgezeichneten Schutz bot. Von einer Ecke des Kellers führte eine Falltür zu einer großen Höhle im Felsen. Die Behälter wurden in einer Nische im Dach dieser Höhle untergebracht. Dann wurde die Nische in Anwesenheit von Schmeißner, Freis und Julius Lincke, einem weiteren Baufachmann der Stadtverwaltung, von besonders ausgewählten Arbeitern zugemauert. Auch Willi Liebel kam für einige Minuten. Nach Aussage Heinz Schmeißners war der Bürgermeister in größter Aufregung. Es waren soeben Nachrichten eingetroffen, daß amerikanische Panzer und motorisierte Infanterie bis Gemünden und Hammelburg vorgestoßen seien. Nürnberg würde bald im Zentrum der Kriegshandlungen liegen. Liebel war so verwirrt – er war nahe daran, Selbstmord zu begehen –, daß der Irrtum hinsichtlich des Speers gar nicht bemerkt wurde. Es war der 31. März 1945.

Nun wurde eine vorsätzliche Täuschungsaktion eingeleitet, die den Eindruck erwecken sollte, daß die kaiserlichen Regalien von Nürnberg in ein anderes Versteck außerhalb Frankens überführt würden: In Gegenwart Willi Liebels, der immer noch nichts von dem verhängnisvollen Irrtum wußte, der mit dem geliebten Talisman des Führers geschehen war, fuhr ein Konvoi von Autos mit sowohl Gestapo- als auch SS-Begleitung bei hellichtem Tag in die Obere Schmiedgasse ein. Kein Versuch wurde gemacht, den augenscheinlichen Grund der Aktion zu verheimlichen. Eine große Anzahl von Holzkisten wurde aus dem Tunneleingang geschafft und auf Lastwagen verladen. Mit heulenden Sirenen fuhr der Konvoi davon. Alsbald verbreitete sich in der Stadt das Gerücht, die alten germanischen Schätze seien auf den Grund des Zeller Sees bei Salzburg versenkt worden.

Nach der Niederlage Deutschlands wurde bestätigt, daß der Befehl zur Durchführung dieses Täuschungsmanövers direkt von Heinrich Himmler gekommen war, der das Geheimnis des Verstecks unter dem Panierplatz mit Ernst Kaltenbrunner und dem Gestapochef Müller teilte.

In den Archiven des amerikanischen Nachrichtendienstes heißt es:

»Bislang erhaltene Informationen deuten darauf hin, daß der Befehl, die kaiserlichen Insignien zu einem sicheren Aufbewahrungsort zu bringen, von Himmler stammte. Abgesehen von Himmler und den Nürnberger städtischen Beamten, die mit dem Transport (zum Panierplatz) betraut waren, können nur Kaltenbrunner, der Chef des deutschen Sicherheitsdienstes, und Müller, der Leiter der Gestapo, über den wirklichen Verbleib der Insignien unterrichtet gewesen sein. Bei einem Treffen der Abteilungsleiter im Reichssicherheitshauptamt, das am 1. April in Berlin stattfand, also einen Tag nach Abholung der Insignien, meldete Müller an Kaltenbrunner: ›Die kaiserlichen Insignien sind durch zuverlässige Agenten in einem See versenkt worden.‹ Kaltenbrunners einzige Antwort war: ›Gut!‹ Diese Information wurde von Oberführer Spacil gegeben, der als Chef der Abteilung II des Reichssicherheitshauptamtes an der Besprechung teilnehmen mußte. Spacil folgerte aus diesem Wortwechsel, daß Kaltenbrunner über die Einzelheiten der Operation im Bilde gewesen sein müsse, weil er sich sonst nach den näheren Umständen erkundigt hätte. Aus der Bemerkung Müllers dagegen kann ebenfalls geschlossen werden, daß der Gedanke, die Spuren durch die erfundene Geschichte von der Versenkung der Insignien in einen See zu verwischen, in den höchsten Kreisen der deutschen Sicherheitspolizei entstanden sein muß und daß der Befehl, einen scheinbaren Transport der Schätze in Nürnberg zu inszenieren, aus Berlin kam. Die Tatsache, daß nicht einmal die Chefs im Reichssicherheitshauptamt für würdig befunden wurden, in das Geheimnis eingeweiht zu werden, beweist, welche politische Bedeutung man ihm beimaß.

Auf Grund dieser Tatsachen und in Übereinstimmung mit Gesprächen zwischen gefangenen SS-Angehörigen, die von der Nachrichtenzentrale der dritten Armee gemeldet wurden, scheint es so, als ob die kaiserlichen Insignien nach den Vorstellungen des deutschen Sicherheitsdienstes das Symbol der künftigen deutschen Widerstandsbewegung werden sollten. Oberbürgermeister Liebel hat möglicherweise von diesem Plan gewußt. Die anderen städtischen Behördenvertreter, die an der Umlagerung beteiligt waren, jedoch nicht, meint der mit der Untersuchung beauftragte Beamte.«

Zitiert aus »Report an Recovery of Imperial German Insignia of Holy Roman Empire«, MGO, Detachment E-203, Company C, 3rd Military Government Regiment, AP 403, USA.

Als Dr. Walter Stein, drei Monate vor dem Zusammenbruch Deutschlands, Winston Churchill darüber unterrichtete, daß die Heilige Lanze und die kaiserlichen Regalien zum Symbol einer deutschen Untergrundbewegung nach dem Kriege werden könnten, nahm niemand von seiner Warnung Notiz. Erst später, im März des Jahres 1945, als vom Nachrichtendienst der Alliierten Mitteilungen über eine beabsichtigte unterirdische Werwolfbewegung und Pläne für einen letzten verzweifelten Widerstand im Harz eintrafen, wurde sein Vorschlag, eine spezielle Abteilung mit der Suche nach den kaiserlichen Insignien zu beauftragen, ernstgenommen. Diese Abteilung, unter dem Befehl von Hauptmann Walter Thompson, wurde der amerikanischen siebten Armee angegliedert, die den eigentlichen Angriff auf Nürnberg ausführen sollte.

»Verteidigt Nürnberg bis zum letzten Blutstropfen!« befahl der Führer des in sich zusammenfallenden Dritten Reiches seinem Gauleiter Karl Holz und den 20 000 SS-Soldaten, die die geistige Wiege des Nazismus verteidigen sollten.

Die Schlacht um Nürnberg begann am 16. April. Sie war einer der heftigsten Kämpfe des Krieges. An anderen Fronten in Deutschland befanden sich die Truppen in wilder Flucht. General Model hatte an der Ruhr schwere Verluste erlitten, und 300000 Mann, die seinem Befehl unterstanden, hatten sich den vorrückenden britischen und amerikanischen Truppen ergeben. Nur die 1. Heeresgruppe in Franken war noch intakt und leistete erbitterten Widerstand, um durch hinhaltenden Rückzug eine Verteidigung bis zum letzten Mann in den Bergen des Harzes und in den österreichischen Alpen vorzubereiten.

Die 7. US-Armee versuchte diese letzte deutsche Widerstandslinie im Westen mit einer Zangenbewegung zu vernichten und den Feind nach einem fürchterlichen Bombardement aus der Luft und einem mörderischen Sperrfeuer der Artillerie, das einen Ring von Stahl um die Stadt legte, einzuschließen. Der Kampf wurde keineswegs nur von den Angreifern geführt. Die Deutschen, die Nürnberg verteidigten, hatten Hunderte von Panzern und zweiundzwanzig Artillerieregimenter aufgeboten.

Deutsche Zivilisten, Männer, Frauen und Jugendliche, bewaffneten sich selber und kämpften Seite an Seite mit der SS. Sie lieferten den Angreifern erbitterte Straßenschlachten, in denen die kriegsgewohnte 45. Thunderbird-Division schwere Verluste erlitt. Die fanatischen SS-Abteilungen, die die berüchtigte Kongreßhalle der Nazis verteidigten, die Adolf Hitler einst das Herz des Nationalsozialismus genannt hatte, schlugen neun blutige Angriffe zurück, bis der letzte Mann gefallen war. Auf beiden Seiten wurde kein Pardon gegeben.

Nürnberg wurde zum glühenden Inferno. Als die Kämpfe am 20. April aufhörten, stand kaum noch ein Gebäude in der einst so schönen gotischen Stadt. Während Hitler in Berlin seinen 56. Geburtstag mit Champagner feierte, wurde die amerikanische Fahne auf dem Adolf-Hitler-Platz in Nürnberg aufgezogen, und die amerikanische dritte Division marschierte über den mit Steinbrocken übersäten Platz und spielte das »Sternenbanner«.

Unterdessen suchte die Gruppe, die nach dem Verbleib der Regalien forschen sollte, in ganz Nürnberg nach Bürgermeister Liebel, der 1938 nach dem Transport des Schatzes von Wien in die St. Katharinenkirche offiziell die Verantwortung übernommen hatte. Aber der stämmige, schwarzhaarige Nazi, dem Hitler das Original der berüchtigten »Nürnberger Gesetze« anvertraut hatte, die das arische Blut verherrlichten und die Juden auf den Status von Untermenschen herabdrückten, war nirgends zu finden. Offenbar gut unterrichtete Gewährsleute wußten zu berichten, daß er während der Kämpfe nicht in den Straßen der Stadt zu sehen gewesen war. Liebel hatte in der Tat am Abend vor der Kapitulation Selbstmord begangen, aber seine Leiche wurde erst am Nachmittag des 25. April entdeckt. Eine Gruppe deutscher Zivilisten, die damit beauftragt waren, die Toten zu begraben, die überall in den Ruinen Nürnbergs umherlagen, entdeckten seinen Leichnam im Keller des Palmenhofes, des Hauptquartiers der Gestapo und der SS. Einer dieser Zivilisten hat die Szene wie folgt beschrieben:

»Am 25. April lag immer noch eine Leiche im Keller des Palmenhofes. Wir gingen zusammen mit einem amerikanischen Soldaten in das Kellergeschoß. Die Korridore und Räume befanden sich in wilder Unordnung. Es war geplündert worden. Handtaschen, Koffer und Schränke standen offen, und das Inventar war über den Boden verstreut. Die Fußböden waren mit Blut bespritzt. Wir wateten durch Haufen von seidener Unterkleidung, Strümpfe, Kleider, Zigarrenkisten und Zigarettenpäckchen. In einigen Räumen standen sorgfältig gestapelte Kisten mit teuren Weinen. Überall lagen Lederkoffer, Aktentaschen, Uniformen und andere Ausrüstungsgegenstände herum. Im ehemaligen Büro des SS-Führers fanden wir einen leblosen Körper auf einer Liege. Die Gestalt nahm immer noch eine sitzende Haltung ein, war aber in sich zusammengesunken. Es war eine Leiche in der Uniform eines Volkssturmmannes. Der Geruch war so stark, daß einem aus der Gruppe übel wurde, so daß er hinaus mußte. Ich hatte eine Gasmaske bei mir und konnte näher herangehen. Das Gesicht des Toten war unkenntlich, weil es über und über mit geronnenem Blut verkrustet war. Wir zogen den schweren Körper die Treppe hinauf an die frische Luft, wo wir ihn auf den Jakobsplatz fallen ließen. Wir spritzten ihn von oben bis unten ab. Ich tupfte das Blut mit Baumwolle aus dem Gesicht. Es war Willi Liebel. Alles, was wir an ihm fanden, war ein Taschentuch mit den Initialen WL und einen

Ring an seinem Finger. Alles andere, was ihn hätte identifizieren können, fehlte. Die Todesursache war eine Kugel in seinem Kopf. Wir brachten ihn zum Friedhof und begruben ihn in der Nähe des südwestlichen Eingangs.«

Am nächsten Tage wurde der Ortskommandant SS-Oberst Karl Wolf zum Selbstmord Willi Liebels vernommen. Er hätte sich am 19. April erschossen. »Als ich Liebel erzählte, daß der Gauleiter gegen die Amerikaner kämpfte, war er unglücklich, daß er nicht dabeisein konnte. Er sorgte sich, daß der Gauleiter nicht zurückkommen würde und er dann allein zurückbliebe. Dann sprach Liebel über Nürnberg, seine stolze Geschichte und seinen nahe bevorstehenden Fall. Er versicherte mir, daß er, falls es ihm nicht vergönnt sei, in der Schlacht zu fallen, sich auf keinen Fall gefangengeben würde. Er wollte nicht in einem Schauprozeß vor aller Welt als Angeklagter auftreten. Gegen 12.30 verließ Liebel mich. Er schien sehr niedergeschlagen zu sein. Kaum war er fort, da hörte ich einen scharfen Knall. Ich eilte hinaus und fand ihn im Zimmer des Gauleiters im Bunker. Er lag tot und mit durchschossenem Kopf auf einem Bretterstapel. Der Revolver war aus seiner Hand gefallen.« Die Unstimmigkeiten zwischen Wolfs Aussage und der Lage, in der man Liebel gefunden hatte, gaben Anlaß zu der Frage, warum die Leiche transportiert und durchsucht wurde. Hatte er möglicherweise diesen oder jenen Hinweis bei sich getragen, der die Amerikaner hätte auf die Spur der kaiserlichen Regalien bringen können?

Am nächsten Tage – dem 27. April – fand das amerikanische Nachrichtenwesen Willi Liebels Sekretär Dreykorn und verhörte ihn. Er verneinte kategorisch, etwas über den Verbleib der alten germanischen Schätze zu wissen, wiederholte aber das Gerücht, daß sie möglicherweise auf den Grund des Zeller Sees versenkt worden seien. Dreykorn behauptete, daß alle geheimen Akten über die Reichskleinodien und Reichsheiligtümer bei einem Luftangriff auf die Stadt verbrannt wären.[74]

Zehn Tage nach dem Fall von Nürnberg war das Versteck in der Oberen Schmiedgasse noch nicht entdeckt. Erst am 30. April, dem Tage, an dem

---

[74] »Es war Leutnant Horn (dem Offizier, der Dreykorn verhörte), nicht gelungen, die Geheimakten Oberbürgermeister Liebels, die die Überführung der Regalien von Wien nach Nürnberg nach dem Anschluß Österreichs 1938 betrafen, sicherzustellen. Einige dieser Dokumente sind nach der Zeugenaussage von Liebels Sekretär Dreykorn bei einem Luftangriff am 2. Januar 1945 zerstört worden. Ein Aktenordner, der diesen Brand unbeschädigt überstanden hatte, wurde auf Befehl Liebels im März verbrannt.«
Report an Recovery of Imperial Insignia of Holy Roman Empire, Headquarters Military Government, Nuremberg.

Hitler in Berlin Selbstmord beging, wurde der heimliche Gang gefunden. Und zwar durch einen Zufall!

Der Eingang zum Tunnel war noch einmal während des heftigen Luftbombardements, das dem endgültigen Angriff auf die Stadt voranging, bloßgelegt worden, aber man hatte ihn gleich darauf wieder zugemauert und mit einem riesigen Haufen von Trümmern zugedeckt. Am 19. April hatte dann die amerikanische schwere Artillerie das Feuer auf die Innenstadt eröffnet, Granaten hatten die Straße förmlich zermahlen und eine Ecke des Mauerwerks herausgesprengt, so daß eine etwa einen halben Meter breite Öffnung über dem Schutt und Geröll entstanden war.

Gegen Mittag des 30. April – bei strahlendem Sonnenschein begann eine Abteilung amerikanischer Soldaten die Ruinen der Oberen Schmiedgasse unterhalb der hochragenden Festung zu durchsuchen, die inzwischen zum Hauptquartier der 7. amerikanischen Armee geworden war. Es ist nicht bekannt, ob die Soldaten Auftrag hatten, nach SS-Leuten zu fahnden, die sich immer noch in den Kellern der Häuser verborgen hielten, oder ob sie ganz privat auf Beute aus waren und nach Nahrungsmitteln und Alkohol suchten, die in den Trümmern der zerstörten Häuser reichlich zu finden waren.

Einer dieser Männer stand auf einem Stapel Gerümpel und sah plötzlich in einen breiten Tunnel, der offenbar tief in das trübe Dunkel des Felsens hineinführte. Er rief seine Kameraden herbei, die sogleich ihre Waffen ablegten. Dann ging er mit einer Fackel voran bis an das äußerste Ende des heimlichen Ganges. Dort stieß er auf zwei mächtige, mit einem kombinierten Schloß versehene Stahltüren, wie man sie in amerikanischen Bankgewölben findet. Was immer hinter diesen Türen verborgen sein mochte, mußte von höchster Wichtigkeit sein, dachten sie. Während zwei aus der Gruppe am Eingang stehen blieben, um den versteckten Bunker zu bewachen, liefen die anderen schleunigst ins Armeehauptquartier, um ihren überraschenden Fund zu melden.

So gelangten die USA in den Besitz des Schicksalsspeers! Es war der 30. April 1945 um 14 Uhr 10.

In einem anderen Bunker, fünfzehn Meter unter den qualmenden Ruinen, die einmal die Reichskanzlei in Berlin dargestellt hatten, traf Adolf Hitler die Vorbereitungen für seinen rituellen Selbstmord und sein Wikingerbegräbnis.

Die einst so prächtige Kanzlei, ein mächtiges Mausoleum mit riesigen Räumen, gewichtigen Türen und massiven Kronleuchtern, war zu einem großen Haufen Marmorstücke und Porphyrscherben zusammengeschossen, in den die feindlichen Granaten mit todbringender Präzision einschlugen. Der helle Sonnenschein wurde vom Rauch der Kämpfe verdunkelt, während der Führer sich im wagnerschen Zwielicht unten im Bunker versteckt hielt, dessen einziger Zugang durch die Speisekammerverwaltung führte.

Die Hauptstadt glich einer flammenden Hölle. Der Augenblick der Götterdämmerung war gekommen. Die Russen, die Berlin drei Tage vorher eingeschlossen hatten, zogen den Ring, von Straße zu Straße vordringend, immer enger. Der östliche Teil des Tiergartens war evakuiert worden. Am Invalidenbahnhof, an der Kant- und Bismarckstraße bis hinüber nach Charlottenburg wurde vielfach erbittert von Mann zu Mann gerungen. Russische Panzer hatten die Ost-West-Achse nur wenige hundert Meter entfernt erreicht. Die endgültige Belagerung des Führerbunkers selber hatte begonnen. Der Mann, für den der eigene Tod und der Untergang Deutschlands ein und dasselbe war, sollte nun in der Katastrophe umkommen, die er selber heraufbeschworen hatte.

Am Nachmittag davor – am 29. April – war eine der letzten Nachrichten aus der Außenwelt in den belagerten Bunker gedrungen. Mussolini, Hitlers persönlicher Freund und Diktatorkollege, und seine Geliebte, Clara Petacci, hatten ein schmähliches Ende erlitten, als sie bei einem Versuch, über die Grenze in die Schweiz zu entkommen, in Como ergriffen wurden. Sie waren auf der Stelle von Partisanen erschossen worden, und ihre Leichen hatte man nach Mailand gefahren, wo sie, mit dem Kopf nach unten, an Laternenpfählen auf der Piazza aufgehängt wurden. Später seien die Leichen dann abgeschnitten worden, in den Rinnstein gefallen und von den Volksmassen in höchst obszöner Weise geschmäht worden.

Adolf Hitler, der selbst einen so fatalen Hang zum Blutvergießen gezeigt und einmal sogar einen Feldmarschall am Fleischerhaken hatte aufhängen lassen, mußte damit rechnen, daß seine Feinde ihm ein noch schlimmeres Ende bereiten würden. Aus diesem Grunde hatte er sich entschlossen, mit Eva Braun zusammen in den Tod zu gehen, die er kurz zuvor in einer bizarren Hochzeitsfeierlichkeit im Bunker geehelicht hatte. Ihre beiden Körper sollten anschließend im Garten der Reichskanzlei bis zur Unkenntlichkeit verbrannt werden.

In der letzten Nacht seines Lebens, während die übrigen Bewohner des Bunkers vor innerer Erleichterung, daß das Ende nahe bevorstand, in der Kantine eine wilde Besäufnisorgie feierten, diktierte Hitler seinen letzten Willen und sein Testament:

»Nach einem sechsjährigen Kampf, der einst in die Geschichte trotz aller Rückschläge als ruhmreichste und tapferste Bekundung des Lebenswillens eines Volkes eingehen wird, kann ich mich nicht von der Stadt trennen, die die Hauptstadt des Reiches ist ... Ich möchte mein Schicksal mit jenem teilen, das Millionen anderer auch auf sich genommen haben, indem ich in dieser Stadt bleibe. Außerdem will ich nicht Feinden in die Hände fallen, die zur Erlustigung ihrer verhetzten Massen ein neues, von Juden arrangiertes Schauspiel benötigen.
Ich habe mich daher entschlossen, in Berlin zu bleiben und dort aus freien Stücken in dem Augenblick den Tod zu wählen, in dem ich glaube, daß der Sitz des Führers und Kanzlers nicht mehr gehalten werden kann ... Im Bewußtsein der unvergleichlichen Taten und Leistungen, die unsere Bauern und Arbeiter erbracht haben, und eingedenk des in der Geschichte einzig dastehenden Einsatzes der Jugend, die meinen Namen trägt, will ich mit freudigem Herzen sterben ...«

Danach folgte seine Abschiedsbotschaft an das deutsche Volk, die letzten verbürgten Worte jenes bösen Genius, der bei dem Versuch, die Welt zu erobern, alles auf eine Karte gesetzt und verloren hatte.

»Die Anstrengungen und Opfer des deutschen Volkes in diesem Krieg waren so groß, daß ich nicht glauben kann, sie könnten vergebens gewesen sein. Es muß weiterhin das Ziel bleiben, dem deutschen Volk Raum im Osten zu gewinnen.«

»Es wurde immer angenommen, daß Hitler seinem ursprünglichen Programm – Weltmacht oder Untergang – treu bleiben würde«, sagt Professor Trevor-Roper in seinem ausgezeichneten Buch *Hitlers letzte Tage*:

»Wenn Weltmacht nicht errungen werden konnte, würde er – darüber waren sich alle, die ihn kannten, einig – den Untergang so groß machen, als er vermochte, und wie Samson in Gaza in einer von ihm selbst verursachten Sintflut untergehen. Denn wie sehr Hitler sich auch als Kämpfer gegen asiatischen Bolschewismus aufspielen mochte, er war keine westeuropäische Figur, noch entsprach seinem melodramatischen Charakter das konfuzianische Ideal eines sauberen, unauffälligen Sterbens. Wenn er sich selbst vor einem historischen Hintergrund sah, wenn seine Phantasie erhitzt und seine Eitelkeit von Schmeichelei und Erfolg berauscht war und er sich von seinem bescheidenen Mahl – Gemüseschnitzeln und destilliertem Wasser – erhob, um auf dem Tisch herumzutanzen und sich mit den großen Eroberern der Vergangenheit zu identifizieren, dann wollte er nicht als Alexander oder Cäsar oder Napoleon gefeiert werden, sondern als Verkörperung der Engel der Zerstörung – als Alarich, der Brandschatzer von Rom, als Attila, ›die Gottesgeißel‹, als Dschingis Khan, der Anführer der Goldenen Horde. ›Übrigens ist es nicht meine Aufgabe‹, erklärte er in einer dieser messianischen Stimmungen, ›die Menschheit zu bessern, sondern mich ihrer Schwächen zu bedienen.‹ In Übereinstimmung mit diesem nihilistischen Ideal, dieser absoluten Liebe zur Zerstörung, würde er, wenn schon nicht seine Feinde, dann eben Deutschland und sich selber und alles andere vernichten, das zertrümmert werden konnte. ›Aber wenn wir dann auch nicht siegen können‹, hatte er 1934 gesagt, ›so werden wir selbst untergehend noch die halbe Welt mit uns in den Untergang reißen, und niemand wird eines Sieges über Deutschland froh sein.‹ Und weiter: ›Wir werden nicht kapitulieren, niemals! Wir können untergehen. Aber wir werden eine Welt mitnehmen und alles in Brand setzen ...‹«

Und nun kam also das Ende. Die Russen waren in die Wilhelmstraße eingedrungen und rückten vom Tiergarten auf den Potsdamer Platz vor. Sie waren nur noch einen Häuserblock vom Führerbunker entfernt. Der Augenblick war gekommen, in dem er sich erschießen mußte.

Seine Sekretärin, Frau Gertrud Junge, hat den Ausdruck in Hitlers Augen beschrieben, als er ihr Lebewohl sagte: »Seine Augen schienen weit in die Ferne zu sehen, durch die Mauern des Bunkers hindurch. «

Bormann und Goebbels und eine Gruppe von Offizieren aus Hitlers persönlichem Gefolge warteten draußen im Gang vor den privaten Räumen des Führers.

»Ein einzelner Schuß fiel. Nach einer gewissen Zeit betraten sie die Räumlichkeiten. Hitler lag auf dem Sofa, das mit Blut getränkt war. Er hatte sich in den Mund geschossen. Auch Eva Braun lag auf dem Sofa, ebenfalls tot. Ein Revolver lag neben ihr, aber sie hatte keinen Gebrauch von ihm gemacht. Sie hatte Gift genommen. Es war halb vier.«

Nun folgte das Wikingerbegräbnis. Hitlers Kammerdiener Heinz Linge trug den Körper seines Führers hinaus. Er war in eine feldgraue Decke gehüllt, die auch den zerschmetterten Kopf bedeckte. Bormann trug Eva Brauns Leiche, die ganz in Schwarz gekleidet war. Die Leichen wurden während einer Pause des Bombardements in den Garten der Reichskanzlei gebracht, dort in einen Granattrichter gelegt, mit Benzin übergossen und angezündet. Goebbels, der sich kurz darauf zusammen mit seiner Frau und seinen sechs Kindern das Leben nahm, erwies seinem Führer mit einem strammen Hitlergruß die letzte Ehre. Dann eröffnete die Rote Armee plötzlich wieder das Feuer und ließ ihre Granaten im Garten explodieren, so daß die Feierlichkeit ein schnelles Ende nahm und die Trauergäste Hals über Kopf Deckung suchen mußten. Adolf Hitler war in die Geschichte eingegangen. Der Speer des Schicksals ging in den Besitz der Vereinigten Staaten von Amerika über.

Inzwischen hatten in Nürnberg die zufällige Entdeckung des heimlichen Ganges in der Oberen Schmiedgasse und der massiven Stahltüren beträchtliche Erregung ausgelöst. Die Offiziere des Hauptquartiers der siebten Armee, die nun in der mittelalterlichen Burg etwa 300 Meter über der Fundstätte einquartiert waren, diskutierten lebhaft die weiteren Maßnahmen.

Viele stimmten dafür, die Stahltüren mit Dynamit aufzusprengen oder sie mit Gasbrennern zu zerschneiden, um sofort herauszubekommen, was dahinter verborgen sein konnte. Aber der Kommandant General Patches verweigerte seine Zustimmung für beide Alternativen mit der Begründung, daß der unbekannte Inhalt des Gewölbes Schaden erleiden könne! Er zog es vor, es den Spezialisten vom Nachrichtendienst zu überlassen, den Schlüssel und den Code aufzuspüren.

Erfolgreich gelöst wurde diese Aufgabe von einem gewissen Leutnant Walter William Horn (Dienstnummer 01 326 328), der ursprünglich der Untersuchungskommission angehört hatte, die die kaiserlichen Regalien wieder herbeischaffen sollte. Walter Horn, heutigentags Professor der Soziologie an der Berkeley Universität in Kalifornien, ahnte bereits, was in Hitlers Geheimbunker verborgen war. Es gelang ihm, sowohl Heinz Schmeißner als auch Dr. Freis aufzustöbern. Dr. Freis brach unter einem strengen Verhör zusammen, glaubte Walter Horn jedenfalls. In Wirklichkeit war Freis nicht allzu besorgt, daß die Amerikaner den Bunker öffnen würden, denn die wichtigsten Gegenstände lagen, soweit er wußte, sicher in dem anderen, immer noch unbekannten Versteck unter dem Panierplatz eingemauert. Freis übergab den Schlüssel und gab zu, daß sein Freund Heinz Schmeißner den Code kannte. Angesichts des Geständnisses von Freis bot Schmeißner seine Mitarbeit zur Öffnung der Türen des Bunkers an.

Die beiden Deutschen begleiteten Leutnant Horn den drei Meter hohen Gang zum Gewölbe, wo Dr. Freis den großen Schlüssel umdrehte und Schmeißner anschließend die fünfziffrige Kombination einstellte. Zugegen bei der Öffnung der Türen waren ferner: Charles H. Andrews, Oberst der Infanterie und Militärbefehlshaber von Nürnberg, Hauptmann Thompson vom amerikanischen Nachrichtendienst, Hauptmann Rae, Kunstsachverständiger der Nürnberger Militärregierung, und eine Anzahl anderer Offiziere, die im offiziellen Protokoll nicht erwähnt sind.

Das Licht wurde eingeschaltet; denn das Gewölbe war mit Klimaanlage und eigenem Generator ausgestattet. Leutnant Horn trat als erster ein. Der ganze Raum war mit Kriegsbeute vollgestopft, die die Nazis aus zahllosen Ländern Europas zusammengeschleppt hatten.

Oben auf einem fein geschnitzten, drei Meter hohen Altar, der aus der historischen St. Marienkirche aus Krakau in Polen geraubt war, stand ein altes Lederetui. In diesem Etui lag auf seinem verblichenen Sammetkissen der Speer des Longinus. Die alte Waffe hatte in den 2000 Jahren ihrer Geschichte wohl noch nie eine so merkwürdige Umgebung gesehen wie dieses unterirdische Gewölbe, in dem unbezahlbare Antiquitäten, Reliquien, Gemälde, Juwelen und Kunstschätze herumlagen, die die Nazis in der kurzen, aber brutal genutzten Zeit ihrer Herrschaft von den unterjochten Völkern zusammengestohlen hatten.

Während ihre Kameraden erstaunt auf diese umfangreiche Sammlung kostbarer Beutestücke blickten, entdeckten Leutnant Horn und Hauptmann Thompson sehr bald, daß die kaiserliche Krone, das Zepter, der Reichsapfel, das Schwert des Mauritius und das kaiserliche Schwert – d. h. genau die fünf Stücke, die die eigentlichen Reichskleinodien ausmachten – nicht vorhanden waren. Einigermaßen verlegen wollten sich Dr. Freis und Schmeißner aus dem Gewölbe zurückziehen, aber sie mußten noch ein weiteres Verhör über sich ergehen lassen.

Die beiden Männer erzählten übereinstimmend, daß ein ihnen unbekannter SS-Oberst die Schätze am 2. April am Eingang zum Tunnel in der Schmiedgasse von Willi Liebel übernommen habe. Die Darstellung wurde akzeptiert, und nachdem entsprechende Protokolle angefertigt worden waren, durften sie gehen. Ihre Aussage bestätigte offensichtlich das unter den SS-Gefangenen umlaufende Gerücht von der Versenkung des Schatzes im Zeller See in Österreich.

Aber Leutnant Horn war nur halb überzeugt, daß die Reichskleinodien sich wirklich auf dem Grunde des Sees befanden. Er konnte nicht so recht daran glauben. Deswegen beschloß er, einigen kleinen Unterschieden in den Aussagen von Freis und Schmeißner nachzugehen. Seine Hartnäckigkeit führte schließlich dazu, daß das zweite Versteck unter dem Panierplatz mit den fehlenden kaiserlichen Regalien gefunden wurde.[75]

Keiner der amerikanischen Senatoren, die in Scharen in das Europa der Nachkriegszeit kamen, oder der Generale, die nach Nürnberg reisten, um die große Ausstellung der Nazibeute im unterirdischen Bunker in der Oberen Schmiedgasse zu besichtigen, bekundete auch nur das geringste Interesse für die uralte Legende des Longinusspeeres. Einzige Ausnahme war General Patton, eine der schillerndsten Persönlichkeiten (und vielleicht einer der besten alliierten Führer) im Zweiten Weltkrieg.

---

[75] »Als die Untersuchungen in Nürnberg sich festgefahren hatten, entschloß sich Lt. Horn, Stadtrat Freis und Oberführer Spacil (Chef des Sicherheitshauptamtes) einander gegenüberzustellen. Letzterer stand nämlich im Verdacht, wahrscheinlich der SS-Offizier gewesen zu sein, dem Bürgermeister Willi Liebel und Freis die Regalien ausgeliefert hatten.

Maßnahmen zur Verhaftung von Freis wurden am 28. Juli 1945 getroffen, und am 3. August 1945 wurde er der Verhörszentrale der dritten Armee überstellt. Unter der Einwirkung einer in Einzelhaft verbrachten Nacht und eines kurzen scharfen Verhöres vor der geplanten Konfrontation brach Freis zusammen. Er gab zu,

a) daß viele seiner früheren Angaben betreffs der Umlagerung der Reichskleinodien irreführend und falsch gewesen seien;
b) daß die Insignien niemals an irgendwelche SS-Leute ausgeliefert worden seien, sondern daß er, Freis selber, Oberbürgermeister Liebel und Oberbaurat Lincke sie in dem unterirdischen Tunnelsystem im Bunker unter dem Panierplatz in Nürnberg eingemauert hätten;
c) daß dies am 31. März 1945 geschehen sei;
d) daß, um die Spuren zu verwischen, am 2. oder 3. April ein fingierter Transport durch örtliche SS-Einheiten vorgetäuscht worden sei;
e) daß er bereit sei, den wirklichen Ort zu zeigen, an dem sich die Regalien befänden, und bei ihrer Wiederbeschaffung mitzuwirken.

Am 6. August 1945 wurde Freis nach Nürnberg zurückgeführt. Am Abend des gleichen Tages und nach Erhalt der Nachricht, daß Freis gestanden habe, rückte auch Schmeißner mit der Wahrheit heraus. Am Morgen des 7. August 1945 trafen sich Hauptmann Thompson und Leutnant Horn mit Freis und Schmeißner am Eingang des Bunkers. Anwesend waren ferner: Dr. Günter Troche, Gefreiter Dollar und ein Maurer. Freis und Schmeißner führten die Gruppe zum Versteck, einem kleinen Raum in dem unterirdischen Gangsystem, der etwa 30 Meter unter dem Panierplatz lag. Nachdem man ein Loch durch die Ziegelwand einer der Schmalseiten des Raumes gemeißelt hatte, fand man die vier Kupferbehälter mit den Regalien. In Gegenwart aller anwesenden Zeugen wurden die Behälter alsdann an ihren ursprünglichen Platz, der Sammlung von Kunstschätzen im Keller der Nürnberger Burg, zurückgebracht, wo sie hinter stählernen Türen aufbewahrt werden.«

Abtlg. zur Wiederbeschaffung der Insignien.
Rapport: Walter W. Horn, lst Lt. Inf.
HQ. US GP CC RD&R Div.
MPA & A
Branch APO 742

Freis und Schmeißner wurden danach vor ein amerikanisches Gericht gestellt, das sie wegen falscher Aussage und Verbergung von Kunstgegenständen anklagte. Sie wurden beide zu fünf Jahren Gefängnis und 25 000 Reichsmark Geldbuße verurteilt. Nach zwei Jahren wurden sie begnadigt, und die Geldstrafe wurde ihnen erlassen.

General Patton, der sich lebhaft für historische Zusammenhänge interessierte, glaubte an die Reinkarnation. Er hatte die Geschichte des Heiligen Grals studiert und war vom Anblick des Schicksalsspeeres augenscheinlich stark fasziniert. Er nahm den alten Talisman der Macht aus seinem Lederetui und löste die goldene Manschette, die die beiden separaten Teile des Speers zusammenhält.

Dieser rätselhafte Mann, der mitten in der Schlacht auf Sizilien eine Pause machte, um Klingsors Schloß Kalot Enbolot in den Bergen über Monte Castello zu besichtigen, bestand darauf, daß einige deutsche Wissenschaftler herbeigeholt wurden, die ihm die ganze Geschichte der alten Waffe und der damit verbundenen Legende erzählen sollten.

Patton wollte unbedingt genau wissen, wann der Nagel eingefügt worden war, und tobte vor Wut, als niemand es ihm sagen konnte. Er war unausstehlich grob gegenüber den ihn umschmeichelnden Beamten, die solche Unwissenheit in bezug auf die jahrhundertealte Geschichte des Speeres an den Tag legten. »Wurden die Seitenstücke aus dem Metall angefertigt, das man herausgeschnitten hatte, um Platz für den Nagel zu schaffen?« fragte er. »Welche Könige oder Kaiser haben die Goldkreuze unten am Kopf und am Nagel anbringen lassen?« forschte er ungeduldig. Die Adjutanten liefen herum, um Antwort auf seine zahllosen Fragen zu finden.

General Patton war der einzige amerikanische General, der verstand, was es wirklich bedeutete, daß die USA nunmehr offiziell im Besitz des Schicksalsspeeres waren. Und er kannte auch die schrecklichen Folgen, die die bevorstehende Erfüllung der damit verbundenen Legende wieder einmal zeitigen mußte. Denn die Vereinigten Staaten hatten das Geheimnis der Herstellung der Atombombe entdeckt, und man nahm an, daß der Abwurf dieser furchtbaren Waffe über Japan dem Kriege im Osten ein rasches Ende bereiten würde.

Dem altgedienten General, der noch an Ritterlichkeit im Kriege glaubte und der lieber Seite an Seite mit Hannibal bei Cannae als gegen Kesselring in den Ardennen gekämpft hätte, bedeutete das Atomzeitalter den endgültigen Abschluß einer Ära, in der dem Einzelindividuum noch Bedeutung zugekommen war. Und während er den Talismann der Macht in seinen Händen hielt, erzählte er seinen Adjutanten, daß die Menschheit nunmehr am Rand des schlimmsten Abgrunds in ihrer ganzen Geschichte angelangt sei. Seine jungen Untergebenen wußten nichts von der Atombombe, die damals noch ein höchst sorgfältig gehütetes Geheimnis war. Sie fragten sich, was wohl noch schlimmer sein könne als die Konzentrationslager des zerschlagenen Hitlerregimes, und sie zweifelten mitunter, ob ihr General wohl noch ganz bei Sinnen wäre. General Patton verließ den Bunker unter der Nürnberger Festung in einer düsteren Gemütsstimmung. Vor seinem geistigen Auge stand das Wort »Untergang« quer über der Zukunft geschrieben, sofern die Menschen es nicht verstanden, in Frieden miteinander zu leben. Aber Patton konnte schon jetzt klar die Gefahr erkennen, die in einer neuen Konfrontation zwischen Amerika und Rußland lag.

Soldaten der dritten Division standen vor den massiven Stahltüren des Bunkers in der Oberen Schmiedgasse Wache, als amerikanische Flugzeuge die ersten Atombomben auf Hiroshima und Nagasaki abwarfen. Das Atomzeitalter hatte begonnen.

Es gab einige Meinungsverschiedenheiten darüber, wohin die Reichskleinodien und Reichsheiligtümer gebracht werden sollten, nachdem man sie aus dem Bunker abgeholt hatte. Das amerikanische Heer war auf die Dauer nicht bereit, diese unbezahlbaren Schätze tagaus, tagein zu bewachen. Die neu gewählte österreichische Regierung forderte die Rückgabe der »Habsburger Regalien« an Wien. Die Deutschen protestierten und behaupteten, daß die alten germanischen Insignien ihnen gehörten:

> »Weil die österreichische Regierung die amerikanische Militärregierung in Deutschland ersucht hat, die Regalien des Heiligen Römischen Reiches herauszugeben, die gegenwärtig in Nürnberg aufbewahrt werden, erlaube ich mir folgendes festzustellen und gleichzeitig auf die Dokumente und historischen und gesetzmäßigen Unterlagen zu verweisen, die bereits vorliegen und sich im Besitz der alliierten Militärregierung befinden.
>
> Weder die Habsburger Familie noch die österreichisch-ungarische Monarchie, noch die 1919 gegründete österreichische Republik haben jemals das Besitzrecht auf die Regalien geltend gemacht. Diese wurden in der »Weltlichen Schatzkammer« in der Hofburg zu Wien als »Deposita« aufbewahrt und unter »einiges separates Inventar« katalogisiert.
>
> Die Regalien waren durch eine ungesetzliche Handlung in den Besitz der Habsburger und folglich der Österreichischen Republik gelangt. Der Anspruch, daß sie nach Deutschland zurückgeliefert werden sollten, ist niemals aufgegeben worden, und bei zahlreichen Gelegenheiten wäre es auf dem Verhandlungswege fast zu einer Lösung dieser Frage

gekommen. Das deutsche Volk hat ein gemeinsames Interesse und ein Anrecht darauf.

Die Rückführung der Regalien nach Nürnberg im August 1938 wurde auf Grund einer Reichsverordnung durchgeführt, die infolge der Vereinigung von Deutschland und Österreich im Jahre 1938 erlassen werden konnte. Es stimmt, daß bei dieser Gelegenheit auch unterstrichen wurde, daß Nürnberg die Stadt der Parteitage sei, das lag nun einmal in der Art der Nazipropaganda. Aber das Argument, das entscheidend zugunsten Nürnbergs in die Waage fällt, ist, daß diese Stadt das historische Anrecht hat, mit der Bewahrung der Regalien betraut zu werden, ein Anrecht, das nach wie vor besteht und nicht außer acht gelassen werden sollte.

Juristisch gesehen sind die Regalien als Stiftung zu betrachten, das heißt als eine juristische Person mit eigenen Rechten, die niemand als Eigentum für sich beanspruchen kann. Die staatliche Autorität wird jederzeit in der Lage sein, eine neue Verwaltung für diese Stiftung einzusetzen. Falls hier überhaupt von Recht gesprochen werden kann, würde es ein rein historisches Recht sein, und das spricht ohne Zweifel mehr für Nürnberg als für jeden anderen Ort.

Die Frage der Regalien hat nichts mit den Kunstwerken zu tun, die von der nationalsozialistischen Regierung oder ihren Beauftragten in fremden Ländern illegal beschlagnahmt wurden. Sie sollte von diesem Problemkreis gelöst und unabhängig von dieser Frage behandelt werden.

Die alliierte Militärregierung wird deswegen gebeten, keine Entscheidung bezüglich dieser Regalien zu treffen, ohne daß alle auf die Sache einwirkenden legalen und historischen Probleme gründlich geprüft und höchste Regierungs- und Gesetzesexperten befragt werden, die zu einer gerechten Lösung dieser Frage beitragen können.«

Im Auftrage der Stadt Nürnberg:

Dr. Ernst Günter Troche

Direktor des Germanischen Nationalmuseums

Nürnberg, den 1. Januar 1946

Die schließliche Entscheidung traf General Dwight Eisenhower, Chef der alliierten Streitkräfte in Europa. Er bestimmte kurz: Die Habsburger Regalien sind nach Österreich zurückzuschicken.

General Muller, Militärgouverneur der USA in Bayern, sandte deshalb ein Telegramm an Oberstleutnant Charles Andrews, Militärkommandant der Stadt Nürnberg:

mg für Bayern
mg für Nürnberg

von omg für Bayern
an co mg det f 211 03 1620 Jan. 46
mag No. 60

»sie werden aufgefordert an mister andrew charlie ritchie komma bevollmächtigter für die truppen der vereinigten staaten in österreich komma die heiligen römischen juwelen und regalien auszuliefern die jetzt unter ihrer jurisdiktion verwahrt werden stop übergabe erfolgt in nuernberg in gegenwart von mike fox und bevollmächtigtem offizier dieses hauptquartiers stop sie werden beauftragt alle notwendigen maßnahmen für sichere und schleunige fortschaffung der gegenstände aus nuernberg zu treffen punkt« Muller

Die Türen zum Gewölbe in der Oberen Schmiedgasse wurden am 4. Januar 1946 nochmals geöffnet, und die kaiserlichen Schätze wurden auf einen aus mehreren Jeeps bestehenden Konvoi geladen. Unter den wachsamen Augen Leutnant Albrights, eines für Kunstangelegenheiten zuständigen Offiziers der Militärregierung von Nürnberg, wurden die kaiserlichen Schätze alsdann im Flughafen von Fürth an Bord einer Dakota verstaut und direkt nach Wien geflogen.

Zwei Tage später, am 6. Januar, übergab General Mark Clark die Reichskleinodien und Reichsheiligtümer an den Bürgermeister von Wien. Es war eine kurze, formlose Zeremonie ohne offizielle Ansprachen. Der Bürgermeister schloß die habsburgischen Regalien vorübergehend in den Gewölben der österreichischen Postsparbank ein.

Heutzutage befindet sich der Speer des Longinus wieder in der Weltlichen Schatzkammer der Hofburg. Er liegt auf seinem roten Kissen in einem offenen Lederetui an genau derselben Stelle, wo Adolf Hitler ihn 1909 zum ersten Male sah. Er kann montags bis sonnabends von 9 Uhr vormittags bis 6 Uhr nachmittags besichtigt werden.

PROGRESSED DATA

BIRTH CHART

Placidean HOUSE SYSTEM

D M Y

Noon positions on ______ Prog.

Correspond to ______ 19__ Noon Date

P☉ ______

P☽ ______

P☿ ______

P♀ ______

P♂ ______

Ruling Planet ♀ — Ruler's House 7

Rising Planet ♅ — Positive 4

Negative 6

Triplicities:-

Fire 2 — Own sign ♀

Earth 5 — Exalted —

Air 3A — Detriment ♃♅

Water ______ — Fall ☽ ♂ ♄

Quadruplicities:-

Cardinal 4A — Angular ______

Fixed 4 — Succedent ______

Mutable 2 — Cadent ______

Mutual Reception ______

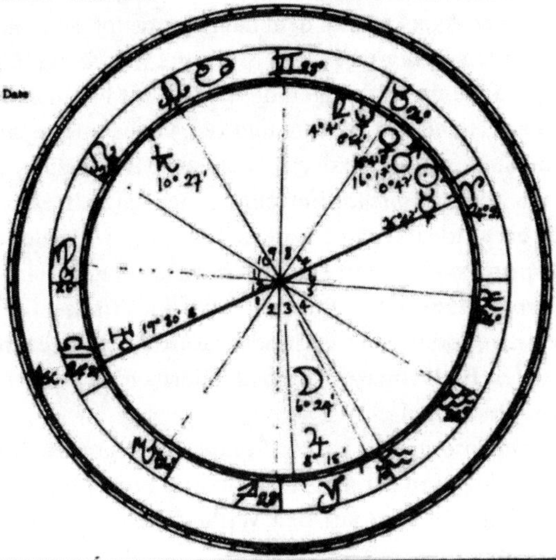

PLANET	DEC.		☉	☽	☿	♀	♂	♃	♄	♅	♆	♇
			ASPECTS									
Sun	11° [illegible]	☉		△	☌			△				
Moon	22° 24'	☽				P		☌P				
Mercury	8° 56'	☿								☌P		
Venus	22° 54'	♀					☌	△	□			
Mars	16° 51'	♂						△	□			
Jupiter	22° 56'	♃										
Saturn	17° 55'	♄								✶	P	✶
Uranus	7° 4'	♅										
Neptune	[illegible]8° 46'	♆										☌
Pluto	[illegible]° 31'	♇										
Asc.		Asc.	☍		☍					☌		
M.C.		M.C.										

NOTES

BY DIRECT METHOD

	D.	M.	Y.
Birth date	20	4	1889
Birth place	BRAUNAU		
Latitude	48	15	N
Longitude	15°		E
	h.	m.	s.
Birth time as given	6	17	p.m.
Zone standard *E— W+			
Summer (or daylight) time* —			
G.M.T.			
G.M.T. date			
	H.	M.	S.
Sid. time noon G.M.T.			
Interval *TO/FROM noon a.m.— p.m.+			
Result			
Acceleration on interval a.m.— p.m.+			
Sid. time at Greenwich at birth			
Longitude equivalent *E+ W—			
LOCAL SID. TIME AT BIRTH			
Subtract 24 hrs. if necessary —			

* Delete whichever is not required.

NAME *HITLER Adolf* No. ______

No. 1 - The "ECLIPTIC" Chart. DIRECT METHOD

Designed by M.E.HONE.

Der hervorragendste Zug ist grenzenloser, rücksichtsloser Ehrgeiz. Da an der Grenze zwischen Widder und Stier geboren, befindet sich der Beurteilte in guter Gesellschaft mit Stalin und Mussolini und einer Reihe anderer Diktatoren. Es ist wahrscheinlich der Zeitpunkt mit den stärksten und tyrannischsten Aspekten, zu dem man überhaupt geboren werden kann.

Gefühlsmäßig ist er eine seltsame Mischung. Die Sonne im Stier und die Waage im Aufsteigen deuten darauf hin, daß er die Künste liebt und entsprechend mit Merkmalen der Venus ausgestattet ist. *Aber* Venus in Konjunktion mit Mars vergröbert seine Sensualität, und Venus in Quadratur wirkt *sehr hemmend.* Entschlossener Verzicht auf eigenes Glück zugunsten eines Ideals, eines materiellen Ehrgeizes oder einer Pflicht. Neigt zu anspruchsvoller und egoistischer Haltung, der irgendwo ein sehr *kaltes* Element zugrunde liegt. Heirat wird wahrscheinlich durch diesen Aspekt verspätet oder ganz verhindert werden. »Ungesunder Ausdruck der sexuellen Bedürfnisse«. Selbstquälerisch und eifersüchtig. Alles in allem sehr abstoßend.

Sehr interessant ist die Sonne im Trigon zu Jupiter: Dies deutet auf einen sozialen Streber, Religiosität und starkes *Verlangen* nach Besitz und Macht sowie auf den Willen, sich nach mehreren Richtungen zu entfalten.

Pluto im 8. Haus: Suggestiver Einfluß auf die Umgebung. Fanatismus. Höchstleistungen durch Zähigkeit und Ausdauer. Mond im 3. Haus: Starke Ausdrucksfähigkeit, besonders gefühlsmäßig. Heftig schwankende Gemütslagen. Mars in Quadratur zum Saturn: Wieder Selbstsucht und Egoismus. Einige Lehrbücher legen dies als Brutalität, Grausamkeit und Blutdurst aus, aber es braucht gottlob nicht unbedingt so zu sein. Dieser Zug kann gesteuert und rationalisiert werden, so daß ein hartes und leiderfülltes Leben bevorsteht mit einer gewissen Wahrscheinlichkeit von physischer Gewaltanwendung. Gefahr durch Anspannung und Übertreibung.

Zuletzt noch eine Aufzählung guter Eigenschaften, um das düstere Bild etwas aufzuhellen.

Die Sonne im Trigon zu Jupiter: Großer Reichtum und Erfolg. Überdurchschnittliche Intelligenz.

Venus im Trigon zu Jupiter: Launisch und rastlos. Begünstigt Popularität und Beliebtheit, von großem Vorteil für jemanden, der mit der Öffentlichkeit zu tun hat – besonders wenn er die Leute unterhalten oder erfreuen soll; weniger günstig, wenn er sie belehren oder zurechtweisen muß.

Mars im Trigon zu Jupiter: Der Beurteilte ist oft Propagandist oder Publizist, der gern als Evangelist auftreten und die Wahrheit verkünden möchte, um die Menschen frei zu machen.

Dies sind lediglich die klar erkennbaren Teile des Horoskops und ich habe sie nicht ausgesucht, weil sie bis zu einem gewissen Grade mit dem übereinstimmen, was von dem Beurteilten bekannt ist. Wie dem auch sei – ob sie Adolf Meyer oder Adolf Hitler betreffen – jedenfalls stellen sie eine recht beachtliche Mischung dar.

Bibliographie

Aron, R.: Introduction to the Philosophy of History, London 1961.
Assman, Kurt: Deutsche Schicksalsjahre, Wiesbaden 1950.
Bartz, Karl: Als der Himmel brannte, Hannover 1956.
Belgisches Außenministerium: Events leading up to German invasion of Belgium in 1940.
Blawatsky, H. P.: Isis Unveiled.
Bormann, Martin: The Bormann Letters (Privatkorrespondenz mit seiner Frau), Herausgeber H. R. Trevor Roper, London 1954.
Bullock, Alan: Hitler. Eine Studie über Tyrannei, Düsseldorf 1954.
Butler, C. Dom.: Western Mysticism, London 1947.
Clausewitz, Karl von: Vom Kriege, Berlin 1933.
Cohn, N.: The Pursuit of the Millennium, London 1968.
Collingwood, R. G.: Philosophie der Geschichte, Stuttgart 1955.
Diels, Rudolf: Lucifer ante Portas, Stuttgart 1950.
Dietrich, Otto: Mit Hitler in die Macht, München 1935.
Das Ägyptische Totenbuch.
Eisenhower, Dwight D.: Kreuzzug in Europa, Amsterdam 1948.
Eliade, M.: Cosmos and History (The Myth of the Eternal Return), London 1955.
Eschenbach, W. von: Parzival.
Faithful Thinker, The: Anthology. Hodder & Stoughton.
Fingarette, H.: The Self in Transformation, London 1961.
Fishman, Jack: The Seven Men of Spandau, London 1954.
Friedman, F.: This was Auschwitz, London 1946.
Frischauer, Willi: Himmler – the Evil Genius of the Third Reich, Odhams 1966.
Gisevius, B.: Bis zum bitteren Ende, Hamburg 1954.
Goerlitz, W.: Der deutsche Generalstab, Geschichte und Gestalt, Frankfurt 1953.
Greiner, J.: Das Ende des Hitler-Mythos, Wien 1947.
Goethe, J. W. von: Faust.
Halder, Franz: Hitler als Feldherr, München 1949.
Halifax, Lord: Fullness of Days, London 1957.
Hanfstaengl, Ernst: Adolf Hitler – The missing Years, London 1957.
Hegel, G. F. W.: Vorlesungen über die Philosophie der Geschichte.
Heiden, Konrad: Adolf Hitler, eine Biographie, Zürich 1936.
Henderson, Sir Neville: Fehlschlag einer Mission, Zürich.
Hindenburg, Feldmarschall Paul von Beneckendorff und von: Aus

meinem Leben, Deutschland 1934.
Hitler, Adolf: Mein Kampf, München 1925.
Howe, Ellic: Urania's Children, William Kimber, 1970.
Jaspers, Karl: Die Schuldfrage, Heidelberg 1946.
Jung, C. G.: Kerenyi, C.: Essays an the Science of Mythology, London 1956.
Kant, Immanuel: Die Philosophie der Geschichte.
Kaufman, Adams: Non-Euclidian Mathematics, Rudolf Steiner Press.
Kelly, D. M.: Twenty-Two Cells in Nuremberg, London 1947.
King, Francis: Ritual Magic in England, Spearman 1970.
Sexuality, Magic & Perversion, Spearman 1971.
Kogon, E.: Der SS-Staat, das System der deutschen Konzentrationslager.
Kubizek, August: Hitler, mein Jugendfreund, Stuttgart 1953.
Laing, R. D.: The Divided Self, London 1966.
Lehrs, Dr. Ernst: Mensch und Materie, Frankfurt a. M. 1953.
Liddell Hart, B.: Deutsche Generale des Zweiten Weltkrieges, Düsseldorf 1964.
Lilge, Frederic: Abuse of Learning, London 1948.
Lüdecke, K. G. W.: I. Knew Hitler, London 1938.
Ludendorff, General Erich: Auf dem Weg zur Feldherrnhalle, München 1935.
Manstein, Feldmarschall Erich von: Verlorene Siege, Frankfurt a. M. 1963.
Marcuse, H.: One Dimensional Man, London 1964.
Michelet, J.: Satanism and Witchcraft, London 1928.
Morizot: The Templars, Rudolf Steiner Press.
Nadell, G. H.: Studies in the Philosophy of History, Harper & Rowe, 1965.
Olden, Rudolf: Hitler, Amsterdam 1936.
Owen, Wilfried: With Goebbels to the End, Buenos Aires 1949.
Pauwels, Louis and Jack Bergier: The Dawn of Magic, Gibbs & Philipps, 1963.
Rauschning, Hermann: Gespräche mit Hitler.
Die Zeit des Deliriums, Zürich 1947.
Die Revolution des Nihilismus, Zürich 1939.
Das Tier aus der Hölle.
Reed, D.: The Burning of the Reichstag, USA 1934.
Reitlinger, G.: Die Endlösung, Berlin 1956.
The SS - Alibi of a Nation, London 1956.
Shepherd, A. P.: Ein Wissenschaftler des Unsichtbaren.
Schellenberg, Walter: Memoiren, Köln 1959.
Schlabrendorff, Fabian von: Offiziere gegen Hitler, Frankfurt a. M. 1959.
Schmidt, Paul: Statist auf diplomatischer Bühne (II), Bonn 1949.
Schroeter, H.: Stalingrad ... bis zur letzten Patrone, Lengerich 1964.
Schultz, W.: The Last 30 Days, London 1953.

Schuschnigg, Kurt von: Ein Requiem in Rot-Weiß-Rot, Zürich 1946.
Shirer, William L.: Aufstieg und Fall des Dritten Reiches, Köln/ Berlin 1961.
Skorzeny, Otto: Geheimkommando Skorzeny, Hamburg 1950.
Spengler, Oswald: Der Untergang des Abendlandes, Bd. 1-2, Heidelberg 1918 u. 1922.
Jahre der Entscheidung, München 1935.
Steed, Wickam: The Habsburg Monarchy, London 1942.
Stein, Leo: I was in Hell with Niemöller, London 1942.
Stein, Walter Johannes: Weltgeschichte im Lichte des Heiligen Gral, Band 1: Das neunte Jahrhundert. Orient-Occident Verlag, Stuttgart 1928.
Steiner, Dr. Rudolf:
Praktische Ausbildung des Denkens, Stuttgart 1922.
Goethes Weltanschauung, Berlin 1921.
Gundlinien einer Erkenntnistheorie der Goetheschen Weltanschauung, Stuttgart 1924.
Makrokosmos und Mikrokosmos, Dornach 1933.
Mein Lebensgang, Dornach 1932.
Der Mensch als Zusammenklang des schaffenden, bildenden und gestaltenden Weltenwortes, Dornach 1931.
Wie erlangt man Erkenntnisse der höheren Welten?, Berlin 1921.
Die Ätherisation des Blutes, Neuausg, Dornach 1947.
Das Goetheanum.
Von Jesus zu Christus, Stuttgart 1949.
Das Johannes-Evangelium, Dornach 1928.
Rätsel der Philosophie.
Summers, M.: Witchcraft and Black Magic, 1946.
Taylor, Telford: Sword and Swastika, London 1953.
Thyssen, Fritz: I paid Hitler, London 1954.
Toynbee, Arnold: Hitler's Europe, London 1954.
Trevor-Roper, H. R.: Hitlers letzte Tage.
Tudor-Pole, Wellsley; The Silent Road, Spearman 1960.
Wachsmuth, Günther: Die Äther. Bildkräfte in Kosmos, Erde und Mensch, Stuttgart 1924.
Whinkler, Frans E.: Man the Bridge of Two Worlds, Hodder & Stoughton.
Widgery, A.: The Meanings in History, London 1967.
Zen Avesta.
Zoller, A.: Hitler privat, Düsseldorf 1949.

Newsletter **ALTERNATIVE REALITÄT**

Wenn Sie mehrmals jährlich kostenlos per E-Mail Infos zur Reihe »Alternative Realität« erhalten möchten, abonnieren Sie bitte unseren Newsletter. Dazu müssen Sie nur auf der Seite

www.alternative-realität.de

Ihre E-Mail-Adresse angeben und auf »Senden« klicken. Natürlich kann der Newsletter jederzeit wieder abbestellt werden. Auf der gleichen Seite finden Sie auch einen aktuellen NEWS-Ticker.